国家级职业教育规划教材
人力资源和社会保障部职业能力建设司推荐

■ 高等职业技术院校公路类专业教材 ■

# 桥涵工程施工技术

主　编　邝青梅

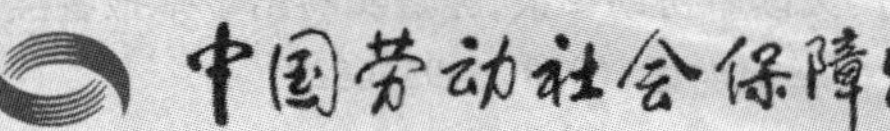

中国劳动社会保障出版社

## 简介

本书主要内容包括桥涵基本知识及安全认知、桥涵施工准备工作、桥梁基础施工、桥梁墩台施工、梁式桥施工、拱桥施工、斜拉桥与悬索桥施工、桥面及附属工程施工、涵洞施工、特殊气候及环境条件下桥涵施工。

本书由广东省交通运输高级技工学校邝青梅主编，广东省长大公路工程有限公司庞泉，湛江市公路勘察设计院邝达明，哈尔滨工业大学深圳研究生院柳成荫，广东省南粤交通投资建设有限公司李志宏，广东省交通运输高级技工学校刘友儒、周铁娥、伏慎敏，广东省公路建设有限公司刘健，山东公路技师学院张风亭、董明参加编写。

**图书在版编目（CIP）数据**

桥涵工程施工技术/邝青梅主编. —北京：中国劳动社会保障出版社，2015
高等职业技术院校公路类专业教材
ISBN 978-7-5167-1632-8

Ⅰ.①桥… Ⅱ.①邝… Ⅲ.①桥涵工程-工程施工-高等职业教育-教材
Ⅳ.①U445.4

中国版本图书馆 CIP 数据核字（2015）第 021229 号

**中国劳动社会保障出版社出版发行**
（北京市惠新东街 1 号　邮政编码：100029）
*
北京市白帆印务有限公司印刷装订　新华书店经销
787 毫米×1092 毫米　16 开本　21 印张　485 千字
2015 年 2 月第 1 版　2022 年 12 月第 6 次印刷
**定价：39.00 元**
营销中心电话：400-606-6496
出版社网址：http://www.class.com.cn
http://jg.class.com.cn

# 前言

随着我国公路交通的高速发展，公路施工、养护、工程测量等岗位从业人员的数量日益增多，对其具备的知识和能力的要求也在不断提高。为了更好地满足各类职业院校对公路类专业高技能人才的培养需求，全面提升教学质量，人力资源和社会保障部教材办公室组织全国有关院校的教学专家、行业企业专家，在充分调研学校教学情况和企业生产实际的基础上，精心编写了高等职业技术院校公路类专业教材，包括公路类专业基础平台课教材《公路概论》《公路工程识图》《公路CAD》《工程力学基础》《土质与筑路材料》，以及公路类专业课教材《路基路面施工技术》《桥涵工程施工技术》《公路养护技术》《公路工程测量》《公路勘测及简单设计》《公路工程现场测试技术》《公路工程施工组织与概预算》《公路施工养护机械》《公路施工安全》。

在教材的编写过程中，力求做到以下几点：

1．采用模块化设计，合理构建专业教材体系

针对公路类专业培养目标和企业对岗位能力的不同需求，本套教材分为公路施工养护模块、公路工程测量模块、公路试验检验模块、公路施工组织与管理模块等。教师可以在专业基础平台上组合不同的能力模块实施教学，以达到公路（桥梁）施工、养护、工程测量等专业方向的能力培养要求。

2. 以国家职业标准为依据，以能力培养为目标组织教材内容

教材编写以筑路养护工、工程测量工、桥梁工、隧道工等职业的国家职业标准为依据，注重企业对公路施工、养护、工程测量等岗位从业人员的能力要求，坚持实用、够用的原则，合理组织教材内容，有效解决了公路类教材存在的理论性过强的问题。

3. 贯彻先进的教学理念，根据教学内容的不同精心选择编写模式

本次教材编写贯彻了职业教育的先进教学理念，对于理实一体化和工程实践可操作性较强的课程，采用了任务驱动的编写模式；对于理论性较强的课程，采用了理论与工程实践相结合的编写模式。在教材的表现形式上，尽量采用以图代文、以表代文的表达方式，增强教材的可读性，激发学生的学习兴趣，引导学生自主学习。

为方便教学，与《公路概论》《公路工程识图》《工程力学基础》《土质与筑路材料》《公路工程测量》《公路工程施工组织与概预算》相配套，开发了习题册；与《公路概论》《公路工程识图》《公路 CAD》《工程力学基础》《土质与筑路材料》《路基路面施工技术》《桥涵工程施工技术》《公路工程测量》《公路工程现场测试技术》相配套，开发了多媒体教学课件，可进入中国人力资源和社会保障出版集团网站（http://www.class.com.cn）免费下载。

在本套教材的编写过程中，得到了有关省市教育部门、人力资源和社会保障部门以及一批高等职业技术院校的大力支持，教材的主编、主审等有关人员做了大量的工作，在此表示衷心的感谢！同时，恳切希望广大读者对教材提出宝贵的意见和建议，以便修订时加以完善。

**人力资源和社会保障部教材办公室**

2012 年 6 月

# 目录

# 模块一

# 桥涵基本知识及安全认知

## 课题一　桥涵基本知识

- 熟悉桥梁的定义及组成。
- 熟悉桥梁的分类。
- 了解桥涵施工的主要内容。
- 熟悉桥梁各部位的施工顺序。

### 一、桥梁的定义及组成

桥梁是指供汽车、火车、行人、管线、渠道跨越障碍物（如河流、山谷或其他线路等）的建筑结构物。

桥梁由上部结构、支座、下部结构和附属结构组成，如图1—1—1～图1—1—3所示。

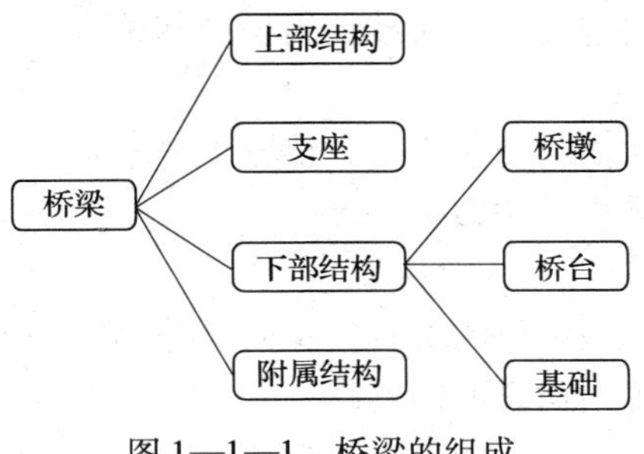


图1—1—1　桥梁的组成

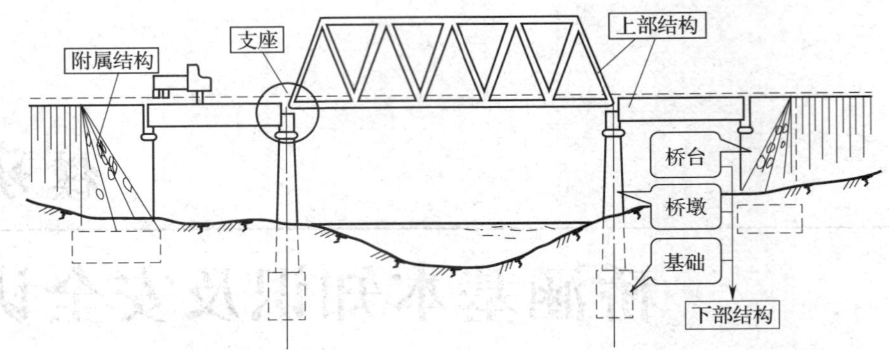


图 1—1—2　桥梁的组成图示

图 1—1—3　桥梁的组成图解

**1. 上部结构**

上部结构是桥梁位于支座以上（无铰拱起拱线或框架主梁底线以上）跨越桥孔部分的总称。包括承重结构和桥面系（如行车道、排水和防水系统、人行道、栏杆等）。上部结构的作用是承受车辆荷载，并通过支座将荷载传给桥墩和桥台。

**2. 支座**

支座设置在桥梁的上部结构与桥墩之间，如图 1—1—4 所示。桥梁支座的功能是将静荷载和动荷载、制动力和风力传送到桥墩和桥台。

**3. 下部结构**

下部结构是指桥梁位于支座以下的部分，也叫支撑结构。下部结构包括桥墩、桥台及基础，是支撑上部结构并向下传递荷载的结构物。

（1）桥墩

图 1—1—4　支座

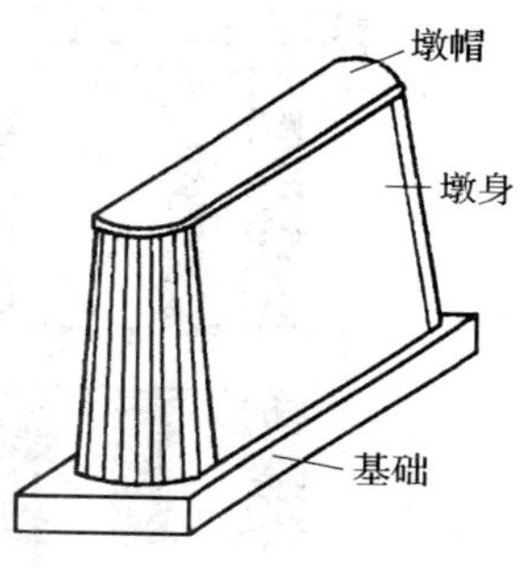


图 1—1—5　桥墩的组成

桥墩是指多跨（两跨及以上）桥梁的中间支撑结构物。桥墩要承受上部结构的荷载、流水压力、风力及可能出现的冰荷载、船只、漂浮物的撞击力或桥下汽车的撞击力。

桥墩主要由墩帽和墩身组成，如图 1—1—5 所示。墩帽的作用是把桥跨支座传来的较大且集中的力分散而匀称地传给墩身。

桥墩按构造形式不同可分为实体墩（见图 1—1—6）、空心墩、柱式墩（见图 1—1—7）和框架墩等。柱式墩一般由位于基础上的承台、柱式墩身和盖梁组成，如图 1—1—8 所示。

图 1—1—6　实体墩

（2）桥台

桥台是指位于桥梁两端，支撑桥梁上部结构并与路堤相衔接的建筑物。桥台除起到支撑和传力作用外，还起到与路堤衔接、抵挡台后填土压力、防止路堤滑塌的作用。

桥台主要由台帽、台身等组成，如图 1—1—9 所示。

图 1—1—7　柱式墩

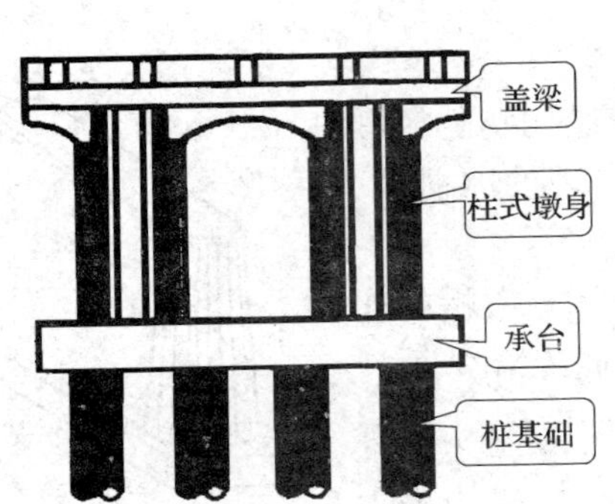


图 1—1—8　柱式墩的组成

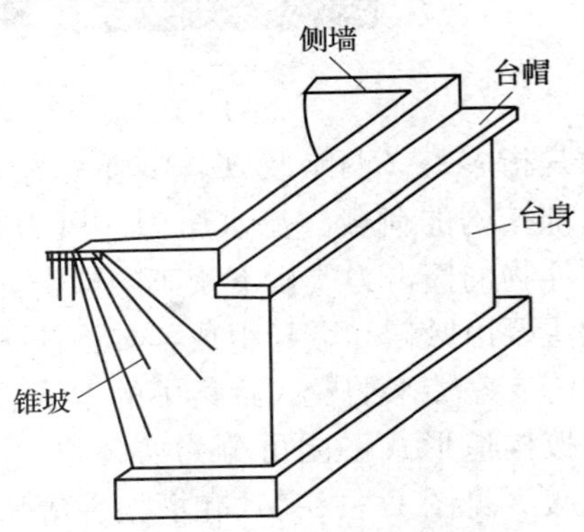


图 1—1—9　桥台组成（U 形桥台）

桥台可分为重力式桥台和轻型桥台，重力式桥台常采用 U 形桥台。

（3）基础

基础是指建筑底部与地基接触的承重构件，它的作用是把建筑物上全部荷载传给地基。因此基础必须坚固、稳定而可靠。

基础一般分为扩大基础和桩基础两种。

**4. 附属结构**

除上述基本结构外，桥梁还常常需要建造一些附属结构物，如为防止路堤滑塌而在桥台周围设置的锥形护坡（见图 1—1—10）及护岸、导流堤、防撞设施等。

## 二、桥梁的分类

**1. 按结构受力体系分类**

桥梁按结构受力体系的不同可分为梁桥、拱桥、刚架桥、悬索桥和组合体系桥。

（1）梁桥

梁桥是指以梁作为上部结构主要承重构件的桥梁，如图 1—1—11 所示。

图 1—1—10　锥形护坡

图 1—1—11　梁桥（开封黄河公路桥）

梁桥的受力特点：主要承重结构是梁（或板），在竖向荷载作用下无水平反力，梁内产生的弯矩较大，如图 1—1—12 所示。

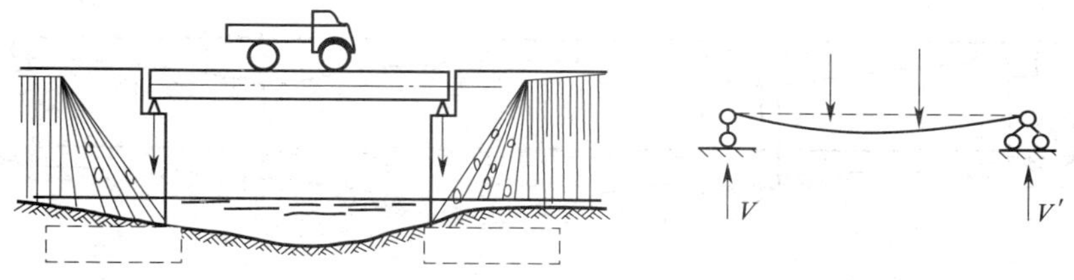


图 1—1—12　梁的受力图

梁桥的基本结构主要包括梁、支座、桥墩、桥台、基础等，如图 1—1—13 所示。

梁桥可分为简支梁桥（见图 1—1—14a）、悬臂梁桥（见图 1—1—14b）、连续梁桥（见图 1—1—14c）和连续刚构桥（见图 1—1—14d），目前简支梁桥和连续梁桥的应用最为普遍。

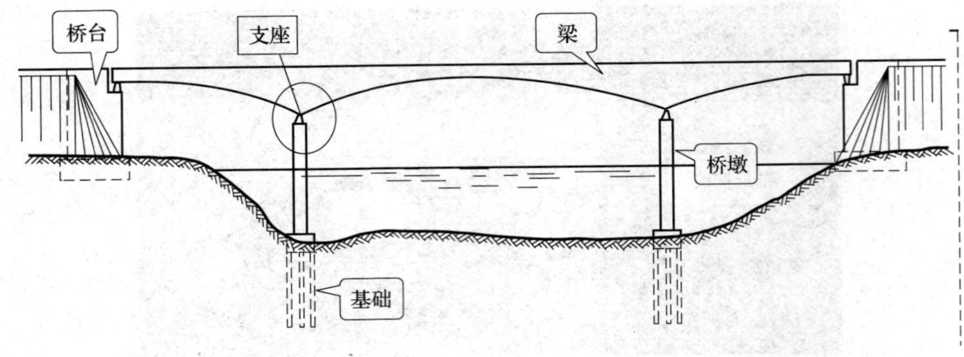


图 1—1—13　梁桥的基本结构

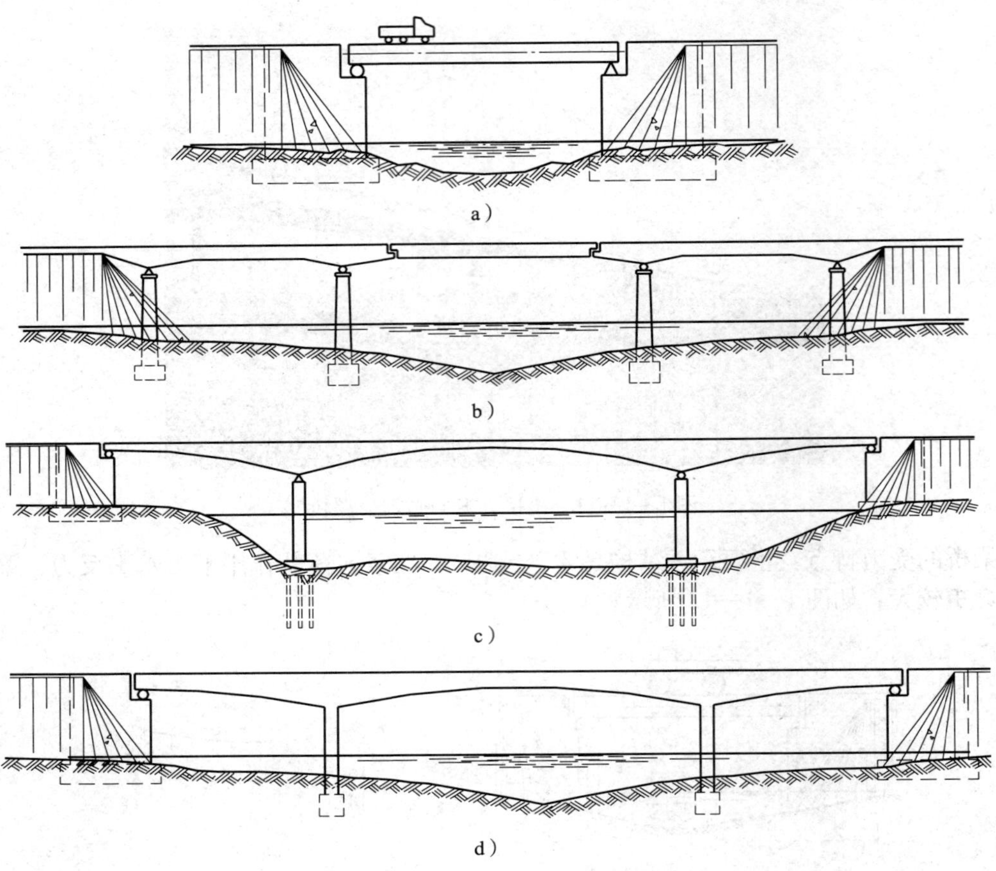


图 1—1—14　梁桥的类型

a）简支梁桥　b）悬臂梁桥　c）连续梁桥　d）连续刚构桥

简支梁桥按梁板截面形式不同分为空心板桥、T 形梁桥和小箱梁桥。按采用的材料不同可分为钢筋混凝土简支梁桥和预应力混凝土简支梁桥。

（2）拱桥

拱桥是指在竖直平面内以拱（拱圈）作为上部结构主要承重构件的桥梁，如图 1—1—15 所示。

图 1—1—15　拱桥（赵州桥）

拱桥的受力特点：拱桥的主要承重结构是拱圈（或拱肋），在竖向荷载作用下，桥墩或桥台将承受水平推力，水平推力将显著抵消弯矩的作用，承重结构以受压为主，拱的受力如图 1—1—16 所示。

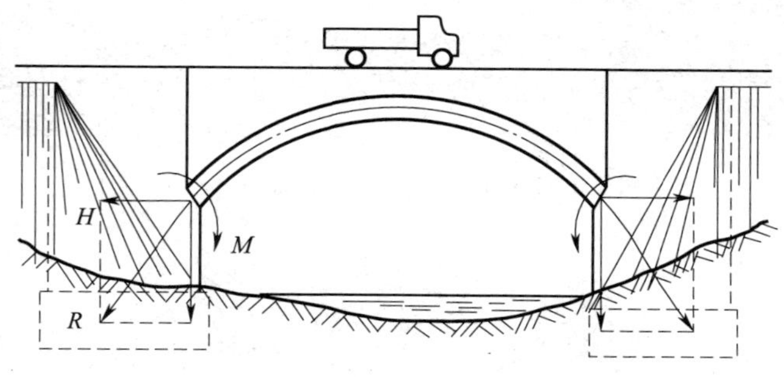


图 1—1—16　拱的受力图

拱桥的基本结构主要包括主拱圈、拱上结构、桥墩、桥台、基础等，如图 1—1—17、图 1—1—18 所示。

拱桥按主拱圈截面形式不同分为板拱桥（见图 1—1—19）、肋拱桥（见图 1—1—20）、双曲拱桥（见图 1—1—21）和箱形拱桥（见图 1—1—22）。

拱桥按拱上建筑形式不同分为实腹式拱桥（见图 1—1—23）和空腹式拱桥（见图 1—1—24）。

（3）刚架桥

刚架桥是指梁与墩（台）为刚性连接的桥梁，如图 1—1—25 所示。

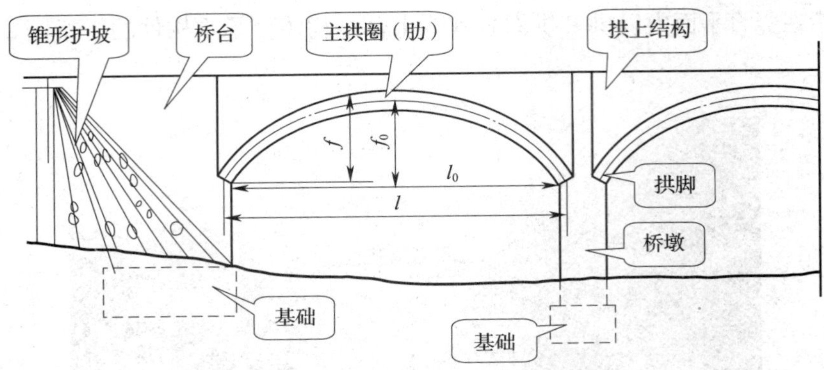


图 1—1—17　拱桥的基本结构（一）示意图

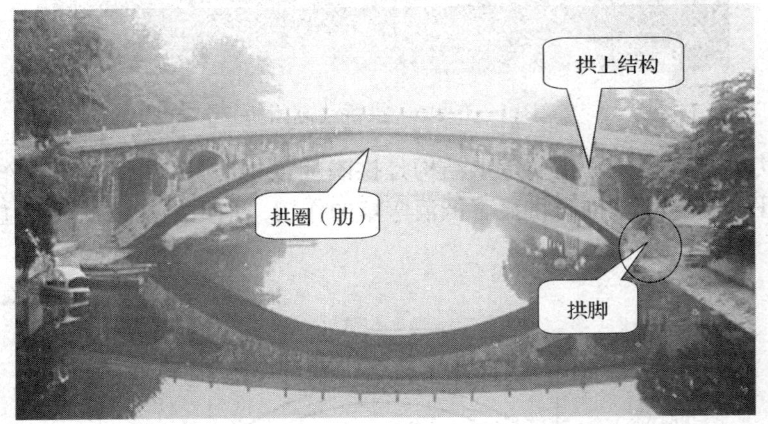


图 1—1—18　拱桥的基本结构（二）

图 1—1—19　板拱桥

图 1—1—20　肋拱桥（广州流溪桥）

图 1—1—21　双曲拱桥（无锡卫东桥）

图 1—1—22　箱形拱桥（四川万县长江大桥）

图 1—1—23　实腹式拱桥

图 1—1—24　空腹式拱桥

图 1—1—25　刚架桥（五陵卫河桥）

刚架桥的受力特点：主要承重结构是梁或板与立柱或竖墙整体结合在一起的刚架结构，在竖向荷载作用下，柱脚将产生竖向反力、水平反力和弯矩，在相同条件下，跨中弯矩比梁桥小，如图 1—1—26 所示。

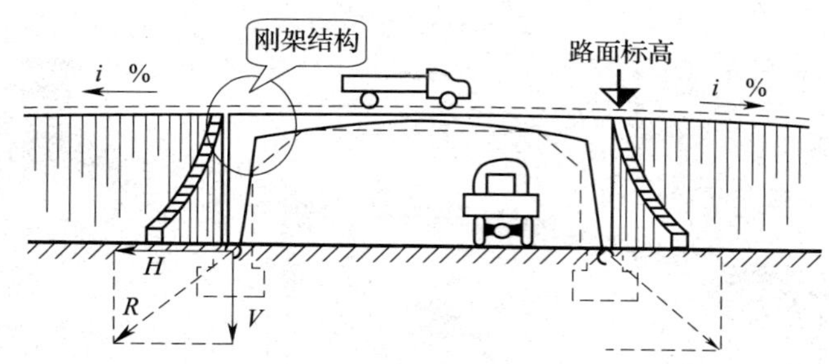


图 1—1—26 刚架桥的受力图

（4）悬索桥

悬索桥又称吊桥，是指通过两索塔悬垂并锚固于两岸（或桥两端）的缆索（或钢链）作为上部结构主要承重构件的桥梁，如图 1—1—27 所示。

图 1—1—27 悬索桥（江阴大桥）

悬索桥的受力特点：主要承重构件是缆索，缆索只承受拉力，结构自重轻，跨越能力大，如图 1—1—28 所示。

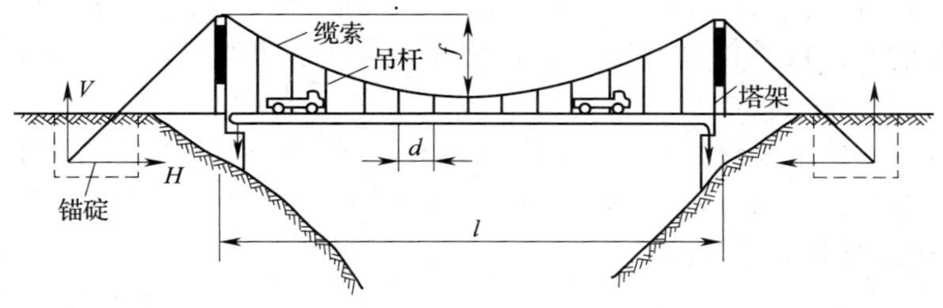


图 1—1—28 悬索桥的受力图

悬索桥的基本结构主要包括主缆、吊索、加劲梁、索塔、锚碇、桥墩、桥台、基础、支座等，如图 1—1—29 所示。

图 1—1—29　悬索桥的基本结构

（5）组合体系桥

组合体系桥由几种不同体系的结构组合而成，互相联系，共同作用，一般跨越能力较大，如桁架拱桥（见图 1—1—30）和斜拉桥（见图 1—1—31）等。

图 1—1—30　桁架拱桥（宁海越溪桥）

斜拉桥又称斜张桥，是指以通过固定于索塔并锚固于桥面系的斜向拉索作为上部结构主要承重构件的桥梁。斜拉桥是由承压的塔、受拉的索和承弯的梁体组合起来的一种结构体系。

斜拉桥的基本结构主要包括斜拉索（包括锚具）、主梁、索塔（包括塔座、下塔柱、上塔柱、下横梁和上横梁）、桥墩、桥台、基础、支座等，如图 1—1—32 所示。

**2．按桥梁的全长和跨径分类**

按桥梁的全长和跨径不同，桥梁可分为特大桥、大桥、中桥、小桥和涵洞，具体划分标准见表 1—1—1。

图 1—1—31　斜拉桥（湛江海湾大桥）

图 1—1—32　斜拉桥的基本结构

**表 1—1—1　　特大桥、大桥、中桥、小桥和涵洞的划分标准**　　m

| 桥涵分类 | 多孔跨径总长 $L$ | 单孔跨径 $L_k$ |
| --- | --- | --- |
| 特大桥 | $L>1\ 000$ | $L_k>150$ |
| 大桥 | $100\leqslant L\leqslant 1\ 000$ | $40\leqslant L_k\leqslant 150$ |
| 中桥 | $30<L<100$ | $20\leqslant L_k<40$ |
| 小桥 | $8\leqslant L\leqslant 30$ | $5\leqslant L_k<20$ |
| 涵洞 | — | $L_k<5$ |

**3. 按桥梁的用途分类**

桥梁按用途不同可分为公路桥、铁路桥、公路和铁路两用桥、人行桥和运水桥等。

**4. 按主要承重结构所用材料分类**

桥梁按主要承重结构所用材料的不同可分为木桥、圬工桥（包括砖、石、素混凝土桥）、钢筋混凝土桥、预应力混凝土桥、钢桥等。

**5. 按桥梁所跨越的障碍分类**

桥梁按所跨越的障碍不同可分为跨河桥、跨线桥、跨谷桥、高架桥和立交桥等。

**6. 按上部结构的行车道位置分类**

桥梁按上部结构的行车道位置不同可分为上承式桥、中承式桥和下承式桥。

（1）上承式桥

上承式桥是指桥面系位于主要承重结构之上的桥梁，如图 1—1—33 所示。该桥桥面系位于主梁之上。

图 1—1—33　上承式桥

（2）中承式桥

中承式桥是指桥面系位于桥跨结构中间的桥梁，如图 1—1—34 所示。

图 1—1—34　中承式桥（神州解放桥）

（3）下承式桥

下承式桥是指桥面系位于承重结构之下的桥梁，如图 1—1—35 所示。悬索桥的桥面系位于缆索之下。

图 1—1—35　下承式桥（伊丽莎白大桥）

## 三、桥涵施工的主要内容

桥涵施工包括以下主要内容：

**1. 施工前的准备工作**

做好施工前的准备工作，是保证施工顺利进行的重要前提，必须给予足够的重视并认真准备。准备工作可大致归纳为组织准备、物质准备、技术准备和现场准备四个方面。

**2. 桥涵施工的基本工作**

桥涵施工的基本工作主要包括基础施工、墩台施工、上部结构施工及附属结构施工。

**3. 桥涵工程的竣工检查与验收**

桥涵工程的竣工检查与验收应按竣工验收规范要求进行。凡不符合要求的工程应分析原因，吸取教训，并采取相应的措施予以纠正，必要时返工重建。

除竣工检查与验收外，在施工过程中，每当一部分工程完成时，尤其是隐蔽工程，应按施工标准及技术规范的要求进行中间验收。中间验收的目的在于检查工程质量，及时发现存在的问题，采取补救措施，以利于下一道工序的顺利进行。它是保证各分项工程、分部工程、单位工程及建设项目竣工检查与验收达到合格要求的措施。

## 四、桥梁各部位的施工顺序

桥梁的主要施工顺序是下部结构→上部结构→附属结构。

**1．下部结构**

下部结构的施工首先是基础，包括桥台基础和桥墩基础。

（1）桥台的施工顺序

重力式桥台的施工顺序：桥台基础→前、侧墙→台帽→支座垫石（见图1—1—36）。

轻型桥台的施工顺序：桩基础→承台→台身→台帽、耳背墙→支座垫石。

图1—1—36　支座垫石

（2）桥墩的施工顺序

柱式墩的施工顺序（直接接桩基础，无承台）：桩基础→桩系梁（若墩不高时可能没有）→墩身→墩系梁（若墩不高时可能没有）→盖梁→支座垫石。

柱式墩施工顺序（有承台）：桩基础→承台→墩身→盖梁→支座垫石。

**2．上部结构**

梁桥的施工顺序：梁→桥面系。

拱桥的施工顺序：主拱圈→拱上结构→桥面系。

桥面系的施工顺序：桥面连续→桥面铺装→人行道板（若存在人行道）→桥面排水→护栏→伸缩缝、桥台搭板。

根据所学知识，说明图1—1—37所示的桥梁哪座是拱桥？哪座是悬索桥？填写出图1—1—38所示桥梁各部件的名称。

图 1—1—37　桥梁的类型

a）

b）

图 1—1—38　桥梁主要组成部件

图 1—1—37b 所示为拱桥，图 1—1—37c 所示为悬索桥。

图 1—1—38a 中各组成部分名称：1—盖梁，2—桥墩，3—梁，4—桥台，5—锥形护坡。

图 1—1—38b 中各组成部分名称：1—主拱圈，2—拱脚。

图 1—1—38c 中各组成部分名称：1—斜拉索，2—索塔，3—桥墩。

图 1—1—38d 中各组成部分名称：1—主缆，2—加劲梁，3—索塔，4—桥墩，5—锚碇。

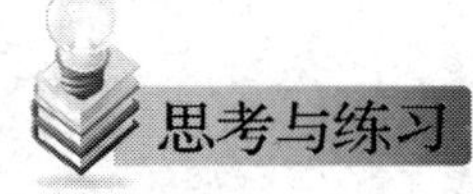

## 思考与练习

### 一、填空题

1. 桥梁的承重结构和桥面系组成桥梁的__________结构；桥墩、桥台及基础组成桥梁的__________结构；锥形护坡、护岸等组成桥梁的附属结构。

2. 按桥梁用途不同，桥梁可分为__________、__________、__________、人行桥、运水桥五类。

3. 梁桥的基本结构主要包括________、________、________、桥台、基础等。

4. 拱桥的基本结构主要包括________、________、桥墩、桥台、基础等。

5. 斜拉桥的基本结构主要包括__________、__________、__________、桥墩、__________、基础、支座等。

6. 悬索桥的基本结构主要包括________、________、________、________、________、桥墩、桥台、基础、支座等。

**二、选择题**

1. 涵洞的单孔跨径（　　）。

A. 小于 5 m　　B. 大于 5 m　　C. 小于 10 m　　D. 大于 10 m

2.（　　）一般设置在桥梁的两端，除支撑桥跨结构外，它还起到衔接两岸连接线路的构筑物、挡土护岸、承受台后填土压力、车辆荷载所产生的附加土侧压力的作用。

A. 桥墩　　B. 桥台　　C. 支座　　D. 锥形护坡

3. 梁桥主要承受（　　）。

A. 弯矩　　B. 压力　　C. 拉力

4. 拱不同于梁和柱之处就是它在竖向荷载作用下具有（　　）。

A. 弯矩　　B. 水平推力　　C. 剪力　　D. 轴向压力

5. 图 1—1—39 所示为（　　）。

A. 梁桥　　B. 拱桥　　C. 刚架桥　　D. 斜拉桥

6. 图 1—1—39 所示为（　　）。

A. 实腹式拱桥　　B. 空腹式拱桥

7. 图 1—1—39 所示为（　　）。

A. 上承式桥　　B. 中承式桥　　C. 下承式桥

图 1—1—39　桥

**三、综合题**

1. 试述桥梁按结构受力体系不同的分类。

2. 按施工前后顺序排列以下桥梁各部位：桥墩、主梁、桥面排水、基础、支座、桥面铺装。

# 课题二　桥涵施工安全与环境保护认知

◆ 掌握桥涵施工安全的相关规定。

◆ 熟悉桥涵施工环境保护的相关规定。

◆ 了解文明施工要求。

## 一、桥涵施工安全的相关规定

公路桥涵施工具有点多线长，工种复杂，工程量大，涉及的人员、材料、机械设备多，特种作业多，施工协作性要求高等特点，同时作业人员露天作业多，受自然因素及外界干扰大，施工管理人员与作业人员的体力和注意力下降，施工现场存在大量的危险和有害因素，事故隐患多，易发生坍塌、高处坠落、物体打击、机械伤害、爆炸、触电等安全事故。

桥涵施工应贯彻“安全第一、预防为主”的方针。施工前应对各种安全危险源进行辨识和评估，并应在施工过程中有针对性地采取各种有效措施，预防事故发生；对危险性较大的工程应编制专项方案；对存在重大安全事故危险源的工程，应预先建立重大事故应急专项预案；当施工中发生事故时，应迅速反应，按照应急预案的规定进行救援和处理，最大限度地降低事故损失。

**1．施工场地规划与布置的安全规定**

（1）对用于工程施工的临时驻地、作业场区、临时道路等的选址，应避开容易发生自然灾害或易受施工影响诱发地质灾害的地点。设立生活和生产等设施及塔式起重机等高耸设备时，应符合防火、防风、防爆、防震、防雷击的规定。

（2）施工区域内的临时道路应保持畅通，临时码头、栈桥和便桥的位置应按批准的设计方案选址，并应设置相应的交通安全标志。码头、栈桥和便桥在施工期内应具有抵抗洪水、流冰和其他漂浮物冲击的能力。

（3）施工区域内的临时用电设施应符合建工行业建设标准《施工现场临时用电安全技术规范》（JGJ 46—2005）的规定。施工区域内应设置足够的消防设备，且施工人员应熟悉设备的性能和使用方法。

（4）施工区域宜与周边环境隔离，出入口处应有专员管理。边通车边施工的地段应进行交通导流方案设计，并应设置交通防护、警示和引导的标志，必要时应实施交通管制。

**2. 机具设备和作业人员的安全规定**

（1）对施工作业所使用的机械、设备和工具，应定期检查或检验，使其保持良好的工作状态；对特种设备，应符合其安装、维护、使用和检验等管理制度的规定。

（2）施工作业人员应进行上岗前的体检和安全培训，作业时应遵守本工种的各项安全操作技术规程。对从事特种作业的人员，应经过专业培训，持证上岗。进入施工区域内的作业人员，应按规定佩戴、使用劳动安全防护用品。不合格的防护用品不得使用。

（3）单项工程包括辅助结构和临时工程，开工前应对施工作业人员进行安全技术交底。

**3. 位于水中的筑岛平台、钢制平台、围堰及基坑的开挖与边坡支护等工程的安全规定**

（1）在平台、围堰和基坑的边沿应设置安全防护栏杆。

（2）当各种水中平台和围堰需度汛或度凌施工时，应采取可靠的防冲击或防撞击的安全防护措施；在通航水域，水中的平台和围堰还应设置预防船舶撞击的设施，并应设置夜间航行标志灯。

（3）基坑的开挖应按分层顺序作业，基坑顶部周边的临时荷载不得超过施工设计的规定；对深大基坑开挖时的边坡支护应进行变形监测，当变形超出允许范围时应及时采取处理措施。

**4. 高处作业时的安全规定**

（1）施工作业前，应逐级对现场施工人员进行安全技术交底，并应在落实安全技术措施后方可正式施工；作业时施工人员必须佩戴安全帽、系安全带。高处作业中使用的机械设备、工具和电气设施等，应在施工前经检查并确认其完好后，方可投入使用。

（2）高处施工作业应设置必要的安全防护措施，当施工过程中发现防护设施有缺陷或隐患时，应采取措施及时解决；当危及作业人员的人身安全时，应立即停止施工进行处理。需要临时拆除或变动安全防护措施进行作业时，应采取可靠的替代措施保证作业安全，且应在作业后立即恢复。

（3）高处作业时设置的走梯、通道等应随时清扫干净；雨天或雪天进行高处作业时应采取可靠的防滑、防冻措施，如有水、冰、雪、霜等应及时清除。高处作业时所用的物料应堆放平稳，并不得妨碍通行；对高处作业区所有可能坠落的物件，应先行撤除或加以固定，拆下的物件及余料应及时清理，但不得向地面随意抛掷；作业人员使用后的小型工具应随手放入工具袋，传递物件时严禁采用抛掷的方式进行。

（4）在高处拆除模板或其他设施时，应设置警戒区，并应设专人指挥控制；拆除工作应自上而下进行，严禁上下同时拆除。

（5）在6级以上强风、浓雾、暴雨和暴风雪等恶劣气候条件下，不应进行高处的施工作业。台风、暴雨及暴风雪过后，应对高处作业的安全防护设施进行全面检查；当有变形、损坏、松动和脱落等现象时，应立即进行修复。

**5. 水上作业时的安全规定**

（1）在通航的江河上施工时，水上交通的安全应符合《内河交通安全管理条例》的规定。

（2）水上施工的船舶应经船检部门检验合格后方可使用，不得带病作业。作业前应随时掌握当地的气象和水文情况，遇有大风时应检查并加固船舶的锚缆等设施；雨、雾天视线不清时，船舶应显示规定的信号；气候恶劣易发生事故时，应停止作业或航行。交通船应按规定的载人数量渡运，严禁超员强渡。

（3）在施工船舶作业前，应了解作业区域的水深、流速及河床地质等情况，抛锚、定位时应保持船体稳定；作业船锚链后，应设置警示标志。

（4）各种用于水上施工作业的船舶均应配备救生和消防设施。水上作业的施工人员必须穿救生衣。

**6. 施工现场用电的安全规定**

（1）临时用电设备在5台及以上或设备总容量在50 kW及以上者，应编制用电组织设计；当低于上述要求时，应制订安全用电技术方案和电气防火方案。

（2）施工用电应采用中性点直接接地的220/380 V三相五线制低压电力系统；且应采用总配电箱、分配电箱、开关箱三级配电装置，开关箱以下应为用电设备。电力系统应采用TN－S接零保护和二级漏电保护。采用自备电源时，发电机组的电源应与外电线路联锁，严禁并列运行；发电机组应采用三相四线制中性点直接接地系统，并应独立设置，与外电源隔离。

（3）配电线路应架空架设，且应采用绝缘导线经横担和绝缘子架设在专用电杆上；当采用电缆线路时，应采用五芯电缆，且电缆线路应采取埋地或架空的方式敷设，不得沿地面明设，电缆直接埋地敷设的深度不宜小于0.7 m，并应在其路径上设方位标志。配电线路严禁架设在树木、脚手架或其他设施上，各种线路均应有短路和过载保护。

（4）现场电源线的接头应采用绝缘胶带包扎良好，不得采用塑料胶带或其他非绝缘胶带包扎，接头不得随意放置在潮湿的地面上或水中。

（5）施工用电的动力配电箱与照明配电箱宜分箱设置，当合置于同一箱内时，动力与照明应分路配电；动力开关箱与照明开关箱必须分设。配电箱和开关箱应装设在干燥、通风、无外来物体撞击的地方，箱内应设置电源隔离开关、短路保护器和过载保护器，总配电箱和开关柜中还应设置漏电保护器；箱内所使用的各种电器必须可靠、完好，严禁使用破损、不合格的电器。每台用电的设备应有各自专用的开关箱，严禁使用同一个开关箱（或插座）直接控制2台及以上的用电设备。

（6）对施工现场的起重机、龙门吊等机械设备，以及钢支架、钢管脚手架和正在施工的工程金属结构，当位于相邻构筑物防雷装置接闪器的保护范围以外时，应按有关规定安装防雷装置。防雷装置的避雷针（接闪器）可采用长度为1～2 m的$\phi$20 mm钢筋；当利用金属构架做引下线时，应保证构架之间的电气连接；防雷装置的冲击接地电阻值均不得大于30 Ω。当最高机械设备上避雷针（接闪器）的保护范围能覆盖其他设备，且又最后退出现场时，则其他设备可不设防雷装置。

（7）施工照明的供电电压在一般场所应为220 V，在高温、潮湿、有导电灰尘及容易触及照明线路等特殊场所，应使用安全特低电压的照明器。照明器具的形式和防护等级应与环境条件相适应，不得使用绝缘老化或破损的器具。使用220 V碘钨灯照明时应固定安装，其安装高度应不低于3 m，距易燃物应不小于500 mm，且不得直接照射易燃物；220 V碘钨灯不得作为移动照明使用。夜间施工对可能影响行人、车辆、船舶、飞机等安全通行的施工部位、设施及设备，应设置红色警戒照明灯。

（8）施工现场的用电应由专职电工进行操作，电工应经过相关的安全教育和专业技术培训，持证上岗；操作时应按安全用电的规定穿戴劳动安全保护用品。

**7. 起重吊装的安全规定**

（1）起重吊装作业前应详细勘察现场，根据工程特点及作业环境编制专项施工方案，方案应经审核批准后方可实施。

（2）起重使用的机械设备进入现场后应经检查、验收，并应按规定进行试运转和试吊，对各种安全装置应进行灵敏度、可靠度的测试，必要时应进行静载和动载试验，确认符合要求后方可使用。起重吊装采用的索具、吊具等在使用前应按施工方案要求的设计承载力逐件进行检查、验收；各种防护措施的用料、脚手架的搭设及危险作业区的围挡等准备工作应符合施工方案的规定。对起重机运行的道路和作业区域在施工前应进行检查，地基承载力不能满足作业要求时应采取铺设路基箱等措施。

（3）起重吊装作业前应对作业人员进行安全技术交底。起重吊装的施工人员应持证上岗。

（4）当进行高处吊装作业或司机不能清楚地看到作业地点或信号时，应设置信息传递人员；起重吊装时在高处的作业人员应携带工具袋，工具和零配件在操作结束后应及时装入工具袋内，并不得随意向下方抛掷物品。

（5）采用龙门吊、桅杆吊、缆索吊、架桥机、悬臂吊机等进行起重吊装作业时，除应符合上述各项规定外，还应根据不同吊机的特点采取相应的安全防护措施。

**8. 工地现场防火的安全规定**

（1）工地施工现场应建立消防安全管理制度和易燃、易爆物品的管理办法，并应按不同的施工规模建立消防组织，配备义务消防人员，进行必要的消防知识培训，定期组织演习。

（2）工地应按照总平面布置图划分消防安全责任区，并应根据作业条件合理配备消防器材，对各类消防器材应定期检查和维护、保养，保证其使用的有效性。各类气瓶应单独存放，存放的库房应通风良好，各种设施应符合防爆的规定。

（3）当发生火险时，应迅速、准确地向当地消防部门报警，并应及时清理通道上的障碍物，组织灭火。

**9. 季节性施工的安全规定**

（1）工地现场应按照施工作业的条件，并针对季节性施工的特点，制定相应的安全技术方案。

（2）雨季施工作业时应采取防雨、防洪、排水及防雷电的安全防护措施。傍山的施工现场应采取防滑坡、塌方的措施；各种临时设施包括支架、模板和脚手架等应有防强风的措施；雷雨季节到来之前，应对现场防雷装置的完好性进行检查，防止造成雷击伤害。

（3）冬期施工应采取防滑、防冻的安全防护措施；对采用加热法养护混凝土的现场应有防火措施；用于冬期取暖的措施应符合防火和防气体中毒的规定。

（4）高温季节施工时，应按劳动保护的规定采取防暑降温措施，作业时宜避开高温时段。

## 安全施工“三宝”的正确使用

安全帽、安全带和安全网称为安全施工“三宝”，如图1—2—1所示。

图1—2—1　安全施工“三宝”

1—安全帽　2—安全带　3—安全网

1．安全帽

（1）安全帽的作用

安全帽主要用来保护使用者的头部，减缓撞击伤害，以保证进入施工现场人员的安全。

（2）安全帽的正确使用方法

安全帽的佩戴要符合标准，使用要符合规定。如果佩戴和使用不正确，就起不到充分的防护作用。一般应注意下列事项：

1）新领的安全帽，首先检查是否有劳动部门允许生产的证明及产品合格证，再看其是否有破损或薄厚不均匀的现象，缓冲层及调整带和弹性带是否齐全、有效。不符合规定要求的立即调换。

2）戴安全帽前应将帽后调整带按自己头型调整到适合的位置，然后将帽内弹性带系牢。缓冲衬垫的松紧由带子调节，人的头顶和帽体内顶部的空间垂直距离一般为25～50 mm，以不小于32 mm为好。安全帽佩戴示范如图1—2—2所示。

3）不要把安全帽歪戴，也不要把帽檐戴在脑后方。

4）安全帽的下颚带必须扣在颚下并系牢，松紧要适度。

5）平时使用安全帽时应保持整洁，不宜长时间地在阳光下曝晒，不能接触火源，不要任意涂刷油漆，不准当凳子坐，要防止丢失。

6）安全帽要定期检查，检查有没有龟裂、下凹、裂痕和磨损等情况，若发现异常现象要立即更换，不准再继续使用。任何受过重击、有裂痕的安全帽，不论有无损坏现象，均应报废。

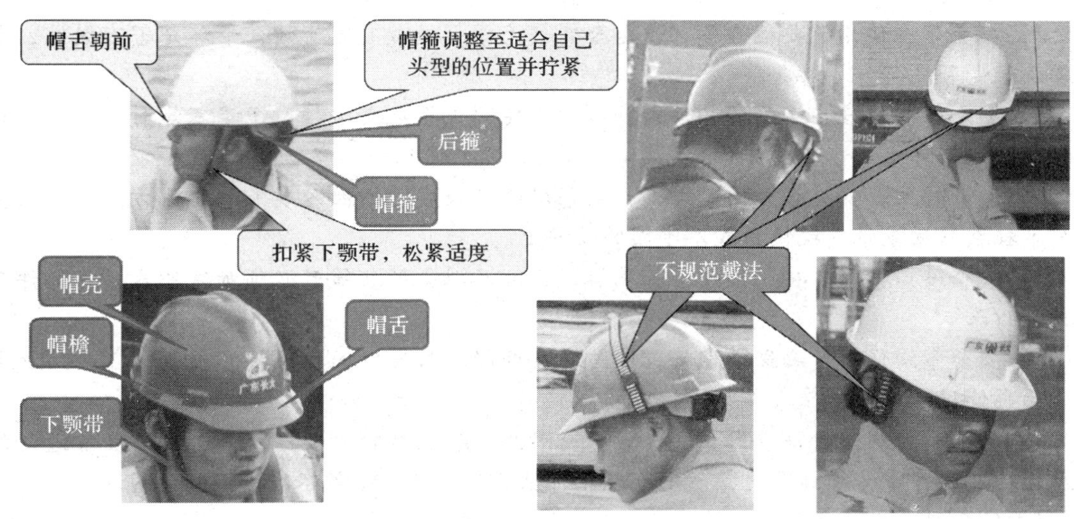


图 1—2—2　安全帽佩戴示范

2. 安全带

(1) 安全带的作用

为了防止作业者在某个高度和位置上可能出现的坠落，作业者在登高和高处作业时必须系挂好安全带（见图 1—2—3）。国家规范规定 2 m 以上的悬空作业必须使用安全带。安全带是高空作业工人预防坠落的防护用品。

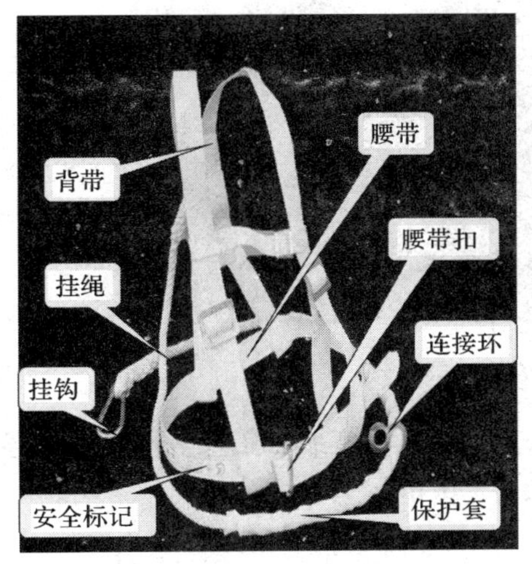

图 1—2—3　安全带

(2) 安全带的正确使用方法

安全带的使用和维护有以下几点要求：

1) 高挂低用。将安全带挂在高处，人在下面工作称为高挂低用。严禁低挂高用。

2）安全带在使用前要检查各部位是否完好无损，绳带有无变质，卡环是否有裂纹，卡簧弹跳性是否良好。

3）安全带要拴挂在牢固的构件或物体上，要防止摆动或碰撞，绳子不能打结使用，钩子要挂在连接环上。

4）高处作业如安全带无固定挂处，应采用适当强度的钢丝绳或采取其他方法。禁止把安全带挂在移动或带尖锐棱角或不牢固的物件上。

5）安全带严禁擅自接长使用。如果使用 3 m 及以上的长绳时必须加缓冲器，各部件不得任意拆除。

6）安全带绳保护套要保持完好，以防绳被磨损。若发现保护套损坏或脱落，必须加上新套后再使用。

7）安全带使用后要注意维护和保管。使用两年后应抽验一次，频繁使用应经常进行外观检查，发现异常必须立即更换。定期或抽样试验用过的安全带不准再继续使用。

3. 安全网

(1) 安全网的作用

安全网是用来防止人、物坠落，或用来避免、减轻坠落及物击伤害的网具。安全网一般由网体、边绳和系绳等构件组成。

(2) 安全网的分类

安全网按使用功能不同分为安全平网和安全立网两类。

1）安全平网。安全平网是指安装平面不垂直于水平面，用来防止人或物坠落的安全网，颜色为白色，如图 1—2—4 所示。

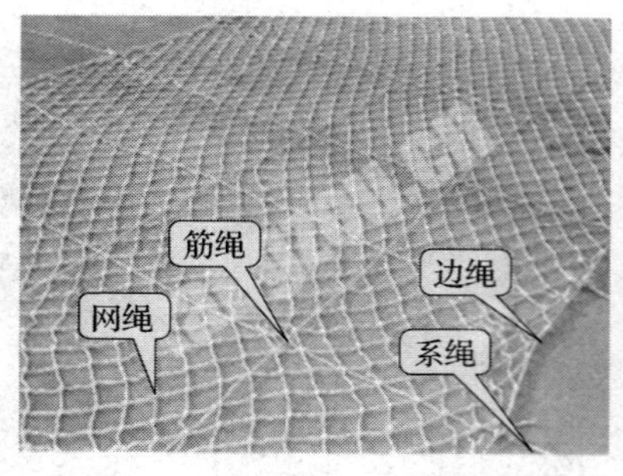

图 1—2—4　安全平网

2）安全立网。安全立网是指安装平面垂直于水平面，用来阻止人或物坠落的安全网，一般采用密目式安全网，颜色为绿色，如图 1—2—5 所示。

(3) 安全网的正确使用方法

1）新网必须有产品质量检验合格证，旧网必须有允许使用的证明书或合格的检验记录。

2）安全网的每根系绳都应与构架系结，四周边绳（边缘）应与支架贴紧，系结应符合打结方便、连接牢固又容易解开、工作中受力不散脱的原则。有筋绳的安全网安装时还应把筋绳连接在支架上。

图1—2—5　安全立网

3）平网网面不宜绷得过紧，平网与下方物体表面的最小距离应不小于3 m。两层平网间距不得超过10 m。

4）立网面应与水平面垂直，并与作业边缘最大间隙不超过100 mm。

5）保证安全网受力均匀。必须经常清理网上落物，网内不得有积物。要避免大量焊接火花或其他火星落入网内，并避免高温或蒸汽环境。当网体受到化学品的污染或网绳嵌入粗砂粒或其他可能引起磨损的异物时，须立即进行清洗，洗后使其自然干燥。

6）安装后的安全网应经专人检验后方可使用。

7）支撑架不得出现严重变形和磨损，其连接部位不得有松脱现象。网与网之间及网与支撑架之间的连接点也不允许出现松脱。所有绑拉的绳都不能使其受严重的磨损或有变形。当受到较大冲击后应及时更换。

8）对使用中的安全网，应进行定期或不定期的检查。

## 二、桥涵施工环境保护的相关规定

施工现场应当主要针对施工方案建立环境保护管理方案，从源头遏制污染源。在日常的工作、生活过程中要有责任人管理和检查。应当与当地政府主管部门以及周围村镇、社区等保持畅通的沟通渠道，经常听取意见，对合理意见应当及时采纳处理。有条件的还应对环境情况进行必要的监测或请当地政府主管部门进行监测。相关工作应当有记录。国家关于保护和改善环境，防治污染的法律、法规主要有《中华人民共和国环境保护法》《中华人民共和国大气污染防治法》《中华人民共和国固体废物污染环境防治法》《中华人民共和国环境噪声污染防治法》等。

公路桥涵工程的施工应按照“预防为主、防治结合、综合治理”的原则，结合工程特点，对在施工中可能对环境造成的不利影响，制定具体的预防方案并付诸实施，减少对原生态环境的改变，降低对环境的污染。施工过程中应实施文明施工；工程完成后，应及时清理各种施工垃圾，做到工完场清。

**1．防止水土污染和流失的规定**

（1）施工现场临时设施的用地，应结合当地土地利用的规划，统筹综合考虑。选址和布局应有利于少占耕地、保护植被和保持原有的地形地貌。

（2）施工时应严格控制污染源。施工废水、污水应进行沉淀处理后方可排放；含有有害物质的废水和污水不得排入禁排区域；对施工废油及生活污水应集中回收处理。施工船舶不得随意向江河和海洋中排放污染物、废弃物、压载水及其他有害物质。严禁向水域、自然保护区、风景区、农田、草地、下水管道内等环境敏感区倾倒或排放危险废物，防止污染水质和土地。

（3）水中的筑岛在工程施工完成后，应及时将填筑土挖掘清除，并应运至指定地点堆放，不得将填筑土遗留在河中堵塞河道影响行洪，或遗留在海域中造成污染。采用泥浆护壁进行钻孔桩施工时，应采取有效措施防止泥浆外溢对环境造成污染，废弃的泥浆应集中处理。

（4）对施工中产生的弃土废渣和固体建筑垃圾，应及时运至规定的场地集中堆放和处理，废弃的钢木材料、边角料及其他物品等应集中回收处理。

（5）不得在崩塌滑坡的危险区和泥石流易发区进行取土、挖砂和采石等作业；对基坑开挖及桥涵附属工程的边坡应予以防护，防止雨水冲刷造成水土流失。不宜将弃土场设置在汇水面积大且易受冲刷的沟谷内，弃土应按指定地点堆放，不得随意向江河、湖泊、水库或海域倾倒。

**2. 防止空气污染和噪声污染的规定**

（1）用于施工的各项临时设施、材料加工厂及混凝土搅拌站等，均宜远离居民区且宜处于下风区；当无法满足时，应采取适当的防尘、防噪措施。

（2）施工现场的主要临时道路宜经常洒水降尘。对工程施工使用的粉末材料，在露天存放时应采取有效措施防止尘埃飞扬和雨水冲刷流失。

（3）在城镇居民区施工时应采取必要的措施，降低由机械设备或工艺操作所产生的噪声。

（4）应控制施工设备废气排放符合国家规定的环保标准。

**3. 在文物、古迹保护区域内进行施工的规定**

（1）在现有的文物、古迹附近施工时，应加强对文物、古迹的保护，施工不得损及文物和古迹；在施工中发现文物、古迹时，应立即报告当地文物行政主管部门，并应协助文物管理部门对其进行保护。

（2）在文物、古迹的保护范围内，不得违规进行爆破、钻探和挖掘等作业；当必须进行时，应制定可靠的施工方案，并经批准后方可实施。

**4. 自然生态环境保护的规定**

（1）在风景区、自然保护区施工时，宜保护其自然风貌和生态环境，当施工确有需要时，应采取适当的保护措施，降低或减少破坏的程度；施工结束后，应按设计要求进行必要的恢复。

（2）施工中不得破坏水生、陆生野生动物生息繁衍的水域、场所和生存条件。

（3）对草木、林区应严格遵守护林防火规定，防止发生火灾。

## 三、文明施工要求

1. 施工单位应在施工现场入口处等醒目位置设置工程概况牌、管理人员名单及监督电话牌、消防保卫牌、安全生产牌、文明施工牌、施工现场总平面图等。

2. 各施工便道、平交道口要经常清扫，加强日常养护，保证晴雨通车。要经常洒水，防止尘土飞扬，以免影响当地群众正常生产、生活。

3. 各道口及与群众出行有直接接触的施工现场要设置围挡或拉彩旗分隔，并设立警示标志，悬挂质量、安全、文明施工标语。

4. 进入施工现场必须戴安全帽。在没有防护设施的高处、悬崖、陡坡作业时必须系安全带。施工现场坑井、沟和各种孔洞及易燃、易爆场所都要设置围栏、盖板和安全标志，夜间要设红灯示警。上下交叉作业有危险的出入口要有防护棚或其他隔离设施。安全帽、安全带、安全网要定期检查，不符合要求的禁止使用。

5. 施工现场的用电线路、用电设施的安装和使用必须符合规范和安全操作规程，并按照施工组织设计进行架设，严禁任意拉线接电。施工现场必须设有夜间照明，危险潮湿场所的照明以及手持照明灯具必须采用安全电压。

6. 各种机电设备的安全装置和超重设备的限位装置都要齐全、有效，要建立定期维修和保养制度。

7. 施工现场要建立防火管理制度，配备防火设施和灭火器材，并使其保持良好状态。

8. 加强季节劳动保护工作，夏季防暑降温，冬季防寒、防冻、防气体中毒，雨季来临之前做好防洪抢险准备。

9. 合理安排施工工序及施工时间，可能对周围群众及环境造成的噪声、空气、废料等污染要采取防护措施。

## 思考与练习

### 一、填空题

1. 桥涵施工应贯彻____________________的方针。

2. 桥涵工程施工区域宜与周边环境________，出入口处应有________管理。

3. 基坑的开挖应按____________顺序作业，基坑顶部周边的临时荷载不得超过施工设计的规定。

4. 施工过程中应实施文明施工，工程完成后，应及时清理各种施工垃圾，做到____________________。

5. 不宜将弃土场设置在________________的沟谷内，弃土应按指定地点堆放，不得随意向江河、湖泊、水库或海域倾倒。

### 二、选择题

1. 施工作业人员上岗前应当（　　）。

A. 接受安全教育培训　　B. 自学安全知识
C. 接受质量教育　　D. 不需要任何安全培训

2. 进入施工场地，严禁光脚和穿（　　）。
A. 拖鞋　　B. 工作鞋　　C. 雨鞋

3. 进入建筑施工现场人员必须戴（　　）。
A. 手套　　B. 安全帽　　C. 口罩　　D. 安全带

4. 起重设备在风力大于（　　）级时一般应停止作业。
A. 4　　B. 5　　C. 6　　D. 7

5. 高空作业的下方应设（　　）。
A. 安全带　　B. 防护罩　　C. 工作带　　D. 安全网

6. 凡在（　　）m 以上悬空作业人员必须系好安全带。
A. 2　　B. 3　　C. 4　　D. 6

7. 正确使用安全带，是要求不准将安全绳打结使用，要把安全带挂在牢靠处和应（　　）。
A. 高挂低用　　B. 低挂高用　　C. 挂在与腰部同高处

8. 正确戴安全帽必须注意两点：一是帽衬与帽壳应有一定间隙，不能紧贴；二是（　　）。
A. 应把安全帽戴正　　B. 必须系紧下颚带
C. 不能坐在安全帽上

9. 动力开关箱与照明开关箱（　　）。
A. 宜分箱设置　　B. 必须分设
C. 宜置于同一箱　　D. 必须置于同一箱

10. 必须经专业的安全技术培训，取得特种作业操作资格证书的工作人员不包括（　　）。
A. 电焊工　　B. 起重工　　C. 搬运工　　D. 爆破工

11. 发生安全事故时应迅速拨打报警电话，匪警、火警、交通事故、急救电话分别是（　　）。
A. 110、122、120、119　　B. 110、119、122、120
C. 110、119、120、122　　D. 119、110、122、120

12. 如图 1—2—6 所示，安全带使用正确的是(　　)。
A. 第一个
B. 第二个
C. 第三个
D. 以上选项都不正确

图 1—2—6　安全带的使用

## 三、判断题

1. 作业人员必须配有相应的个人劳动安全防护用品，并正确使用。（　　）

2. 对深大基坑开挖时的边坡支护应进行变形监测，当变形超出允许范围时应及时采取处理措施。（　　）

3. 高处作业时不准往下或往上乱抛材料和工具等

杂物。 (　　)

4．现场电源线的接头应采用绝缘胶带包扎良好，不得采用塑料胶带或其他非绝缘胶带包扎，接头不得随意放置在潮湿的地面上或水中。 (　　)

5．施工现场的用电应由懂得用电知识的人员操作。 (　　)

6．工作需要时，可在脚手架上用梯子或其他类似工具来增加高度。 (　　)

7．“安全三宝”是指安全帽、安全带、安全网。 (　　)

8．在城镇居民区施工时，只要不在晚上作业，不必采取防噪声措施。 (　　)

9．在施工中发现文物、古迹时，应立即报告当地文物行政主管部门，并应协助文物管理部门对其进行保护。 (　　)

# 模块二

# 桥涵施工准备工作

## 课题一　施工准备工作内容

◆ 熟悉桥涵施工前准备工作的主要内容。

◆ 了解组织准备、物质准备、技术准备、现场准备的具体内容。

从接到工程中标通知书后，中标的施工单位即可着手进行施工准备工作。施工单位的施工准备工作千头万绪，涉及面广，必须有计划、按步骤、分阶段地进行，才能在较短的时间内为工程的开工创造必要的条件。准备工作的基本任务是了解施工的客观条件，根据工程的特点、进度要求，合理安排施工力量，从人力、物质、技术和施工组织等方面为工程施工创造一切必要的条件。

施工前准备工作的内容主要包括组织准备、物质准备、技术准备和现场准备四个方面。

### 一、组织准备

组织准备包括建立健全施工组织机构、组建施工队伍等。

**1. 建立施工组织机构**

工程项目主要是实行项目经理负责制，即项目经理全面负责的目标责任制，其组织机构为项目经理部，如图 2—1—1 所示。

施工前应建立健全质量保证体系和质量管理体系，明确质量方针、质量目标和质量责任；同时，应建立质量管理机构、质量检测体系及流程，制定质量管理制度，提出质量保证

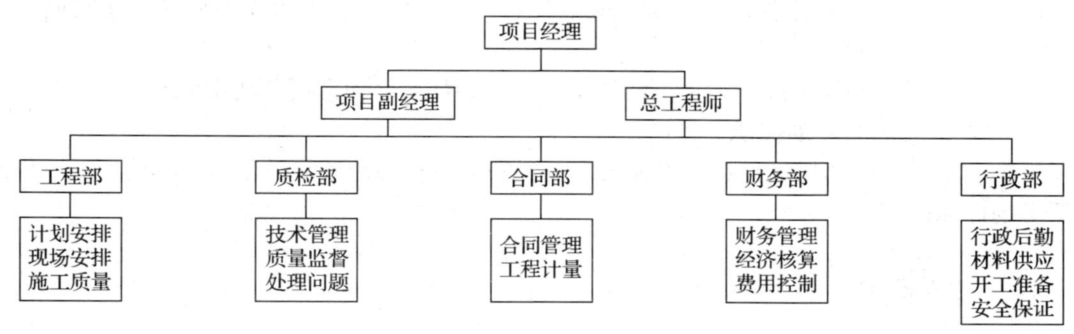


图 2—1—1　施工组织机构

措施，对工程的施工实施质量控制。

施工前应建立健全安全生产管理体系，落实安全责任，提出安全技术组织措施。对施工中可能存在的各种潜在风险进行分析、评估，提出防范对策，制定必要的突发事件应急预案，使施工的全过程能安全地进行。

施工前应建立健全环保管理体系，制定保护环境、节能减排和文明施工的实施方案，减少工程施工过程中对环境的污染。

**2. 组建施工队伍**

根据所承担工程量的大小和工期要求，安排出总进度计划网络图，并进一步估算出全部工程用工工日数、平均日出工人数、施工高峰期日出工人数，以及技术工种、机械操作工种、普通工种等用工比例，组建能够适应其工程质量、工期进度要求的作业队伍。

施工人员的配备应满足工程施工的需要，并应在进场时对其进行岗前培训和技术、安全交底。

## 二、物质准备

物质准备主要包括施工机具设备的准备、材料的准备及生产、生活物资的保障等。

**1. 施工机具设备的准备**

根据工程需要、工程量大小及施工进度，配备足够数量且有效的施工机械、设备及工具。机械设备要配套选择，充分发挥其性能。应在施工前对施工机具进行安装和调试，保证机械设备的正常操作和使用。

**2. 材料的准备**

（1）编好材料预算，提出材料的需用量计划及加工计划。

（2）水泥、砂、石、外加剂等施工原材料的选择应在工程开工前通过试验确定。

（3）原材料进场时，应按规范规定进行相应的质量检测和试验工作。

（4）根据施工平面图安排及落实材料的堆放和临时仓库设施。

（5）原材料进场后，应根据不同的品种、规格及用途分别妥善存放，对容易受潮、锈蚀的材料应有防雨、防潮或防锈的措施。

（6）组织材料的分批进场。当场地狭小时，要考虑场地的多次周转使用，按时间、地点使用场地。

（7）组织材料的加工准备，尽可能地集中加工，如对水泥混凝土集中配料、拌和等。

**3. 生产、生活物资的保障**

生产、生活物资的保障包括试验仪器设备、安全防护和劳动防护用品、办公用品、生活物资等的保障。

## 三、技术准备

**1. 熟悉设计文件**

设计文件是组织施工的主要依据。施工单位在接到施工设计文件后，应立即组织技术人员对施工技术文件进行审核，领会文件精神、设计意图，注意设计文件中所采用的各项技术指标，考虑其技术经济的合理性和施工的可能性，并应进行现场核对。如发现有疑问、错误及与实际不符之处，应按照有关规定，及时向监理或设计代表等相关部门提出，及时确认或进行相应的变更。

**2. 现场调查**

施工现场调查和现场核实是开工前准备工作的重要内容，是编制实施性施工组织设计和施工计划，做好任务分工，组织大型机械设备进场的重要工作。做好调查对于保证工程的按期开工和顺利施工具有重要作用。

**3. 编制施工组织设计**

施工组织设计是开工前必须提交的技术文件，它是准备、组织、指导施工和编制施工计划的基础。施工单位应根据设计图样、合同文件、机械设备、施工条件等确定施工工艺流程、施工方案，进行详细的施工组织设计。

对技术复杂的工程，应进行多方案比选，编制安全可靠、技术可行、经济合理的专项施工技术方案和专项安全技术方案。

**4. 技术交底**

技术交底是指把设计对施工的要求、施工方案及措施传达到基层甚至每个工人，这是落实技术责任制的前提。施工前应向参加施工的技术人员进行贯彻施工技术和操作规程的技术交底工作。

技术交底应按不同层次、不同要求和不同方式进行，应使所有参与施工的人员掌握所从事工作的内容、操作方法和技术要求。其内容主要包括以下几个方面：

（1）说明有关工程的各项技术要求。

（2）指出图样上必须注意的尺寸、轴线、高程及构造物的位置、规格和数量。

（3）使用材料的品种、规格等级、配合比和质量要求。

（4）施工方法、施工顺序、各班组及各工种之间交叉配合的注意事项。

（5）工程质量要求和安全操作要求。

（6）设计变更情况等。

上述各项交底一般用口头方式进行，辅以图表，必要时可做示范操作或建立质量样板，以使上岗人员充分掌握要领。

**5．做好开工前的试验**

施工前，应根据工程的规模和有关规定，建立经当地政府交通质量监督部门认可的工地试验室。工地试验室配备的试验人员和试验仪器应满足工程施工的需要，且试验仪器应通过国家法定计量机构的检验标定，试验人员需经过试验与检测培训并持有试验员证。

## 四、现场准备

桥涵施工的现场准备工作包括恢复路线、用地划界、施工放样、清理场地及修建临时设施等。

**1．恢复路线**

工程开工前，要对业主及设计单位提供的现场红线控制桩等进行现场复核，确认无误后才能使用。

**2．用地划界**

用地划界工作一般由建设单位（业主）完成。个别地段尚未划定的，施工单位应立即报告监理工程师，并会同建设单位尽快解决。

**3．施工放样**

把设计图样上工程建筑物的平面位置和高程，用一定的测量仪器和方法测设到实地上去的测量工作称为施工放样。

**4．清理场地**

施工前应清除施工现场内所有阻碍施工或影响工程质量的障碍物。

**5．修建临时设施**

应结合工程的规模、工期、地形特点等情况合理布置施工场地，所设置的各种临时设施应满足工程施工的需要及安全施工的要求，开工前应完成现场的“四通一平”工作。“四通”是指施工现场水通、电通、通信通、路通，“一平”是指场地要平整。

修建临时设施包括项目经理部与生活区的选择，仓库、料场与预制场的选择，便道的修筑，工地试验室及工地供电、用水、供热设施的兴建。这些施工现场的临时建筑物是为施工单位在施工期间兴建的生活和生产用的临时房舍和设施场所，一旦施工完毕即予以拆除。

1．施工前准备工作的内容主要包括哪些？

2．技术交底主要包括哪些内容？

3．简述“四通一平”的含义。

# 课题二 施工测量

- ◆ 熟悉桥涵施工测量的相关规定。
- ◆ 熟悉桥涵施工放样测量方法。

桥涵工程施工前应根据其结构形式、跨径及精度要求等编制施工测量方案，选定控制测量等级，确定测量方法。桥涵工程的施工测量应符合交通行业工程标准《公路勘测规范》(JTG C10—2007)、《公路桥涵施工技术规范》(JTG/T F50—2011) 等规范的规定。

## 一、建立施工测量控制网

施工前应由勘测设计单位对控制性桩点进行现场交桩，并应在复测原控制网的基础上，根据施工需要适当加密、优化，建立施工测量控制网。

对测量控制点，应进行编号后绘于施工总平面图上，并应采取有效措施妥善保护。施工过程中，应对控制网（点）进行不定期的检测和定期复测，定期复测周期应不超过 6 个月，当发现控制点的稳定性有问题时，应立即进行局部或全面复测。

## 二、桥涵施工测量的相关规定

### 1. 桥涵工程施工平面控制测量的规定

(1) 各等级平面控制测量中最弱点点位中误差为 ±50 mm，最弱相邻点间相对点位中误差为 ±30 mm，最弱相邻点边长相对中误差不得大于表 2—2—1 中的规定。

**表 2—2—1　　平面控制测量精度要求**

| 测量等级 | 最弱相邻点边长相对中误差 | 测量等级 | 最弱相邻点边长相对中误差 |
|---|---|---|---|
| 二等 | 1/100 000 | 四等 | 1/35 000 |
| 三等 | 1/70 000 | 一级 | 1/20 000 |

(2) 桥梁工程平面控制测量的等级不得低于表 2—2—2 的规定，同时桥梁轴线精度还应符合表 2—2—3 的规定。对特大跨径及特殊结构桥梁，应根据其施工允许误差确定控制测量的精度和等级。

表 2—2—2　　平面控制测量等级

| 多跨桥梁总长 $L$（m） | 单跨桥梁跨径 $L_K$（m） | 其他构造物 | 测量等级 |
|---|---|---|---|
| $L \geqslant 3\ 000$ | $L_K \geqslant 500$ | — | 二等 |
| $2\ 000 \leqslant L < 3\ 000$ | $300 \leqslant L_K < 500$ | — | 三等 |
| $1\ 000 \leqslant L < 2\ 000$ | $150 \leqslant L_K < 300$ | 高架桥 | 四等 |
| $L < 1\ 000$ | $L_K < 150$ | — | 一级 |

表 2—2—3　　桥梁轴线相对中误差

| 测量等级 | 桥梁轴线相对中误差 | 测量等级 | 桥梁轴线相对中误差 |
|---|---|---|---|
| 二等 | ≤1/150 000 | 四等 | ≤1/60 000 |
| 三等 | ≤1/100 000 | 一级 | ≤1/40 000 |

（3）大桥、特大桥以及特殊结构桥梁的平面控制测量坐标系的投影长度变形值应不大于 10 mm/km，投影分带位置不得选在桥址处。

（4）当采用独立坐标系、抵偿坐标系时，应确认与国家坐标系的转换关系。

（5）在布设平面控制点时，四等及以上平面控制网中相邻点之间的距离不得小于 500 m；一级平面控制网中相邻点之间的距离在平原、微丘区不得小于 200 m，重丘、山岭区不得小于 100 m；最大距离应不大于平均边长的 2 倍。特大桥及特殊结构桥梁的每端应至少埋设 2 个平面控制点。

**2．桥涵工程施工高程控制测量的规定**

（1）同一工程项目应采用同一高程系统，并应与相邻工程项目的高程系统相衔接。桥位水准点的高程测量应与路线控制高程联测。

（2）用于跨越水域或深谷的大桥、特大桥的高程控制网最弱点高程中误差为 ±10 mm。

（3）高程控制网每千米观测高差中误差和附合（环线）水准路线长度应小于表 2—2—4 的规定。

表 2—2—4　　高程控制测量的技术要求

| 测量等级 | 每千米高差中数中误差（mm） | | 附合或环线水准路线长度（km） |
|---|---|---|---|
| | 偶然中误差 $M_\Delta$ | 全中误差 $M_W$ | |
| 二等 | ±1 | ±2 | 100 |
| 三等 | ±3 | ±6 | 10 |
| 四等 | ±5 | ±10 | 4 |

注：控制网节点间的长度应不大于表中长度的 0.7 倍。

（4）桥梁工程的高程控制测量等级不得低于表 2—2—5 的规定。

表 2—2—5　　高程控制测量等级

| 多跨桥梁总长 $L$（m） | 单跨桥梁跨径 $L_K$（m） | 其他构造物 | 测量等级 |
|---|---|---|---|
| $L \geqslant 3\ 000$ | $L_K \geqslant 500$ | — | 二等 |
| $1\ 000 \leqslant L < 3\ 000$ | $150 \leqslant L_K < 500$ | — | 三等 |
| $L < 1\ 000$ | $L_K < 150$ | 高架桥 | 四等 |

（5）施工水准网中的各水准点，对于大桥和特大桥应构成连续水准环。大桥和特大桥的每端应至少设置 2 个水准点，作为水准网的控制点。

**3．与相邻工程项目接合处测量的规定**

对与相邻工程项目接合处的平面位置和高程，应在施工前进行联测，发现问题应查明原因并及时处理。

**4．宽阔水域和海上桥梁工程施工测量的规定**

（1）宽阔水域和海上桥梁工程的施工测量宜采用 GPS 测量，且宜在水域和海上建立专门的测量平台。

（2）宽阔水域和海上桥梁工程的 GPS 平面控制网分为首级网、首级加密网、一级加密网和二级加密网 4 个等级，首级网和首级加密网宜由勘测设计单位布设，一级加密网和二级加密网宜由施工单位布设。一级加密网和二级加密网的布设及使用应符合下列规定：

1）加密网应采用与全桥统一的坐标系统，且宜由三角形或大地四边形组成，并应一次完成网形设计、施测与平差。加密网应保证至少与最近的 2 个高级网点为起算点进行联测，任一加密网点应至少与另外 2 个控制点通视。加密网应按一级 GPS 测量精度施测，其精度应保证最弱相邻点点位中误差小于 ±10 mm。

2）控制网点应安全、稳定，在使用过程中应进行定期或不定期检测，当对控制点的稳定性有怀疑时，应立即进行局部或全面复测。加密网两次复测的间隔时间应不超过 3 个月。

3）宜每隔 1.5 km 左右选择一个桥墩先行施工其基础，并应在该基础上设立稳固、可靠且带有强制对中观测装置的测量控制点，作为桥梁其他墩台施工放样的基准点。

（3）宽阔水域和海上桥梁工程的高程控制网应采用全桥统一的高程基准。对首级网点、首级加密网点和全桥高程贯通测量，应采用不低于国家二等水准测量的精度进行联测；对一级和二级加密网点，应采用不低于国家三等水准测量的精度进行联测。先行施工桥墩的高程控制宜采用 GPS 测量，其间的其他桥墩、桥塔及上部结构可根据跨海贯通测量的成果，采用常规的高程测量方法进行测量。采用 GPS 高程测量时应符合下列规定：

1）宜选用与桥位区大地水准面较密合的重力场模型，根据高程联测结果，采用曲面拟合法，求取先行施工桥墩或海中暂时无法进行水准测量的 GPS 测量点的高程异常值和正常高。当跨海水准贯通测量完成后，应根据贯通测量成果对正在施工桥墩的 GPS 高程值进行修正。

2）采用拟合法求得的 GPS 测量点的正常高，在其精度情况得到确认后可代替三等以下精度的水准测量或三角高程测量。

（4）采用GPS实时动态测量系统（RTK）进行宽阔水域、海上桥梁工程的定测和施工放样测量时，基准站的设置及测量方法宜符合所用产品的相应技术规定，测量精度应满足《公路桥涵施工技术规范》（JTG/T F50—2011）的要求。

**5. 桥涵工程施工放样测量的规定**

（1）桥涵工程施工放样测量时，应对桥涵各墩台的控制性里程桩号、基础坐标、设计高程等数据进行复核计算，确认无误后再施测。

（2）施工放样测量需设置临时控制点时，其精度应符合相应等级的精度要求，并应与相邻控制点闭合。

## ××大桥施工测量方案

一、工程概况

某大桥起点桩号为K0+000，终点桩号为K1+645。从起点至终点，路线大体呈南北走向。本合同段路线长1.645 km，本大桥建设项目属一级公路兼城市主干道，技术标准、工程规模遵照初步设计审查意见要求执行。主要工程数量见表2—2—6。

**表2—2—6　　主要工程数量**

| 编号 | 项目 | 单位 | 本合同段工程数量 | 备注 |
|---|---|---|---|---|
| 1 | 路线里程 | km | 1.645 | |
| 2 | 计价路基土石方 | 1 000 $m^3$ | 422.325 | 含互通 |
| 3 | 路基防护及排水 | 1 000 $m^3$ | 11.291 | 含互通 |
| 4 | 特大桥 | m/座 | 1 106/1 | 含互通 |
| 5 | 大桥 | m/座 | 365/2 | 含互通 |
| 6 | 中桥 | m/座 | 30/1 | 含互通 |
| 7 | 涵洞 | 道 | 7 | 含互通 |
| 8 | 互通式立体交叉 | 处 | 1 | |

二、施工控制

1. 施工控制测量等级

本标段首级控制点为GPS定位控制点，导线点编号分别为DD10、E006、GPS1、GPS2、GPS3、GPS4，共6个导线点及水准点，由设计院提供。

本大桥建设项目属一级公路兼城市主干道，施工控制测量等级为三等一级，控制点高程采用三等水准测量。

2. 加密导线点

设计方提供的首级控制点较稀散，为了便于施工测量控制，将在全线恰当地段增设加密导线点。

(1) 加密导线点选点的要求

相邻边长平均不宜超过350 m，个别边长不宜短于100 m，长边与短边距离比控制在1∶3。

点位应选在不易发生沉降变形的地方。点位应避开工程施工范围。

(2) 导线点加固

导线点采用高标号混凝土浇筑加固，确保牢固、稳定，如图2—2—1所示为加密导线点埋石情况。

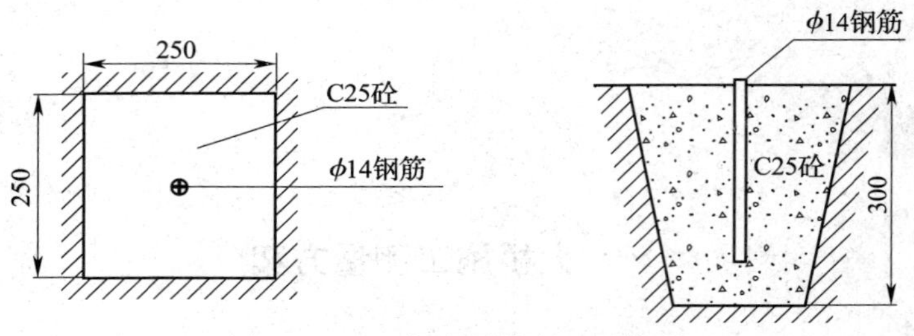


图2—2—1 加密导线点埋石情况

(3) 导线点等级精度要求

导线点等级精度按照国家标准《工程测量规范》(GB 50026—2007)的规定执行，导线测量的主要技术要求见表2—2—7，水准测量的主要技术要求见表2—2—8。

表2—2—7 导线测量的主要技术要求

| 等级 | 导线长度(km) | 平均边长(km) | 测角中误差(") | 测距中误差(mm) | 测距相对中误差 | 测回数 | | | 方位角闭合差(") | 导线全长相对闭合差 |
|---|---|---|---|---|---|---|---|---|---|---|
| | | | | | | 1"级仪器 | 2"级仪器 | 6"级仪器 | | |
| 三等 | 14 | 3 | 1.8 | 20 | 1/150 000 | 6 | 10 | — | $3.6\sqrt{n}$ | ≤1/55 000 |
| 四等 | 9 | 1.5 | 2.5 | 18 | 1/80 000 | 4 | 6 | — | $5\sqrt{n}$ | ≤1/35 000 |
| 一级 | 4 | 0.5 | 5 | 15 | 1/30 000 | — | 2 | 4 | $10\sqrt{n}$ | ≤1/15 000 |
| 二等 | 2.4 | 0.25 | 8 | 15 | 1/14 000 | — | 1 | 3 | $16\sqrt{n}$ | ≤1/1 000 |

表2—2—8 水准测量的主要技术要求

| 等级 | 每千米高差全中误差(mm) | 路线长度(km) | 水准仪型号 | 水准尺 | 观测次数 | | 往返较差、附合或环线闭合差 | |
|---|---|---|---|---|---|---|---|---|
| | | | | | 与已知点联测 | 附合或环线 | 平地(mm) | 山地(mm) |
| 三等 | 10 | ≤16 | DS3 | 双面 | 往返各一次 | 往测一次 | $20\sqrt{L}$ | $6\sqrt{L}$ |

三、复测加密测量方案

高程控制网复测按三等水准测量的技术要求执行，逐点复测相邻水准点之间的高差，通过复测高差和设计高差的对比分析，确认高程控制点是否发生显著沉降，是否满足后续施工测量要求。同时，高程控制网复测时，水准线路必须联测到深埋水准点上，以检验深埋水准点是否发生显著沉降。

测量时，前后视距差及前后视距累积差必须符合表2—2—8的相关规定，减少水准仪 $i$ 角对高差观测的影响，作业前及作业过程中检查 $i$ 角均应不超过15″；水准尺须采用辅助支撑进行安置，测量转点应安置尺垫，尺垫选择安放在坚实的地方并踩实，以防尺垫的下沉。

水准线路采用往返观测，并沿同一路线进行。每一测段均采用偶数站结束，往返观测在一日的不同时间段进行，由往测转为返测时，互换前后尺再进行观测。

跨河三角高程测量跨河水准的点位选取除要符合常规的选点要求外，还需满足以下要求：跨河的地点应尽可能选择在江河的狭窄处，以减弱气差等误差的影响。采用智能型全站仪（天宝S3）测距三角高程法进行对向跨河高程测量。河两侧四点组成平行四边形，在不同的时间段内，分别按照国家规范观测 *BC* 测段、*BD* 测段、*AC* 测段、*AD* 测段，如图2—2—2所示。

观测数据采用仪器内置储存器记录，并转换成电子手簿。

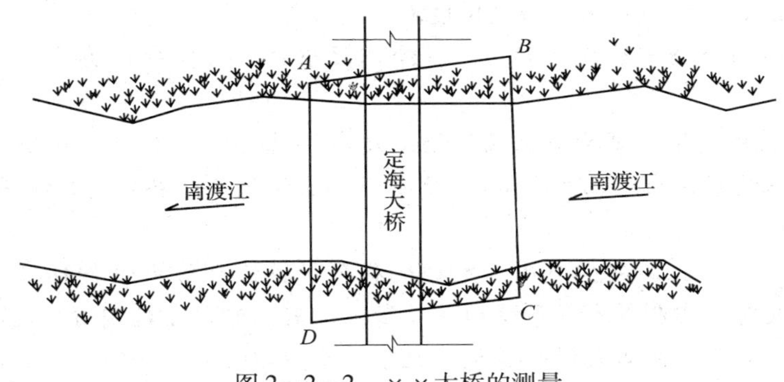


图2—2—2　××大桥的测量

1. 精度分析

水准测量作业结束后，每条水准路线应按测段往返测高差不符值。

计算每千米水准测量偶然中误差 $M_\Delta$，每公里水准测量偶然中误差 $M_\Delta$ 按下式计算：

$$M_\Delta = \pm\sqrt{\frac{1}{4n}\left[\frac{\Delta^2}{R}\right]}$$

式中　$\Delta$——测段往返测（或左右路线）高差不符值，mm；

$R$——测段长度，km；

$n$——测段数。

2. 点位沉降分析

对比复测高差与设计高差，其高差较差应符合表2—2—8的规定。

测段高差之差须小于6 mm，对不满足要求的高程控制点，应分析相邻高差，以确定该点位是否发生显著沉降，若发生显著沉降，则须调整相邻高程控制点的高程值。

3. 资料整理表格

本项目采用的资料整理表格见表2—2—9、表2—2—10。

表2—2—9　　复测高差统计表

| 序号 | 起点 | 终点 | 距离 $L$（m） | 往测高差（m） | 返测高差（m） | 往返测高差较差（mm） | 限差 $4\sqrt{L}$（mm） | 合限状态 |
|---|---|---|---|---|---|---|---|---|
| 1 | | | | | | | | |

表2—2—10　　与设计高差比较表

| 起点 | 终点 | 距离 $L$（km） | 复测高差（m） | 设计高差（m） | 与设计比较较差（mm） | 限差 $6\sqrt{L}$（mm） | 合限状态 |
|---|---|---|---|---|---|---|---|
| | | | | | | | |

四、桥梁施工测量

1. 钻孔桩施工定位放样

（1）根据曲线要素计算复核相关桩位坐标并做好记录。现场安置全站仪建立测站，精确定向，确定桩中心，做好标记，向现场技术员及负责人进行交接桩。

（2）根据已定桩位在周边埋设护桩，并绘制每个护桩与桩中心的关系图（绘制平面示意图并标明尺寸、方向）。

（3）安装钻孔桩的钢护筒时应根据现场地质条件选择护筒长度，护筒埋设要垂直且中心与桩位重合，护筒顶露出地面500 mm，周围用黏土填筑并分层夯实，测量护筒顶的高程，供检测孔深和桩底高程时使用。

（4）在钻孔桩冲孔施工过程中应不定期地利用护桩检查桩中心与钻心是否重合，如发现桩位偏移，应及时组织测量人员尽快纠正。灌注混凝土时严格控制桩底及桩顶高程。每根桩施工完毕，应复测各桩中心实际位移量，此项限差为40 mm。

（5）钢筋笼定位。首先下放钢筋笼前应对钻孔桩中心进行复测，同时校正护桩位置，保证钻孔桩中心正确，钢筋笼分节吊装焊接时利用线锤保证钢筋笼垂直度，并能满足设计尺寸要求。在下放钢筋笼过程中利用护桩卷尺经常量测钢筋笼中心位置偏差并进行纠偏，钢筋笼下放到位后检查钢筋笼顶面偏差并纠偏定位到桩中心位置，钢筋笼就位后焊接固定到护筒上，防止浇筑混凝土过程中出现移位和上拱现象。

2. 基础承台、墩柱施工定位放样

（1）承台基坑开挖时，随时进行测量放线，测量坑底高程，确保基坑不超挖，并做好基坑底面平整度的控制，进行混凝土垫层施工。

（2）在已施工的混凝土垫层上将各承台、墩柱的切向和法向中心线测设于基坑垫层面和基坑顶的稳定位置，然后根据施工图给定的承台和墩柱的平面几何尺寸，用墨线标定出承台边线和墩柱预埋钢筋位置，供承台模板、钢筋及墩柱钢筋安装定位时使用。

（3）当承台混凝土浇筑完成后，在承台上测设出墩柱切线、法线对称线，并在承台面上用墨线标定出墩柱外边线，供墩柱模板安装时使用。

（4）在进行墩柱模板安装时，应使其两个方向垂直度偏差符合规范要求，其检测方法可用悬吊铅垂线法、全站仪坐标法复核，确保墩身垂直度与设计相符。

（5）墩身施工测量控制

施工测量控制的目的是使墩身的施工状态最大限度接近设计要求。

测量控制方法除满足必要的精度要求外，还必须做到相互验试万无一失，以确保墩身施工质量。测量控制方法能与施工方法密切配合，不但要求测量定位快、准，而且指导模板调整的方法要直观和迅速。

1）墩身施工测量控制要求。墩身施工对测量控制的技术要求见表2—2—11，同时要求简化测量控制的程序，尽可能缩短其定位的时间，以提高施工的工效。

**表2—2—11　　墩身施工对测量控制的技术要求**

| 项目 | | 检查项目 | 规定值或允许偏差 |
|---|---|---|---|
| 平面定位 | 1 | 施工的墩身中心线与设计的位置偏差度 | 4 mm |
| | 2 | 墩身中心线与桥轴线 | 平行及垂直 |
| 高程定位 | 3 | 墩顶高程 | ±4 mm |

2）建立墩身施工控制网。为了控制本项目墩身施工的位置，保证墩身之间的横向距离和纵向跨径符合设计要求，首先建立控制范围包括全桥在内的首级平面和高程控制网，作为本标段墩身施工的绝对基准控制网。此外，首级控制网还可作为墩身和承台沉降变形监测的基准网。

3）墩身施工测量控制方法

①铅垂线控制法。对于高度较低处的墩身，利用悬吊锤球的方法来控制墩身的平面位置及垂直度。

②全站仪极坐标控制法。对相对较高的墩身，采用全站仪极坐标法来控制其平面位置。具体做法如下：

先计算出墩顶一定高度处控制点设计坐标，再利用已经建立起来的控制网，把全站仪架设在适当的控制点上（“适当”是指距离近、通视良好的控制点），把反射镜架设在待定的墩身断面控制点上，测量该点的坐标并与其设计坐标进行比较，若两者符合在±15 mm以内，则该点可认为已定位在设计的位置上；否则，应根据其$\Delta X$、$\Delta Y$对模板进行调整并重新测量其坐标，直到满足要求为止。

4）高程定位。墩身高程定位可采用检定过的30 m钢尺，先用悬挂钢尺水准测量的方法来测定，再以控制网为基准用三角高程间接法对墩身高程进行复核，经过用极坐标定位法、铅垂线控制法、悬挂钢尺水准测量和三角高程间接法分别对墩身进行平面和高程定位，其精度均可满足墩身施工对测量控制的技术要求。

5）相邻墩柱之间跨距控制。施工放样前，做好墩柱中心线的坐标计算、复核，确保准确。在墩柱中心点位放样完成后，采用钢尺测量墩柱之间的跨距，检查其是否符合设计跨距。

3．桥梁支座垫石施工定位放样

（1）依据设计施工图给定的支座在墩柱顶、帽上的平面位置几何尺寸及其与墩柱的几何关系，计算出各支座的中心点坐标，并标定在墩柱、帽梁上（支座中心及切线、法线轴线），供支座垫石施工及支座安装定位。

（2）支座垫石及支座顶面高程和平整度控制。在进行支座垫石施工时，利用水准仪严格控制支座垫石的高程及平整度（四角点和中心的设计高程及相对高差）符合设计及规范要求，使支座安装就位后顶面高程与设计高程一致。

4. 支架预压及监控验收

为了对箱梁现浇支架（满堂架及膺架）进行承载检验，消除支架的非弹性变形并获得弹性变形值，以便调整预拱度，底模铺设完毕必须对整个支架系统进行超载预压。根据规范要求，堆载预压按照每跨箱梁施工荷载的1.2倍进行超载预压，预压材料采用砂袋，并模拟实际荷载的分布情况进行堆放。

预压观测点每跨横桥向布置七个断面（1/6跨中、1/3跨中、1/2跨中、墩柱内侧各一个断面），每个断面左、中、右各布置一个点。采用水准仪在每次荷载变化前后测量各点高程并计算高程变化值。

加载需分级进行，分别为30%、70%、100%、120%。每级加载之间时间间隔最小为1 h，并对监测点进行高程变化的测量。加载至120%后宜每6 h测量一次变形值，需等待监测点沉降稳定后，即最后两次沉落量平均值之差小于1 mm时，方允许卸载。特别注意卸载时也需对各级阶段进行高程测量（满堂架法需对地基进行对应沉降观测，地基不同，观测时间也应适当调整）。

卸载完毕，绘制各监测点高程变化曲线，计算支架的弹性变形和非弹性变形值。

根据设计图样给出的考虑混凝土收缩及徐变而引起的挠度，以及预压监测得出支架弹性变形，设置预拱度。

在压载及施工过程中利用全站仪进行支架的整体位移与高程沉降监测，发现异常立即停止现场一切作业（当发现变形量不收敛时，则应立即采取卸载或紧急撤离等措施确保安全），查明原因并制定对策后再行作业，以确保施工支架安全、稳固。

5. 连续梁的施工测量控制

（1）连续梁支座的控制

1）进行支座垫石施工前应根据图样尺寸及其与墩柱的几何关系，用坐标放样标定支座设计中心位置，准确确定预埋锚栓的位置，施工时用水准仪严格控制支座垫石的高程及平整度（四角点和中心的设计高程及相对高差），使其设计与实测高程不大于±10 mm，相对高差不大于±1 mm。

2）支座安装的控制。支座安装前，先在支座垫石上标定支座设计中心线，并用墨线标定支座轮廓线及支座对称轴线，安装时严格控制，使支座中心对称轴线与垫石上所标注的设计中心线重合，固定支座用水准仪控制支座实际高程及平整度达到设计及规范要求。

3）支座上钢板的安装与控制。利用钢尺平分钢板，标出钢板中心及对称轴线，在安装时，使支座垫石、支座及预埋钢板中心重合，预埋钢板与支座上座板紧密结合，并控制其方向和平整度。

（2）0# ~1#块的施工测量控制

1）底模

①平面位置的控制。在底模上利用坐标定出各个角点、变坡点及轴线位置，沿边线裁去多余模板，保证梁体的结构尺寸。

②高程控制。根据结构物几何尺寸推算设计高程（考虑沉降量满足要求一般为15 ~ 20 mm），用水准仪控制高程，反复调整底模高度，直至加固底模支撑。

2）侧模及翼板

①平面位置的控制。安装侧模（侧模、翼板模为一体），使侧模紧密靠紧底模边缘（侧模包底模），先利用吊垂线法对侧模进行垂直度控制，然后再采用坐标法控制侧模拐角点及翼板模角点的平面位置，两种方法同时使用、反复操作，直至达到要求。

②高程控制。用水准仪对侧模、翼板模拐角点进行控制，在此过程中还应用全站仪对平面位置进行复核，以免在高程控制中影响平面位置发生变化，采用水准仪与全站仪配合使用对高程和平面位置同时控制（高程应考虑沉降）。

3）梁顶混凝土面的高程控制。在顶板和翼板上按一定间距竖向布置钢筋头并推算出每个钢筋头位置梁顶混凝土面的设计高程（考虑预抛高），再用水准仪控制并标定出混凝土面的设计高程在钢筋上的位置，最后用焊水平筋的方法来控制混凝土面的高程和平整度。

（3）挂篮施工测量控制

挂篮施工测量控制，在每个节段施工时都要准确确定预埋件的平面位置，为下个节段挂篮施工的滑移及锚固做准备，底模（钢模）同样采用坐标来控制底模上每个节段的角点和中线，同时控制其与前一节段相接处的平面位置，保证线形圆顺。高程同样考虑预抛高。其余侧模、翼板模及顶面混凝土的测量控制与0# ~1#块一样，反复多次控制，直到满足要求为止。

6. 桥面施工定位放样

施工前对梁顶混凝土面的平整度进行复测。先用全站仪确定待测点的平面位置，然后推算各个点位的设计高程，利用水准仪控制其实际与设计的偏差，对超出设计及规范要求的点采取必要措施及时处理，保证下步工序的正常施工。

## 思考与练习

### 一、填空题

1. 对控制网（点）的定期复测周期应不超过________个月。

2. 某单跨桥梁跨径为200 m，其高程控制测量等级应采用__________。

3. 宽阔水域和海上桥梁工程的施工测量宜采用______________测量。

### 二、简答题

1. 简述宽阔水域和海上桥梁工程施工测量的规定。

2. 简述基础承台、墩柱施工的定位放样步骤。

# 模块三

# 桥梁基础施工

## 课题一　沉入桩基础施工

- ◆ 了解沉入桩基础施工的工艺流程。
- ◆ 熟悉钢筋骨架制作的工艺要求和质量标准。
- ◆ 熟悉沉入桩预制的工艺要求和质量标准。
- ◆ 了解桩的吊运、存放及运输要求。
- ◆ 掌握沉入桩的施工方法、主要机具和设备及施工工艺。

某座大桥的桩基础采用沉入桩基础施工，如图3—1—1所示。你知道什么是沉入桩吗？你了解沉入桩基础的施工工序吗？

按施工方法的不同，桩基础施工的基本形式可分为沉入桩和灌注桩。

沉入桩的施工是将各种预制好的桩（主要是预制钢筋混凝土桩或预应力混凝土桩或钢管桩，也有钢桩或木桩）以不同的沉入方式沉至地基内，达到所需要的深度。它适用于一般土地基，但较难沉入坚实的地基。沉桩有明显的排挤土体作用，必须考虑对邻近结构的影响。

沉入桩的主要施工工艺流程包括桩的制作、吊运、存放、运输及沉入。

图 3—1—1　大桥沉入桩基础施工

## 一、桩的制作

预制钢筋混凝土桩、预应力混凝土桩及钢管桩等的制作方法各不相同，下面主要介绍预制钢筋混凝土桩的制作。预制桩是按设计要求在地面良好的条件下制作，桩体质量高，大量实现工厂化生产，可加快施工进度。预制钢筋混凝土桩的制作包括钢筋骨架的制作和桩的预制施工。

**1. 材料要求**

用以制作桩的原材料应符合设计要求和《公路桥涵施工技术规范》（JTG/T F50—2011）的规定。外购或自行制作的成品桩均应有出厂合格证明、质量检验等资料。

**2. 钢筋骨架的制作**

钢筋骨架制作的工艺要求见表 3—1—1。

**表 3—1—1　钢筋骨架制作的工艺要求**

| 序号 | 施工工序 | 工艺要求 |
|---|---|---|
| 1 | 材料进场 | ①检查进场材料的牌号、等级、规格和产品外观<br>②检查进场材料的出厂质量合格证书和质量检验报告单<br>③材料入库存放后，应及时对进场材料按规定抽检频率进行验证试验。待检材料应挂牌“待检”，检验合格应挂牌“已检”。不合格的材料应立即退场 |

续表

| 序号 | 施工工序 | 工艺要求 |
| --- | --- | --- |
| 2 | 钢筋的加工  | ①除锈。先将钢筋表面的漆皮、鳞锈等清除干净，带有颗粒状或片状老锈的钢筋不得使用；当除锈后钢筋表面有严重的麻坑、斑点或已伤蚀截面时，应降级使用或剔除不用<br>②调直钢筋。钢筋应平直、无局部弯折，成盘的钢筋和弯曲的钢筋均应调直<br>③加工。钢筋的形状、尺寸应按照设计的规定和规范进行加工。加工后的钢筋表面不应有削弱钢筋截面的伤痕<br>④钢筋的弯制和端部的弯钩应符合设计要求，设计未要求时，应符合《公路桥涵施工技术规范》（JTG/T F50—2011）的规定<br>⑤箍筋的末端应做成弯钩。弯钩的弯曲直径应大于被箍受力主钢筋的直径，且 HPB235 级钢筋应不小于箍筋直径的 2.5 倍，HRB335 级钢筋应不小于箍筋直径的 4 倍。弯钩平直部分的长度，一般结构应不小于箍筋直径的 5 倍；有抗震要求的结构，应不小于箍筋直径的 10 倍 |
| 3 | 钢筋的连接  | ①钢筋的连接宜采用焊接接头或机械连接接头。绑扎接头仅当钢筋构造复杂且施工困难时方可采用，绑扎接头的钢筋直径不宜大于 28 mm，对轴心受压和偏心受压构件中的受压钢筋不大于 32 mm<br>②钢筋混凝土桩的主筋宜采用整根钢筋，如需接长时，宜采用对焊连接或机械连接，接头应相互错开，在桩尖、桩顶各 2 m 长范围内的主筋不应有接头<br>③箍筋或螺旋筋与纵筋的交接处宜采用点焊焊接；当采用矩形绑扎筋时，箍筋末端应为 135°弯钩或 90°弯钩加焊接；桩两端的加密箍筋均应采用点焊焊成封闭箍 |
| 4 | 钢筋的绑扎与安装  | ①安装钢筋。钢筋的级别、直径、根数、间距等应符合设计的规定；当钢筋过密影响到混凝土浇筑质量时，应及时与设计人员协商解决<br>②钢筋的绑扎。钢筋的交叉点宜采用直径为 0.7～2.0 mm 的铁丝扎牢，必要时可采用点焊焊牢。绑扎宜采取逐点改变绕丝方向的 8 字形方式交错扎结，对直径 25 mm 及以上的钢筋，宜采取双对角线的十字形方式扎结。结构或构件拐角处的钢筋交叉点应全部绑扎；中间平直部分的交叉点可交错绑扎，但绑扎的交叉点宜占全部交叉点的 40% 以上。绑扎钢筋时，除设计有特殊规定者外，箍筋应与主筋垂直。绑扎钢筋的铁丝头不应进入混凝土保护层内<br>③钢筋与模板间应设置垫块。混凝土垫块应具有足够的强度和密实性；采用其他材料制作垫块时，除应满足使用强度的要求外，其材料中应不含有对混凝土产生不利影响的成分。垫块的厚度不应出现负误差，正误差应不大于 1 mm |

续表

| 序号 | 施工工序 | 工艺要求 |
|---|---|---|
| 5 | 钢筋骨架的检验 | ①钢筋骨架制作完成后应及时进行自检，并通知监理验收，检验合格后方可使用。每一套钢筋骨架制作后都需要挂标牌并标示出合格、待检或不合格三种情况<br>②预制桩钢筋骨架的施工质量应符合表3—1—2的规定 |

表3—1—2　　预制桩钢筋骨架施工质量标准　　mm

| 项目 | 允许偏差 |
|---|---|
| 纵向钢筋间距 | ±5 |
| 箍筋间距或螺旋筋螺距 | ±10 |
| 纵向钢筋保护层厚度 | ±5 |
| 桩顶钢筋网片位置 | ±5 |
| 桩尖纵向钢筋位置 | ±5 |

### 3. 沉入桩的预制

沉入桩预制的工艺要求见表3—1—3。

表3—1—3　　沉入桩预制的工艺要求

| 序号 | 施工工序 | 工艺要求 |
|---|---|---|
| 1 | 材料进场 | 对预制桩采用的水泥、集料、水、外加剂、钢筋、模板等材料进行检验。材料应符合设计要求和《公路桥涵施工技术规范》（JTG/T F50—2011）的规定 |

续表

| 序号 | 施工工序 | 工艺要求 |
|---|---|---|
| 2 | 安装模板 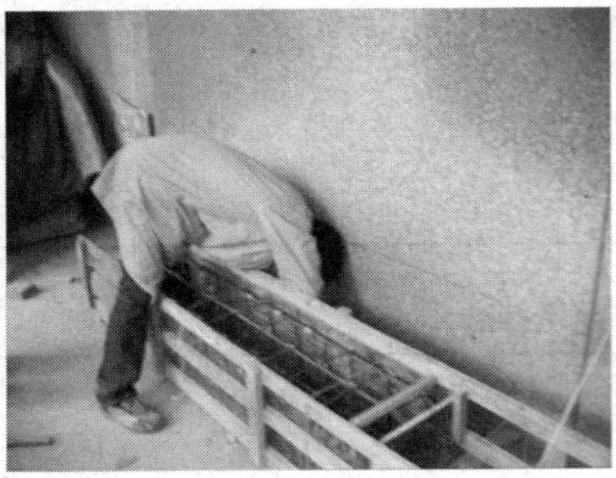 | ①制作模板。模板宜采用钢材、胶合板或其他适宜的材料制作。如采用钢模板，钢模板应按批准的加工图样进行制作，成品经检验合格后方可使用；组装前应对零部件的几何尺寸和焊缝进行全面检查，合格后方可进行组装；面板变形及整体刚度应符合规范规定。如采用木模板，木模板与混凝土接触的表面应刨光且应保持平整；木模板的接缝可制作成平缝、搭接缝或企口缝，当采用平缝时，应有防止漏浆的措施；转角处应加嵌条或做成斜角<br>②涂刷隔离剂。在模板与混凝土的接触面上涂刷隔离剂，不得采用废机油等油料，且不得污染钢筋及混凝土的施工缝<br>③模板按设计要求准确就位<br>④模板在安装过程中，必须设置防倾覆的临时固定设施<br>⑤安装侧模板时支撑应牢固，防止在浇筑混凝土时模板产生移位<br>⑥固定在模板上的预埋件和预留孔洞均不得遗漏，安装应牢固，位置应准确<br>⑦检测安装精度。安装完的模板，其尺寸、平面位置和顶部高程等应符合设计要求，节点联系应牢固。安装精度符合规范规定 |
| 3 | 制作钢筋骨架 | 见表3—1—1 |
| 4 | 拌制混凝土  | ①混凝土的配料宜采用自动计量装置<br>②混凝土应采用机械拌制。拌制时，从全部材料装入搅拌筒开始搅拌至开始出料的最短搅拌时间应按搅拌机产品说明书的要求并经试验确定<br>③混凝土拌和物应搅拌均匀，颜色一致，不得有离析和泌水现象。在施工现场集中拌制的混凝土，应检测拌和物的均匀性。在搅拌机的卸料过程中，从卸料流的1/4～3/4之间部位取试样进行试验，试验结果应符合规范规定<br>④拌和物的检测。混凝土搅拌完毕，应按要求检测混凝土拌和物的各项性能<br>⑤混凝土拌和物坍落度及其损失性能的检测，宜在搅拌地点和浇筑地点分别取样检测，每一工作班或每一单元结构物应不少于两次，评定时应以浇筑地点的测量值为准。当混凝土拌和物从搅拌机出料起至浇筑入模时间不超过15 min时，其坍落度可仅在搅拌地点取样检测。必要时，还需对工作性能、泌水率及含气量等混凝土拌和物的其他指标进行检测 |

续表

| 序号 | 施工工序 | 工艺要求 |
|---|---|---|
| 5 | 运输混凝土  | ①混凝土的运输宜采用搅拌运输车，或在条件允许时采用泵送方式输送，采用吊斗或其他方式运输时，运距不宜超过100 m且不得使混凝土产生离析现象<br>②运输能力应与混凝土的凝结速度和浇筑速度相适应，应保证浇筑工作不间断且混凝土运到浇筑地点时仍能保持其均匀性和规定的坍落度<br>③采用搅拌运输车运输混凝土时，途中应以2～4 r/min的慢速进行搅动，卸料前应以常速再次搅拌。运至浇筑地点后如发生离析、泌水或坍落度不符合要求时，应进行第二次搅拌，二次搅拌不宜任意加水，确有必要时，可同时加相应的胶凝材料和外加剂并保持其原水胶比不变，二次搅拌仍不符合要求时，则不得使用<br>④采用泵送方式运输混凝土时，混凝土的供应应能保证泵的连续工作，泵送的间歇时间不宜超过15 min。在泵送过程中，受料斗内应具有足够的混凝土，以防吸入空气产生阻塞。输送管应顺直，转弯处应圆缓，接头应严密、不漏气。向低处泵送混凝土时应采取必要的措施，防止混凝土离析或堵塞输送管 |
| 6 | 浇筑混凝土  | ①每根或每节桩的混凝土应由桩顶向桩尖方向连续浇筑，因故中断间歇时，其间歇时间应小于前层混凝土的初凝时间或能重塑的时间，不得留施工缝<br>②卸料。卸料时应防止混凝土的离析，其自由倾落高度不宜超过2 m；超过2 m时，应通过串筒、溜管（槽）或振动溜管（槽）等设施下落；倾落高度超过10 m时，应设置减速装置<br>③混凝土的振捣。采用振动器振捣时，插入式振动器的移位间距应不超过振动器作用半径的1.5倍，与侧模应保持50～100 mm的距离，且插入下层混凝土中的深度宜为50～100 mm；表面振动器的移位间距应使振动器平板能覆盖已振实部分不小于100 mm；附着式振动器的布置距离应根据结构物的形状和振动器的性能通过试验确定；每一振点的振捣延续时间宜为20～30 s，以混凝土停止下沉、不出现气泡、表面呈现浮浆为止<br>④混凝土的整型。在混凝土整型过程中，禁止在混凝土面洒水和撒水泥<br>⑤在环境相对湿度较低、风速较大的条件下浇筑混凝土时，应采取适当的措施防止混凝土表面过快失水<br>⑥浇筑混凝土期间，应随时检查支架、模板、钢筋和预埋件等的稳固情况，并应及时填写混凝土施工记录 |

续表

| 序号 | 施工工序 | 工艺要求 |
| --- | --- | --- |
| 7 | 养护混凝土及拆模  | 养护：<br>①混凝土浇筑完成后，应在其收浆后及时覆盖并洒水（或喷洒养护剂）保湿养护，并应在桩上标明编号、浇筑日期和吊点位置，同时应填写制桩记录<br>②混凝土洒水保湿养护时间应不少于 7 天，对重要工程或有特殊要求的混凝土，应根据环境、水泥品种、掺外加剂等情况延长养护时间，并使混凝土表面始终保持湿润状态<br>③当气温低于 5℃时，应采取保温养护的措施，不得向混凝土表面洒水<br>拆模：<br>①模板的拆除期限和拆除程序等应严格按施工图样设计的要求进行；若无相关要求，则按结构物特点、模板部位和混凝土所应达到的强度要求决定。拆模时不得损伤混凝土结构<br>②非承重侧模板应在混凝土抗压强度达到 2.5 MPa，且能保证其表面棱角不致因拆模而受损坏时方可拆除<br>③钢筋混凝土结构的承重模板应在混凝土强度能承受其自重及其他可能的叠加荷载时方可拆除<br>④在低温、干燥或大风环境下拆除模板时应采取必要的措施，防止混凝土表面产生裂缝，预制桩拆模后，如未达养护时间，应继续覆盖并洒水（或喷洒养护剂）保湿养护 |

**4. 预制桩制作的质量标准**

预制钢筋混凝土桩和预应力混凝土桩的制作质量应符合表 3—1—4 的规定；采用法兰盘接头的预制桩，其法兰盘制成后的允许偏差应符合表 3—1—5 的规定。同时应符合下列规定：

（1）钢筋混凝土桩的横向收缩裂缝宽度不得大于 0.2 mm，深度不得大于 20 mm，裂缝长度不得大于 1/2 桩宽；预应力混凝土桩不得有裂缝。

（2）桩的表面出现蜂窝麻面时，其深度不得大于 5 mm，每面的蜂窝麻面面积不得超过该面总面积的 0.5%。

（3）有棱角的桩，棱角破损深度应在 5 mm 以内，且每 10 m 长的边棱角上只能有 1 处破损，1 根桩边棱破损的总长度不得大于 500 mm。

（4）预制桩出场前应进行检验，出场时应具备出场合格检验记录。

表 3—1—4 预制钢筋混凝土桩和预应力混凝土桩的制作质量标准

| 项目 | | 允许偏差 |
| --- | --- | --- |
| 混凝土强度（MPa） | | 在合格标准内 |
| 长度（mm） | | ±50 |
| 横断面 | 桩的边长（mm） | ±5 |
| | 空心桩空心（管心）直径（mm） | ±5 |
| | 空心中心与桩中心偏差（mm） | ±5 |
| 桩尖对桩纵轴线偏差（mm） | | 10 |
| 桩轴线的弯曲矢高（mm） | | 桩长的 0.1%，且不大于 20 |
| 桩顶面与桩纵轴线的倾斜偏差（mm） | | 1% 桩径或边长，且不大于 3 |
| 接桩的接头平面与桩轴平面垂直度（%） | | 0.5 |

表 3—1—5 法兰盘的允许偏差 mm

| 项目 | 允许偏差 |
| --- | --- |
| 法兰盘顶面任意两点高差 | ≤2 |
| 螺栓孔中心对法兰盘中心径向偏差 | ±0.5 |
| 法兰盘顺圆周相邻两孔间距偏差 | ±0.5 |
| 法兰盘顺圆周任意不相邻两孔间距偏差 | ≤1 |

## 二、桩的吊运、存放及运输

**1. 桩的吊运要求**

（1）桩身混凝土强度应符合设计规定，否则应经验算确认。

（2）吊桩时，桩身上的吊点位置距设计规定位置的允许偏差应不超过 ±20 mm，并应使各吊点同时均匀受力。

（3）吊点处应采取适当措施进行保护，避免绳扣或桩角的损伤。

**2. 桩的存放要求**

（1）桩的存放场地应平整、坚实，不应有不均匀沉降，且场地应有防水和排水设施。

（2）堆放时应设置垫木，支垫位置宜按设计吊点位置确定，其偏差不宜超过200 mm。

（3）多层堆放时，各层垫木应位于同一垂直面上，且层数不宜超过 3 层。

**3．桩的运输要求**

（1）应采用多支垫堆放，垫木应均匀放置且其顶面应在同一平面上。

（2）桩的堆放形式应使装载工具在装卸和运输过程中保持平稳。

（3）采用驳船装运时，对桩体应采取加撑和系掷等措施，防止在风浪的影响下发生倾斜；对管桩应采用特殊支架进行固定，防止其滚动和坠落。

## 三、桩的沉入

**1．沉入桩的施工方法**

各种沉入桩施工方法的含义及适用条件见表3—1—6。

**表3—1—6　沉入桩施工方法的含义及适用条件**

| 施工方法 | 含义 | 适用条件 |
| --- | --- | --- |
| 锤击沉桩 | 锤击沉桩是指利用桩锤下落时的瞬时冲击机械能克服土体对桩的阻力，使其静力平衡状态遭到破坏，导致桩体下沉，达到新的静压平衡状态，如此反复地锤击桩头，桩身也就不断下沉的施工 | 预制桩最常用的沉桩方法，一般适用于中密砂类土、黏性土。施工时有挤土、噪声和振动等，不适用于城市中心或夜间施工 |
| 振动沉桩 | 振动沉桩是指在桩上刚性连接振动锤，形成振动体系，由锤内几对轴上的偏心块相对旋转产生振动力，使振动体系上下振动，强迫与桩接触的土层相应振动，使土层强度下降，阻力减小，从而使桩在振动体系压重作用下沉入土中的施工 | 主要适用于砂性土和黏性土 |
| 射水沉桩 | 射水沉桩是锤击沉桩的一种辅助方法。利用高压水流经过桩侧面或空心桩内部的射水管冲击桩尖附近的土体，进行沉桩的施工 | 当锤击沉桩有难度时，可采用射水锤击沉桩。一般适用于砂类土、碎石类土、黏性土和粉土、湿陷性黄土（设计有特殊规定时）。在砂类土、碎石类土中，以射水为主，锤击配合；在黏性土和粉土中，以锤击为主；在湿陷性黄土地层中采用射水沉桩时，应按设计要求进行 |
| 静力压桩 | 静力压桩是利用静压力（压桩机自重及配重）将预制桩逐节压入土中的压桩方法 | 适用于软弱土层或邻近有怕震动的建筑物处。该法节约钢筋和混凝土，降低工程造价，且施工时无噪声、无振动、无污染，对周围环境的干扰小 |

**2. 主要机具和设备**

沉桩的主要机具和设备见表3—1—7。

**表3—1—7　　沉桩的主要机具和设备**

| 序号 | 机具设备 | 备注 | |
|---|---|---|---|
| 1 | 桩锤 | 坠锤 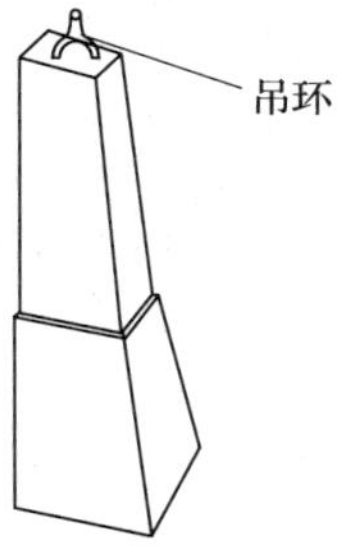<br>吊环 | 单动气锤 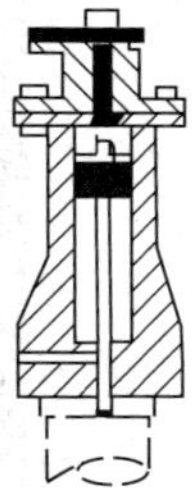 |
| | | 双动气锤 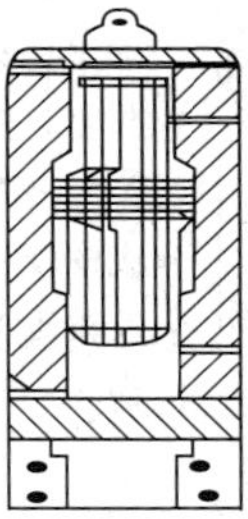 | 柴油锤  |
| | | 液压锤  | 振动锤  |

续表

| 序号 | 机具设备 | 备注 |
| --- | --- | --- |
| 2 | 打桩架 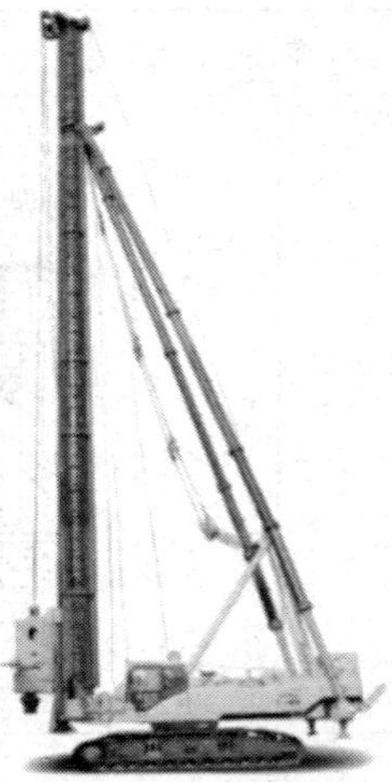 | 打桩架在沉桩施工中除起导向作用外（控制桩锤沿导杆的方向运动），还起到吊锤、吊桩、吊插涉水管等作用（相当于起重机）。桩架可分为自行移动式桩架和非自行移动式桩架，常采用前者 |
| 3 | 桩帽  | 桩帽是为防止打入桩桩头被打坏而在锤和桩之间设置的一种设施。它既要起到缓冲而保护桩顶的作用，又要保持沉桩效率。在桩帽上方（锤与桩帽接触一方）填塞硬质缓冲材料，如橡木、树脂、硬桦木、合成橡胶等，厚150～250 mm，在桩帽下方（桩帽与桩接触一方）应垫以软质缓冲材料，如麻饼（麻编织物）、草垫、废轮胎等，统称为桩垫 |
| 4 | 送桩  | 送桩是指为将桩顶打至地面或水面以下套接在桩顶上传递锤击力的长替打，即在桩和打桩器锤头间的一段传力钢柱。遇到以下情况需要送桩：桩顶的设计高程在导杆以下，此时送桩长度应为桩锤可能达到最低高程与预计桩顶沉入高程之差，再加上适当的富余量 |
| 5 | 射水设备 | 包括水泵、输水管路和射水管等 |

### 3. 施工工艺

沉入桩施工工艺流程如图 3—1—2 所示。

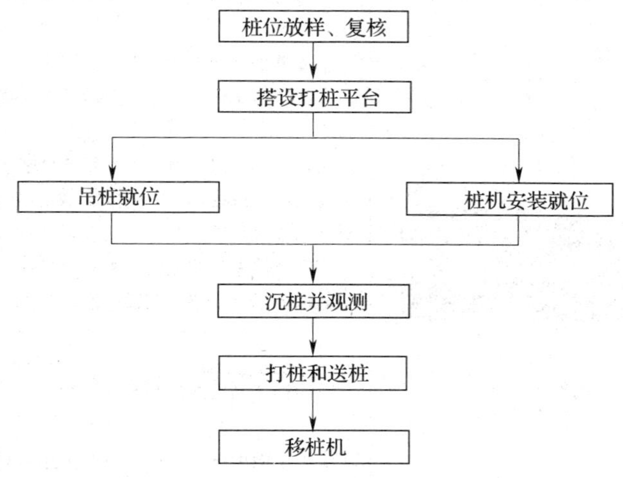


图 3—1—2 沉入桩施工工艺流程

（1）锤击沉桩

锤击沉桩施工工艺见表 3—1—8。

**表 3—1—8　　锤击沉桩施工工艺**

| 序号 | 施工工序 | 工艺要求 |
| --- | --- | --- |
| 1 | 施工前的准备（试桩） | ①除一般的中、小桥工程，其地质不复杂并有可靠的数据和实践经验可不进行试桩外，其他沉桩工程均应在施工前进行工艺试桩和承载力试桩，确定沉桩的施工工艺、技术参数，检验桩的承载力<br>②试桩的数量不宜少于 2 根，且附近应有钻探资料<br>③试桩的规格应与工程桩一致，所用船机应与正式施工相同 |
| 2 | 桩位放样、复核 | ①在陆域或水域建立平面测量与高程测量的控制网点，桩基础轴线的测量定位点应设置在不受沉桩作业影响处<br>②复核计算桩点坐标、设计高程等数据，确认无误后再施测<br>③根据设计图样上标注的桩点，用全站仪准确放样 |

续表

| 序号 | 施工工序 | 工艺要求 |
| --- | --- | --- |
| 3 | 搭设打桩平台  | ①妥善处理地上和地下的障碍物<br>②在旱地沉桩时，可在原地适当平整并填土压实形成工作平台<br>③在浅水中沉桩时，可设置筑岛围堰或固定平台等<br>④在深水或有潮汐影响的水域沉桩时，采用打桩船施打，在宽阔水域宜采用具有 GPS 定位功能的打桩船<br>⑤在风浪条件恶劣的深水水域沉桩时宜采用自升式平台<br>⑥保证场地平整，以适合设备工作 |
| 4 | 沉桩设备的架立和就位 | 按照预先制定的方案架立好设备，需符合相关规定要求 |
| 5 | 沉桩并观测 | ①施工中根据现场地质情况控制桩锤的打击能量，若遇到虚土和软弱土层时，应先关闭油门冷打。若每次贯入度小于 100 mm时，启动桩锤进行锤击<br>②在沉桩过程中必须始终保持桩锤、送桩器帽、桩身中心三者在同一垂直线上，不得偏心锤击，施工过程要求连续，中途不得人为停锤<br>③遇到异常情况，如贯入度突变、桩身倾斜、桩顶碎裂等情况应立即停锤并通知监理部门<br>④桩端入土 3 m 后不得校准垂直度，如发现有偏差，应拔起并回填后重新插入 |
| 6 | 打桩和送桩  | ①施工程序：锤击沉桩→接桩→再锤击沉桩→送桩→收锤<br>②沉桩前，应对桩架、桩锤、动力机械等主要设备的部件进行检查<br>③沉桩顺序。一般由一端向另一端进行，当基础尺寸较大时，宜由中间向两端或四周进行；如桩埋置有深浅，宜先沉深的，后沉浅的；在斜坡地带，应先沉坡顶的，后沉坡脚的；对不同规格的桩，宜先大后小，先长后短<br>④在沉桩的过程中应采用重锤低击，并始终保持锤、桩帽和桩身在同一轴线上<br>⑤锤击沉桩时，应根据地质情况、设计承载力、锤型、桩型和桩长等综合考虑并应符合以下规定：设计桩尖土层为一般黏性土时，应以高程控制。桩沉入后，桩顶高程的允许偏差为 0 ~ 100 mm。设计桩尖土层为砾石、密实砂土或风化岩时，应以贯入度控制。设计桩尖土层为硬塑状黏土或粉细砂时，应以高程控制为主，贯入度作为校核依据 |

续表

| 序号 | 施工工序 | 工艺要求 |
| --- | --- | --- |
| 6 | 打桩和送桩 | ⑥沉桩过程中，若遇到贯入度剧变，桩身突然发生倾斜、移位或有严重回弹，桩顶出现严重裂缝、破碎，桩身开裂等情况时，应暂停沉桩，查明原因，采取有效措施后方可继续沉桩<br>⑦对发生“假极限”“吸入”“上浮”现象的桩，应进行复打<br>⑧桩的连接应符合设计要求和规范规定。在同一墩、台的桩基中，同一水平面内的桩接头数不得超过基桩总数的1/4，但采用法兰盘按等强度设计的接头不受此限制；接桩可采用焊接或法兰盘连接；在宽阔水域沉设的大直径管桩和钢管桩，宜在厂（场）内制作时按设计桩长拼接成整根，不宜在现场连接接长，必须在现场连接时，每根桩的接头数不得超过1个<br>⑨施工时应注意做好施工记录 |

（2）振动沉桩

振动沉桩的施工工艺除打桩和送桩的要求不同外，其余与锤击沉桩的施工工艺相同。振动沉桩施工要求如下：

1）振动沉桩在选锤或换锤时，应验算振动上拔力对桩身结构的影响。

2）施工前应对机械设备进行认真检查，确保其状况良好。振动沉桩机、机座、桩帽应连接牢固，与桩的中心线应保持在同一直线上。

3）沉桩顺序。一般由一端向另一端进行，当基础尺寸较大时，宜由中间向两端或四周进行；如桩埋置有深浅，宜先沉深的，后沉浅的；在斜坡地带，应先沉坡顶的，后沉坡脚的；对不同规格的桩，宜先大后小，先长后短。

4）开始沉桩时，宜利用桩自重下沉或射水下沉，待桩身入土达一定深度并确认稳定后，再采用振动下沉。每一根桩的沉桩作业宜一次完成，不宜中途停顿过久，以避免土的阻力恢复，使继续下沉困难。

5）振动时间经试验确定，一般不宜超过15 min，在有射水配合时，振动时间可适当缩短，一般当振动下沉速度由慢变快时，振动可由快变慢，如下沉速度小于50 mm/min，或桩头冒水、振动很大而桩不下沉时，应停振。

6）振动沉桩时，应以设计规定或通过试桩验证的桩尖高程控制为主，以最终贯入度作为校核依据。

7）沉桩过程中，若遇到贯入度剧变，桩身突然发生倾斜、移位或有严重回弹，桩顶出现严重裂缝、破碎，桩身开裂，振动沉桩机的振幅有异常现象等情况时，应暂停沉桩，查明原因，采取有效措施后方可继续沉桩。

8）桩的连接应符合设计要求和规范规定。在同一墩、台的桩基中，同一水平面内的桩接头数不得超过基桩总数的1/4，但采用法兰盘按等强度设计的接头不受此限制；接桩可采用焊接或法兰盘连接；在宽阔水域沉设的大直径管桩和钢管桩，宜在厂（场）内制作时按设计桩长拼接成整根，不宜在现场连接接长，必须在现场连接时，每根桩的接头数不得超过1个。

9）施工时应注意做好施工记录。

（3）射水沉桩

射水沉桩是锤击法沉桩的一种辅助方法。射水沉桩的施工工艺如下：

1）按照计算长度配好射水管，将各接头连接牢固，装上弯管，并与输水胶管接通，进行通水试验。采用中心射水法沉桩时，应在桩垫和桩帽上留有排水通道；采用侧面射水法沉桩时，射水管应对称设置。

2）将射水管装上导向环，插入即将起吊的桩基。

3）吊插桩基（要注意及时引送输水胶管，防止拉断与脱落），插正并立稳后，压上桩帽及桩锤，暂不解下吊装用钢丝绳，即开启水阀，开始射水冲刷桩尖下的土层，使桩靠自重下沉。

4）射水沉桩时，应根据土质情况随时调节射水压力，控制沉桩速度。初期应控制沉桩速度，避免过快，以免阻塞水嘴，并随时控制和校正桩的方向。

5）桩下沉渐趋缓慢时，可开锤轻击；桩下沉转快时，停止锤击。

6）桩下沉至一定深度（8 ~ 10 m）且桩身稳定后，可解下吊桩用钢丝绳，并逐步加大水压和锤的冲击功能，加快进桩速度。

7）接管接桩停水时，应防止停水导致泥砂涌入桩内而堵塞或卡住射水嘴。

8）当桩尖接近设计高程时（此高程可根据沉桩试验确定的数据及施工情况决定，当缺乏资料时，距设计高程不得小于2 m），应停止射水，拔出射水管，改用锤击，以保证桩的承载力。

9）采用射水锤击沉桩后，应及时将其与邻桩或稳定结构夹紧固定，以防止桩倾斜或移位。

10）施工时应注意做好施工记录。

（4）静力压桩

静力压桩（见图3—1—3）的施工工艺除打桩和送桩的要求不同外，其余与锤击沉桩施工工艺相同。静力压桩施工要求如下：

1）施工前应对机械设备进行认真检查，确保其状况良好。

2）沉桩顺序。一般由一端向另一端进行，当基础尺寸较大时，宜由中间向两端或四周进行；如桩埋置有深浅，宜先沉深的，后沉浅的；在斜坡地带，应先沉坡顶的，后沉坡脚的；对不同规格的桩，宜先大后小，先长后短。

3）每一根桩的沉桩作业宜一次完成，不宜中途停顿过久，以避免产生过大的启动阻力。

图 3—1—3　静力压桩施工

4）当桩尖接近设计高程时，应严格控制压桩进程。

5）若遇到插桩初压时桩尖即有较大走位和倾斜，或沉桩过程中桩身突然发生倾斜或下沉速度加快，或压桩阻力突然剧增或压桩设备倾斜等情况时，应暂停沉桩，查明原因，采取有效措施后方可继续沉桩。

6）桩的连接应符合设计要求和规范规定。在同一墩、台的桩基中，同一水平面内的桩接头数不得超过基桩总数的 1/4，但采用法兰盘按等强度设计的接头不受此限制；接桩可采用焊接或法兰盘连接；在宽阔水域沉设的大直径管桩和钢管桩，宜在厂（场）内制作时按设计桩长拼接成整根，不宜在现场连接接长，必须在现场连接时，每根桩的接头数不得超过 1 个。

7）施工时应注意做好施工记录。

知识拓展

## 水上沉桩

水上沉桩的注意事项如下：

1. 水上沉桩应根据地形、水深、风向、水流和船舶性能等具体情况，充分利用有利条件，使沉桩施工能正常进行，并采取有效措施保证作业安全。

2. 沉桩应设置导向设施，防止桩发生偏移或倾倒。若桩的自由长度较大，应适当增设支点。

3. 采用打桩船沉桩可按交通运输行业标准《港口工程桩基规范》（JTS 167—4—2012）的规定执行。

4. 已沉好的水中桩应采用钢制杆件及时夹桩，将相邻桩连成一体加以防护，并应在水面设置标志。严禁在已沉好的桩上系缆。

## 接　桩

接桩是指由于一根桩的长度达不到设计规定的深度，所以需要将预制桩一根一根地连接起来继续向下打，直至打入设计的深度为止。接桩就是将已打入的前一根桩顶端与后一根桩的下端相连接在一起的过程。

### 4. 施工质量标准

沉桩施工质量标准见表3—1—9。

表3—1—9　　沉桩施工质量标准

| 检查项目 | | | 允许偏差 |
|---|---|---|---|
| 桩位（mm） | 群桩 | 中间桩 | $d/2$，且不大于250 mm |
| | | 外缘桩 | $d/4$ |
| | 单排桩 | 顺桥方向 | 40 mm |
| | | 垂直桥轴方向 | 50 mm |
| 倾斜度 | | 直桩 | 1% |
| | | 斜桩 | $\pm 0.15\tan\theta$ |

注：1. $d$为桩的直径或短边长度。

2. $\theta$为斜桩轴线与垂直线间的夹角。

3. 深水中采用打桩船沉桩时，其允许偏差应符合设计文件或交通运输行业标准《港口工程桩基规范》（JTS 167—4—2012）的规定。

### 一、填空题

1. 桩架可分为__________式桩架和__________式桩架，常采用前者。

2. 沉入桩的主要施工方法有__________、__________、__________、__________四种。

3. 在正常打桩阶段，原则上应采用__________，以充分发挥锤的打桩效率，并避免将桩打坏。

### 二、简答题

1. 简述钢筋笼的制作工序。

2. 简述桩的预制工序。

3. 简述沉入桩的施工工艺。

# 课题二　灌注桩基础施工

- 了解灌注桩的分类。
- 掌握钻孔灌注桩基础施工工艺及规定。
- 熟悉挖孔灌注桩基础施工工艺及规定。

某座大桥的桩基础采用钻孔灌注桩基础施工，如图 3—2—1 所示。你了解灌注桩基础的施工工序吗?

图 3—2—1　大桥钻孔灌注桩施工

## 一、灌注桩的分类

灌注桩是指通过机械钻孔、钢管挤土或人力挖掘等方法在地基土中形成桩孔，并在其内放置钢筋笼、灌注混凝土而成的桩基础。

灌注桩按照成孔方法不同可分为钻孔灌注桩、挖孔灌注桩、沉管灌注桩等。

**1．钻孔灌注桩**

钻孔灌注桩是指利用钻孔机械钻出桩孔，并在孔中浇筑混凝土（或先在孔中吊放钢筋笼）而成的桩基础。根据钻孔机械的钻头是否在土的含水层中施工，又分为泥浆护壁成孔和干作业成孔两种方法。钻孔灌注桩的优点是施工过程无挤土，无振动，噪声小，且桩径不受限制；缺点是泥浆沉淀不易清除，致使端部承载力不能充分发挥，并造成较大的沉降。

**2．挖孔灌注桩**

挖孔灌注桩是指桩孔采用人工挖掘方法成孔，然后安放钢筋笼，浇筑混凝土而成的桩基础。工艺特点是边挖土边做护壁，逐层成孔。护壁方法可以采用现浇混凝土护壁、喷射混凝土护壁、砖砌体护壁、沉井护壁、钢套管护壁、型钢或木板桩工具式护壁等多种，现多用混凝土浇筑护壁，其整体性和防渗性更好。挖孔灌注桩的优点是施工占用场地少，成本较低，工艺简单，易于控制质量，对周边没有挤土且施工时不易产生污染等。适用于无地下水或有少量地下水且较密实的土层或风化岩层中，或无法采用机械成孔或机械成孔非常困难且水文、地质条件允许的地区。岩溶地区和采空区不宜采用，不适用于含水砂层中作业，易引起流砂塌孔。

**3．沉管灌注桩**

沉管灌注桩是最早出现的灌注桩，沉管方法可以选用锤击、振动、静压等。其施工程序一般包括沉管、放笼、灌注、拔管四个步骤。沉管灌注桩的优点是在钢管内无水环境中沉放钢筋笼和浇筑混凝土，从而保证了混凝土的质量；主要缺点是在拔管时如果提管速度过快会造成缩颈、夹泥甚至断桩，在沉管过程中的挤土效应可能使混凝土尚未结硬的邻桩被剪断。目前，沉管灌注桩已较少使用。

## 二、钻孔灌注桩基础施工

**1．钻孔灌注桩成孔方法**

钻孔灌注桩成孔主要有旋转钻机成孔、冲击钻进成孔和冲抓钻进成孔等方法，见表3—2—1。

**表3—2—1　　钻孔灌注桩成孔方法**

| 序号 | 成孔方法 | 含义 |
| --- | --- | --- |
| 1 | 旋转钻机成孔  | 旋转法钻孔是用钻机和人力，通过钻杆带动钻锥或钻头旋转，使土壤排出，形成钻孔。旋转钻孔又可分为人工推钻、机动推钻或螺旋钻、正循环旋转钻、反循环旋转钻、潜水钻等。其中人工推钻、机动推钻或螺旋钻的工作原理和适用土层均相同，均为无水作业，不需要泥浆，但不适用于有地下水的地区。桥梁工程中以正循环旋转钻和反循环旋转钻使用较普遍 |

续表

| 序号 | 成孔方法 | 含义 |
| --- | --- | --- |
| 2 | 冲击钻进成孔 | 利用钻锥不断提锤、落锤反复冲击，将土层中的泥沙、石块挤向周壁或打碎成渣，悬浮于泥浆中，用掏渣筒取出，重复上述过程至成孔 |
| 3 | 冲抓钻进成孔 | 用兼有冲击和抓土作用的冲抓锥成孔。通过钻架，由带离合器的卷扬机操纵，靠冲锤自重冲下，使抓土瓣锥尖张开插入土层，然后由卷扬机提升锥头收拢抓土瓣将土抓出，弃土后继续冲抓钻进成孔。冲抓法主要适用于黏性土、砂性土及夹有碎卵石的砂石土层 |

**2. 材料要求**

钻孔泥浆的要求如下：

（1）泥浆的配合比和配制方法宜通过试验确定，其性能应与钻孔方法、土层情况相适应。泥浆各种性能指标应符合表3—2—2的要求。

（2）在钻孔过程中，应随时对孔内泥浆的性能进行检测，不符合要求时应及时调整。

（3）钻孔泥浆宜进行循环处理后重复使用，以减少排放量。对重要工程的钻孔桩施工，宜采用泥浆处理器进行泥浆的循环。

（4）施工完成后废弃的泥浆应采取先集中沉淀再处理的措施。严禁随意排放，以免污染环境和水域。

**表3—2—2　　泥浆性能指标**

<table>
<tr><td colspan="2">钻机方式</td><td>正循环</td><td>反循环</td><td>冲抓、冲击</td></tr>
<tr><td colspan="2">地质情况</td><td>一般地层、<br>易塌地层</td><td>一般地层、易塌地层、<br>卵石层</td><td>一般地层、<br>易塌地层</td></tr>
<tr><td rowspan="2">泥浆性能指标</td><td>相对密度</td><td>1.05～1.20<br>1.20～1.30</td><td>1.05～1.15<br>1.06～1.25<br>1.10～1.30</td><td>1.10～1.20<br>1.20～1.40</td></tr>
<tr><td>黏度（s）</td><td>16～22<br>19～28</td><td>18～24 20～28<br>25～30</td><td>18～24<br>22～30</td></tr>
</table>

续表

| 钻机方式 | | 正循环 | 反循环 | 冲抓、冲击 |
|---|---|---|---|---|
| 泥浆性能指标 | 含砂率（%）<br>≤5 | 8～4<br>8～4 | ≤4<br>≤5<br>≤6 | ≤4<br>≤5 |
| | 胶体率（%）<br>≥95 | ≥96<br>≥96 | ≥95<br>≥95<br>≥95 | ≥95<br>≥95 |
| | 失水率 | ≤30<br>≤20 | ≤30<br>≤25<br>≤20 | ≤30<br>≤25 |
| | 酸碱度 pH | 8～10<br>8～10 | 8～10<br>8～10<br>8～10 | 8～11<br>8～11 |

注：1. 地下水位高或者流速大时，指标取高限；反之取低限。
2. 地质状态好、孔径或孔深较小的取低限；反之取高限。
3. 在冲击成孔时，易塌地层泥浆相对密度可达 1.4 以上。

### 3. 钻孔灌注桩施工工艺

钻孔灌注桩施工工艺流程如图 3—2—2 所示。

钻孔灌注桩施工工艺见表 3—2—3。

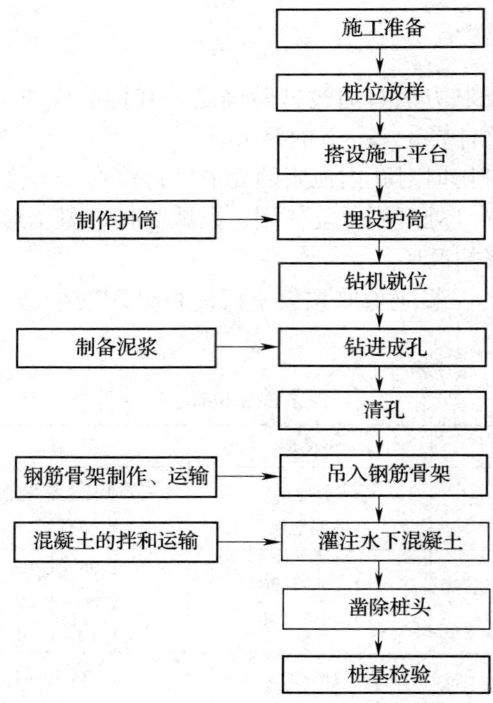


图 3—2—2　钻孔灌注桩施工工艺流程

表 3—2—3 钻孔灌注桩施工工艺

| 序号 | 施工工序 | 工艺要求 |
| --- | --- | --- |
| 1 | 施工准备 | ①选择钻机、钻具，进行场地布置等<br>②钻机的选型宜根据孔径、孔深、桩位处的水文和地质情况、施工环境条件等因素综合确定，所选用的钻机及钻孔方法应能满足施工质量和施工安全的要求 |
| 2 | 桩位放样  | ①定出墩台纵、横中心线及各基桩的位置，设置固定护桩及临时水准点，以便随时校核<br>②按照要求放样，大、中桥的水中墩、台和基础的位置宜用校验过的电磁波测距仪测量 |
| 3 | 搭设施工平台  | ①施工前应搭设好施工平台，以便安装钻架进行钻孔<br>②桩位位于旱地时，可在原地适当平整并填土压实形成施工平台<br>③桩位位于浅水区时，宜采用筑岛法施工<br>④桩位位于深水区时，宜搭设钢制平台；当水位变动不大时，也可采用浮式工作平台；但在水流湍急或潮位涨落较大的水域不应采用浮式平台<br>⑤各类施工平台平面面积的大小应满足钻孔成桩作业的需要；其顶面高程应高于桩施工期间可能的最高水位 1.0 m 以上，在受波浪影响的水域，还应考虑波高的影响 |
| 4 | 埋设护筒  | ①护筒有导正钻具、控制桩位、防止孔口坍塌、抬高孔内静压水头和固定钢筋笼等作用，应认真埋设<br>②护筒宜采用钢板卷制。在陆上或浅水区筑岛处的护筒，其内径至少应比桩径大 200 mm，壁厚应能使护筒保持圆筒状且不变形；在水中以机械沉设的护筒，其内径和壁厚的大小应根据护筒的平面、垂直度偏差要求及长度等因素确定；对参与结构受力的护筒，其内径、壁厚及长度应符合设计的规定<br>③护筒间连接时，要求对焊平直，密封性好，上口加焊吊环 |

续表

| 序号 | 施工工序 | 工艺要求 |
|---|---|---|
| 4 | 埋设护筒  | ④护筒在埋设定位时，除设计另有规定外，护筒中心与桩中心的平面位置偏差应不大于50 mm，护筒在竖直方向的倾斜度应不大于1%；对深水基础中的护筒，平面位置的偏差可适当放宽，但应不大于80 mm。在旱地和筑岛处设置护筒时，可采用挖坑埋设法实测定位，且护筒的底部和外侧四周应采用黏质土回填并分层夯实，使护筒底口处不致漏失泥浆；在水中沉设护筒时，宜采用导向架定位，并应采取有效措施保证其平面位置、倾斜度的准确，以及护筒接长连接处的焊接质量，焊接连接处的内壁应无凸出物，且应耐拉、压，不漏水<br>⑤护筒顶宜高于地面 0.3 m 或水面 1.0 ~ 2.0 m；在有潮汐影响的水域，护筒顶应高出施工期最高潮水位 1.5 ~ 2.0 m，并应在施工期间采取稳定孔内水头的措施；当桩孔内有承压水时，护筒顶应高于稳定后的承压水位 2.0 m 以上<br>⑥护筒的埋设深度在旱地或筑岛处宜为 2 ~ 4 m，在水中或特殊情况下应根据设计要求或桩位的水文、地质情况经计算确定。对有冲刷影响的河床，护筒宜沉入施工期局部冲刷线以下 1.0 ~ 1.5 m，且宜采取防止河床在施工期过度冲刷的防护措施<br>⑦对于硬化处理场地及地表土层为黏性土时采用旋挖或锅锥钻成孔，可不设护筒 |
| 5 | 钻机就位  | ①钻机就位时，应采取措施保证钻具中心和护筒中心重合，其偏差应不大于 20 mm<br>②钻机就位后其底座和顶端应平稳，不倾斜和产生移位，并采取一定的固定措施，保证在钻进过程中不产生移位和摇晃，否则应及时处理 |
| 6 | 制备泥浆  | ①制备泥浆时，应选用塑性指数大于 25 的，且直径小于 0.005 mm 的颗粒含量大于50%的黏土。在土源困难时，也可以加入上述黏土的 30% 和较差的黏土 70%，另掺入碳酸钠 0.3% ~0.4%造浆<br>②泥浆各种性能指标应符合表 3—2—2 的要求<br>③池的容量应大于计算泥浆数量，以防止泥浆数量大而外溢，污染四周环境<br>④在正常钻进和清孔过程中，严格控制泥浆的密度、黏度、含砂率等指标，使用优质膨润土泥浆护壁，达到桩壁无泥浆套和桩底无沉渣的要求 |

续表

| 序号 | 施工工序 | 工艺要求 |
| --- | --- | --- |
| 7 | 钻进成孔 | ①桩孔施工应尽量一次不间断完成，不得无故中途停钻<br>②开孔的孔位必须准确。开钻时在护筒下一定范围内应慢速钻进，待导向部位或钻头全部进入地层后，方可正常钻进。钻机在钻进施工时不应产生位移或沉陷，否则应及时处理。分级扩孔钻进施工时应保持桩轴线一致<br>③采用正、反循环旋转钻机（含潜水钻）钻孔时应减压钻进，钻机的主吊钩应始终承受部分钻具的重力，孔底承受的钻压应不超过钻具重力之和（扣除浮力）的80%<br>④采用冲击钻机冲击成孔时，应小冲程开孔，并应使初成孔的孔壁坚实、竖直、圆顺，能起到导向的作用，待钻进深度超过钻头全高加冲程后，方可进行正常的冲击。冲击钻进过程中，孔内水位应高于护筒底口500 mm以上；掏取钻渣和停钻时，应及时向孔内补水，以保持水头高度<br>⑤采用全护筒法钻进时，钻机应安装平正，压进的首节护筒应竖直。钻孔开始后应随时检测护筒的水平位置和竖直线，如发现偏移，应将护筒拔出，调整后重新压入钻进<br>⑥采用旋挖钻机钻孔时，应根据不同的地质条件选用相应的钻斗。钻进过程中应保证泥浆面始终不低于护筒底部500 mm以上，并应严格控制钻进速度，避免进尺过快造成坍孔、埋钻事故。钻斗的升降速度宜控制为0.75～0.80 m/s；在粉砂层或亚砂土层中，升降速度应更加缓慢。泥浆初次注入时，应垂直向桩孔中间进行注浆<br>⑦在钻孔排渣、提钻头除土或因故停钻时，应保持孔内具有规定的水位及要求的泥浆相对密度和黏度。处理孔内事故或因故停钻时，必须将钻头提出孔外<br>⑧对于土层倾斜角度较大，孔深大于50 m的桩，在钻头、钻杆上应增加导向装置，以保证成孔的垂直度<br>⑨在淤泥、砂性土中钻进时宜适当增加泥浆的相对密度；在卵石、砾石中钻进时应加大泥浆的相对密度，提高携渣能力；在密实的黏土中钻进时可采用清水钻进<br>⑩在卵石、砾石及岩层中成孔时，应增加钻具的重量，即增加配重 |
| 8 | 清孔 | ①钻孔深度达到设计高程后，应对孔径、孔深和孔的倾斜度进行检验，符合要求后方可清孔<br>②清孔方法应根据设计要求、钻孔方法、机具设备条件和地层情况决定，主要清孔方法见表3—2—4。无论采用何种清孔方法，在清孔排渣时均必须保持孔内水头，以防止坍孔<br>③在吊入钢筋骨架后，灌注水下混凝土之前，应再次检查孔内泥浆的性能指标和孔底沉淀厚度；如超过要求应进行第二次清孔，符合要求后方可灌注水下混凝土<br>④不得用加深钻孔深度的方法代替清孔 |

续表

| 序号 | 施工工序 | 工艺要求 |
| --- | --- | --- |
| 9 | 钢筋骨架制作、运输 | ①制作钢筋骨架时应采取必要的措施，保证骨架的刚度，主筋的接头应错开布置，并且不能在箍筋加密区进行纵向主筋的连接，在同一截面上搭接头数不多于主筋总根数的50%<br>②大直径长桩的钢筋骨架宜在胎架上分段制作，且应编号，安装时应按编号顺序连接<br>③应在钢筋骨架外侧设置控制混凝土保护层厚度的垫块，垫块的间距在竖向应不大于2 m，在横向圆周应不少于4处<br>④钢筋骨架在运输过程中应采取适当的措施防止变形。骨架的顶端应设置吊环<br>⑤钢筋笼在运输和吊装过程中严禁高起高落，以防止弯曲、扭曲变形 |
| 10 | 吊入钢筋骨架  | ①吊放钢筋笼时采用4根吊筋，一端固定在钢筋笼上，另一端用钢管固定于孔口<br>②钢筋笼入孔时对准孔位徐徐轻放，避免碰撞孔壁，下笼中遇阻不得强行下放、晃动，应查明原因并处理后再继续下笼<br>③每节钢筋笼焊接完毕应补足焊接部位的箍筋，方可继续下笼<br>④下好钢筋笼后，应拉好护筒定位的十字线，调整好钢筋笼的中心位置 |
| 11 | 灌注水下混凝土  | ①应按水下混凝土灌注数量和灌注速度的要求配齐施工机具和设备，设备的能力应满足桩孔在规定时间内灌注完毕的要求，且应保证其完好率，主要设备应有备用<br>②水下混凝土宜采用钢导管灌注，导管的内径宜为200～350 mm。导管使用前应进行水密承压和接头抗拉试验，严禁采用压气试压。灌浆管接头连接处须加密封圈并紧固<br>③水下混凝土的灌注时间不得超过首批混凝土的初凝时间<br>④混凝土运至灌注地点时，应检查其均匀性和坍落度等，不符合要求时不得使用<br>⑤首批灌注混凝土的数量应能满足导管首次埋设深度1.0 m以上的需要<br>⑥首批混凝土入孔后，混凝土应连续灌注，不得中断<br>⑦开盘灌混凝土后，不准再将导管下放到孔底<br>⑧在灌注过程中，应保持孔内的水头高度；严禁将导管提离混凝土面，导管的埋设深度宜控制在2～6 m，并随时测探桩孔内混凝土面的位置，及时调整导管埋设深度；应将桩孔内溢出的水或泥浆引流至适当地点处理，不得随意排放<br>⑨灌注时应采取措施防止钢筋骨架上浮。当灌注的混凝土顶面距钢筋骨架底部1 m左右时，宜降低灌注速度；混凝土顶面上升到骨架底部4 m以上时，宜提升导管，使其底口高于骨架底部2 m以上后再恢复正常灌注速度 |

续表

| 序号 | 施工工序 | 工艺要求 |
|---|---|---|
| 11 | 灌注水下混凝土 | ⑩对变截面桩，应在灌注过程中采取措施，保证变截面处的水下混凝土灌注密实<br>⑪采用全护筒钻机施工的桩在灌注水下混凝土时，护筒应随导管的提升逐步上拔，上拔过程中除应保证导管的埋设深度外，同时应使护筒底口始终保持在混凝土面以下。施工时应边灌注边排水，并应保持护筒内的水位稳定<br>⑫混凝土灌注至桩顶部位时，应采取措施保持导管内的混凝土压力，避免桩顶泥浆密度过大而产生泥团或桩顶混凝土不密实、松散等现象；在灌注将近结束时，应核对混凝土的灌入数量，确定所测混凝土的灌注高度是否正确<br>⑬灌注的桩顶高程应比设计高程高出不小于0.5 m，当存在地质较差、孔内泥浆密度过大、桩径较大等情况时，应适当提高其超灌的高度。超灌的多余部分在承台施工前或接桩前应凿除，凿除后的桩头应密实且无松散层<br>⑭灌注中发生故障时，应查明原因，合理确定处置方案并进行处理 |

**表3—2—4　　灌注桩清孔方法**

| 序号 | 清孔方法 | 含义 | 适用条件 |
|---|---|---|---|
| 1 | 抽浆清孔 | 由风管将压缩空气输送进排泥管，使泥浆形成密度较大的泥浆空气混合物，在水柱压力下沿排泥浆管向外排出泥浆和孔底沉渣；同时用水泵向孔内注水，保持水位不变，直至喷出清水或沉渣厚度达到设计要求为止 | 适用于孔壁不易坍塌的各种钻孔后的柱桩和摩擦桩 |
| 2 | 掏渣清孔 | 用掏渣筒或大锅锥掏清孔内粗粒砖渣 | 适用于冲抓、冲击成孔的摩擦桩 |
| 3 | 换浆清孔 | 正、反循环旋转钻机可在钻孔完成后不停钻，不进尺，继续循环清渣直至达到清理泥浆的要求 | 适用于各类土的摩擦桩 |

## 三、挖孔灌注桩基础施工

挖孔灌注桩施工应制定专项施工技术方案，并应根据工程地质和水文地质情况，因地制宜选择孔壁支护方式。采用混凝土护壁支护的桩孔必须挖一节浇筑一节护壁，护壁的节段高度必须按施工技术方案执行，严禁只挖而不及时浇筑护壁的冒险作业。挖孔施工时相邻两桩孔不得同时开挖，宜间隔交错跳挖。

## 1. 挖孔灌注桩施工工艺

挖孔灌注桩施工工艺见表3—2—5。

**表3—2—5　　挖孔灌注桩施工工艺**

| 序号 | 施工工序 | 工艺要求 |
| --- | --- | --- |
| 1 | 场地平整 | 在原地适当平整并填土压实 |
| 2 | 桩位放样 | ①按设计图样放线，定桩位<br>②桩位轴线采取在地面设十字控制网、基准点。安装提升设备时，使吊桶的钢丝绳中心与桩孔中心一致，以作为挖土时粗略控制中心线用 |
| 3 | 开挖土方 | ①孔口处应设置高出地面不小于300 mm的护圈，并设置临时排水沟，以防地表水流入孔内<br>②采取分段开挖的方式，每段高度取决于土壁直立状态的能力，以0.8～1.0 m为一施工段<br>③开挖面积的范围为设计桩径加护壁厚度。第一节护壁应比下面的护壁厚100～150 mm<br>④挖土由人工从上到下逐段进行，同一段内挖土次序先中间后周边；扩底部分先挖桩身圆柱体，再按扩底尺寸从上到下削土，修成扩底形<br>⑤在地下水位以下施工时，要及时用吊桶将泥水吊出；当遇大量渗水时，在孔底一侧挖集水坑，用高扬程潜水泵将水排出<br>⑥挖孔过程中应经常检查桩孔尺寸、平面位置和竖轴线倾斜情况，如有偏差应随时纠正<br>⑦挖孔的弃土应及时转运，孔口四周作业范围内不得堆积弃土及其他杂物 |
| 4 | 支设护壁模板 | 模板高度取决于开挖土方施工段的高度，一般为1m |
| 5 | 浇筑护壁混凝土 | ①上、下护壁间的搭接长度不得小于50 mm<br>②为保证护壁混凝土的整体性，视护壁土质情况，须用$\phi$8 mm钢筋均匀布置作拉结筋，以免脱节下沉，如设计有护壁大样图，应按设计要求施工<br>③浇灌护壁混凝土时，用敲击模板及用竹和木棒插实方法，不得在桩孔水淹没模板的情况下灌注混凝土<br>④根据土质情况，尽量使用速凝剂，尽快达到设计强度要求<br>⑤必须保证护壁混凝土的密实度，以免渗漏 |
| 6 | 拆除模板 | ①护壁混凝土达到一定强度后（常温下24 h）便可拆模<br>②当第一节护壁混凝土拆模后，即把轴线位置标定在护壁上，并用水准仪把相对水平高程画记在第一节护壁内，作为控制桩孔位置和垂直度及确定桩的深度和桩顶高程的依据 |

续表

| 序号 | 施工工序 | 工艺要求 |
| --- | --- | --- |
| 7 | 逐段循环施工 | ①拆模后再开挖下一段土方，然后继续支模灌注护壁混凝土，如此循环，直到挖至设计要求的深度<br>②挖孔达到设计高程并经确认后，应将孔底的松渣、杂物和沉淀泥土等清除干净 |
| 8 | 吊装钢筋骨架 | ①钢筋骨架在吊装过程中应采取措施防止变形<br>②吊放钢筋骨架入孔时不得碰撞孔壁，灌注混凝土时，应采取措施校正设计高程，固定钢筋骨架位置<br>③钢筋笼过长需分段接驳者，其接驳焊缝及接头数量应符合国家标准《混凝土结构工程施工质量验收规范》（GB 50204—2012）的要求 |
| 9 | 灌注桩身混凝土 | ①在灌注桩身混凝土时，相邻 10 m 范围内的挖孔作业应停止，并不得在孔底留人<br>②孔内有积水且无法排净时，宜按水下混凝土灌注的要求施工<br>③桩体混凝土要从桩底到桩顶一次灌注完成。如遇停电等特殊原因必须留施工缝时，可在混凝土面周围加插适量的短钢筋。在灌注新的混凝土前，缝面必须清理干净，不得有积水和隔离物质<br>④灌注混凝土时，必须用溜槽及串筒离混凝土面 2 m 以内，不准在井口抛铲或倒车卸料，以免混凝土离析而影响其整体强度<br>⑤在灌注混凝土过程中应注意防止地下水进入，不得有超过 50 mm厚的积水层；否则，应设法把混凝土表面积水层用导管吸干，才能灌注混凝土<br>⑥混凝土边浇边捣实，采用插入式振动器和人工捣实相结合的方法，以保证混凝土的密实度<br>⑦灌注桩身混凝土时应留置试块，每根桩不得少于 1 组（3 件），及时提出试验报告 |

**2．人工挖孔施工安全的规定**

（1）施工前应制定专项安全技术方案并应对作业人员进行安全技术交底。

（2）挖孔作业前应详细了解地质、地下水文等情况，不得盲目施工。

（3）桩孔内的作业人员必须戴安全帽、系安全带，安全绳必须系在孔口。

（4）桩孔内应设防水、带罩灯泡照明，电压应为安全电压，电缆应为防水绝缘电缆，并应设置漏电保护器。

（5）人工挖孔作业时，应始终保持孔内空气质量符合国家标准《环境空气质量标准》（GB 3095—2012）的要求。孔深大于 10 m 时，必须采取机械强制通风措施。

（6）桩孔内遇岩层需爆破作业时，应进行爆破的专门设计，且宜采用浅眼松动爆破法，并应严格控制炸药用量，在炮眼附近应对孔壁加强防护或支护。孔深大于 5 m 时，必须采用电雷管引爆。桩孔内爆破后应先通风排烟 15 min 并经检查确认无有害气体后，施工人员方可进入孔内继续作业。爆破作业的安全管理应按国家标准《爆破安全规程》（GB 6722—2011）中的有关规定执行。

## 四、施工质量标准

钻（挖）孔灌注桩成孔质量标准见表 3—2—6。

**表 3—2—6　　钻（挖）孔灌注桩成孔质量标准**

| 项目 | | 规定值或允许偏差 |
|---|---|---|
| 钻（挖）孔桩 | 孔的中心位置 | 群桩：100 mm；单排桩：50 mm |
| | 孔径 | 不小于设计桩径 |
| | 倾斜度（%） | 钻孔：<1%；挖孔：<0.5% |
| | 孔深 | 摩擦桩：不小于设计规定<br>支撑桩：比设计深度超深不小于 0.05 m |
| 钻孔桩 | 沉淀厚度 | 摩擦桩：符合设计规定。设计未规定时，对于直径≤1.5 m 的桩，≤200 mm；对桩径>1.5 m 或桩长>40 m 或土质较差的桩，≤300 mm<br>支撑桩：不大于设计规定；设计未规定时≤50 mm |
| | 清孔后泥浆指标 | 相对密度为 1.03～1.10；黏度为 17～20 Pa・s；含砂率<2%；胶体率>98% |

注：1. 清孔后的泥浆指标是从桩孔的顶、中、底部分别取样检验的平均值。本项指标的测定限指大直径桩或有特定要求的钻孔桩。

2. 对冲击成孔的桩，清孔泥浆的相对密度可适当提高，但不宜超过 1.15。

钻孔灌注桩施工采用反循环旋转钻机钻进成孔，人工配合机械吊装钢筋笼，由混凝土搅拌站集中拌制混凝土，人工配合输送泵输送混凝土成桩。

施工工序如下：①测量放样→②场地准备，埋设护筒→③钻机就位→④复核钻机就位对中情况，测设护筒及平台高程→⑤钻进施工→⑥终孔，检测孔位、孔底高程和孔深→⑦初次清孔→⑧安装钢筋笼、声测管→⑨安装混凝土导管→⑩二次清孔，检测泥浆浓度、孔底沉渣、孔底高程→⑪浇筑水下混凝土→⑫拔除护筒，钻机移位。

1. 测量放样，场地准备及埋设护筒

由测量人员根据设计坐标进行放样，初设出桩位中心点，并请现场施工人员配合加设十字骑马护桩。项目部要求放样精度在±20 mm以内（严于规范要求）。场地要进行整平、夯实；陡坡不平地段采用枕木、型钢等搭设工作平台。护筒采用钢护筒，比桩径大200～300 mm。护筒埋深不小于1.5 m，顶端应高出地面300 mm，平台位置偏差一般不大于50 mm，孔斜度控制在1/100以内，护筒四周土夯填密实。

2. 制备泥浆

泥浆主要起着悬浮钻渣及护壁、防坍作用，其成分为水+黏土（或膨润土）+外加剂，开工前应予以制备，当缺乏优质黏土时，可掺用外加剂改善泥浆性能。可选用碱粉或纯碱（碳酸钠），掺入量为0.1%～0.3%。

3. 钻机就位

要求钻机顶部的起吊滑轮转盘中心和桩孔中心在同一垂直线上，其偏差不得大于20 mm。就位后，底座和顶端应平稳，钻进运行中不得沉降或移位；钻进中出现问题要及时处理。

钻机就位后要复核就位对中情况及护筒顶、钻机平台高程，报请监理检查无误后再开钻。

4. 钻进施工

（1）开孔正确，先慢推进，再中速钻进，在砂土中低挡慢速钻进。

（2）连续作业，认真记录，注意土层变化处捞取渣样，辨别土层并记录。

（3）保持水头，调整泥浆，及时排渣，防止斜扩、坍孔、糊钻。

（4）在黏土中可用中转速，较稀泥浆，大泵量。在砂黏土中必须采用轻压低挡并调稠泥浆，防扩孔，主要是因地表不平、钻机不稳造成摆动过大。

（5）缩孔时要检查是否钻锥磨损过大，要及时补焊；检查地层是否变化，要及时增稠泥浆浓度。缩孔后要用钻锥上下反复扫孔，以扩充至设计孔位，当出现斜孔时，要注意检查并分析原因，进行处理，在偏斜处吊住钻锥反复扫孔，使其正直，严重偏孔时采用回填处理，待沉积密实后再钻进。遇坍孔时也要采用回填处理，并采取改善泥浆性能等措施后，重新钻进，如坍孔部位不深则采取埋深护筒法，夯实筒周土。为防糊钻，要适当控制泥浆稠度、排渣能力和进尺。若严重糊钻，应停钻提出钻杆，清除钻渣。

（6）孔口严禁随意站人，因故停钻时钻锥不得留在孔内，以防掉钻。孔口要加覆盖。

（7）处理故障时，严禁在不安全的状态下进行。

5. 清孔

钻孔完毕，经自检和监理检查符合有关指标要求后，先进行初次清孔，待钢筋笼安装就位后，再进行二次清孔。二次清孔是在浇筑混凝土前，通过导管或泵管对孔底进行高压射水，使剩余少量沉淀物漂浮后，检查孔口、孔中、孔底泥浆相对密度，符合质量标准要求，孔底沉淀厚度不大于设计规定后，立即灌注水下混凝土。

6. 吊装钢筋笼

吊装钢筋笼时要确保其有足够的刚度和稳定性，防止变形、松散、移位。吊装时要垂直下笼，居中安设，笼位高程要符合设计要求，采用吊环（一端焊牢在骨架对称两端）套钢管或枕木固定，避免笼掉入桩底，并加压避免浇筑中钢筋笼上浮。吊点不得直接附着在护筒上，以免压沉或使护筒移位、倾斜。安装后要检查笼中心与桩中心是否对齐，并采用横向固定措施，防止笼顶摆动。

7. 浇筑水下混凝土

（1）选用合格的原材料，备料充足；严格施工配比，拌制均匀。

（2）首批混凝土灌注后，导管埋入混凝土的埋深应大于1 m。

（3）连续灌注，及时测深，注意折管。

（4）防止钢筋笼骨架上浮。

（5）灌注最后一段混凝土时要准确测出混凝土的高程，清除桩顶浮渣、泥浆等，减小混凝土灌注压力，桩身因为桩顶埋入土层较深，为保证桩顶质量，混凝土灌注顶高程要高出设计值1.0 m，等基坑开挖后再行凿除。

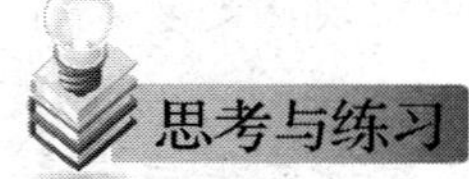


**一、填空题**

1. 钻孔灌注桩成孔方法包括__________、__________、__________三种。

2. 主要的清孔方法有__________、__________、__________三种。

**二、简答题**

1. 简述钻孔灌注桩施工工序。

2. 简述挖孔灌注桩施工工序。

# 课题三　沉井基础施工

- 了解沉井基础的特点、适用范围及分类。
- 熟悉沉井基础施工工艺要求及质量标准。

某桥梁的基础采用沉井基础施工，如图3—3—1所示。你了解沉井基础的施工工序吗？

图 3—3—1　桥梁沉井基础施工

沉井是指带刃脚的井筒状构造物，用人工或机械方法清除井内土石，主要靠自重克服井壁与土层的摩擦阻力，逐节下沉至地基中设计高程处成为桥梁的基础，如图 3—3—2 所示。

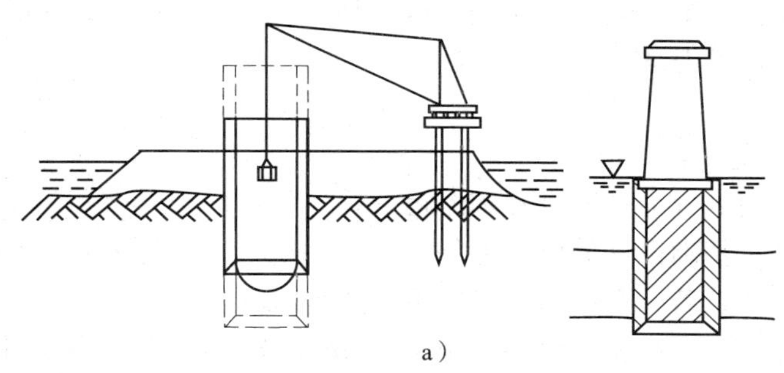

a）

b）

图 3—3—2　桥梁沉井基础

a）示意图　b）实物图

## 一、沉井的特点、适用范围及分类

**1. 沉井的特点**

（1）沉井的优点

1）埋置深度大、整体刚度大、承载力高、抗振性好。

2）适用土质范围广，淤泥土、砂土、黏土、岩层等均可施工。

3）施工对周围地层造成的变位小，对邻近建筑物的影响小。

4）沉井本身可兼作围护结构，且施工阶段不需对地基进行特殊处理，既安全又经济。

（2）沉井的缺点

1）施工期较长。

2）对粉细砂类土在井内抽水易发生流砂现象，造成沉井倾斜。

3）沉井下沉过程中遇到大孤石、树干或井底岩层表面倾斜过大时，均会给施工带来一定困难。

**2. 沉井的适用范围**

沉井基础广泛应用于桥梁基础。当上部荷载较大、扩大基础开挖工作量大、支撑困难时，或河水较深，采用扩大基础施工围堰制作有困难时；或山区河流，冲刷大、有较大卵石不便于桩基础施工时，均可考虑采用沉井基础。

**3. 沉井的分类**

（1）按施工方法分类

沉井按施工方法不同可分为一般沉井和浮运沉井。

一般沉井是指直接在基础设计的位置上制造，然后挖土下沉的沉井。当基础位于水中而水深不大时，也可先人工筑岛，再在岛上修筑沉井并下沉到位。

浮运沉井是指先在岸边制造，再浮运就位下沉的沉井。通常在深水地区（水深大于10 m），或水流流速大，或有通航要求，人工筑岛困难或不经济时，可采用浮运沉井。

（2）按形状分类

沉井按平面形状不同可分为圆形、椭圆形、多边形等。

沉井按立面形状不同可分为柱形、阶梯形。

（3）按建筑材料分类

沉井按建筑材料不同可分为混凝土沉井、钢筋混凝土沉井、钢壳沉井。

## 二、沉井的施工

一般沉井的主要施工流程包括沉井制作、沉井下沉、沉井封底及沉井填充。

**1. 沉井制作**

筑岛沉井制作工艺见表3—3—1。

表 3—3—1　　**筑岛沉井制作工艺**

| 序号 | 施工工序 | 工艺要求 |
| --- | --- | --- |
| 1 | 筑岛和场地处理  | ①在岸滩上或筑岛制作沉井时，要先将场地平整、夯实，以免在灌注沉井过程中和拆除支垫时发生不均匀沉降。若场地土质松软，应加铺一层 300 ~ 500 mm 厚的砂层，必要时应挖去原有松软土层<br>②沉井在制作、下沉过程中位于无被水淹没可能的岸滩上时，若地基承载力满足设计要求，可就地整平夯实制作。若地基承载力不够，应采取加固措施<br>③制作沉井的岛面、水平台和开挖基坑施工的坑底高程应比施工最高水位高出 0.5 ~ 0.7 m，有流冰时应再适当加高<br>④运输线路，风、水管路，电力线的铺设及混凝土厂起吊设备的布置等均应事先详细计划，妥善安排，以免干扰沉井施工作业 |
| 2 | 测量定位  | ①定位轴线应保证能随时检查沉井的下沉位置<br>②检查沉井高程的临时水准点应设在沉井施工影响范围外且安全、可靠的地方 |
| 3 | 沉井分节  | ①沉井分节制作高度应既能保证其稳定性，又有适当重力，以便于稳定下沉。底节沉井的最小高度应能抵抗拆除垫木或挖除土模时的竖向挠曲强度，当上述条件许可时，应尽量高些<br>②一般情况下，在取土和稳定条件许可时，沉井分节制作高度应尽可能高些，一般以不小于 3 m 为宜。对于松软地层的底节沉井，其重力不宜过大，一般以高度不超过沉井宽度的 0.8 倍为宜 |
| 4 | 铺设承垫木 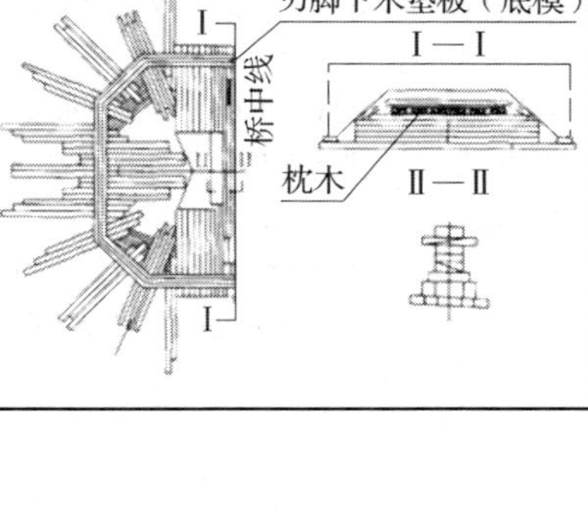<br> | ①铺设承垫木时，应用水平尺进行找平，要使刃脚在同一水平面上，承垫木下应用 0.3 ~ 0.5 m 厚的砂垫层填实，高度应不大于 30 mm；相邻两块承垫木高差应不大于 50 mm<br>②承垫木顶面应与刃脚底面紧贴，使沉井重力均匀地分布在承垫木上。承垫木可单根或几根编成一组铺设，但组与组之间最少需留 0.2 ~ 0.3 m 的空隙，以便顺利地将承垫木抽出 |

续表

| 序号 | 施工工序 | 工艺要求 |
|---|---|---|
| 5 | 模板架设 | ①为了加快施工进度，目前现场采用整体拼装式井孔模板，具有强度大、周转次数多等优点<br>②模板安装的顺序为刃脚斜面及隔墙底面模板→井孔模板→安扎钢筋→立外模→调整各部位尺寸→全面紧固支撑拉杆、拉箍等<br>③井壁外侧的模板板缝应顺垂直方向，与混凝土面接触一侧要抛光，安装后，外模的上口尺寸不宜大于下口尺寸，以利于下沉。外模的支撑、拉杆、拉箍等应牢固，防止灌注混凝土时产生变形现象。刃脚斜面模板与隔墙底模交界处应注意支垫及塞缝 |
| 6 | 养护和拆除模板 | ①一般情况下灌注完混凝土 10～12 h 后即应遮盖洒水养护，并防止烈日直接暴晒<br>②当昼间最低温度低于 −3℃或室外平均气温低于 5℃时应按冬期施工措施施工。沉井混凝土冬期施工时，第一节混凝土强度须达到 100% 设计强度，其余各节达到 70% 后，方可停止保暖养护<br>③拆模时当混凝土强度达到设计强度的 25% 以上后，方可拆除直立的侧面模板，当混凝土的强度达到设计强度的 75% 后，方可拆除隔墙底面、刃脚斜面的支撑及模板<br>④拆模顺序为外侧模板及井孔模板→隔墙下支撑及隔墙底模板→刃脚斜面下支撑及刃脚斜面模板。拆除隔墙及刃脚下支撑时，应对称依次进行，一般宜从隔墙中部向两边拆除。拆除时应先挖去垫木下的砂，抽出支撑排架下的垫木，或当支撑排架顶面（或底面）设置有楔形木时，可先打掉楔形木再拆除支撑 |

**2. 沉井下沉**

沉井下沉主要是通过从井孔内除土，消除刃脚正面阻力及沉井井壁摩擦阻力后，依靠沉井的自重下沉。就地浇筑沉井首节下沉应在井壁混凝土达到设计强度的 75% 后方可进行。

沉井下沉的施工工艺见表 3—3—2。

**表 3—3—2　沉井下沉的施工工艺**

| 序号 | 施工工序 | 工艺要求 |
|---|---|---|
| 1 | 抽垫<br>刃脚<br>砂垫层<br>垫木 | ①当混凝土达到设计强度要求后，方可进行抽垫，抽出垫木应分区、依次、对称、同步进行。应采用以定位垫木为中心，由远及近、先短边后长边的顺序<br>②抽垫前应将井孔内的所有杂物清理干净，准备工作全部就绪后方可发出信号，开始抽垫<br>③抽垫时，先掏挖垫木下的砂，再用大锤、撬棍等锤打撬动，并在垫木上临时钉一扒钉，挂上绳钩，内外相互配合，连敲带拖，迅速将垫木拔出<br>④回填时，在开始拆除几组垫木时，可不回填，当抽出空当后，即进行回填，回填时分层，洒水夯实，每一层厚 200～300 mm，回填材料有碎石、砂砾石等 |

续表

| 序号 | 施工工序 | 工艺要求 |
|---|---|---|
| 2 | 沉井下沉  | ①沉井宜采用不排水除土下沉法，在稳定的土层中，也可以使用排水除土下沉。采用排水除土下沉时，应有安全措施<br>②下沉过程中，应随时掌握土层的情况，做好下沉观测记录，分析和检验土的阻力与沉井重力的关系，选用最有利的下沉方法<br>③下沉通过黏土胶结层时或沉井自身重量较轻下沉困难时，可采用井外高压射水，降低井内水位等方法下沉。在结构允许的情况下，也可采用压重或接高沉井下沉<br>④正常下沉时，应自中间向刃脚处均匀、对称地除土。对于排水除土下沉的底节沉井，设计支撑位置处的土应在分层除土中最后同时挖除。由数个井室组成的沉井，为使下沉不发生倾斜，应控制各井室之间除土面的高差，并避免内隔墙底部在下沉时受到下面土层的顶托<br>⑤当地下水流不大，且工人能在井内沿刃脚的地方工作时，如基底为坚实的土壤，应先沿刃脚开挖，挖掘深度为刃脚深度，待沉井下沉后，再挖出井内中部的土壤；如基底为松软的土壤，应从沉井内的中部开挖，当井内边坡挖到一定坡度时，刃脚即挤入边坡土壤逐渐下沉。遇有大砾石垫住刃脚，人工无法取出时，可放小炮炸掉，强制沉桩<br>⑥在水下挖掘泥土所用的挖掘机、抓泥斗等应适应土质的坚实情况，土质松散及靠近井壁清除处，可用水力吸泥机或气压抽泥机，并须保持井内的水位不低于沉井外部水位。避免翻砂和井外砂土压入井内。低于外部水位时，应由外部向井内注水，必要时，在松散的砂砾或淤泥土壤中，需使井内水位高于井外水位<br>⑦下沉时应随时注意正位，保持竖直下沉，至少每下沉 1 m 检查一次。沉井入土深度尚未超过其平面最小尺寸的 1.5 ~ 2 倍时容易出现倾斜，应及时注意校正<br>⑧合理安排沉井外弃土地点，以免对沉井引起偏压。在水中下沉时，应注意河床因冲淤引起的土面高差，必要时可用沉井外弃土来调整<br>⑨下沉至设计高程以上 2 m 左右时，应适当放慢下沉速度并控制井内除土量和除土位置，防止局部吸泥过深，造成沉井下沉偏斜<br>排水下沉时应满足以下要求：<br>①提升架应进行施工设计，其强度、刚度、稳定性应满足施工安全的要求。使用前应验收<br>②除土过程中应设专人排除地下水<br>③在除土过程中应注意，涌水、涌砂量大时不宜人工除土。要合理安排，井内人员不宜过多。在刃脚处除土应均匀、对称，保持沉井均衡下沉。井内应有充足的照明。沉井内应设安全梯和安全绳，作业中应在沉井口设专人监护，确保安全 |

续表

| 序号 | 施工工序 | 工艺要求 |
| --- | --- | --- |
| 2 | 沉井下沉  | ④土方提升时应设专人指挥，井下人员必须撤至安全处<br>⑤用抓斗除土时井内禁止有人<br>不排水下沉时应满足以下要求：<br>①不排水下沉时，机械除土的最大深度不得超过刃脚高程下 2 m，并应均匀、对称进行。松软土质不得直接在刃脚处除土。粉砂、细砂土层不得降低井内水位，且必须保证井内水头高于井外 1 m 以上<br>②除为了纠正沉井倾斜外，井内的土一般应由各井孔均匀清除，各井孔土面高差不得超过 500 mm<br>③在沉井入土较深、井壁侧面阻力较大时，应根据具体情况，采用有效的下沉办法。一般采取抓土、吸泥、射水交替或联合作业。必要时还需辅以降低井内水位，以增加沉井重量，或在井顶压重，才能沉至设计高程 |
| 3 | 辅助下沉  | ①当局部地点难以由潜水员定点、定向射水操作时，在一个沉井内只可同时开动一套射水设备，并不得进行除土或其他起吊作业，可用高压射水<br>②高压射水时注意高压泵应完好，压力表使用前必须经校验、标定，高压胶管及其接口应严密。作业前应进行检查，确认合格。下沉作业应由作业组长指挥。作业前，指挥人员应检查各项准备工作和机械设备，确保安全后方可发出作业指令。高压射水压力宜控制在 1 ~2.5 MPa<br>③泥浆套辅助下沉要求：压浆泵应完好，压力表必须经过检验、标定，压浆系统各接口应连接牢固。压浆管应通畅，且不可直接冲刷土层。在沉井下沉中应随时补充泥浆，满足要求。井内外水位应一致，或井内水位略高于井外 |
| 4 | 沉井接高  | ①沉井接高前应尽量纠正倾斜，接高各节的竖向中线应与前一节的中线相重合<br>②接高时，井顶露出水面不得小于 1.5 m，露出地面不得小于 500 mm<br>③接高时应均匀加载，可在刃脚下回填或支垫，防止沉井在接高加载时突然下沉或倾斜<br>④接高时应清理混凝土界面，并用水湿润。接高后的各节沉井中线应一致<br>⑤沉井下沉采用水中抓土法时，可利用拼组的浮船作为操作平台，将抓土斗的导向滑车固定于浮船塔架的横梁上，并利用横梁调节抓斗的取土位置，均衡抓取，或通过调节挖土深浅控制沉井平稳、正直地下沉 |

### 3. 沉井的封底与填充

沉井的封底与填充施工工艺见表3—3—3。

表3—3—3　沉井封底与填充施工工艺

| 序号 | 施工工序 | 工艺要求 |
|---|---|---|
| 1 | 潜水作业  | ①施工前应根据下潜任务、下潜环境、水深等情况制定潜水作业方案和相应的技术措施，并按施工组织管理规定的审批程序批准后实施<br>②潜水作业应由潜水员操作，潜水员必须经过专业培训，持证上岗<br>③作业前工程项目经理部负责人和主管施工技术人员必须向潜水员进行作业任务、环境和安全技术交底。潜水作业比较困难的情况下应设一名备用潜水员，必要时下水协助或救援<br>④潜水作业时，沉井内及附近不得进行起重吊装作业，在沉井外2 000 m内不得进行爆破作业，在沉井外200 m内不得进行振动、锤击沉桩作业 |
| 2 | 基底清理  | ①不排水下沉的沉井基础底面应平整，且无浮泥。基底为岩层时，岩面残留物应处理干净，清理后有效面积不得小于设计要求。井壁隔墙及刃脚与封底混凝土接触面的污泥应该予以清除<br>②排水下沉的沉井应满足基底面平整的要求。沉井下沉至设计高程时应进行沉降观测，满足设计要求后方可封底<br>③沉井沉至设计高程后，应检验基底的地质情况是否与设计相符，排水下沉时，可直接监测、处理；不排水下沉时，应进行水下检查、处理，必要时取样鉴定<br>④基底检验合格后应及时封底。对于排水下沉的沉井，在清基时，如渗水量上升速度小于或等于6 mm/min，可按普通混凝土浇筑方法进行封底；若渗水量大于上述规定，宜采用水下混凝土进行封底 |
| 3 | 沉井封底  | 采用刚性导管法封底的工艺要求如下：<br>①混凝土材料可参照钻孔灌注桩水下混凝土有关规定，混凝土的坍落度宜为150～200 mm<br>②灌注封底水下混凝土时，需要的导管间隔及根数应根据导管作用半径及封底面积确定<br>③用多根导管灌注时的顺序应进行设计，防止发生混凝土夹层。若同时浇筑，当基底不平时，应逐步使混凝土保持相同的高程<br>④每一根导管开始灌注时所用的混凝土坍落度宜采用下限，首批混凝土需要数量应通过计算确定。每根导管开始灌注混凝土时，因为沉井地面较大，要求用较小的坍落度若坍落度大，则落下的混凝土流动范围较大，不能使水下混凝土面形成一定的坡率，甚至埋不住管底口，难以保证混凝土的质量 |

续表

| 序号 | 施工工序 | 工艺要求 |
|---|---|---|
| 3 | 沉井封底 | ⑤在灌注过程中，导管应随混凝土面的升高而徐徐提升，导管埋深应与导管内混凝土下落深度相适应，一般不宜小于表3—3—4的规定。用多根导管灌注时，导管的埋深不宜小于表3—3—5的规定。<br>⑥在灌注过程中，应注意混凝土的堆高和扩展情况，正确地调整坍落度和导管埋深，使得每盘混凝土灌注后形成适宜的堆高和不高于1：5的流动坡度，抽拔导管时应严防导管进水。混凝土面的最终灌注高度应比设计值高出不小于150 mm，待灌注混凝土强度达到设计要求后，再抽水凿除表面松软层 |
| 4 | 沉井填充和顶板浇筑 | ①沉井井孔的填充应按设计规定办理，当设计为全部断面承受载重时，竖井部分需完全填实，如载重仅作用于沉井井壁，而不传到竖井部分时，可用混凝土或砂石填充。保持空洞状态时，井壁顶面需有钢筋混凝土顶板<br>②不排水封底的沉井应在封底混凝土强度满足要求时抽水<br>③沉井顶部需要浇筑钢筋混凝土顶板时，应保持无水施工<br>④沉井顶部钢筋混凝土顶板的浇筑施工应符合设计要求及《公路桥涵施工技术规范》（JTG/T F50—2011）的规定 |

**表3—3—4　　不同灌注深度导管的最小埋深**　　m

| 灌注深度 | ≤10 | 10～15 | 15～20 | >20 |
|---|---|---|---|---|
| 导管最小埋深 | 0.6～0.8 | 1.1 | 1.3 | 1.5 |

**表3—3—5　　导管不同间距的最小埋深**　　m

| 灌注深度 | ≤5 | 6 | 7 | 8 |
|---|---|---|---|---|
| 导管最小埋深 | 0.6～0.9 | 0.9～1.2 | 1.2～1.4 | 1.3～1.6 |

## 三、施工质量标准

沉井基础施工质量标准见表3—3—6。

**表3—3—6　　沉井基础施工质量标准**

| 项目 | | 规定值或允许偏差 |
|---|---|---|
| 沉井混凝土强度 | | 在合格标准内 |
| 沉井平面尺寸 | 长度、宽度 | ±0.5%边长，大于24 m时±120 mm |
| | 曲线部分的半径 | ±0.5%半径，大于12 m时±60 mm |
| | 两对角线的差异 | 对角线长度的1%，且不大于180 mm |

续表

| 项目 | | 规定值或允许偏差 |
|---|---|---|
| 沉井井壁厚度 | 混凝土 | +40 mm，－30 mm |
| | 钢壳和钢筋混凝土 | ±15 mm |
| 沉井刃脚高程 | | 符合设计要求 |
| 中心偏位（纵、横） | 就地制作下沉 | 井高的1/100 |
| | 水中下沉 | 井高的1/100，±250 mm |
| 最大倾斜度（纵、横向） | | 井高的1/100 |
| 平面扭转角 | 就地制作下沉 | 1° |
| | 水中下沉 | 2° |

注：1. 对于钢沉井及结构构造、拼装等方面有特殊要求的沉井，其平面尺寸允许偏差值应按照设计要求确定。
2. 井壁的表面应平滑、不外凸，且不得向外倾斜。

## 浮式沉井施工注意事项

1. 在深水处，采用浮式沉井施工时，有关沉井下水、浮运及悬浮状态下接高和下沉等必须加以严密控制：

（1）各类浮式沉井在下水前，应对各节浮式沉井进行水密性试验，合格后方可下水。

（2）浮式沉井下水前应制定下水方案。采用起吊下水时，应对起重设备进行检查。在河岸有适合的坡度，采用滑称、牵引等方法下水时，必须严防倾覆。

（3）对于浮式沉井，必须对浮运、就位和落河床时的稳定性进行检查。

2. 浮式沉井定位落河床前，应考虑潮水涨落的影响，对所有锚碇设备进行检查和调整，使沉井安全、准确落位。

3. 浮式沉井落河床后应尽快下沉，并使沉井达到保持稳定的深度；随时观察沉井的倾斜、移位及河床冲刷情况。

4. 浮式沉井在船上或支架平台上制作时，对船舶或支架平台的承载力应进行验算。

某公路大桥主桥采用三塔两跨悬索桥桥型，主跨为2×1 080 m，其中塔位于江中深泓区的边缘。从提高基础抗震性能和抗船撞能力、节约建设成本的角度出发，中塔选用沉井基础，其标准断面为58.00 m×44.00 m，井口断面64.40 m×50.40 m，被两纵三横隔墙分隔为12个井孔；沉井高76 m，下部38 m为钢壳混凝土结构，上部38 m为钢筋混凝土结构；沉井底高程－70.00 m，顶高程6.00 m。沉井的结构如图3—3—3所示。

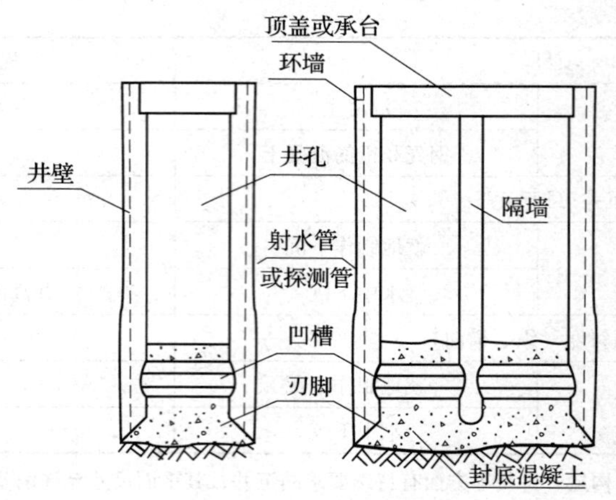


图 3—3—3　沉井的结构

1. 沉井总体施工方案概述

钢壳混凝土沉井的钢壳在工厂分节、分块制作，首节钢壳沉井高 8 m，在船台上拼焊完成后，通过滑道法下水，并浮运至桥位附近的临时码头；分节接高钢壳至 38 m，再整体浮运至墩位，利用定位系统精确定位并着床下沉；待达到一定埋设深度后浇筑钢壳夹壁混凝土，然后进行沉井吸泥下沉和混凝土沉井接高的交替作业；至沉井下沉至设计高程后，进行清基和封底。

2. 底节钢沉井的制造及安装

钢沉井分为 9 类 43 个块段。每个块段又分为外侧板、内侧板、水平桁架、隔舱板及刃脚等片单元，整个沉井共划分为 1 372 个片单元件。每个片单元件由专业钢结构工厂生产车间制造，再将片单元件运至施工现场组拼成单个块段件，然后根据拼装顺序依次进行拼装，焊接对接焊缝。钢沉井制作工序分为片单元制作、块段拼装、钢沉井块段运输、现场总拼接、焊接等工序。

3. 钢沉井混凝土填充

钢壳拼装完成后进行混凝土填充作业，一次性分层填充，并预埋第二节沉井的井壁 N8、N20 钢筋。混凝土总量为 7 029 $m^3$，混凝土由汽车泵布料，插入式振捣棒振捣。

（1）混凝土填充方案

浇筑混凝土时布置 4 台混凝土汽车泵，为防止沉井在浇筑过程中倾斜，沉井混凝土需分舱对称浇筑。浇筑顺序为由中间向四周，先隔墙后井壁，对称浇筑。以确保对沉井均衡加载，确保结构平稳、安全。

（2）混凝土供应及施工

混凝土由混凝土工厂供应，其理论浇筑量为 240 $m^3/h$，实际按 120 $m^3/h$ 考虑混凝土采用 1 节一次性浇筑。浇筑混凝土时采用 4 台泵车布料，分层平铺进行施工，每层铺筑厚度不超过 300 mm。整个井壁混凝土浇筑工程要求每铺一层的时间少于混凝土的初凝时间。为保证填充混凝土的质量，在施工时采取以下措施：

1）混凝土在施工前应试拌、试验，选择合适的混凝土配比。

2）合理选择混凝土原材料，材料必须符合设计、规范要求，确保在浇筑过程中不离析、不泌水，具有良好的和易性。

3）混凝土技术要求。混凝土初始坍落度：180～200 mm；初始扩展度：500 mm；混凝土2 h坍落度：160～180 mm；2 h扩展度：400～500 m。混凝土初凝时间：15～20 h。

4）混凝土振捣要均匀，严格执行振捣工艺，不欠振、漏振和过振。

5）严格控制每一层的浇筑厚度，杜绝因集中下料而使混凝土堆集在一处，造成漏振。

6）采用减速漏斗、串筒下料，避免混凝土离析。

4. 混凝土沉井接高施工

（1）混凝土沉井接高方案

锚碇沉井分三阶段制作，3 次下沉。第一阶段沉井制作至18 m，排水下沉至－13.0 m；第二阶段沉井制作至28 m，排水下沉至－23.0 m；第三阶段沉井制作至－41 m，不排水下沉至－39.0 m。接高、下沉工序交替进行，直至沉井下沉至设计高程位置。混凝土沉井接高方量约30 713 $m^3$，灌注混凝土的数量大，灌注混凝土次数多，混凝土布料范围广。

（2）配备起重设备

沉井外侧垂直于长边方向布置2 台ST 60/23 移动塔吊，用于吊装钢筋、模板等材料和设备。塔吊吊重能力满足最大吊距时安装和拆卸模板的需要。在模板安装和拆除时，另外增加一台25 t汽车吊和一台50 t履带吊配合，以加快作业进度。

沉井接高时，塔吊前移至沉井边缘10 m位置进行吊装作业；沉井下沉时，塔吊后撤远离沉井边缘40 m位置，以防下沉时沉井边缘突然翻砂、塌陷而危及塔吊安全。

（3）钢筋和模板施工

1）钢筋施工。钢筋混凝土井壁高度为33 m，为提高施工效率，加快施工进度，采用整体钢翻模接高，由塔吊提升模板，钢筋采用车间成型、现场绑扎的施工组织方式。

2）模板施工。沉井模板采用大面积钢翻模，按3×1.25 m高度配置，采用对拉拉杆固定。工作原理为施工时先立第1、第2 节，混凝土接高2.5 m，再立第3 节，拆除第1 节置于第3 节上面，留下第2 节作为下倒模，再接高2.5 m。以此类推，每次最顶节模板都不拆，作为下一次接高的下倒模施工时往上翻。

3）模板施工注意事项。模板的安装应遵循先内后外、先内隔墙后外井壁的原则进行；断面尺寸及轴线误差严格控制在规范允许的范围内；如果沉井出现倾斜现象，在沉井接高时，为保证沉井井壁、隔墙的平顺连接，模板的安装要考虑到倾角的校正，倾角与下面节段应保持一致。

5. 基底清理和封底处理要求

（1）新、老混凝土接触面应凿毛、清洗，井内积水尽量排干并设置集水井。封底前先用大块石将刃脚下垫实，然后在井内封底混凝土垫层下用400 mm厚M5浆砌块石，经观测累计量8 h下沉量不大于10 mm时，即进行混凝土封底。该工作由井壁四周向中央进行，分格、逐段、对称，不得中途停顿，以免产生施工缝而造成渗漏现象。

（2）C15混凝土垫层封底，C15混凝土封底的表面应平整，在强度达到设计强度30%以上时允许在上面绑扎底板钢筋，钢筋绑扎经检验合格后方可浇筑底板混凝土。

（3）浇筑混凝土底板的同时集水井不得填没，排水工作继续进行，以保证混凝土在终凝前不浸水，C30钢筋混凝土底板表面应平整，达到设计高程，整个底板不得有渗漏现象，有渗漏要采取措施处理。当底板钢筋混凝土达到设计强度时方可停止抽水，封填集水井。

（4）沉井下沉在离设计高程为0.8 m时应停止取土，观察12 h。待其稳定后再取土。且每次挖土的深度应为200 mm左右，应先挖刃脚附近的土体，形成“反锅底”，然后视情况再挖中心部位土体，控制好下沉速度，保证沉井缓慢挤土下沉到位。

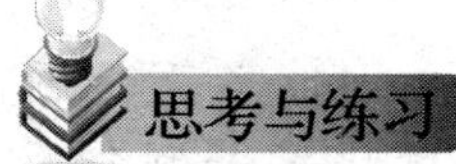


1. 简述沉井的优缺点。
2. 沉井的施工包括哪些主要工序？
3. 简述沉井制作的施工工艺。
4. 简述沉井下沉的施工工艺。

# 课题四　明挖基础施工

◆ 了解明挖基础的施工要求。
◆ 熟悉明挖基础施工工艺。
◆ 了解明挖基础施工质量控制要求及标准。

某桥梁的基础采用明挖基础施工，如图3—4—1所示。你了解明挖基础的施工工序吗？

明挖基础又称扩大基础或直接基础，是指扩大承载面积以适应地基容许承载力的基础。明挖基础以石砌、混凝土或钢筋混凝土建造。其平面形状有圆形、圆端形、矩形、八角形、T形和U形等。明挖基础适用于地层情况为浅水或无水、基坑深度较浅的桥梁基础工程。

图 3—4—1　桥梁明挖基础

## 一、明挖基础的施工要求

明挖基础在旱地施工时，可以在天然土层上直接开挖。在浅水地层中施工时，要先设立围堰，再进行基坑开挖。

明挖基础在浅水地层中的施工流程包括施工准备、基础放样、围堰、基坑开挖、排水、地基处理和地基检验、基础浇筑和基坑回填等。

**1. 围堰**

围堰是指水下基础施工时，为了排水挖坑，在基坑周围修建的临时性挡水设施。

(1) 围堰的分类

围堰的分类及适用范围见表 3—4—1。

**表 3—4—1　　围堰的分类及适用范围**

| 序号 | 围堰 | 适用范围 |
|---|---|---|
| 1 | 土石围堰 | 水深小于 2 m，流速小于 0.3 m/s，河床透水性较小的土壤。坡面加固防护时，流速可稍大。宜用于河边浅滩处 |
| 2 | 草土围堰 | 水深小于 2 m，流速小于 1.0 m/s |
| 3 | 草（麻）袋围堰 | 水深小于 3 m，流速小于 1.5 m/s，河床透水性较小 |
| 4 | 木（竹）桩编条围堰 | 水深小于 3 m，流速小于 2.0 m/s。河床透水性较小，可以打小木桩 |
| 5 | 竹笼片石围堰 | 水深为 3～4 m，流速较大，河床无法打桩 |
| 6 | 堆石围堰 | 石块就地取材，流速小于 3.0 m/s，河床坚实、透水性较小 |
| 7 | 木板围堰 | 水深为 2 m 左右，流速小于 0.3 m/s，河床透水性较小 |
| 8 | 木笼围堰 | 适用于深水、流速较大处。河床坚实、平坦，不能打桩，或有少量流水的河流 |

续表

| 序号 | 围堰 | 适用范围 |
|---|---|---|
| 9 | 木套箱 | 基础埋设较浅，面积不大，流速小于2.0 m/s |
| 10 | 木板桩围堰 | 水深为3～4 m，坑底至水面5 m左右，河床透水性较大，但可以打桩 |
| 11 | 钢板桩围堰 | 水深为4 m以上，河床为硬土、卵石层或软质岩层。适用于较深的基坑，防水性能较好 |
| 12 | 钢筋混凝土围堰 | 适用于河滩浅基开挖不稳定性土壤。或在既有线旁开挖桥涵基坑，用以代替板桩，保护既有建筑物的安全 |
| 13 | 双壁围堰 | 大型河流的深水基础，覆盖层较薄，平坦的岩石河床 |

（2）围堰施工的一般规定

1）围堰高度应高出施工期间可能出现的最高水位（包括浪高）0.5～0.7 m。

2）围堰外形一般有圆形、圆端形（上、下游为半圆形，中间为矩形）、矩形、带三角的矩形等。围堰外形直接影响堰体的受力情况，必须考虑堰体结构的承载力和稳定性。围堰外形还应考虑水域的水深，以及因围堰施工造成河流断面被压缩后流速增大，引起水流对围堰、河床的集中冲刷，对航道、导流的影响。

3）堰内平面尺寸应满足基础施工的需要。

4）围堰要求防水严密，减少渗漏。

5）堰体外坡面有受冲刷危险时，应在外坡面设置防冲刷设施。

（3）围堰的施工要求

各类围堰的施工工艺要求见表3—4—2。

**表3—4—2　　各类围堰的施工工艺要求**

| 序号 | 围堰类型 | 施工工艺要求 |
|---|---|---|
| 1 | 土围堰  | ①筑堰材料宜用黏性土、粉质黏土或砂夹黏土。填出水面后应进行夯实。填土应自上游开始，至下游合龙<br>②筑堰前，必须将堰底下河床底上的杂物、石块及树根等清除干净<br>③堰顶宽度可为1～2 m。机械挖基时不宜小于3 m。堰外边坡迎水流一侧坡度宜为1∶2～1∶3，背水流一侧可在1∶2之内。堰内边坡宜为1∶1～1∶1.5。内坡脚与基坑的距离不得小于1 m |

续表

| 序号 | 围堰类型 | 施工工艺要求 |
| --- | --- | --- |
| 2 | 土袋堰施  | ①围堰两侧用草袋、麻袋、玻璃纤维袋或无纺布袋装土堆码。袋中宜装不渗水的黏性土，装土量为土袋容量的1/2～2/3。袋口应缝合。堰外边坡为1∶0.5～1∶1，堰内边坡为1∶0.2～1∶0.5。围堰中心部分可填筑黏土及黏性土芯墙<br>②堆码土袋时，应自上游开始至下游合龙。上、下层和内、外层的土袋均应相互错缝，尽量堆码密实、平稳<br>③筑堰前，堰底河床的处理、内坡脚与基坑的距离、堰顶宽度与土围堰要求相同 |
| 3 | 钢板桩围堰  | ①有大漂石及坚硬岩石的河床不宜使用钢板桩围堰<br>②钢板桩的力学性能和尺寸应符合规定要求<br>③施打钢板桩前应在围堰上、下游及两岸设观测点，控制围堰长、短边方向的施打定位。施打时，必须备有导向设备，以保证钢板桩的正确位置<br>④施打前，应对钢板桩的锁口用止水材料捻缝，以防漏水<br>⑤施打顺序一般为从上游分两头向下游合龙<br>⑥钢板桩可用锤击、振动、射水等方法下沉，但在黏土中不宜使用射水下沉法<br>⑦经过整修或焊接后的钢板桩应用同类型的钢板桩进行锁口试验、检查。接长的钢板桩，其相邻两钢板桩的接头位置应上下错开<br>⑧施打过程中，应随时检查桩的位置是否正确，桩身是否垂直；否则应立即纠正或拔出重打 |
| 4 | 钢筋混凝土板桩围堰  | ①板桩断面应符合设计要求。桩尖角度视土质坚硬程度而定。沉入砂砾层的板桩桩头应增设加劲钢筋或钢板<br>②制作钢筋混凝土板桩时应用刚度较大的模板，榫口接缝应顺直、密合。如用中心射水下沉，预制板桩时应留射水通道<br>③目前钢筋混凝土板桩中空心板桩较多。空心多为圆形，用钢管作芯模。板桩的榫口一般圆形的较好。桩尖斜度一般为1∶1.5～1∶2.5 |
| 5 | 套箱围堰  | ①无底套箱用木板、钢板或钢丝网水泥制作，内设木、钢支撑。套箱可制成整体式或装配式<br>②制作中应防止套箱接缝漏水<br>③下沉套箱前，同样应清理河床。若套箱设置在岩层上时，应整平岩面。当岩面有坡度时，套箱底的倾斜度应与岩面相同，以增加稳定性并减少渗漏 |

续表

| 序号 | 围堰类型 | 施工工艺要求 |
|---|---|---|
| 6 |  双壁钢围堰 | ①双壁钢围堰应进行专门设计，其承载力、刚度、稳定性、锚碇系统及使用期等应满足施工要求<br>②双壁钢围堰应按设计要求在工厂制作，其分节、分块的大小应按工地吊装、移运能力确定<br>③双壁钢围堰各节、块拼焊时，应按预先安排的顺序对称进行。拼焊后应进行焊接质量检验及水密性试验<br>④钢围堰浮运定位时，应对浮运、就位和灌水着床时的稳定性进行验算。尽量安排在能保证浮运顺利进行的低水位或水流平稳时进行，宜在白昼无风或风小时浮运。在水深或水急处浮运时，可在围堰两侧设导向船。围堰下沉前初步锚碇于墩位上游处。在浮运、下沉过程中，围堰露出水面的高度应不小于1 m<br>⑤就位前应对所有缆绳、锚链、锚碇和导向设备进行检查和调整，以使围堰落床工作顺利进行，并注意水位涨落对锚碇的影响<br>⑥锚碇体系的锚绳规格、长度应相差不大。锚绳受力应均匀。边锚的预拉力要适当，以避免导向船和钢围堰摆动过大或锚绳折断<br>⑦准确定位后，应向堰体壁腔内迅速、对称、均衡地灌水，使围堰落床<br>⑧落床后应随时观测水域内流速增大而造成的河床局部冲刷，必要时可在冲刷段用卵石、碎石垫填整平，以改变河床上的粒径，减小冲刷深度，增加围堰稳定性<br>⑨钢围堰着床后，应加强对冲刷和偏斜情况的检查，发现问题及时调整<br>⑩钢围堰浇筑水下封底混凝土之前，应按照设计要求进行清基，并由潜水员逐片检查合格后方可封底<br>⑪钢围堰着床后的允许偏差应符合设计要求。当作承台模板用时，其误差应符合模板的施工要求 |

**2. 基坑开挖**

一般小桥基础的基坑采用人工开挖方法；大、中桥基础的基坑大而深，挖方量大，可采用机械或半机械施工方法。若地基的渗水量太大，超过了排水能力，或基坑土质不好，采用抽水开挖时将会产生涌砂、涌泥现象，此时宜采用有水地基开挖方法，如图3—4—2所示。常用的有水地基基坑开挖方法有水力吸泥机法、空气吸泥机法、泥掘机法。

图 3—4—2　有水地基基坑开挖

无水地基基坑开挖施工工艺见表 3—4—3。

**表 3—4—3　　基坑开挖施工工艺**

| 序号 | 施工工序 | 工艺要求 |
| --- | --- | --- |
| 1 | 施工放样 | ①基坑开挖施工前，先进行基础的定位放样工作，将设计图样上的基础位置准确地设置到桥址上。根据桥梁中心线与墩台的横、纵轴线，推算出基础边线定位点，再放线画出基坑开挖轮廓线<br>②准确标画基坑位置轮廓线，为基坑开挖做好准备<br>③平面位置准确、方向正确、高程控制满足设计要求 |
| 2 | 坑壁开挖边坡 | ①基坑开挖的边坡有 3 种形式，即直坡式、斜坡式和踏步式。其尺寸应符合施工要求<br>②当基坑为渗水的土质地基时，坑底尺寸应根据排水要求（包括排水沟、集水沟、排水管网等）和基础模板设计所需要基坑大小而定。一般基底应比基础的平面尺寸增宽 0.5 ~ 1.0 m。当不设模板时，可按基底的尺寸开挖基坑<br>③基坑采用放坡开挖、支撑加固或其他加固的开挖方法。对有地面水淹没的基坑，可修筑围堰、改河、改沟、筑坝排开地面水后再开挖基坑<br>④在天然土层上挖基坑时，如深度在 5 m 以内，施工期较短，基坑底处于地下水位以上，土的湿度接近最佳含水量，土层构造均匀时，则基坑坑壁坡度可参照表 3—4—4 选定。基坑深度大于 5 m 或有其他不利条件时，应将坑壁坡度适当放缓，或加做平台。如土的湿度过大，能引起坑壁坍塌时，坑壁坡度应采用该湿度下土的天然坡度 |

续表

| 序号 | 施工工序 | 工艺要求 |
| --- | --- | --- |
| 3 | 基坑坑壁加固  | ①加固坑壁常用的支撑形式有挡板撑木式支撑、混凝土护壁（喷射或支模现浇）、钢板桩支撑、钢筋混凝土板桩支撑、锚桩式支撑和地下连续壁等<br>②采用喷射支撑加固时，应按设计要求逐层开挖，逐层加固。如坑壁上有明显出水点处，应设置导管排水<br>③当用锚杆挂网喷射混凝土支护、开挖基坑时，各层锚杆要求进入稳定层的长度和间距、钢筋的直径或钢绞线的束数应符合设计要求<br>④基坑开挖深度小于 10 m 的较完整风化基岩可直接喷射素混凝土，喷射前应定距离埋设钢筋<br>⑤喷射完成后，检查混凝土的平均厚度、强度，其值均不得小于设计要求值。锚杆的平均抗拔力不小于设计值，最小抗拔力不小于设计值的 90% |
| 4 | 基坑开挖  | ①基坑开挖施工宜安排在枯水或少雨季节进行，开工前应做好计划和准备工作，开挖后连续快速施工<br>②基础的轴线、边线位置及基底高程应精确确定，检查无误后方可施工。在附近有其他结构物时，应有可靠的防护措施<br>③为避免地下水冲塌坑壁，在基坑顶缘适当距离设截水沟。坑顶边应留护道，有弃土或静荷载的不小于 0.5 m，有动荷载的不小于 1 m。如地质、水文条件不良，或动荷载过大，应进行基坑开挖边坡验算，根据验算结果确定采用增宽护道或其他加固措施<br>④应避免超挖。若超挖，应将松动部分清除，其处理方案应报监理、设计单位批准<br>⑤挖至高程的土质基坑不得长期暴露、扰动或浸泡，并应及时检查基坑尺寸、高程、基底承载力，符合要求后应立即进行基础施工<br>⑥弃土不得妨碍施工。弃土堆坡脚距坑顶缘的距离不宜小于基坑的深度，且宜弃在下游指定地点，不得淤塞河道，以免影响泄洪<br>⑦每天开挖前及开挖过程中，应检查基坑或管沟的支撑及边坡情况。如发现异常，应立即采取防范、补救和加固措施<br>⑧开挖深度超过 2 m 的，必须在边沿处设立两道护身栏<br>⑨自基坑开挖开始至基础完成应连续施工。基坑施工不可延期过长 |

表 3—4—4　基坑坑壁坡度

| 土壤种类 | 坑壁最陡坡度（高:宽） | | |
|---|---|---|---|
| | 基坑顶缘无载重 | 基坑顶缘有静荷载 | 基坑顶缘有动荷载 |
| 砂类土 | 1:1 | 1:1.25 | 1:1.5 |
| 卵石、砾类土 | 1:0.75 | 1:1 | 1:1.25 |
| 粉质土、黏质土 | 1:0.33 | 1:0.5 | 1:0.75 |
| 极软岩 | 1:0.25 | 1:0.33 | 1:0.67 |
| 软质岩 | 1:0 | 1:0.1 | 1:0.25 |
| 硬质岩 | 1:0 | 1:0 | 1:0 |

注：1. 坑壁有不同土层时，基坑坑壁坡度可分层选用，并酌设平台。

2. 坑壁土类按照交通行业标准《公路土工试验规程》（JTG E40—2007）划分。

3. 岩石单轴极限强度小于5.5 MPa、5.5～30 Mpa 和大于30 MPa 时，分别定为极软岩、软质岩、硬质岩。

4. 当基坑深度大于5 m 时，基坑坑壁坡度可适当放缓或加设平台。

### 3. 排水

基坑排水方法及施工要求见表3—4—5。

表 3—4—5　基坑排水方法及施工要求

| 序号 | 排水方法 | 施工要求 |
|---|---|---|
| 1 | 集水坑降水法 | ①集水坑降水法是在基坑开挖过程中，沿坑底周围或中央开挖有一定坡度的排水沟，在坑底每隔一定距离设一个集水坑，地下水通过排水沟流入集水坑中，然后用水泵抽走。适用于面积较小、土质较好、粗颗粒土层或黏性土层、降水深度不大的基坑（槽）开挖工程<br>②当基坑开挖遇到地下水或地表水时，应在基坑内随同挖方一起设置集水沟，其截面尺寸不小于0.2 m×0.5 m，沟底低于挖土面0.5 m 以上，并向集水坑方向保持2‰～5‰的纵坡<br>③每隔30～40 m 设一个集水坑。集水坑直径不小于0.8 m，坑底低于集水坑底0.7～1.0 m<br>④集水坑可用荆笆、竹篾、编筐或木笼围护，坑底宜铺设300 mm 左右厚度的滤料（碎石、粗砂），以防止泥堵塞吸水龙头<br>⑤集水沟和集水坑应随挖土逐层加深，挖至设计高程后坑底应低于基坑底1～2 m。抽水时应有专人负责维护集水沟和集水坑，使其不淤、不堵，顺利排水 |
| 2 | 井点降水法 | ①在地下水位以下的含水层施工时常采用井点降水法。井点降水法是在基坑开挖前，在基坑四周埋设一定数量的滤水管（井），利用抽水设备抽水，使所挖的土始终保持干燥状态的方法。井点降水法所采用的井点类型有轻型井点、喷射井点、电渗井点、管井井点、深井井点等<br>②井管的成孔可根据土质分别用射水成孔、冲击钻孔、旋转钻机和水压钻探机成孔。井点降水曲线至少应深于基底设计高程0.5 m<br>③在水位降低的范围内设置观测孔，其数量视工程情况而定。降低底层土中地下水位时，应尽可能将滤水管埋设在透水性好的土层中 |

续表

| 序号 | 排水方法 | 施工要求 |
| --- | --- | --- |
| 3 | 帷幕降水法 | 帷幕降水法是在基坑边线外设置一圈隔水幕，用以隔断水源，减少渗流水量，防止流砂、突涌、管涌等地下水的作用。方法有深层搅拌桩隔水墙、压力注浆、高压喷射注浆、冻结帷幕法等，采用时均应进行具体设计并符合有关规定 |

**4. 地基处理和地基检验**

(1) 地基处理

对符合设计要求的细粒土、特殊土基底，经修整完成后，应尽快进行基础的施工，不得使基底浸水和长期暴露。基坑开挖后，如基底的地质情况与设计不符时，应按程序进行设计变更并对地基进行处理。

地基处理应根据地基土的种类、强度和密度，按照设计要求，并结合现场情况，采取相应的处理方法，不同情况的地基处理方法见表3—4—6。地基处理的范围应宽出基础之外不少于0.5 m。

**表3—4—6　　地基处理方法**

| 序号 | 现场情况 | 处理方法 |
| --- | --- | --- |
| 1 | 细粒土及特殊土地基 | 细粒土或特殊土类的饱和软弱黏土层、粉砂土层及湿陷性黄土、膨胀土和黏土及季节性冻土强度低，稳定性差，处理时间视该类土的处治深度、含水量等情况，按基底的要求采取固结处理，以满足设计要求 |
| 2 | 粗粒土和巨粒土 | 对于强度和稳定性满足设计要求的粗粒土及巨粒土基底，应将其承重面平整夯实，其范围应满足基础的要求。基底有水不能彻底排干时，应将水引至排水沟，然后在其上修筑基础 |
| 3 | 岩层基底 | ①风化的岩层应挖至满足地基承载力要求或其他方面的要求为止<br>②在未风化的岩层上修建基础前，应先将淤泥、苔藓、松动的石块清除干净，并洗净岩石<br>③对于坚硬的倾斜岩层，应将岩层面凿平。倾斜度较大且无法凿平时，则应凿成多级台阶。台阶的宽度宜不小于0.3 m |
| 4 | 多年冻土地基 | ①基础不应置于季节冻融土层上，并不得直接与冻土接触<br>②基础的基底修筑于多年冻土层上时，基底之上应设置隔温层或保温层材料，且铺筑宽度应在基础外缘加宽1 m<br>③按保持冻结的原则设计的明挖基础，其多年平均地温等于或高于－3℃时，应于冬季施工；多年平均温度低于－3℃时，可在其他季节施工，但应避开高温季节，并应按下列规定处理：严禁地表水流入基坑；及时排除季节冻层内的地下水和冻土本身的融化水；必须搭设遮阳棚和防雨棚；施工前做好充分准备，组织快速施工。做好的基础应立即回填封闭，不宜间歇。必须间歇时，应以草袋、棉絮等加以覆盖，以防止热量侵入<br>④施工时，明水应在距坑顶10 m之外修排水沟。水沟的水应引于远离坑顶宜泄并及时排除融化水 |

续表

| 序号 | 现场情况 | 处理方法 |
| --- | --- | --- |
| 5 | 溶洞地基 | ①对于影响基底稳定的溶洞，不得堵塞溶洞水路<br>②干溶洞可用砂砾石、碎石、干砌或浆砌片石及灰土等回填密实<br>③基底干溶洞较大，回填处理有困难时，可采用桩基处理，桩基应进行设计，并经有关单位批准 |
| 6 | 泉眼地基 | ①可将有螺口的钢管紧紧打入泉眼，盖上螺母并拧紧，阻止泉水流出；或向泉眼内压注速凝的水泥砂浆，再打入木塞堵眼<br>②堵眼有困难时，可采用管子塞入泉眼，将水引流至集水坑排出或在基底下设盲沟引流至集水坑排出，待基础圬工完成后，向盲沟压住水泥浆堵塞。采用引流排水时，应注意防止砂土流失，以免引起基底沉陷<br>③对于基底泉眼，不论采用何种方法处理，都不应使基底饱水 |

（2）地基检验

1）地基检验的内容

①检查基底平面位置、尺寸大小和基底高程。

②检查基底的土质情况和承载力是否与设计资料相符。

③检查基底处理和排水情况是否符合相关规范要求。

④检查施工记录及有关试验资料等。

2）地基检验的方法

①对于小桥涵的地基，一般采用直观或触探方法检验。必要时进行土质试验。对经加固处理后的特殊地基，一般采用触探或做密实度检验等。

②大、中桥和填土 12 m 以上涵洞的地基，一般由检验人员用直观、触探、挖试坑或钻探（钻深至少为 4 m）试验等方法检验。

**5. 基础浇筑和基坑回填**

基础浇筑和基坑回填的施工工艺见表 3—4—7。

**表 3—4—7　　基础浇筑及基坑回填的施工工艺**

| 序号 | 施工工序 | 工艺要求 |
| --- | --- | --- |
| 1 | 模板施工 | ①垫层施工一定要找平<br>②为防止模板缝漏浆，在模板底角用水泥砂浆封堵，严禁在没有对拉螺栓的部位用带眼的模板<br>③模板使用前必须进行抛光，抛光后清理干净，用手摸无黑迹<br>④在浇筑混凝土前，用空压机吹净模板内的尘土<br>⑤支立模板的精度要严格控制和检查，确保基础的外形尺寸 |

续表

| 序号 | 施工工序 | 工艺要求 |
| --- | --- | --- |
| 2 | 混凝土浇筑  | ①浇筑混凝土前应将模板内的杂物和钢筋上的油污等清除干净；当模板有缝隙和孔洞时，应予堵塞，不得漏浆<br>②明确结构分层、分块的浇筑顺序。根据基础尺寸大小确定降温防裂措施。仔细检查模板、支架、预埋件的紧固程度等，并由专业工程师会同监理进行检查。确保接地钢筋准确预埋，并有效焊接<br>③冬期施工时，混凝土入模温度应不低于5℃；热期施工时，混凝土入模温度不宜高于30℃，而且每次灌注必须按规范留足强度试件<br>④混凝土采用分层连续灌注，一次成型，分层间隔灌注时间不得超过试验所确定的混凝土初凝时间，以防出现施工冷缝，其分层厚度应根据搅拌机的搅拌能力、运输条件、浇筑速度、振捣能力和结构要求等条件确定<br>⑤浇筑过程应连续进行，当不连续时，应按浇筑中断处理，同时应留路施工缝，并做好记录。浇筑混凝土时应设专人检查支架、模板、预埋件的稳固情况，并应注意防止混凝土离析<br>⑥控制混凝土的拌和质量，在浇筑过程中，每300 mm一层，逐层浇筑，一次性完成承台的混凝土浇筑工作。混凝土采用混凝土罐车运送、吊斗直接入模的浇筑方式，陆地承台混凝土浇筑第一层采用从中间到四周的浇筑顺序，第二层往上采用从四周向中间的浇筑顺序<br>⑦在每层混凝土浇筑过程中，随混凝土的灌入及时采用插入式振动棒振捣密实。振动棒应避免碰撞模板。为防止混凝土在水化、凝结过程中内外温差过大，致使表面产生裂缝，混凝土浇筑完成后应及时收浆，立即进行养护 |
| 3 | 混凝土养护  | ①混凝土浇筑完成后，12 h内必须覆盖和洒水，直至规定养护时间。操作时不得使混凝土受到污染和损伤<br>②当工地昼夜平均气温3天低于5℃或最低气温低于－3℃时，应采取冬期施工措施。当工地昼夜平均气温高于30℃时，应采取热期施工措施<br>③混凝土养护用水要求应与拌和水一致。混凝土养护期间，混凝土内部最高温度不宜超过65℃，混凝土内部温度与表面温度之差、表面温度与环境温度之差不宜大于15℃，养护用水温度与混凝土表面温度之差不得大于15℃<br>④新浇筑的混凝土与地表流动水或地下水接触时必须采取防护措施，直到混凝土达到50%以上的设计强度为止，并不得少于7天<br>⑤自然养护时，混凝土浇筑完毕应对其进行保水潮湿养护，养护时间不得少于相关规定，当环境温度低5℃时禁止洒水<br>⑥新浇筑的混凝土强度未达到1.2 MPa前，不得在其表面搭设上层结构用的支撑和模板等设施 |

续表

| 序号 | 施工工序 | 工艺要求 |
| --- | --- | --- |
| 4 | 拆模  | ①侧模在混凝土强度达到2.5 MPa以上，且其表面及棱角不因拆模而受损时才可以拆除模板<br>②拆模的顺序按立模顺序逆向而行，拆模时注意不得撬损承台棱角<br>③相邻基础施工完毕，必须及时用钢尺丈量跨度并做好记录；将墩十字线用墨汁定于基础顶面上，并在距基础边缘0.3 m处用红油漆固定四个方向点 |
| 5 | 基坑回填  | ①回填土应自下而上分层进行，基坑有支护时，回填土必须与支护结构的拆除协调一致，不得破坏支护结构<br>②电动夯实机具必须由电工接线与拆卸，并随时检查机具、缆线和接头，确认无漏电现象；使用夯实机具必须按规定配置操作人员，操作人员应经过安全技术培训，且操作人员应相对固定<br>③使用推土机向基坑内推土时应设专人指挥，指挥人员应站在推土机侧面，确认基坑内人员已撤至安全位置，方可向推土机操作工发出向基坑内推土的指令<br>④使用压路机时，指挥人员应行走于机械行驶方向后面或安全的一侧，并与压路机操作工密切配合，及时引导周围人员至安全地带；运行中，现场人员不得攀登机械及触摸机械传动部位<br>⑤用手推车、自卸汽车、机动翻斗车、装载机等向基坑内卸土时，基坑内人员必须位于安全位置；基坑边必须对车轮设牢固挡掩；手推车严禁撒把倒土；卸土时应设专人指挥，指挥人员必须站位于车辆、机械侧面；卸土前指挥人员必须检查挡掩和坑下人员情况，确认安全后，方可向车辆、机械操作工发出卸车信号 |

## 二、明挖基础施工工艺

**1. 定位放样**

根据地质情况定出放坡率，根据基础尺寸、深度、渗水情况确定基坑开挖尺寸。根据确定的基坑开挖尺寸对基坑四角进行放样。开挖置于岩石中的扩大基础时，底层基础混凝土满灌，其他情况下，为便于立模、挖排水沟和汇水井，每边加宽0.5～1.0 m。

**2. 基坑开挖**

（1）开挖方法

1）基坑开挖采用机械开挖和人工开挖相配合的方法。开挖岩石施工时，应采用人工开挖和小药量爆破开挖，以保证不破坏基岩的完整性，且尽量避免超挖，同时采取适当的防护措施。

2）挖掘机可以在基坑内或基坑边缘作业，直接把弃土装车运走。开挖基坑土方尽可能远离基坑边缘，以免塌方和影响施工。

3）基坑开挖应连续施工，避免晾槽，一次开挖距基坑底面以上要预留 200 ~ 300 mm，待验槽前人工一次清除至高程，以保证基坑顶面坚实。同时保证基底符合设计要求的嵌岩深度。

4）坚决避免超挖。如超挖，应将松动部分清除，其处理方案应报监理、设计单位批准。挖至高程的土质基坑不得长期暴露、扰动或浸泡，并应及时检查基坑尺寸、高程、基底承载力，符合要求后应立即进行基础施工。

（2）放坡开挖

用经纬仪测出基础纵、横中心线，根据选择的基坑坡率，放出上口开挖边线桩。

**3. 基坑尺寸确定**

基坑尺寸应满足施工要求。当基坑为渗水的土质基底时，坑底尺寸应根据排水要求（包括排水沟、集水井、排水管网等）和基础模板设计所需基坑大小而定。基坑的平面尺寸可适当增加 800 ~ 1 000 mm，不设基础模板时，按设计平面尺寸开挖。

对于无水土质基坑地面，宜按照基础设计平面尺寸每边放宽不小于 500 mm。

**4. 坑壁支撑和排水**

当基坑深度较大、放坡开挖土方量较大、土质无法保持稳定时，应采取适当的支撑。明挖基础如有较多渗水时，考虑在坑底周围设排水沟和汇水井，利用水泵排出坑外。

**5. 地基检验**

基坑开挖应连续施工，避免晾槽，一次开挖要距离基坑底面往上 200 ~ 300 mm，待验槽前人工一次清除至高程，以保证基坑顶面坚实，经监理工程师和设计单位人员核实地质，符合设计要求后方可进行下道工序施工；否则，应按设计图样及监理工程师要求进行基底处理。

**6. 基础钢筋绑扎和支模**

（1）基础钢筋绑扎

基础钢筋在钢筋加工厂弯曲制作成半成品，在现场绑扎成型，垫块使用与设计标号相同的混凝土块，垫块尺寸符合钢筋保护层厚度设计要求。

（2）模板和支撑

1）按照基础尺寸放出模板边线，模板采用钢模，其结构及部位尺寸符合规范要求，模板及模板支撑必须具有足够的刚度、强度和稳定性，能承受浇筑混凝土的侧压力，并保证基础尺寸正确。

2）模板安装应稳固、可靠，接缝应严密、不漏浆，模板与混凝土的接触面应清理干净并涂刷隔离剂，模板内的积水和杂物应清理干净。

3）混凝土浇筑前应对基础平面位置、尺寸、底面及顶面高程和基底地质条件等进行检查并形成记录。

**7. 混凝土拌和、运输、浇筑**

混凝土拌和物应拌和均匀，颜色一致，不得有离析和泌水现象。混凝土的运输应满足混凝土凝结速度和浇筑速度的要求，使浇筑工作不间断。混凝土浇筑应连续进行，当因故间歇时，其间歇时间应少于前层混凝土的初凝时间或能重塑的时间。混凝土浇筑过程中，应随时对混凝土进行振捣并使其均匀、密实，振捣采用插入式振捣器垂直点振。

**8. 基坑回填**

基础混凝土施工完成并达到规定强度后，按设计要求的填料和质量及时回填，并应分层夯实。

**9. 养护**

混凝土的养护采用自然养护，混凝土养护期间，应重点加强混凝土湿度和温度的控制。

**10. 混凝土拆模**

混凝土拆模时的强度应符合设计要求。

**11. 混凝土缺陷处理**

（1）混凝土拆模后，如表面有粗糙、不平整、蜂窝、孔洞、疏松麻面和缺棱掉角等缺陷或不良外观时，应认真分析缺陷产生的原因。

（2）当混凝土的表面缺陷经分析不危及结构或结构件的使用性能和耐久性能时，可采用专门方案进行修补处理。

（3）混凝土表面缺陷修补后，修补或填充的混凝土应与本体混凝土表面紧密结合，在填充养护和干燥后，所有填充物应坚固、无收缩开裂或产生鼓形区，表面平整且与相邻表面平齐，达到规定要求，修补后的混凝土耐久性能应不低于本体混凝土。

## 三、明挖基础施工质量控制要求及标准

明挖基础施工质量控制要求及标准见表3—4—8。

**表3—4—8　　明挖基础施工质量控制要求及标准**

| 序号 | 质量控制项目 | 质量标准和要求 | 检查方法 |
|---|---|---|---|
| 1 | 测量放样 | 按照设计图样计算平面坐标进行放样，精度：±10 mm | 仪器测量并复核 |
| 2 | 基坑支护 | 应有足够的强度和稳定性，防止边坡坍塌 | 支护设计并验算 |
| 3 | 开挖 | 按照制定方案和测量放样进行开挖，基底高程允许偏差：土，±50 mm；石，+50 mm、−200 mm | 用水准仪测量 |
| 4 | 基底地质条件、承载力和基底处理 | 基底地质条件及承载力必须符合设计要求，应在无水的条件下浇筑混凝土 | 仪器测量并复核 |
| 5 | 排水 | 应及时不间断排水，并能保证后续施工的正常进行和边坡稳定 | 全部检查质量证明文件并按批进行取样试验和检测 |

续表

| 序号 | 质量控制项目 | 质量标准和要求 | 检查方法 |
| --- | --- | --- | --- |
| 6 | 钢筋原材料、加工、连接、安装 | 符合设计强度要求 | 观察和抽样送检 |
| 7 | 模板及支架 | 足够的强度、刚度、稳定性、平整度，接缝严密 | 观察、测量和检查力学性能计算资料 |
| 8 | 浇筑混凝土 | 按施工配比投料生产混凝土，不得离析、泌水，不间断浇筑，在初凝时间内浇筑完成，振实充分、适度，坍落度偏差不大于 20 mm，在浇筑现场制作混凝土试件 | 试验、观察和检查 |
| 9 | 混凝土养护 | 温度、时间和湿度符合验收标准规定要求 | 测量并做好记录 |
| 10 | 混凝土几何尺寸验收 | 基础前后、左右边缘距设计中心线允许偏差：±50 mm，基础顶面高程允许偏差：±30 mm | 测量 |
| 11 | 混凝土强度 | 混凝土强度等级必须符合设计要求 | 混凝土强度试件进行抗压试验 |
| 12 | 基坑回填 | 基坑回填填料符合设计要求，夯实应符合规定。设计无要求时，用原土回填密实、平整 | 观察 |

扩大基础施工质量标准见表 3—4—9。

**表 3—4—9　　扩大基础施工质量标准**

| 检查项目 | | 规定值或允许偏差 |
| --- | --- | --- |
| 混凝土强度（MPa） | | 在合格标准内 |
| 平面尺寸（mm） | | ±50 |
| 基础底面高程（mm） | 土质 | ±50 |
| | 石质 | +50，−200 |
| 基础顶面高程（mm） | | ±30 |
| 轴线偏位（mm） | | 25 |

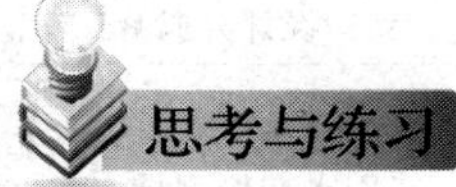


**简答题**

1. 简述明挖基础在浅水地层中的施工流程。
2. 简述明挖基础施工中基坑开挖的施工工艺。
3. 在明挖基础施工中地基检验包括哪些内容？
4. 简述围堰的类型。

# 模块四

# 桥梁墩台施工

## 课题一　桥梁承台（系梁）施工

◆ 了解承台（系梁）施工的一般规定。
◆ 了解承台（系梁）施工的工艺流程、主要内容及要求。
◆ 熟悉承台（系梁）的主要施工工序。
◆ 了解承台（系梁）的施工质量标准。
◆ 能够进行承台（系梁）施工作业。

### 一、承台（系梁）施工的一般规定

1. 承台（系梁）施工前，应熟悉施工图样，核对现场水文地质情况，调查承台（系梁）基坑范围及周边的地下管线及构造物等，并采取必要的保护措施，避免造成破坏。

2. 施工承台前应对桩基等隐蔽工程的质量进行验收，桩顶的混凝土面应按水平施工缝的要求凿毛，桩头预留钢筋上的泥土及鳞锈等应清理干净。

3. 明挖地基开挖前应对基坑边坡的稳定性进行验算，并制订专项施工技术方案和安全技术方案。当明挖地基位于山坡上时，应对山体的稳定性进行评价，避免造成山体滑坡。当基坑顶地面较破碎、有裂缝或工程水文地质不良时，应采取临时支撑措施或其他有效措施，保证安全施工。承台基底为软弱土层时，应按设计要求采取措施，避免在浇筑承台混凝土过程中产生不均匀沉降。

4. 明挖地基开挖前应做好基坑顶面的防水、排水措施，并根据情况设置井点降水。

5. 承台施工采用围堰作为挡水（土）设施时，应根据承台的结构特点、水文、地质和施工条件等因素确定适宜的围堰形式，并对围堰进行专项设计。

（1）一般情况下，土石围堰适用于水深小于 3 m、透水性较小的河床；（锁口）钢板（管）桩、套箱围堰适用于水深 3 m 以上，覆盖较厚的砂类土、碎石土和半干性黏土等河床及软土地区避免大开挖的承台施工。

（2）采用钢板（管）桩、钢套箱围堰时，应编制专项施工技术方案和安全专项施工方案，并经审核批准。

（3）对施工现场应进行平整，水中施工时应打设工作平台，平台可结合钻孔平台一起设置，其刚度、强度及稳定性应经过计算确定。

（4）钢板桩、钢管桩运到现场后应进行检查、清理，清除锁口内的杂物，对缺陷部位进行补修，桩体应顺直，宽度一致，无扭曲，锁口处应涂混合油，防止在使用过程中漏水。通过补修后的钢板桩应采用同类型的短桩进行锁口并通过试验，合格者方可使用。

（5）施打钢板桩应有导向装置，确保钢板桩定位准确，施打时应随时检查其位置和垂直度，不符合要求的应立即纠正或拔起重新施打。

（6）同一围堰需要的钢板桩或钢管桩除角桩和合龙段外应为同一规格。

6. 基坑开挖应集中人力、物力连续作业，从开工到完成尽量做到不停顿并快速施工，基础施工完成后应及时回填。

## 二、承台（系梁）施工工艺流程

承台（系梁）施工工艺流程如图 4—1—1 所示。

## 三、承台（系梁）主要施工工序

承台（系梁）施工工序主要包括基坑开挖、基坑排水、基坑检测、凿除桩头、基底处理、铺设垫层、绑扎钢筋、安装模板、混凝土浇筑、混凝土养护、墩柱接触面凿毛、拆模、回填等，其主要作业内容及要求见表 4—1—1。

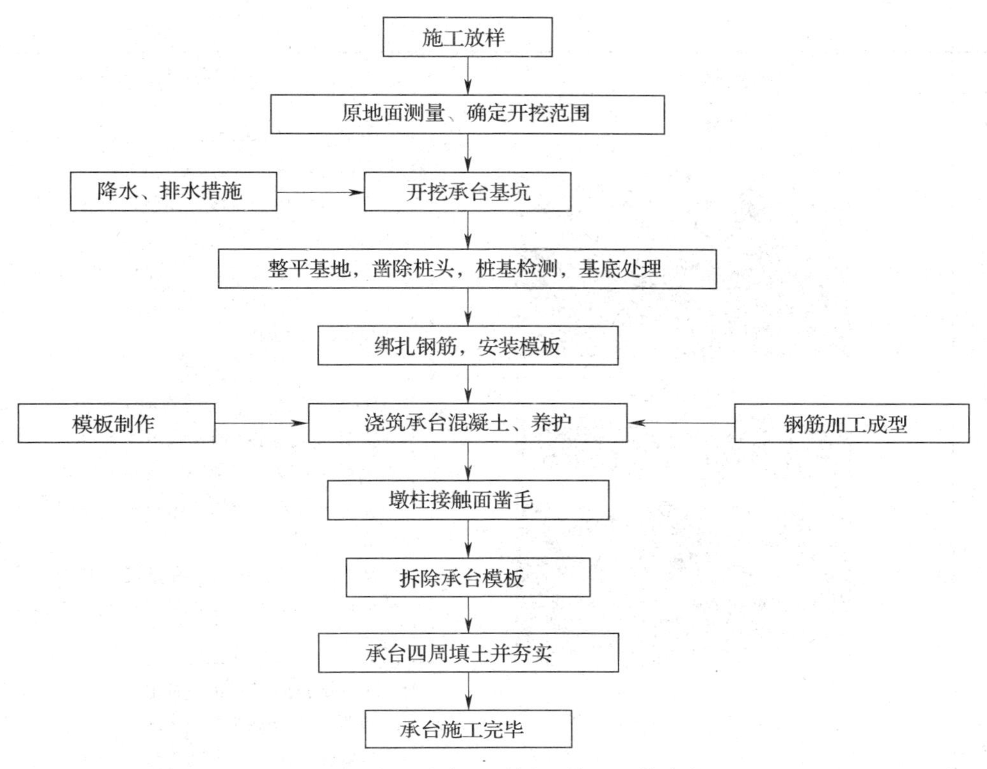


图 4—1—1　承台（系梁）施工工艺流程

**表 4—1—1　　承台（系梁）主要施工工序**

| 序号 | 施工工序 | 主要作业内容及要求 |
|---|---|---|
| 1 | 基坑开挖 | ①应根据地面高程、开挖深度、结构物尺寸、边坡坡度等因素确定开挖范围，并划出开挖轮廓线<br>②强风化岩层基底若呈倾斜形状，应凿成不小于 0.3 m 的台阶<br>③在土质松软层进行基坑开挖前应先进行支护。基坑开挖时，应观测坡面稳定情况，当发现坑沿顶出现裂缝、坑壁松塌或遇涌水、涌砂时，应立即停止施工，加固处理后方可继续施工，基坑开挖时应进行基坑支护变形监测<br>④基坑应避免超挖，若超挖应将松动部分清除，采用碎石（土质地基）或混凝土（石质地基）回填，严禁超挖后再回填虚土<br>⑤若采用钢板桩围护施工，应将钢板桩运到工地后检查和整修，测量定位放出钢板桩的内外线位置，采用振动打桩机插打钢板桩 |

续表

| 序号 | 施工工序 | 主要作业内容及要求 |
| --- | --- | --- |
| 1 | 基坑开挖  | ⑥开挖可采用挖掘机开挖、人工配合的方式，确须爆破时应采用松动爆破，以减少对原地基的扰动<br>⑦加强坑内的排水，挖掘时注意抽水且不要碰到支挡结构<br>⑧挖至距承台底设计高程约 300 mm 位置时，应采用人工开挖修整或小型机械开挖，确须爆破时，应采用松动爆破 |
| 2 | 基坑排水  | ①基坑开挖前应先勘测地下水位，分析确定是否需要井点降水。若需要井点降水，宜在开挖前两天开始降水，回填完成后停止降水<br>②基坑开始开挖时，应在坑顶护坡道外设截水沟和排水沟<br>③基坑开挖完成后，在基坑底基础 0.5 ~ 1.0 m 外应留有排水沟和集水井，采用水泵将渗水排出基坑 |
| 3 | 基坑检测 | ①基坑开挖至高于设计基底高程 300 m 时，及时检测基底承载力，若承载力达不到设计要求，应采取必要措施，防止承台在浇筑混凝土过程中产生不均匀沉降。基坑应快速开挖到位，及时施工承台，以避免基底暴露时间过长或雨水浸泡降低基底承载力<br>②平面轴线位置的偏差、基础底面高程应符合要求 |
| 4 | 凿除桩头  | ①桩基混凝土强度达到 15 MPa 以上方可凿除桩头。桩头采用风镐或人工凿除，严禁采用炸药或膨胀剂等材料，也不得使用大功率镐头机。桩头应破除到坚硬混凝土处，桩头无松散层<br>②桩头凿除后，进行桩基检测，合格后方可进行下道工序施工 |
| 5 | 基底处理、铺设垫层  | 基坑经人工整理、坑底排水设施完成后，应立即浇筑垫层混凝土，可采用 C15 混凝土，厚度 100 mm 以上。垫层的长和宽比承台的长和宽分别多出 200 ~ 300 mm |

续表

| 序号 | 施工工序 | 主要作业内容及要求 |
| --- | --- | --- |
| 6 | 绑扎钢筋、安装模板   | ①垫层施工完成后宜在垫层上弹线，标出主筋位置，绑扎焊接基础钢筋<br>②在钢筋与模板之间设置混凝土垫块，垫块与钢筋扎紧，并相互错开<br>③伸入承台的墩柱（台身）钢筋应准确预埋到位<br>④采用钢模板，使用前应对钢模板进行除锈、刷油，检查模板有否变形。可采用吊车吊装模板、人工配合立模的方式进行安装 |
| 7 | 混凝土浇筑、养护   | ①混凝土在拌和站集中拌和，混凝土搅拌运输车将混凝土运至现场，灌筑混凝土<br>②采用斜向水平推进法施工，混凝土自由下落高度不得超过 2 m，保持水平分层，且分层厚度不超过 300 mm<br>③大体积混凝土应采取措施降低水化热，通过常规措施仍不能有效降低混凝土内外温差时应设置冷却管，通过循环水降低混凝土内部温度<br>④混凝土浇筑完成后即可用土工布进行覆盖养生，养生过程中保证土工布湿润至设计要求的养生时间或施工规范要求 |

续表

| 序号 | 施工工序 | 主要作业内容及要求 |
|---|---|---|
| 8 | 墩柱接触面凿毛   | 混凝土形成强度后对墩柱（台身）范围内的混凝土表面进行凿毛，其余部分顶面应抹平压光 |
| 9 | 拆模 | 混凝土达到拆模强度后，实施拆除承台模板 |
| 10 | 回填土并夯实 | 承台经监理验收认可后，对称回填基坑，人工夯实回填土 |

## 四、施工质量标准

钢筋加工的质量标准见表4—1—2。

**表4—1—2　　钢筋加工的质量标准**

| 序号 | 名称 | 允许偏差（mm） |
|---|---|---|
| 1 | 受力钢筋顺长度方向加工后的全长 | ±10 |
| 2 | 弯起钢筋各部分尺寸 | ±20 |
| 3 | 箍筋、螺旋筋各部分尺寸 | ±5 |

钢筋安装的质量标准见表4—1—3。

表 4—1—3　　　　钢筋安装的质量标准

| 序号 | 项目 | | | 允许偏差（mm） |
|---|---|---|---|---|
| 1 | 受力钢筋间距 | 两排以上排距 | | ±5 |
| 2 | | 同排 | 梁、板、拱肋 | ±10 |
| | | | 基础、锚碇、墩台、柱 | ±20 |
| 3 | 箍筋、横向水平筋、螺旋筋间距 | | | ±10 |
| 4 | 钢筋骨架尺寸 | 长 | | ±10 |
| | | 宽、高或直径 | | ±5 |
| 5 | 绑扎钢筋网尺寸 | 长、宽 | | ±10 |
| | | 网眼尺寸 | | ±20 |
| 6 | 弯起钢筋位置 | | | ±20 |
| 7 | 保护层厚度 | 柱、梁、拱肋 | | ±5 |
| | | 基础、锚碇、墩台 | | ±10 |
| | | 板 | | ±3 |

模板支架制作安装质量标准见表 4—1—4。

表 4—1—4　　　　模板支架制作安装质量标准

| 序号 | 项目 | | 允许偏差（mm） |
|---|---|---|---|
| 1 | 外形尺寸 | 长和宽 | +0，－1 |
| 2 | | 肋高 | ±5 |
| 3 | 面板端倾斜 | | 0.5 |
| 4 | 连接配件（螺栓、卡子等）的孔眼位置 | 孔中心与板面的间距 | ±0.3 |
| 5 | | 板端中心与板端的间距 | +0，－0.5 |
| 6 | | 沿板长、宽方向的孔 | ±0.6 |
| 7 | 板面局部不平 | | 1 |
| 8 | 板面和侧板挠度 | | ±1 |
| 9 | 模板高程 | 基础 | ±15 |
| 10 | | 柱、梁 | ±10 |
| 11 | | 墩台 | ±10 |
| 12 | 模板尺寸 | 上部构造的所有构件 | +5，－0 |
| 13 | | 基础 | ±30 |
| 14 | | 墩台 | ±20 |
| 15 | 轴线偏位 | 基础 | 15 |
| 16 | | 柱 | 8 |
| 17 | | 梁 | 10 |
| 18 | | 墩台 | 10 |

续表

| 序号 | 项目 | | 允许偏差（mm） |
|---|---|---|---|
| 19 | 模板相邻两板表面高低差 | | 2 |
| 20 | 模板表面平整 | | 5 |
| 21 | 预埋件中心线位置 | | 3 |
| 22 | 预留孔洞中心位置 | | 10 |
| 23 | 预留孔洞截面内部尺寸 | | +10，-0 |
| 24 | 支架 | 纵轴的平面位置 | 跨度的1/1 000或30 |

混凝土分层浇筑厚度不宜超过表4—1—5的规定。

**表4—1—5　　混凝土分层浇筑厚度**

| 振捣方式 | | 浇筑层厚度（mm） |
|---|---|---|
| 采用插入式振捣器 | | 300 |
| 采用附着式振捣器 | | 300 |
| 采用表面振捣器 | 无筋或配筋稀疏时 | 250 |
| | 配筋较密时 | 150 |

承台施工质量标准见表4—1—6。

**表4—1—6　　承台施工质量标准**

| 项目 | | 规定值或允许偏差 |
|---|---|---|
| 混凝土强度（MPa） | | 在合格标准内 |
| 轴线偏位（mm） | | 15 |
| 尺寸（mm） | $B \leqslant 30$ m | ±30 |
| | $B > 30$ m | $\pm B/1\ 000$ |
| 顶面高层（mm） | | ±20 |

注：1. $B$为承台边长。

2. 深水基础中以围堰作为承台模板时，承台的轴线偏位应符合设计规定。

## 3 工程应用

某高速公路特大桥长约2.8 km，涉及承台（系梁）322座，均位于陆地上，其顶面略低于地面，埋置深度3～4 m，需开挖地层主要为人工填土，部分为淤泥质土和砂、砂土、黏性土及基岩残积层等，如图4—1—2所示。请对承台（系梁）组织施工。

本工程承台均位于陆地上，大部分承台采用直接放坡开挖基坑的工法施工，已有市政公路沿线两侧桥梁承台（系梁）基坑开挖采用钢板桩围堰及圈梁支护，部分空间位置足够（开挖基坑范围内无管线等建筑物）的可采用单侧钢板桩围堰支护施工，如图4—1—3～图4—1—5所示。

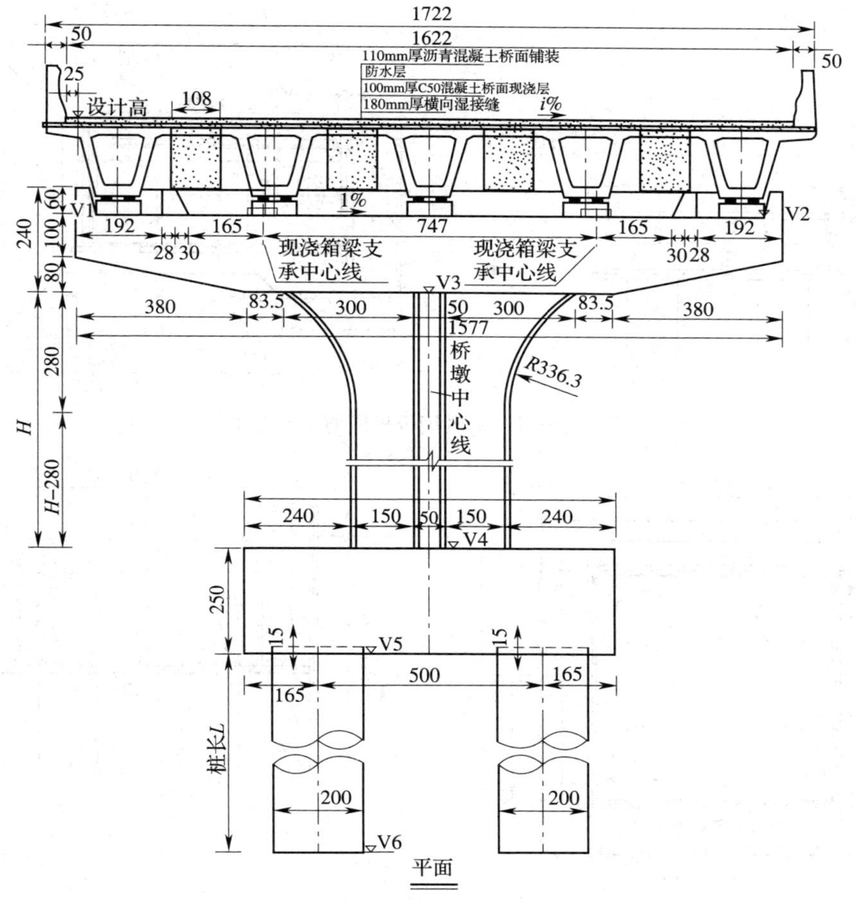


图4—1—2 桥墩的一般构造

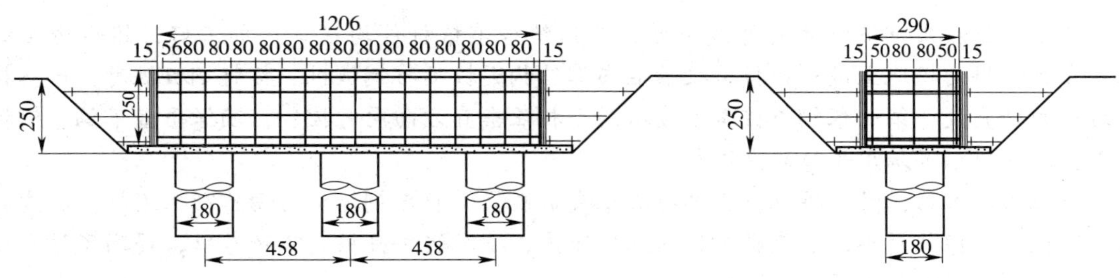


图4—1—3 放坡开挖基坑承台施工

1. 钢板桩围堰施工

钢板桩围堰由钢板桩、下内撑组成。围堰平面型式为单层长方形，钢板桩采用拉森Ⅲ型，单根长6～12 m，套型锁口，两桩锁口连接能转角10°～15°，防渗性好。下内撑结构采用螺栓连接的型钢结构，外框与钢板桩净距为50 mm。

钢板桩运到工地后，先进行检查及整修。

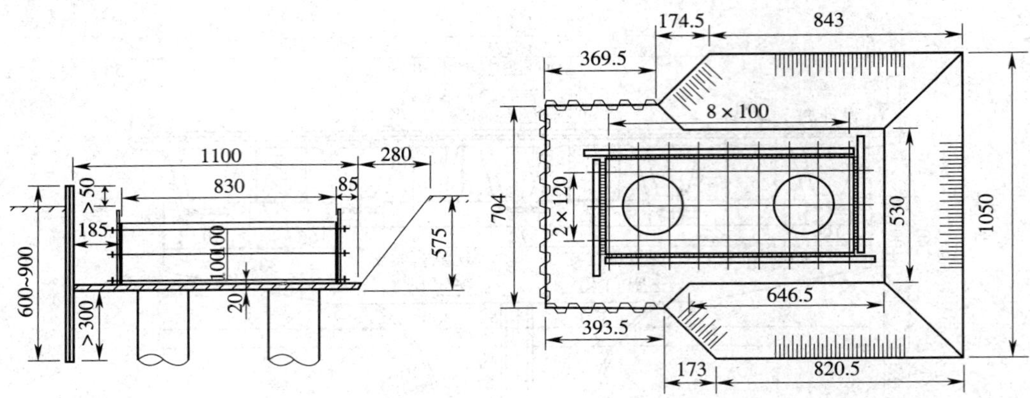


图 4—1—4　单侧钢板桩围堰承台施工

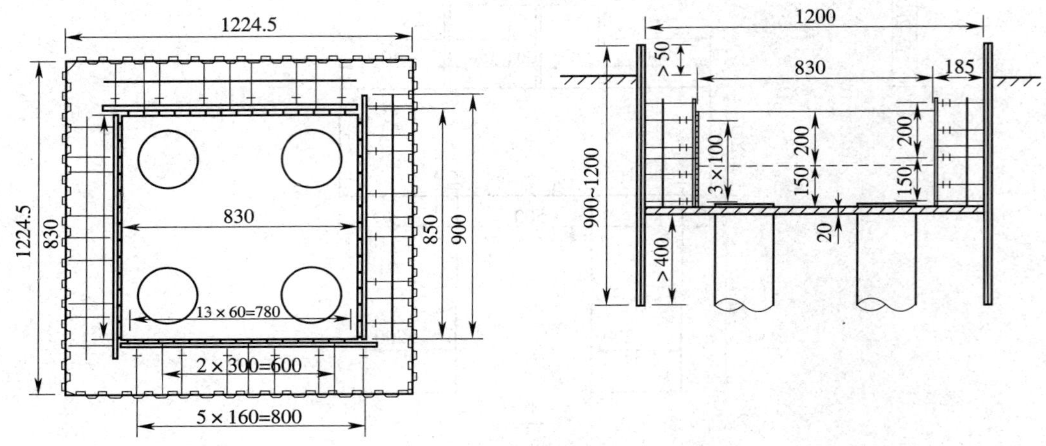


图 4—1—5　钢板桩围堰承台施工

测量定位放出钢板桩的内外线位置，内撑结构单根杆件均在工厂加工好，然后运至墩位，在放好样的场地上进行拼接，之后靠内撑结构逐板插打钢板桩。插打钢板桩时，严格控制好桩的垂直度，第一根钢板桩垂直度从两个相互垂直方向同时控制，确保垂直不偏。钢板桩垂直度的纠偏可采用手拉葫芦进行。

打桩机具采用振动打桩机，其具有液压夹桩装置，能与钢板桩自动作刚性连接，既能打桩又能拔桩，操作简单，能克服对桩的摩擦阻力，下沉较快且桩尖不致卷口，提高了防水性能和钢板桩完好率，如图 4—1—6 所示。

2. 基坑开挖

采用直接放坡开挖施工承台基坑，按基坑边坡 1∶2 的坡度、坑底四周 500 mm 宽积水沟、800 mm 宽活动空间以及地面高程、承台顶设计高程计算地面放坡位置，放样出开挖边线。采用钢板桩围护的承台基坑直接对坑内土体进行开挖，如图 4—1—7 所示。

3. 垫层浇筑

承台开挖到位，做好排水工作后，进行垫层施工。先在承台底浇筑一层厚度为 150 mm

图 4—1—6　插打钢板桩

图 4—1—7　承台基坑开挖

的 C20 素混凝土垫层，垫层长宽比承台长宽多出 200 ~ 300 mm，垫层顶面与承台底高程一致。垫层混凝土达到 80% 强度后，再精确放样出承台角点位置，如图 4—1—8 所示。

4. 钢筋安装

按照放样点位和图样所示保护层厚度在承台垫层上进行钢筋安装。承台钢筋安装、搭接严格按照有关规范施工，以保证钢筋的根数、直径、位置、间距满足设计文件和技术规范要求。同时注意预埋墩柱钢筋，并且将其固定稳妥，保证在浇筑混凝土过程中钢筋位置不会变动，如图 4—1—9 所示。

图 4—1—8　承台垫层施工

5．模板安装

钢筋安装完毕后，按照放样的承台角点点位安装承台侧模，模板采用标准钢模拼装，模板上下布设对拉螺杆，外侧利用钢管及下托支撑于基坑侧面。模板拼装成型、承台钢筋定位后，测量组检查模板安装情况，同时放样墩柱四角点位置，按照放样点位安装墩柱预埋钢筋，如图 4—1—10 所示。

图 4—1—9　承台钢筋安装

图 4—1—10　承台模板安装

6．混凝土浇筑

钢筋、模板安装检查合格后，进行混凝土一次性浇筑。混凝土浇筑应分层进行，分层厚度不超过 300 mm，分层浇筑，分层振捣，直到浇筑完成。浇筑过程中须振捣密实，防止出现蜂窝、麻面，如图 4—1—11 所示。

7．拆模、养护

混凝土初凝后开始浇水养护，如图 4—1—12 所示，混凝土达到强度后适时拆除承台模板。

8．基坑回填

承台经监理验收认可后，用开挖出来的土方对称回填基坑，人工夯实回填土，如图 4—1—13 所示。

图 4—1—11　浇筑混凝土

图 4—1—12　混凝土养护

图 4—1—13　承台基坑回填

## 承台（系梁）钢围堰施工

常用的钢围堰有钢板桩围堰、锁口钢管桩围堰、钢套箱围堰、双壁钢围堰等。图4—1—14所示为常用的钢管（板）桩围堰施工流程。

施工准备
钢管（板）桩进场
沉设首根角桩
设置导向
垂直度控制
沉设其他桩至合龙
机械挖槽
安设第一道支撑
干封法
湿封法
抽水或挖土至下一道支撑下
水下清淤、挖土
设置下一道支撑
围堰底清理整平
抽水或挖土至最下一道支撑下
制作试件
封底混凝土施工
块石或预制板铺装
设置最下一道支撑
抽水至待安装支撑下
完成抽水或挖土
可设临时支撑
设置待安装支撑
封底施工
制作试件
抽水至最下一道支撑
拆除临时支撑
设置最下一道支撑
抽水至封底混凝土面
破桩头
浇筑承台
制作试件
拆除剩余支撑、钢管（板）桩
向围堰内回填土、灌水

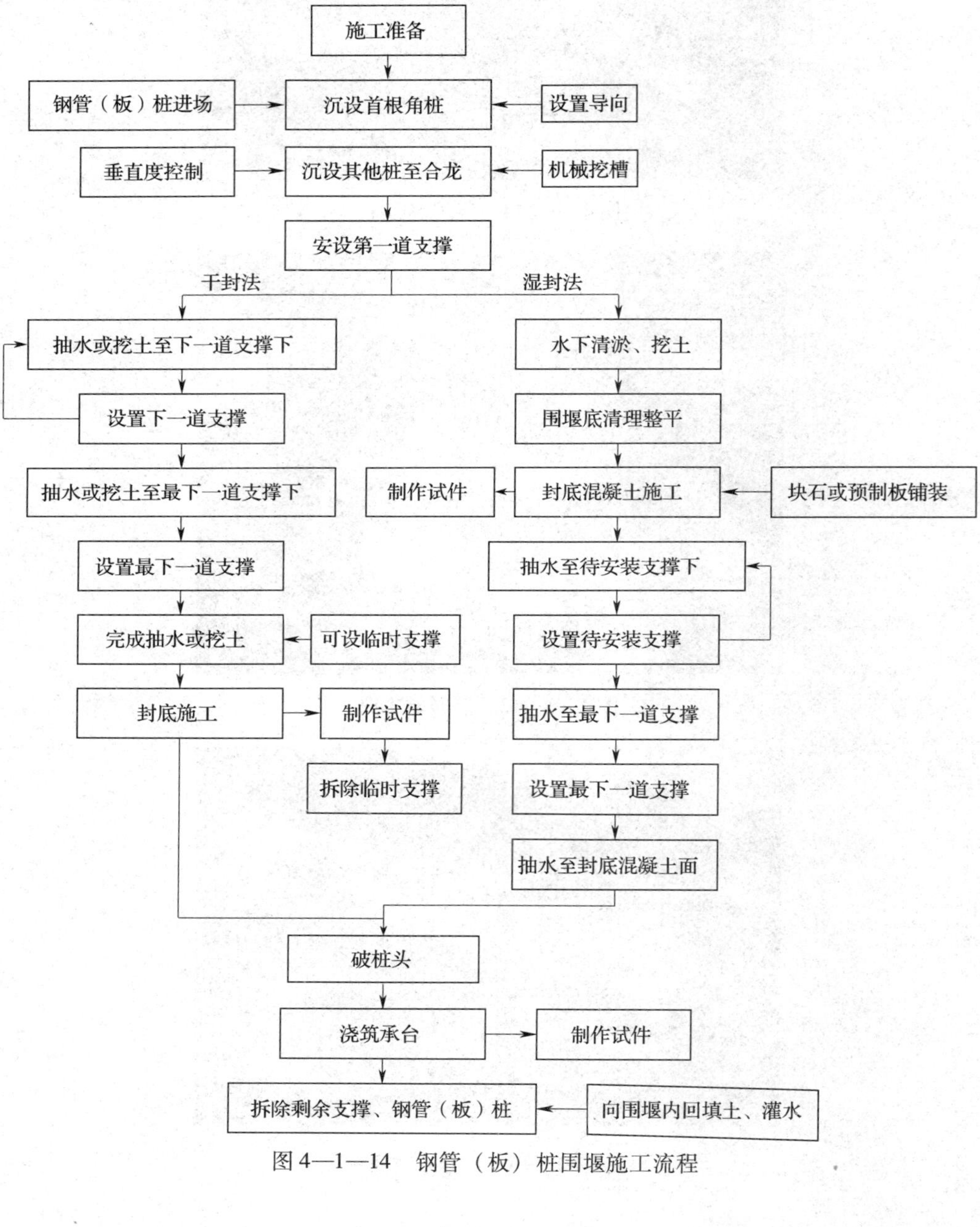

图4—1—14　钢管（板）桩围堰施工流程

**一、填空题**

1. 承台施工常采用钢围堰作为挡水（土）结构，常用的钢围堰形式包括________、________、________、________等。

2. 承台基坑坑底的最后________ mm 应由人工开挖或采用小型机械开挖，确需爆破时，应采用________爆破，以减小对原地基的扰动。

3. 桩基混凝土强度达到________ MPa 时，方可凿除桩头。

4. 承台基坑经人工整理、坑底排水设施完成后进行混凝土垫层的浇筑，垫层混凝土可采用________混凝土，厚度________ mm 以上。

5. 承台垫层的长和宽比承台的长和宽分别宜多出________ mm。

6. 承台施工大体积混凝土应采取措施降低水化热，通过常规措施仍不能有效降低混凝土内外温差时应设置________，通过循环水降低混凝土内部温度。

7. 混凝土形成强度后对墩柱（台身）范围内的混凝土表面进行________，其余部分顶面应________。

8. 基坑开挖至高于设计基底高程 300 mm 时，应及时进行________，若承载力达不到设计要求，应根据事先制订的处置预案进行处理。

**二、简答题**

1. 简述桥梁承台的施工工序。

2. 简述承台施工的主要质量控制项目以及标准。

**三、知识拓展**

1. 简述大体积承台混凝土防止裂缝措施。

2. 查阅资料，了解钢套箱围堰施工工序与方法。

## 课题二　桥墩及桥台施工

- 熟悉桥墩及桥台施工的一般规定。
- 了解桥墩及桥台施工的工艺流程、主要内容及要求。
- 熟悉桥墩及桥台的主要施工工序。

◆ 了解桥墩及桥台施工的质量标准。

◆ 能够进行桥墩及桥台施工作业。

相关理论

## 一、桥墩及桥台施工一般规定

1. 施工前应熟悉施工图文件，分析施工现场的地质、水文等相关资料，并应结合施工现场环境，选择合适的模板及安装方案。

2. 桥梁基础等上道工序应检验合格。

3. 桥梁桥墩、桥台的施工测量放样（圆柱式墩采用中心坐标、方形立柱采用四角坐标放样）应经监理工程师检验合格。

4. 桥墩、台身超过 10 m 时，可分节段施工。上一节段施工时，已浇筑节段的混凝土强度应不低于 2.5 MPa。

5. 桥墩、台身施工前应对其施工范围内的基础顶面的混凝土进行凿毛处理，并将其表面的松散层、石屑等清理干净；对分段施工的桥墩、台身，其接缝也应做相同的处理。

6. 在模板安装前，应在基础顶面放出桥墩、台身的轴线及边缘线；对分段施工的桥墩、台身，其首节模板安装的平面位置和垂直度应严格控制。模板在安装过程中应通过测量监控措施保证桥墩、台身的垂直度，并应有防倾覆的临时措施；对高墩且风力较大地区的墩身模板，应考虑其抗风稳定性。

7. 应采取措施，缩短墩、台身与承台之间浇筑混凝土时间间隔，间隔期不宜大于 10 天。

8. 位于软土地基的桥台，应保证台前软土地基处理的质量，避免桥台的损害。

9. 台背开挖时，挖至能满足工作面要求即可，应避免较大的开挖量和回填量。

10. 当背墙会影响到梁体预应力的施工时，背墙混凝土可在预应力施工完成后再浇筑。

11. 施工前应完成场地平整，清除杂物，吊车就位处应平整压实。临时电力、水的供应已具备。

## 二、桥墩、桥台施工工艺流程

桥墩的施工工艺流程如图 4—2—1 所示。

桥台的施工工艺流程如图 4—2—2 所示。

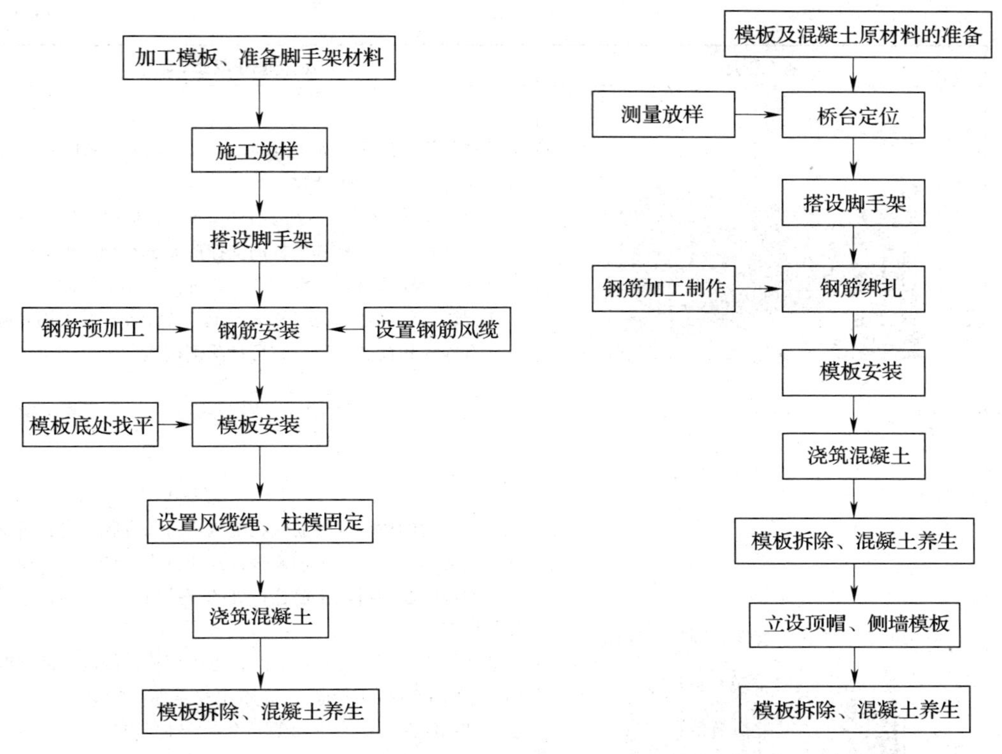


图 4—2—1　桥墩的施工工艺流程

图 4—2—2　桥台的施工工艺流程

## 三、桥墩及桥台主要施工工序

桥墩及桥台主要施工工序包括模板制作与组拼，钢筋加工制作、连接、安装、绑扎，模板安装，混凝土浇筑施工，模板拆除，混凝土养护等，其主要作业内容及要求见表 4—2—1。

**表 4—2—1　　桥墩及桥台主要施工工序**

| 序号 | 施工程序 | 主要作业内容及要求 |
|---|---|---|
| 1 | 模板制作与组拼 | ①桥墩外模板应采用厚度不小于 5 mm 的钢板制作，且应经过铣边处理，拼缝位置宜设置定位销，控制错台现象；方形桥墩模板的竖向拼缝应避免设在转角处。可将拼缝移到桥墩侧面（距转角 100 mm 左右），加工成带转角的定型模板<br>②模板拼缝的螺栓应安装牢固、严密；拼缝处宜粘贴双面胶条，防止漏浆<br>③对于圆柱墩、实心方墩模板，高度在 10 m 以内时宜按一模到顶进行配置<br>④板式桥墩的模板宜采用无拉杆模板，如采用拉杆固定，应根据桥墩截面大小、混凝土一次堆积高度、混凝土终凝时间等因素统筹考虑计算而定，且拉杆直径不宜小于 14 mm |

续表

| 序号 | 施工程序 | 主要作业内容及要求 |
| --- | --- | --- |
| 1 |  | ⑤模板涂好脱模剂后应及时安装，否则应采用塑料布覆盖，防止粘上灰尘等杂物<br>⑥桥台侧模的厚度不宜小于 6 mm，肋板设计应使模板具有足够的刚度。拉杆和模板内支撑应设置在同一平面，通过内外对撑对模板进行调整、对中、加固，使其稳固<br>⑦混凝土强度达到 2.5 MPa 以上，应能保证其表面及棱角不因拆除模板而受损后，方可拆除侧模板 |
| 2 | 钢筋加工制作、连接、安装、绑扎    | ①承台内的桥墩段钢筋应在浇筑承台前绑扎完毕，桥墩钢筋骨架的加工制作及钢筋连接方式应符合设计要求。应特别注意预埋钢筋与桥墩主筋连接处的焊接质量，必要时应采取加强措施<br>②在桥墩主筋上绑扎箍筋时，可采用粉笔画出箍筋间距线（或使用制作好的卡具），箍筋应与主筋接触紧密，如果箍筋为带钩状筋，应注意箍筋位置，保证钩筋不进入保护层内，钩筋宜对角交替布置<br>③桥墩的钢筋骨架宜在钢筋工厂统一加工成型，检测合格后方可运至现场。起吊部位应设起吊扁担，减小钢筋骨架的变形。吊装就位时应控制桥墩钢筋的中心位置及其垂直度<br>④桥墩竖向主筋连接和定位完成后，混凝土保护层的厚度应经检查满足要求后方可进行水平筋的安装绑扎，水平筋应贴紧主筋。桥墩及桥台上宜使用圆饼形或梅花形高强砂浆垫块<br>⑤对已经安装好的桥墩钢筋骨架，在安装模板前应有临时稳定措施，防止倾倒。安装完毕的墩身钢筋总高度超过 9 m 时，应安装风缆使其保持稳定，风缆可设在钢筋骨架内部<br>⑥支座垫石处的预埋钢筋（或钢板）应按设计图的要求进行施工，预埋钢筋（或钢板）的平面位置、长度、数量应准确，并应对预埋件采取固定措施，避免振捣混凝土时发生移动<br>⑦桥台宜采用缠扣绑扎钢筋，箍筋与主筋、水平筋应垂直，接触应紧密，箍筋转角处与主筋的交点均应绑扎，主筋与箍筋非转角部分的相交处可成梅花形交错绑扎<br>⑧对桥台背墙顶面伸缩装置的预留钢筋，其预埋高度和间距等应严格按设计文件执行，桥台侧（耳）墙防撞护栏钢筋的预埋位置应准确，保证与预制梁的防撞护栏线形顺直 |

续表

| 序号 | 施工程序 | 主要作业内容及要求 |
| --- | --- | --- |
| 3 | 模板安装    | ①模板安装前应将基础顶面清洗干净，应根据设计图样对桥墩进行中心点和模板内外边线放样。在位置线处应设定位装置，保证桥墩轴线、边线的精确，采取措施防止模板移位<br>②对模板承垫的底部应预先采用水泥砂浆设置找平层，但找平层不得侵占实体，避免钢筋无保护层<br>③对高度低于 10 m、截面尺寸一致的桥墩模板，宜采用整体方式吊装，吊装前应先检查整体预组拼的模板拼缝，连接杆、螺栓的数量及紧固程度；吊装前尚应检查钢筋骨架是否妨碍柱模套装，宜采用铅丝将柱顶筋预先向内绑拢，使桥墩模板能从顶部顺利套入<br>④高度超过 10 m 或截面尺寸不同的桥墩模板，宜采用现场组拼的方式安装。安装时宜按桥墩的大小和形状，预拼成一面一片（一面的一边带一个角模），或两面一片，就位后应设临时支撑固定，严禁将大片模板系于桥墩钢筋上。应先采用连接螺栓将两侧模板连接卡紧，再安装另外两面模板<br>⑤桥墩模板安装就位时，宜采用 4 根缆风绳（桥墩高度大于 10 m 时，在中部再加 4 根缆风绳）将桥墩模板拉紧。模板安装完成，应检查校正对中及垂直无误后，方可固定风缆<br>⑥模板安装固定后应测量模板顶高程，应根据设计高程计算出混凝土面距模板顶的高度<br>⑦浇筑混凝土前，应清除模板内的杂物，并采用水泥砂浆在模板外封堵底部缝隙，同时应履行模板检验、验收手续 |
| 4 | 混凝土浇筑施工   | ①可采用泵送或吊车配合料斗的方式浇筑混凝土，浇筑施工时应保证出料口与浇筑面之间的距离小于 2.0 m，防止混凝土离析；宜采取适当措施使操作人员进入模板内靠近混凝土面进行振捣，保证不漏振、过振；混凝土应水平分层浇筑，每层的浇筑厚度不宜超过 300 mm<br>②混凝土塌落度可根据现场气温适当控制，一般情况下，混凝土的塌落度在入模后应保持在 50 ~ 70 mm，泵送混凝土可保持在 120 ~ 140 mm |

续表

| 序号 | 施工程序 | 主要作业内容及要求 |
|---|---|---|
| 5 | 模板拆除  | ①拆模不宜过早，应根据环境温度确定，且尽量安排在升温时段进行。拆除模板时，可采用吊车吊住桥墩模板一侧顶部，其相连模板应有临时固定措施<br>②分散拆除桥墩模板时，应自上而下、分层拆除<br>③拆除模板时不得使用大锤、撬棍硬砸猛敲，应避免混凝土的外形和内部受到损伤 |
| 6 | 混凝土养护   | 拆模后应立即进行养护。大体积墩身养护可采用从墩顶淋水养护，或用土工布覆盖养护；柱式墩可采用薄膜包裹养护。混凝土的保湿养护时间应不少于7天 |

## 四、施工质量标准

钢筋加工及安装、模板施工质量标准见表4—1—2～表4—1—4。桥梁墩、台身施工质量标准见表4—2—2。

表 4—2—2　　墩、台身施工质量标准

<table>
<tr><th>项目</th><th colspan="2">规定值或允许偏差</th><th>项目</th><th>规定值或允许偏差</th></tr>
<tr><td>混凝土强度（MPa）</td><td colspan="2">在合格范围内</td><td>断面尺寸（mm）</td><td>±20</td></tr>
<tr><td rowspan="2">竖直度（mm）</td><td>$H\leqslant30$ m</td><td>$H/1500$，且不大于 20</td><td rowspan="2">顶面高程（mm）</td><td rowspan="2">±10</td></tr>
<tr><td>$H>30$ m</td><td>$H/3000$，且不大于 30</td></tr>
<tr><td>节段间错台（mm）</td><td colspan="2">5</td><td>轴线偏位（mm）</td><td>10</td></tr>
<tr><td>预埋件位置（mm）</td><td colspan="2">10</td><td>大面积平整度（mm）</td><td>5</td></tr>
</table>

注：$H$ 为墩身或台身高度。

桥墩支模前应先校正钢筋，使其不产生倾斜。安装模板后，宜在顶部设置一木质十字架，找出桥墩中心位置，采用垂球对向底部的中心，并测量模板的竖直度。施工中，混凝土表面不得出现裂缝，无蜂窝、麻面、水气泡少，表面应平整、密实、光洁；混凝土表面的色泽应均匀一致，无成片花纹；模板接缝或施工缝无错台，不漏浆，接缝数量应尽可能最少。

桥台沉降缝自上而下竖直方向应严格对齐，定位牢固，如发生倾斜、变形，应拆除重做。沉降缝应从上到下保持通缝，并应控制好垂直度和缝宽。对于肋板式桥台或柱式桥台间的填土应对称进行，填土施工未完成不得进行台帽及上部结构施工。柱式桥台的台后填土应控制填筑的速率。沉降缝断缝板的外表 50 mm 应剔除，然后采用沥青麻絮填塞；填缝应填满抹平，且规整、顺直，无翘边、变形，不得污染墙深。对体积较大、横向较宽的承台，施工时应采取措施，防止混凝土开裂，对于 U 形桥台宜按大体积混凝土的要求进行施工。

## 工程应用

某高速公路项目高架桥梁及互通匝道桥下部构造设置桥墩共计 329 座，其中墩柱分为花瓶式、门架式、非框架式及矩形墩等类型；桥台共有 7 座，有扩大基础 U 形台及一字形桩基台两种，如图 4—2—3 所示。对该高架桥梁的桥墩及桥台组织施工。

本项目高架桥桥墩均位于陆地上，拟采用落地脚手架翻模施工。花瓶式、门架式、非框架式及矩形墩等类型桥墩施工方法相同或类似，这里以花瓶式桥墩施工为例，具体阐述桥墩的施工过程及注意事项。

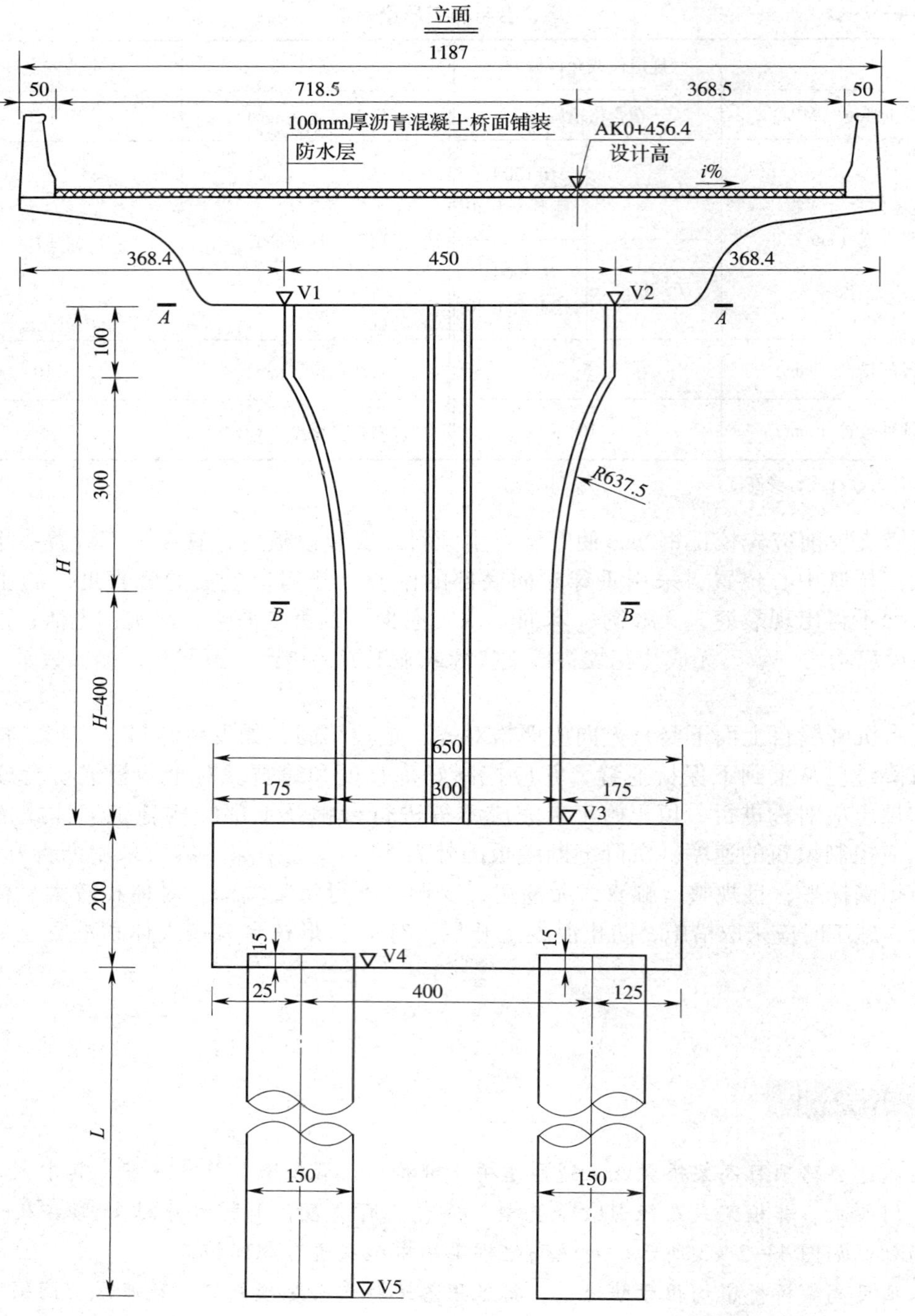
立面
1187
50
718.5
368.5
50
100mm厚沥青混凝土桥面铺装
防水层
AK0+456.4
设计高
i%
368.4
450
368.4
V1
V2
A
A
100
300
H
R637.5
B
B
H-400
650
175
300
175
V3
200
15
V4
15
25
400
125
L
150
150
V5

2020.8
50
1920.8
50
25
100mm厚沥青混凝土桥面铺装
设计高
防水层
i%
387.5
100
155
277.9
90
90
277.9
155
100
387.5
180
V1
支座中心线
V2
支座中心线
支座中心线
V3
V3
A
i%
i%
30
A
100
120
120
100
R80
中
心
线
R80
300
300
R637.5
H左
H中
H右
H左−400
H右−400
B
B
55
180
277.9
180
277.9
180
55
V4
250
250
15
15
15
V5
145
457.9
457.9
145
桩长L
桩长L
150
150
150
V6
a）

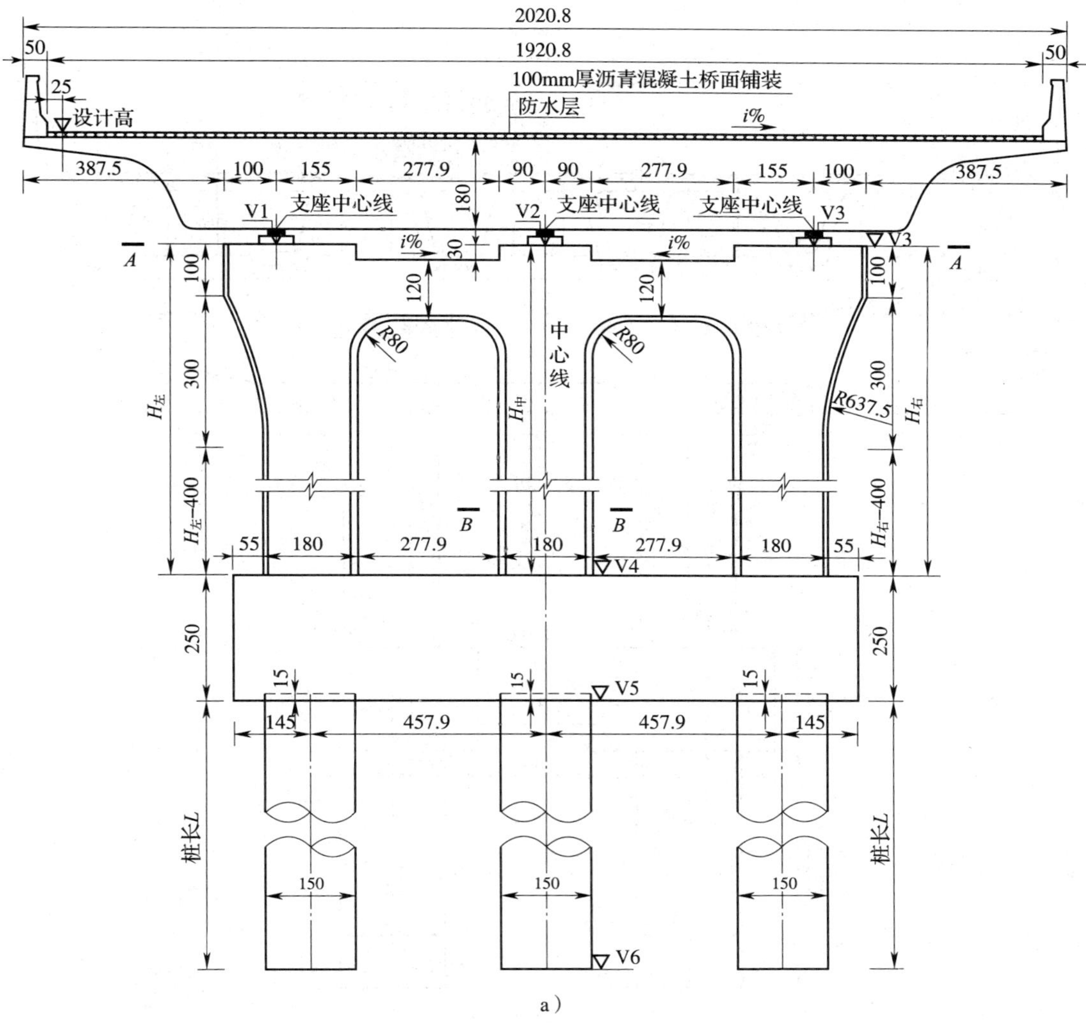

立面
1999
1899
50
50
110mm厚沥青混凝土桥面铺装
防水层
100mm厚C50混凝土桥面现浇层
180mm厚横向湿接缝
25
设计高
i%
93.8
160
i%
V1
V2
260
60
120
80
179.5
28
30
177.5
1024
177.5
30
28
179.5
现浇箱梁支撑中心线
现浇箱梁支撑中心线
V3
V3
380
22
330
195
195
330
22
380
1854
R336.3
桥墩中心线
75
180
195
195
180
75
V5
200
150
15
15
V6
165
165
240
165
165
桩长L
200
200
V7

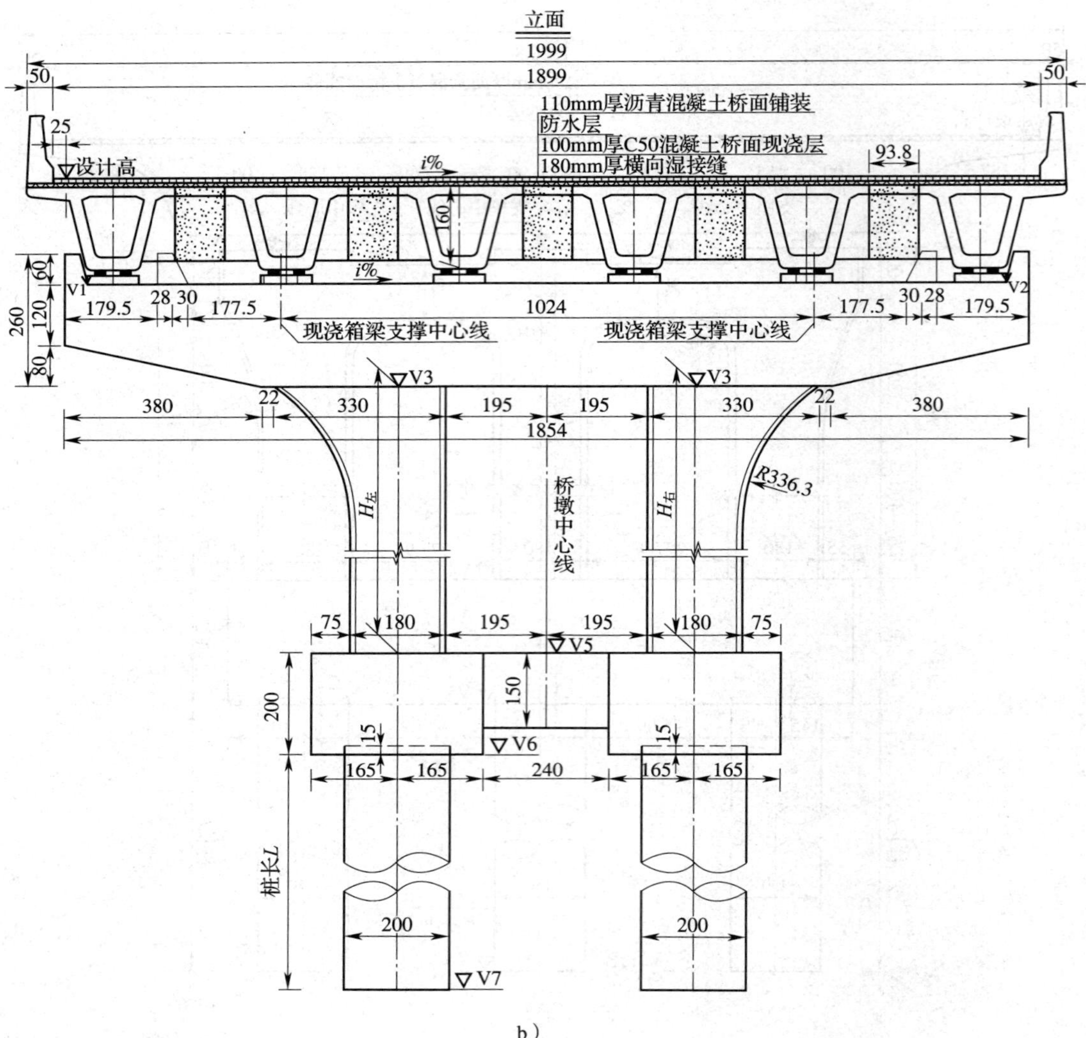

b）

立面
1050
50
650
300
50
100mm厚沥青混凝土桥面铺装
防水层
设计高
i%
252.5
272.5
272.5
252.5
V1
A
A
H
650
200
250
200
V2
200
15
V3
15
125
400
125
L
150
150
V4

侧面
160
箱梁
H
55
140
55
200
15
125
125
250
L
150

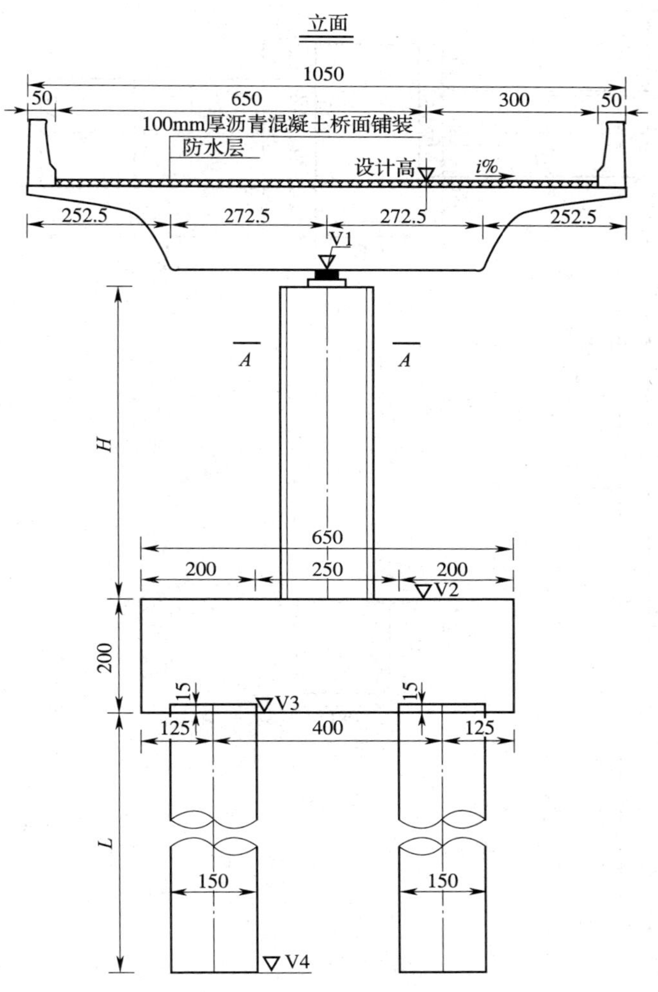

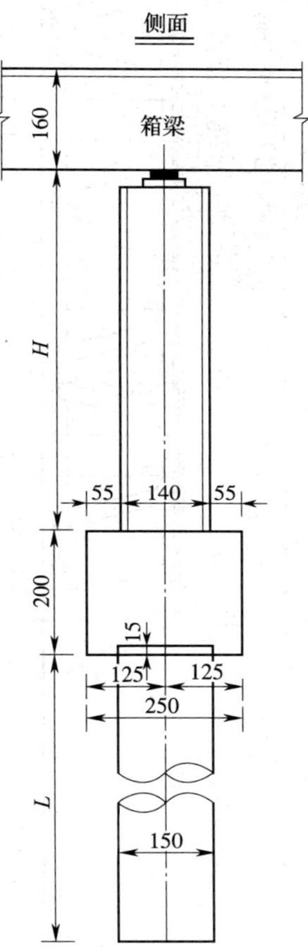

c）

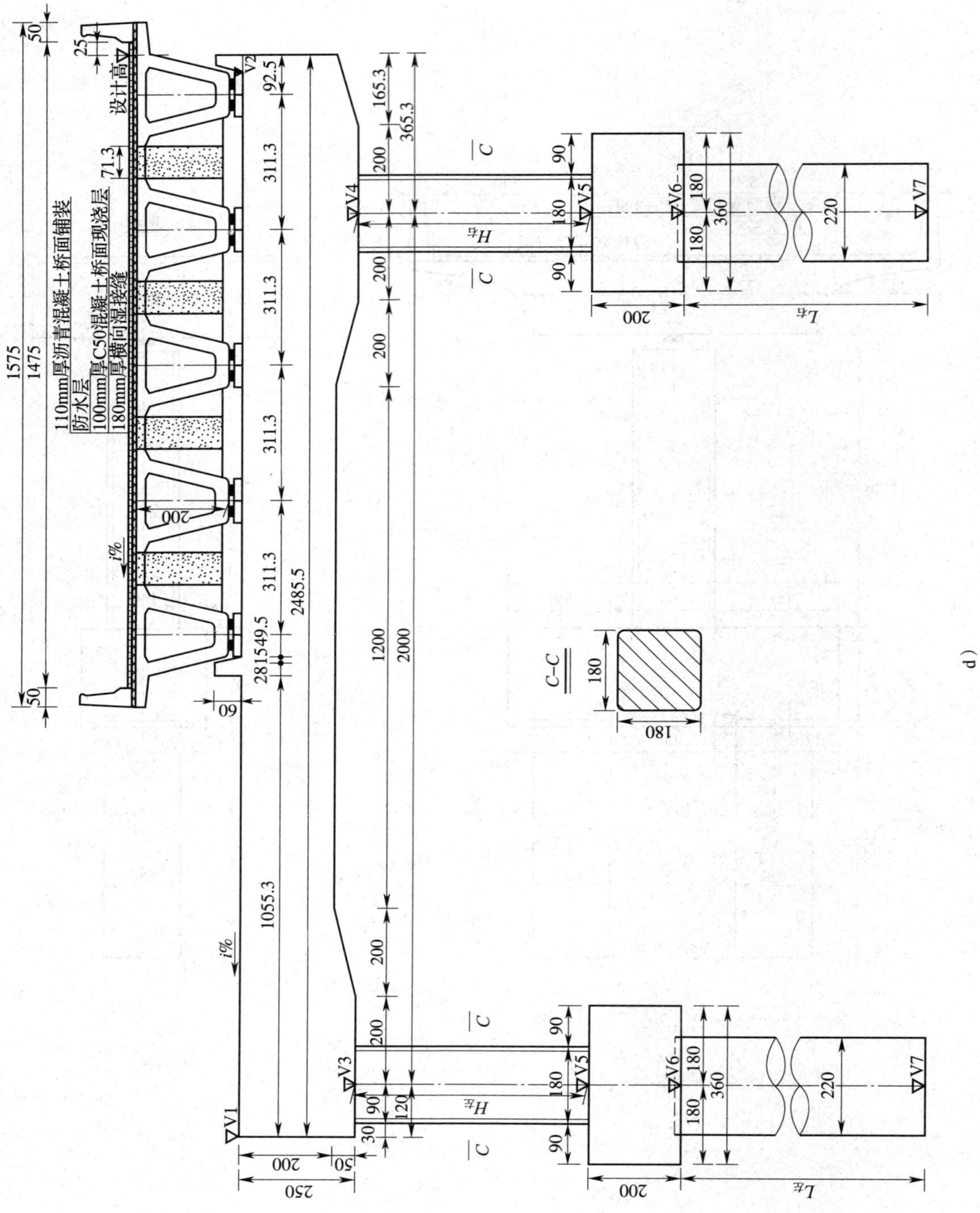
110mm厚沥青混凝土桥面铺装
防水层
100mm厚C50混凝土桥面现浇层
180mm厚横向湿接缝
设计高
C–C
d）

立面
侧面
850
50 25 700 25 50
i%
V1 V2
180
60
$h_1$
$h_2$
150
189.5 28 30 67.5 220 67.5 30 28 189.5
V3
V4
V5
15
200 450 200
L
120
360
150 30 50 56 74
伸缩缝中心线
支座中心线
3
240+$h_i$
144
112
540
180 180 180
110 320 110

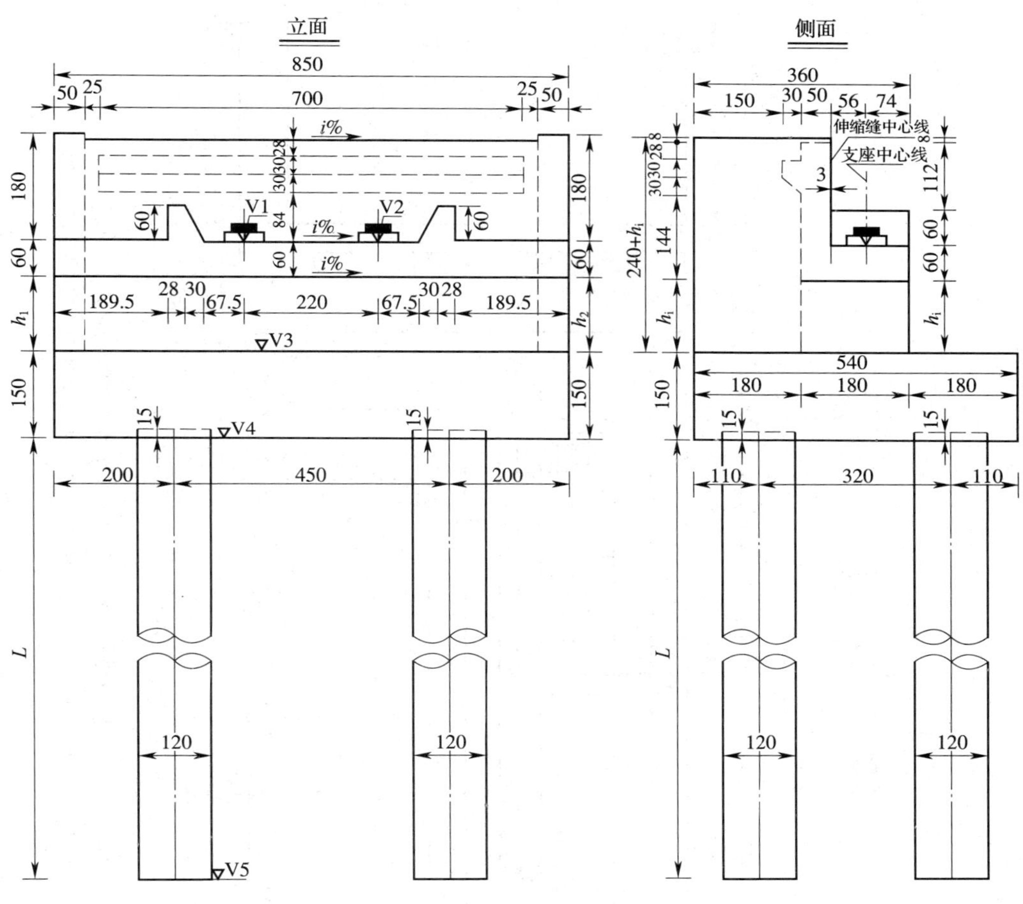

e）

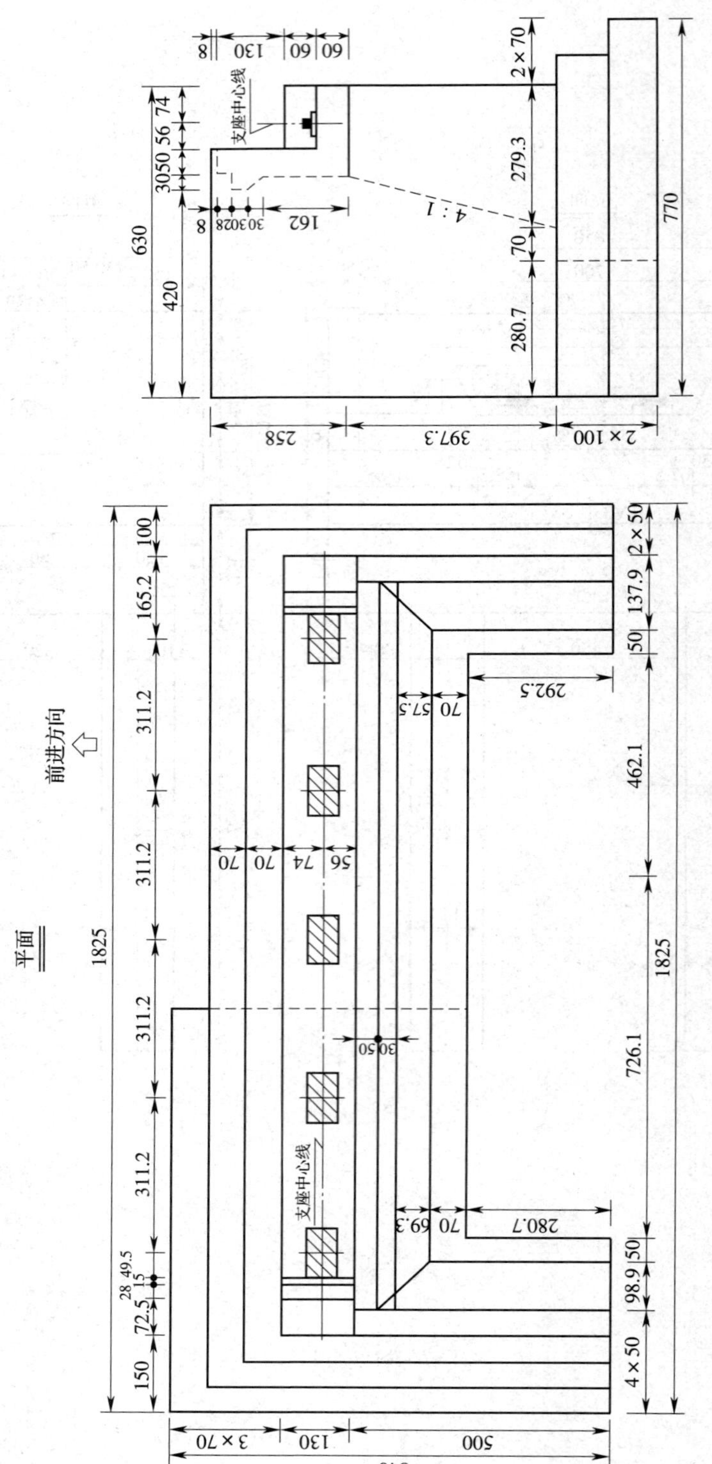


f）

图 4—2—3　某高速公路项目高架桥梁桥墩及桥台的构造

a）花瓶墩　b）非框架墩　c）矩形墩　d）门架墩　e）一字形桩基桥台　f）扩大基础 U 形桥台

## 一、花瓶式桥墩施工

墩（柱）采用 $\phi$48 mm、$\delta$ 3.5 mm 脚手架配合翻转模板施工，节段施工高度不超过6 m，模板施工采用接口模。混凝土采用泵车或吊斗浇筑，起重设备为25 t汽车吊。

### 1. 脚手架设置

墩身使用 $\phi$48 mm、$\delta$ 3.5 mm 钢管作施工脚手架，脚手架每座墩（柱）搭设一个。施工前先把基底整平夯实，在四周设置临时排水沟，做好排水工作，防止墩的工作场地因积水而下沉，然后用100 mm厚的宽木板垫平，在木板上搭设脚手架。支架步距1.5 m，层间距2 m，每层铺50 mm厚木板作走道，在施工便道侧设置步梯供人员上下。脚手架搭设时要用线锤控制两个方向的垂直度，使其偏差不大于4 mm，并将支架固定好。为加强高层支架的刚度和稳定性，应该设置水平加强连杆，支架外围挂设安全网围蔽。桥墩脚手架施工布置如图4—2—4所示。

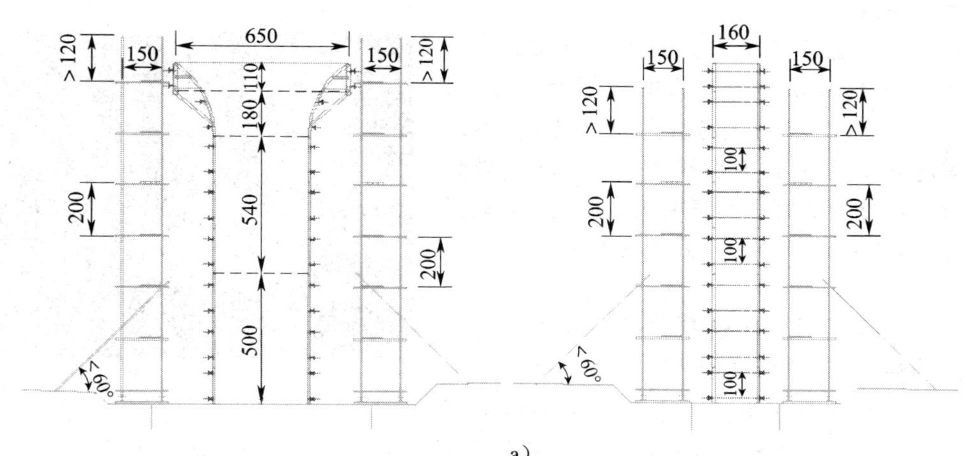


a）

b）

图4—2—4　墩（柱）脚手架施工布置图

2. 钢筋施工

(1) 前期准备工作

1) 进场钢筋应提供质量保证书或检验合格证，并按照规范要求进行原材料力学性能试验，对直径大于12 mm的钢筋要进行可焊性性能试验。各项试验合格后方可用于工程。

2) 进场钢筋应分类、分规格存放，存放区要高于地面500 mm，同时要进行覆盖以防雨、防锈蚀。

3) 钢筋表面应清洁、平顺，无局部弯折。钢筋加工配料时，要准确计算钢筋长度，减少断头废料和焊接量。钢筋的弯制和末端弯钩应符合设计要求。

(2) 钢筋制作安装

钢筋在钢筋加工场地内按设计与规范要求进行下料形成半成品，再将对应半成品运至相应墩位进行安装。

主筋采用直螺纹连接套筒接长，为保证钢筋骨架的稳定和施工方便，主筋除第一次预留外，其余每次接长6 m。钢筋进场后先加工螺纹，加工好后一端先拧上连接套筒并预紧，另一端用塑料套头盖好，现场接长时再取下套头，如图4—2—5所示。墩柱较矮的，墩柱钢筋在施工承台时一次预埋到位。

图4—2—5　桥墩主筋连接

墩柱的变截面段，其钢筋较多、较密，绑扎变截面段钢筋时，出现“头重”现象，要通过加强临时钢筋支撑和拉缆风绳，来防止钢筋倾斜倒塌，严格控制各种钢筋的高程及位置。钢筋外围绑扎混凝土垫块，保证保护层厚度。安装模板后，将钢筋支撑转换到模板上。

(3) 钢筋施工注意事项

1) 采用搭接焊连接的钢筋，单面焊缝长度不得少于10 d，双面焊缝长度不得少于5 d。

2) 电焊时要根据钢筋的材质选用相应的焊条，不得随意滥用。

3) 受力主筋焊接或构造钢筋的绑扎接头应设置在内力较小处，绑扎接头间距不小于1.3倍搭接长度，接头50%错开。

4) 钢筋骨架在底模上绑扎就位，按施工图样要求将钢筋排列标记做好，以保证成型钢筋绑扎规则、美观。钢筋绑扎过程中对规格、数量、间距、尺寸、高程、绑扎方式、保护层厚度进行严格检查，确保符合规范要求。

5) 按设计要求设置预埋件时，若个别预埋件与钢筋有干扰，可适当调整钢筋间距，但不得随意截断钢筋。

3. 模板施工

墩身模板分为直线段及花瓶段，模板安装6 m，每次浇筑6 m，每节模板3 m，包括接口模，共三节，采用汽车吊进行安拆，如图4—2—6所示。

图 4—2—6 桥墩模板安装

模板采用 Q235 钢板制成，面板与加劲肋为 6 mm 厚钢板，法兰板采用 6 mm 厚钢板，竖肋间距为 200 mm，横肋间距为 250 mm。模板螺丝孔横向间距为 100 mm，竖向间距为 125 mm，孔口为 14 mm×26 mm 的长孔。模板背楞竖向采用双拼 10#槽钢进行加劲，横向采用双拼 16#槽钢加劲，墩（柱）宽度超过 2 m 的在墩身中部设置对拉螺栓，其余均只在对角设置对拉螺栓。

每个桥墩施工时，应符合承台面高程，在墩身底部将调整段施工好，以保证墩顶弧形段位置正确。

4. 混凝土施工

在钢筋和模板检查合格后，开始混凝土浇筑，混凝土用混凝土输送车运输到墩位处，用混凝土泵车泵送到位。混凝土浇筑前必须严格按试验室试配的配合比控制，并且在首盘混凝土和混凝土浇筑过程中需做塌落度、初凝时间等各项指标的测试。根据现场气温条件，要求塌落度控制在 160～180 mm，并根据施工的情况进行调整；初凝时间控制在 8 h 左右，也需根据实际的施工情况适当调整。

图 4—2—7 混凝土浇筑

使用插入式振动器进行振捣，每层浇筑厚度为300 mm，其移动间距不宜超过振动器作业半径的1.5倍，与侧模保持50～100 mm的距离，插入下层的深度为50～100 mm。对每一振捣部位的振捣时间不能过长或过短，振捣该部位的混凝土停止下沉，不再冒气泡，表面平坦、泛浆为止，拔出振动器不留孔洞，否则可能产生振捣不密实的现象。对模板的边角要适当加振，以保证混凝土的振捣质量，防止漏振、泌水现象出现。浇筑速度不可过快，每小时不大于4 m。

浇筑混凝土期间应设专人检查模板、支架、钢筋和预埋件的稳固情况，发现有松动、变形和位移时，应及时处理。在浇筑过程中，还应随时注意使用插入式振捣器时防止机头与模板、钢筋和预埋件碰撞所引起的松动、变形和位移。由于墩身一次施工高度有6.0 m，因而要在泵管口接串斗使混凝土自由下落高度小于2.0 m。浇筑到变截面处时要严格分层浇筑，使两边受力平衡，以保证模板和支架稳定。墩（柱）混凝土每节段应一次连续浇筑完成。

5. 拆模养护

混凝土全部浇筑完待表面初凝后，顶面洒水养护，拆模后及时喷涂养护剂并用塑料薄膜包裹墩（柱）进行养护，如图4—2—8所示。

图4—2—8　混凝土拆模养护

6. 混凝土凿毛

在墩身范围内应进行凿毛，凿毛时混凝土至少达到下列强度：用人工凿毛时，须达到2.5 MPa；风动凿毛时，须达到10 MPa。经凿毛处理的混凝土面要用水冲洗干净，在浇筑下一节混凝土前，对施工缝要用清水润湿。

二、桥台施工

本项目共有扩大基础U形台2座及一字形桩基桥台5座，桥台施工流程与桥台基本一致。

桥台设计均直接支承在桩顶，施工前测量放出桥台边角桩位，向外侧各加宽1 m，且向外放1:1的坡度开挖，基坑底部高程比桥台底设计高程低150 mm左右，并夯实，同时做好基坑排水。

在基坑底部浇筑一层150 mm厚C20素混凝土垫层，达到强度后，在垫层上测量放样桥台边线，并清理桩头，安装桥台钢筋，安装模板，混凝土分两次浇筑，即桥台与耳背墙分开浇筑。

混凝土达到强度后，台前回填土压实，台背分层回填透水性材料并压实，压实度不得小于96%。接线段路基施工时在桥台两侧用片石砌筑锥坡。桥台施工完毕，在台顶设计位置浇筑支座垫石，并进行桥台养护（见图4—2—9）。

图4—2—9 桥台混凝土养护

## 思考与练习

### 一、填空题

1. 桥墩外模板应采用厚度不小于________的钢板制作，且应经过铣边处理，拼缝位置宜设置________，控制错台现象；方形桥墩模板的竖向拼缝应避免设在________，可将拼缝移到桥墩侧面（距转角100 mm左右），加工成带转角的定型模板。

2. 对于圆柱墩、实心方墩模板，高度在10 m以内时宜按________进行配置。

3. 混凝土强度达到________MPa以上，应能保证其表面及棱角不因拆除模板而受损后，方可拆除侧模板。

4. 对高度低于10 m、截面尺寸一致的桥墩模板，宜采用________方式吊装。高度超过10 m或截面尺寸不同的桥墩模板，宜采用________的方式安装。

5. 桥墩混凝土塌落度可根据现场气温适当控制，一般情况下，混凝土的塌落度在入模后应保持在________之间，泵送混凝土可保持在________之间。

6. 拆模后应立即采用________将桥墩包裹，并采取________等方式进行养护，混凝土的保湿养护时间应不少于7天。

7. 对已经安装好的桥墩钢筋骨架，在安装模板前应有________措施，防止倾倒。安装完毕的墩身钢筋总高度超过 9 m 时，应安装________使其保持稳定。

8. 墩、台身施工前应对其施工范围内的基础顶面的混凝土进行________，并将其表面的松散层、石屑等清理干净；对分段施工的墩、台身，其接缝也应做相同的处理。

**二、简答题**

1. 简述桥梁墩台的施工工序。
2. 简述桥梁墩台施工的主要质量控制标准以及主要施工注意事项。

**三、知识拓展**

1. 了解桥梁高墩的主要施工流程及方法。
2. 了解桥梁高墩模板安装及翻升的施工注意要点。

# 课题三　盖梁及台帽施工

- 熟悉盖梁及台帽施工的一般规定。
- 了解盖梁及台帽施工的工艺流程、主要内容及要求。
- 熟悉盖梁及台帽的主要施工工序。
- 了解盖梁及台帽的施工质量标准。
- 能够进行盖梁及台帽施工作业。

## 一、盖梁及台帽施工的一般规定

1. 墩台帽和盖梁需在桥墩、台身质量检验合格后方可进行。

2. 对墩台帽、盖梁施工所采用的托架、支架或抱箍等临时结构，应进行受力分析、计算与验算。支架宜直接支撑在承台顶部，当必须支撑在承台以外的软弱地基上时，应对地基进行妥善加固处理，并应对支架进行预压。

3. 在墩台帽、盖梁与墩身的连接处，模板与墩台身之间应密贴，不得出现漏浆现象。钢筋安装时应避免在钢筋的接头处起弯，并应保证钢筋的混凝土保护层厚度。对支座垫石的预埋钢筋及上部结构所需要的预埋件，其位置应准确。

4．施工过程中应采取措施防止对桥墩、台身成品造成损伤和污染。

5．盖梁施工的支撑方式可采用落地支架、抱箍挑架或剪力销托架等，具体采用何种方式应根据现场的实际情况通过计算确定。对在陆地上离地面不高的现浇盖梁，如土质条件较好，对地基采取相应措施处理后，可采用落地式支架；对位于水中的现浇盖梁，可利用桩基、系梁及立柱施工时搭设的水上操作平台支撑支架，但应验算其稳定性和沉降量。

6．立柱、墩身应经过质量检验，盖梁的测量放样应经监理工程师检验合格。

7．施工前应对墩顶混凝土进行凿毛，凿除松散层；应对圆柱顶部的锚固筋喇叭口进行调整。

8．盖梁钢筋骨架片的加工与焊接应用胎模工艺。

## 二、盖梁及台帽施工流程

盖梁施工流程见图4—3—1。

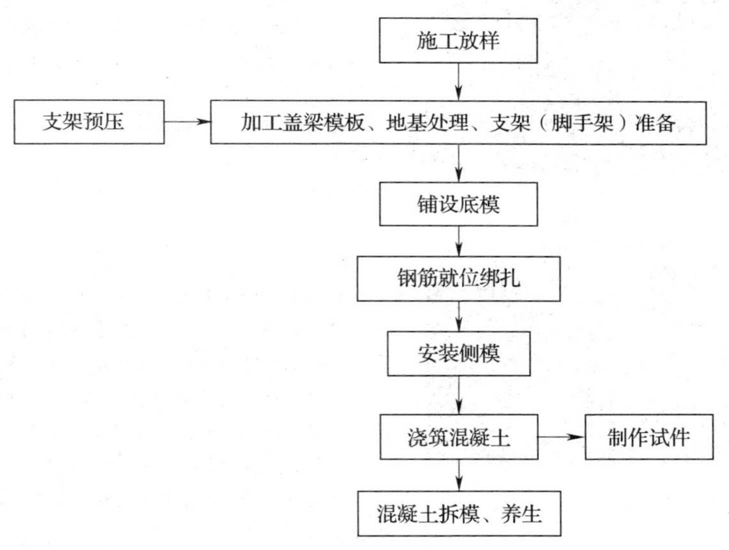


图4—3—1　盖梁施工流程

台帽施工流程与盖梁类似，主要工序为：施工放样→搭设支架→立底模模板→钢筋加工及安装→立侧面模板→浇筑混凝土→拆模及养生。

## 三、主要施工工序

盖梁主要施工工序、作业内容及要求见表4—3—1。

表 4—3—1　　　　盖梁主要施工程序

| 序号 | 施工程序 | 主要作业内容及要求 |
| --- | --- | --- |
| 1 | 施工放样 | 施工前应在墩顶准确放出盖梁的轴线，测量柱顶高程，施工人员按盖梁轴线和盖梁高程安装底模，并调整盖梁底模达到设计高程 |
| 2 | 地基处理 | 采用落地支架作支撑时，应先对盖梁下施工范围内的地基进行处理，分层回填承台或系梁施工开挖的基坑并压实；对无承台或系梁基坑的原地面，应先清除地面表层杂物和腐殖土，然后对地基进行整平并压实，必要时应对原地面进行掺灰或换填道渣处理，保证经处理后的地基平整、密实，且有足够的承载能力；在处理后的地基上宜浇筑混凝土垫层或铺枕木搭设支架，调整支架活动底托和顶托形成底模的支撑 |
| 3 | 底模铺设  | ①模板的挠度应不超过模板跨度的 1/400，钢模板面板的变形应不超过 1.5 mm<br>②在吊装模板时应设溜绳，防止模板与钢筋碰撞、摆动等，并保持模板在吊装过程中稳定<br>③对底模与桥墩的黏合处，应采取有效措施防止其漏浆，并应根据测量高程对墩顶进行凿毛处理，凿毛时应力求桥墩混凝土深入盖梁 20 mm<br>④应根据测量放样的立柱中心点放出盖梁端头模板的底部位置 |
| 4 | 钢筋加工绑扎   | ①应先在底模上按梅花形摆放高强度砂浆垫块，并根据测量放样的柱中心点放出钢筋骨架就位的位置<br>②钢筋整体吊装时，应在钢筋加工场严格按图样及设计要求下料，并在台座上绑扎成形，安装时应采用多点吊装方法，防止盖梁钢筋骨架在吊装时变形。骨架的就位应准确，若有偏差应及时调整<br>③应按骨架上的箍筋位置线绑扎，使钢筋骨架和箍筋精确定位<br>④宜采用缠扣绑扎钢筋，箍筋与主筋、水平筋应垂直，接触应紧密，箍筋转角处与主筋的交点均应绑扎，主筋与箍筋非转角部分的相交点可成梅花形交错绑扎<br>⑤应按照设计图样的要求施工耳背墙、防振挡块、支座垫石等预埋件，施工中应严格控制盖梁预埋件的位置和高程<br>⑥安装钢筋时，应在盖梁钢筋骨架的侧面设置高强度砂浆垫 |

续表

| 序号 | 施工程序 | 主要作业内容及要求 |
| --- | --- | --- |
| 5 | 侧模制作安装  | ①钢模板面板的厚度不宜小于 6 mm，肋板设计应使模板具有足够的刚度<br>②侧模宜整体吊装，侧模接缝处、侧模与底模接缝处宜粘贴双面胶条，且宜采用对拉杆使模板就位，拉杆应有足够的强度和较小的变形，宜使盖梁内无对穿拉杆；拉杆和模板内支撑应设置在同一平面内，通过内外对撑对模板进行调整、对中、加固，使其稳固<br>③端头模板和侧面模板应牢固连接，并应采取支撑、加固等措施，防止跑模、漏浆 |
| 6 | 混凝土浇筑   | ①可采用泵送或吊车配合料斗的方式浇筑混凝土，浇筑施工时应保证出料口与浇筑面之间的距离小于 2.0 m，防止混凝土离析；宜采取适当措施使操作人员进入模板内靠近混凝土面进行振捣，保证不漏振、过振。混凝土塌落度可根据现场气温适当控制，一般情况下，混凝土的塌落度在入模后应保持在 50 ~ 70 mm 之间，泵送混凝土可保持在 120 ~ 140 mm<br>②混凝土的浇筑顺序宜从墩顶分别向两端对称、分层、连续浇筑<br>③为解决盖梁顶面的龟裂问题，待混凝土浇筑完成后，应采用木抹子把原浆提至表面，并初平一次；应在混凝土初凝前做粗平，初凝后再做精平 |
| 7 | 模板拆除  | ①混凝土强度达到 2.5 MPa 以上，应能保证其表面及棱角不因拆除模板而受损后，方可拆除盖梁侧模板<br>②底模的拆除应待混凝土达到一定强度，使梁体能够承担自身重量产生的内力后方可进行 |

续表

| 序号 | 施工程序 | 主要作业内容及要求 |
| --- | --- | --- |
| 8 | 混凝土养护 | 对盖梁混凝土进行养护时，侧模拆除前其顶面可采用浸水土工布覆盖养护；侧模拆除后，可采用透水土工布包裹，滴灌养护。保证混凝土表面始终处于湿润状态，养护时间应不少于7天 |

## 小资料

盖梁施工采用抱箍作支撑（见图4—3—2）时，其施工应符合下列规定：

图4—3—2　盖梁施工采用抱箍支撑

1．应根据抱箍的尺寸确定其在桥墩上的位置，使用前应对抱箍螺钉扣的收紧力及相应的承载能力进行试验，然后放置工字钢或其他横梁。

2．抱箍的内壁宜加垫摩阻力较大的柔性材料，增大抱箍与桥墩之间的摩擦力。抱箍应设置有足够刚度的连接板，保证其能可靠地传递螺栓拉力，螺栓预拉力应保证抱箍与桥墩间的摩擦力可靠地传递荷载。

3．抱箍安装前应先搭设辅助支架，为其安装提供一个临时支撑，辅助支架的顶部宜设在抱箍的下缘。安装抱箍时应使抱箍与桥墩密贴，抱箍的箍身宜采用不设环向加筋的柔性箍身。抱箍两部分吊装到位后，应采用电动扭矩扳手将螺栓逐个对称拧紧。

4．抱箍安装好后，应在抱箍的下方做好标记，并应在抱箍承受载荷后观测其是否下沉。安放底模后，应再一次拧紧抱箍的连接螺栓，并检查抱箍是否下沉。经检查抱箍未下沉后，方可吊装钢筋骨架及侧模，再次检查抱箍是否下沉，确认抱箍没有移动，方可浇筑混凝土。在浇筑混凝土过程中应安排专人随时观测抱箍是否沉降。

5. 拆除抱箍时可将其用吊车挂住（或以吊葫芦悬吊），然后拆除连接螺栓，下放抱箍。

采用剪力销作为支撑（见图4—3—3）时，应按剪力销的尺寸在桥墩施工时设置预埋件，并在桥墩预留孔中穿入剪力销设备。剪力销托架两端可安装砂筒，然后在砂筒上放置工字钢或其他型钢作为横梁。

图4—3—3 盖梁施工采用剪力销支撑

采用抱箍或剪力销作支撑时，可采用对拉螺栓穿过两根工字钢（或其他型钢）横梁腹板进行连接，内侧可采用钢管支撑，对拉螺栓穿过钢管，防止工字钢横梁产生侧向倾覆。设置完成后可在工字钢或其他横梁上安放盖梁的底模。

## 四、施工质量标准

盖梁浇筑混凝土前，应将模板内的杂物、已浇筑桥墩顶面清理干净，应对支架、模板、钢筋和预埋件进行检查并做好记录，符合要求后方可进行浇筑。吊装模板时应避免模板与钢筋骨架产生碰撞而发生变形。

钢筋加工及安装、模板施工质量标准参照表4—1—2 ~ 表4—1—4 所列。

墩台帽、盖梁施工质量应符合表4—3—2 的规定。

**表4—3—2　　墩台帽和盖梁施工质量标准**　　mm

| 项目 | 规定值或允许偏差 | 项目 | 规定值或允许偏差 |
|---|---|---|---|
| 混凝土强度（MPa） | 在合格范围内 | 断面尺寸 | ±20 |
| 轴线偏位 | 10 | 顶面高程 | ±10 |
| 预埋件位置 | 10 | 大面积平整度 | 5 |

某高速公路施工合同段共有盖梁3种，分别为30 m+30 m桥墩盖梁、40 m+40 m桥墩盖梁、1#~4#桥墩盖梁。合同段盖梁总数115座，桥台6座，需对盖梁组织施工。

当桥墩施工完后即进入盖梁施工。根据施工区域周边条件，盖梁施工采用了钢管立柱贝雷梁支架，支架结构如图4—3—4所示。

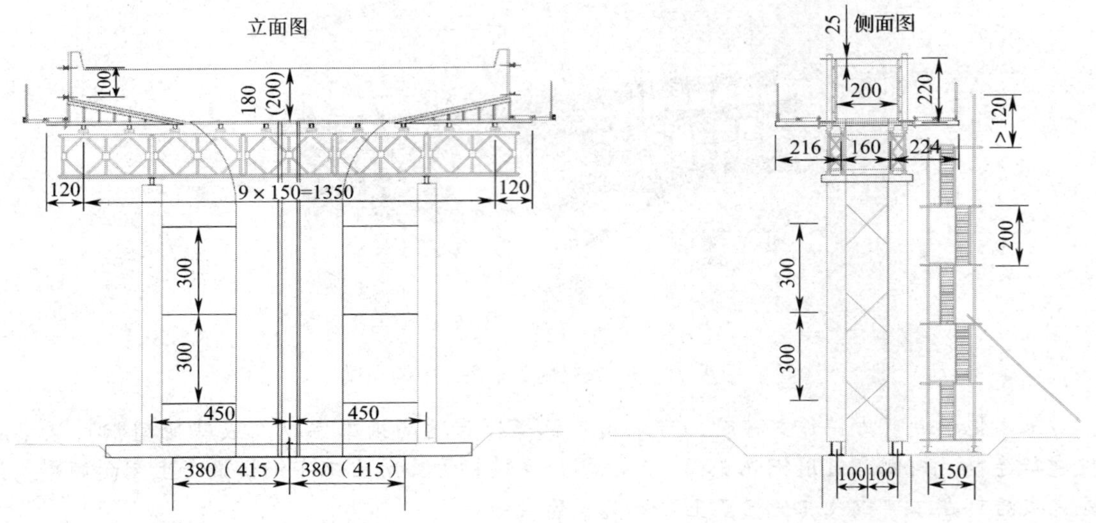


图4—3—4　盖梁支架结构图

盖梁外模采用组合钢模施工，模板间采用螺栓连接，另加外拉杆固定，盖梁底模采用木尖调节。模板安装后进行测量检查，加强模板横坡与盖梁面高程的控制。汽车泵送混凝土，或吊车配合料斗浇筑混凝土，使混凝土强度与龄期满足设计要求，按照设计要求的施工工序，组织预应力张拉施工。

1. 盖梁施工

（1）支架施工

盖梁支架采用贝雷梁大型钢管支架，钢管支立在承台面或扩大基础上，支架的设计须充分考虑原市政道路车辆通行需要，且做好钢管立桩的防撞措施。支架贝雷梁上铺I25工字钢作为分配梁，大伸臂端底板用三角钢桁架支撑，利用三角木楔调节底板高程，支架两端各悬挑1.5 m作为预应力张拉施工平台。支架一侧利用门架式步梯作为人员上下通道，步梯架与贝雷支架用型钢相连作附墙，如图4—3—5所示。

（2）钢筋施工

如图4—3—6所示，盖梁钢筋主骨架长度15 m以内的采用预制骨架片的方法加工，加工时须严格控制钢筋焊接质量。普通钢筋与预应力管道位置冲突的可适当移动普通钢筋位置，不得截断钢筋。预应力张拉槽口预留钢筋须做好防腐措施，并注意保护，保证预应力施

图 4—3—5　盖梁支架

图 4—3—6　盖梁钢架加工安装

工完毕后封锚钢筋的安装要求。盖梁钢筋与墩身钢筋施工工艺类似，施工时须注意垫石及挡块钢筋预埋。

（3）模板施工

如图 4—3—7 所示，盖梁模板采用组合式钢模板施工，标准模板尺寸为 1 m×1.5 m。盖梁张拉端部模板采用木模，混凝土及预应力施工完毕拆模时，须注意保留张拉端部的接口钢模，以方便封锚混凝土的钢模板安装。盖梁钢筋模板施工与墩身模板施工工艺类似。

（4）混凝土施工

盖梁混凝土施工均采用整个断面一次性浇筑。施工捣振时，须注意确保预应力锚板混凝土的密实度，对垫石部位的凿毛务必严格要求，并注意端部挡块混凝土应与盖梁混凝土一并浇筑（见图 4—3—8）。

（5）混凝土养护

在混凝土浇筑完成后 1 h 内进行自然养护，并对混凝土进行覆盖（覆盖材料为土工布等保水材料），混凝土终凝后进行洒水养护（见图 4—3—9）。混凝土养护时间为 28 天。养护期间，养护水温与混凝土表面温度之差不得超过 15℃，且混凝土芯部与表面、表面与环境之间的温差不得超过 15℃。

图 4—3—7　盖梁模板施工

图 4—3—8　盖梁混凝土浇筑

图 4—3—9　盖梁混凝土养护

（6）预应力施工

盖梁预应力采用后张法单端智能张拉工艺，采用 $\phi_s 15.2$ 高强度低松弛钢绞线，其标准强度为 $R_{jb} = 1\ 860$ MPa，单端张拉，锚下张拉控制应力为 1 395 MPa。预应力管道按塑料波纹管成孔，灌浆采用真空压浆工艺。盖梁预应力锚头如图 4—3—10 所示。

1）预应力施工工艺流程

预应力施工工艺流程如图 4—3—11 所示。

图 4—3—10　盖梁预应力锚固预埋套筒

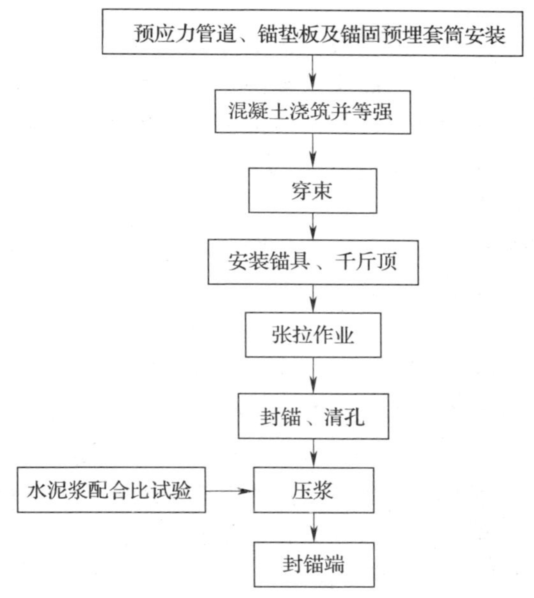


图 4—3—11　预应力施工工艺流程

2）预应力管道安装

预应力管道安装必须顺畅，严格按设计坐标安装，偏差不大于 10 mm。每 0.5 ~ 1 m 设置定位钢筋一道，在施工过程中特别注意管道接头处理，用专用接头连接安装，长度必须不小于 250 mm，内管接头须平顺，对有凹凸的接头用铁锤或其他工具修平顺。若管道接头处理不当会对穿束造成相当大的困难。盖梁预应力先装预应力管道（见图 4—3—12），再穿束。

3）张拉作业

安装千斤顶时，须与管道中心相重合，工具锚对中管道，使钢绞线在工具锚与工作锚之间顺直，便于脱卸，并把夹片牙纹之间及钢绞线上的杂质清理干净。

图 4—3—12　盖梁预应力管道

张拉时混凝土龄期至少保证 7 天，混凝土强度达到 90% 以上设计强度情况下方可施加预应力。按设计图样规定的钢束张拉顺序张拉，并采取措施防止出现滑丝断落的情况。

钢束张拉采取张拉力和延伸量双控，托架预应力张拉以引伸量为主，塔柱环向预应力钢束张拉以张拉力为主，引伸量的实际伸长量与理论伸长量之间的允许误差不得超过 ±6%。断丝率不得超过施工规范要求。

当实际伸长量与理论伸长量之间的误差超出允许值时，必须检查机具或钢绞线，重新检验合格并查明原因后才能继续张拉作业。

4）压浆和封锚

①管道压浆。张拉后 24 h 内进行管道压浆，孔道压浆采用真空辅助压浆工艺，并掺入适量的钢筋阻锈剂（阻锈不得含有硝酸盐、亚硝酸盐、硫氰酸盐等容易导致预应力钢丝产生氰脆现象的物质）。先用真空泵使孔道内形成一定的气压差，再将水泥浆用压浆机压入孔内，使之填满预应力筋与孔道间的空隙，让预应力筋与混凝土牢固粘结为一整体。

②压浆前的准备工作。将锚具外部多余的钢绞线用砂轮切割机割切，余留长度不得少于 30 mm；锚具外面的预应力筋间隙应用水泥浆填塞，以免冒浆而损失灌浆压力。孔道在压浆前应用压力水冲洗干净，保证孔道畅通，冲洗后用空压机吹去孔内积水，使水泥浆与孔壁的结合良好。若发现有冒水或漏水现象时及时堵塞漏洞。

③水泥浆的拌制。采用真空辅助压浆，浆体材料掺入真空灌浆专用添加剂，掺量通过试验确定。压浆强度不得小于 50 MPa。水泥浆拌和时，先下水再下水泥，搅拌时间不少于 1 min，灰浆过筛后存放于储浆桶内，且保持足够的数量以保证每根管道的压浆能一次连续完成。

④压浆工艺。预应力筋张拉后，孔道应尽早压浆，且每一压浆孔两端的锚具进出浆口均应安装一节带阀门的短管，以备压注完毕后封闭孔口。

孔道压浆顺序先下后上，将集中在一处的孔一次压完。压浆时，先开真空泵，使孔道内的气压与大气压形成一定的压力差后，再开压浆机，将预拌好的水泥浆压入孔道。当排气端流出的水泥浆用目测认为是连续流出并与压浆端压入的水泥浆稠度一样时，关闭真空泵，关闭出浆端的阀门，再用压浆机加压至0.5 ~0.7 MPa后，关闭压浆机和压浆端阀门，待孔道内水泥浆初凝后方可拆除孔道两端的阀门，并及时进行封锚。

孔道压浆时工人应戴防护眼镜，以免水泥浆喷伤眼睛。

2. 台帽施工

对于本合同段台帽可采用相似于盖梁的施工方案进行。

(1) 准确放出台帽位置，利用已施工的台身平台采用墨线控制其结构尺寸，或者利用护桩进行控制。

(2) 凿除与台帽接触面的混凝土并清洗干净，绑扎桥台钢筋，安装桥台模型，测量放样时控制好帽梁顶面横坡，在模型内侧用红色油漆分段做好标记，以便更好地控制其高程。钢筋的级别、直径、根数和间距均应符合设计要求。绑扎或焊接的钢筋网和钢筋骨架不得有变形，并且应预埋连接支座钢筋件。

(3) 桥台模型采用定型组合钢模板，模板板面之间应平整，接缝严密，不漏浆，保证结构物外露面美观，线条流畅，结构应简单，制作、装拆方便。模板不应与脚手架连接以避免引起模板变形。

(4) 由于台帽处为敞口混凝土浇筑，浇筑过程中可以适当减小塌落度。进行混凝土施工并及时养护。

(5) 拆除模板，卸落支架时，不允许猛烈敲打和强扭等方法进行。

## 思考与练习

### 一、填空题

1. 在墩台帽、盖梁与墩身的连接处，模板与墩台身之间应________，不得出现漏浆现象。钢筋安装时应避免在________处起弯，并应保证钢筋的混凝土保护层厚度。

2. 盖梁施工的支撑方式可采用________、________或________等，具体采用何种方式应根据现场的实际情况通过计算确定。对在陆地上离地面不高的现浇盖梁，若土质条件较好，对地基采取相应措施处理后，可采用________；对位于水中的现浇盖梁，可利用桩基、系梁及立柱施工时搭设的水上操作平台支撑支架，但应验算其________和________。

3. 安装盖梁底模时，模板的挠度应不超过模板跨度的________，钢模板面板的变形应不超过________。

4. 对盖梁底模与立柱的黏合处，应采取有效措施防止其漏浆，并应根据测量高程对墩顶进行________处理，凿毛时应力求桥墩混凝土深入盖梁________。

5. 盖梁钢模板面板的厚度不宜小于________，肋板设计应使模板具有足够的________。

6. 盖梁侧模宜________吊装，侧模接缝处、侧模与底模接缝处宜粘贴________，且宜采用________使模板就位，拉杆应有足够的强度和较小的变形，宜使盖梁内无对穿拉杆。

7. 混凝土可采用泵送或吊车配合料斗的方式浇筑，浇筑施工时应保证出料口与浇筑面之间的距离小于________，防止混凝土离析。

8. 混凝土坍落度可根据现场气温适当控制，一般情况下，混凝土的坍落度在入模后应保持在________，泵送混凝土可保持在________。

9. 混凝土的浇筑顺序宜从________分别向________对称、分层、连续浇筑。

10. 盖梁施工采用抱箍作支撑时，抱箍的内壁宜加垫摩阻力较大的________，增大抱箍与桥墩之间的摩擦力。抱箍应设置有足够刚度的________，保证其能可靠地传递螺栓拉力。螺栓预拉力应保证抱箍与桥墩间的摩擦力可靠地传递载荷。

**二、简答题**

1. 简述桥梁盖梁的施工工序。

2. 盖梁施工的支撑方式主要有哪些？简述不同支撑方式的主要特点。

**三、知识拓展**

了解盖梁预应力施工的主要工作内容及注意事项。

# 模块五

# 梁式桥施工

## 课题一　钢筋混凝土简支梁桥施工

◆ 熟悉钢筋混凝土简支梁桥的施工方法及适用条件。
◆ 掌握钢筋混凝土简支梁桥就地浇筑施工工艺。

### 一、钢筋混凝土简支梁桥的施工方法

钢筋混凝土简支梁桥常用的施工方法有就地浇筑施工、装配式施工两种方法。

**1．就地浇筑施工**

就地浇筑施工是一种古老的施工方法，它是在桥孔位置搭设支架，并在支架上安装模板，绑扎及安装钢筋骨架，并在现场浇筑混凝土和施加预应力的施工方法。由于施工需用大量的模板支架，以前一般仅在小跨径桥或交通不便的边远地区采用，随着桥跨结构形式的发展，出现了一些变宽的异性桥、弯桥等复杂的混凝土结构，加之近年来临时钢构件和万能杆件系统的大量应用，在其他施工方法都比较困难时，或经过比较，施工方便、费用较低时，也常在中、大跨径桥梁中采用就地浇筑的施工方法。

就地浇筑施工方法有以下特点：

（1）桥梁的整体性好，施工平稳、可靠，不需大型起吊和运输设备。

（2）施工中无体系转换。

（3）需要使用大量的模板和支架，跨河桥梁搭设支架影响河道的通航与排洪，施工期间支架可能受到洪水和漂浮物的威胁。

（4）施工工期长，费用高，施工质量不宜控制。

（5）需要较大的施工场地，施工管理复杂。

**2．装配式施工**

装配式施工是指在工厂或运输方便的桥址附近设置预制场进行梁体的预制工作，然后采用一定的架设方法进行安装施工。

与就地浇筑施工相比较，装配式施工有以下特点：

（1）上下部结构可平行施工，缩短施工工期。

（2）装配式梁桥往往采用无支架或少支架施工，可以节约支架、模板。

（3）构件在预制场制作质量高，易于做到标准化和机械化施工。

（4）有效利用劳动力，降低工程造价。

（5）需要现场吊装和运输设备。

## 二、就地浇筑施工

就地浇筑施工工艺见表5—1—1。

**表5—1—1　　就地浇筑施工工艺**

| 序号 | 施工工序 | 工艺要求 |
|---|---|---|
| 1 | 整理施工现场 | 施工现场的准备工作，主要是为了工程的施工创造有利的施工条件和物资保证，主要包括以下内容：<br>①满足施工要求的平面和立面施工测量控制网<br>②做好“四通一平”<br>③装调试施工机具 |
| 2 | 支架安装、预压 | ①支架必须有足够的强度、刚度，构件结合紧密并加入纵、横向连接杆件，使支架成为整体，保证就地浇筑的顺利进行<br>②为了使浇筑的梁体不产生大的变形，支架的基础要坚实可靠，以保证其沉陷值不超过规定值。一般情况下，针对不同土类进行施工面整体换填<br>③支架在受载荷后有变形和挠度，在安装前要有充分的估计和计算，并在安装支架时设置预拱度，使就地浇筑的主梁线型符合设计要求<br>④支架的卸落设备有木楔、砂筒和千斤顶等数种，卸架时要对称、均匀，不应使主梁发生局部受力的状态 |

续表

| 序号 | 施工工序 | 工艺要求 |
| --- | --- | --- |
| 3 | 灌注准备   | ①原材料包括水泥、细集料、粗集料等，在灌注前应配备足够的原材料以满足计划要求，并对原材料的质量进行检测<br>②混凝土配合比设计必须满足强度、和易性、耐久性和经济的要求<br>③混凝土的拌制一般以机械拌制为主、人工为辅<br>④在运输过程中，应避免发生离析、泌水和灰浆流失现象，坍落度前后相差不得超过30%，否则应进行二次拌制 |
| 4 | 立模板   | ①安装前按图样要求检查自制模板的尺寸与形状，合格后才准进入施工现场<br>②安装后不便涂刷脱模剂的内侧模板应在安装前涂刷脱模剂，在顶板模板安装后、布扎钢筋前涂刷脱模剂<br>③支架结构应满足立模高程的调整要求，按设计高程和施工预拱度立模<br>④承重部位的支架和模板，必要时在立模后预压，消除非弹性变形和基础沉降<br>⑤相互连接的模板，模板面要对齐，连接螺栓不要一次紧到位，整体检查模板线形，发现偏差及时调整再锁紧连接螺栓，固定好支撑杆件 |
| 5 | 安装、定位钢筋  | ①按照设计要求（钢筋种类、间距、长度、布设位置等）安装、定位钢筋<br>②为减少在支架上的钢筋安装工作，梁内的钢筋宜预先在工厂或桥梁工地制成平面或立体骨架。当不能预先制成骨架时，则钢筋的接长应尽可能预先进行。制作钢筋骨架时，须焊接牢固，以防在运输和吊装过程中变形<br>③钢筋接头、钢筋骨架的拼装、运输和吊装及钢筋骨架的质量要求参照桥梁下部结构钢筋施工的相关规定执行 |

续表

| 序号 | 施工工序 | 工艺要求 |
|---|---|---|
| 6 | 灌注和振捣混凝土   | ①为了保证混凝土浇筑的整体性，混凝土的浇筑应按照次序，逐层连续浇完，不得任意中断，并应在前层混凝土开始初凝前即将次层混凝土拌和物浇捣完毕<br>②在考虑主梁混凝土的浇筑顺序时，不应使模板和支架产生有害的下沉；为了使混凝土振捣密实，应采用相应的分层浇筑；当在斜面或曲面上浇筑混凝土时，一般应从低处开始<br>③混凝土振捣应依据振捣棒的长度和振动作用有效半径，有次序地分层振捣，严格控制振捣时间，严防漏振或过振，严禁利用钢筋振动进行振捣<br>④振捣过程中应随时检查钢筋保护层和预留孔洞、预埋件及外露钢筋位置，确保预埋件和预应力筋承压板底部混凝土密实，外露面层平整、施工缝符合要求 |
| 7 | 养护  | ①拆模后采用覆盖、洒水、喷养生剂等方式对其养护，养护时间满足规范要求<br>②混凝土浇筑完成后应及时进行养护，在养护期间，应使其保持湿润，防止雨淋、日晒、受冻及受荷载的振动、冲击，以促使混凝土硬化，并在获得强度的同时，防止混凝土干缩引起的裂缝<br>③当日平均气温低于5℃或日最低气温低于－3℃时，应按冬季施工要求进行养护 |
| 8 | 拆除模板  | 模板的拆除时间与现场混凝土的强度有关。当试验表明达到设计强度的25%时可拆除侧面模板；达到设计强度等级的50%后，可拆除跨径30 m以内的桥梁的模板；达到在桥跨结构净重作用下所必需的强度且不小于设计强度的70%以后，可拆除各种梁的模板 |

续表

| 序号 | 施工工序 | 工艺要求 |
| --- | --- | --- |
| 9 | 拆除支架 | ①梁体的落架顺序应从梁挠度最大的支架节点开始，逐步卸落相邻两侧的节点，并要求对称、均匀、有顺序地进行<br>②同时要求各节点应分多次进行卸落，以使梁的沉降曲线逐步加大到梁的挠度曲线<br>③通常简支梁桥和连续梁桥可从跨中向两端进行，悬臂梁桥则应先卸落挂梁及悬臂部分，然后卸落锚跨部分 |

## 三、装配式施工

装配式施工的主要施工流程包括：梁体构件的预制、构件的移运和存放、构件安装前的检查、构件的安装和连接。

**1．梁体构件的预制**

（1）构件预制场的要求

1）场地的布置应满足预制、移运、存放及架设安装的施工作业要求。

2）场地应平整、坚实，应根据地基情况和气候条件，设置必要的防排水设施，并应采取有效措施防止场地沉陷。

3）砂石料场的地面宜进行硬化处理。

（2）构件预制台座的地基要求

1）构件预制台座的地基应具有足够的承载能力。

2）预制台座应采用适宜的材料和方式制作，且应保证其坚固、稳定、不沉陷。

3）台座表面应光滑、平整，在2 m长度上平整度的允许偏差应不超过2 mm，且应保证底座或底模的挠度不大于2 mm。

（3）梁体构件的预制

梁体构件预制中的模板、钢筋的制作与安装、混凝土的浇筑等可参考就地浇筑施工方法的相关要求执行。

**2．构件的移运和存放**

构件的移运和存放工艺要求如下：

（1）装配式预制构件在移运、存放时，混凝土强度应不低于设计规定的吊装强度，设计未规定时，应不低于设计强度标准值的80%。

（2）构件移运时的起吊点位置，应按设计的规定布置，如设计无规定时，根据计算决定起吊点。

（3）成垛堆放装配式构件时，堆放构件的场地应平整压实不能积水；构件应按吊运及安装次序顺序堆放，并注意在相邻两构件之间留出适当通道；水平分层堆放构件时，其堆垛高度视构件强度、地基承压力、垫木强度以及堆垛的稳定性而定；雨季和春季冻融期间，必须注意防止地面软化下沉造成构件折裂损坏。

**3. 构件安装前的检查**

（1）构件安装前应检查其外形、预埋件的尺寸和位置，允许偏差不得超过设计规定。

（2）安装构件时，支撑结构（墩台、盖梁）的混凝土强度和预埋件（包括预留锚栓孔、锚栓、支座钢板等）的尺寸、高程及平面位置应符合设计要求。

**4. 构件的安装和连接**

预制梁（板）的安装是预制装配式混凝土梁桥施工中的关键性工序，应结合施工现场条件、工程规模、桥梁跨径、工期条件、架设安装的机械设备条件等具体情况，以安全可靠、经济简单和加快施工速度等为原则，合理选择架梁的方法。预制构件安装方法如图 5—1—1 所示。

构件安装就位完毕并经检查校正符合要求后，方可焊接或浇筑混凝土固定构件。

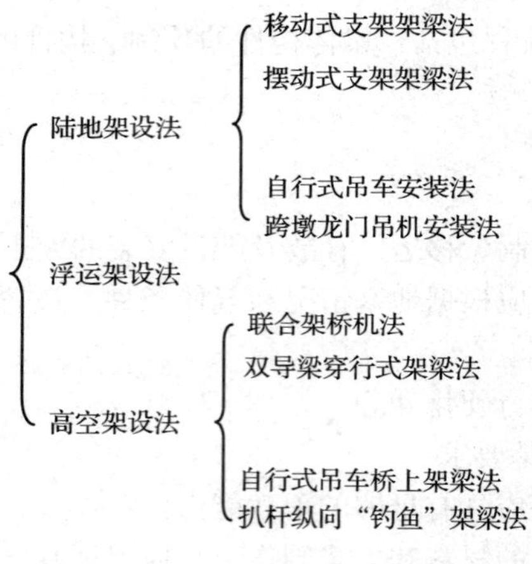


图 5—1—1　预制构件安装方法

（1）陆地架设法

1）移动式支架架梁法

移动式支架架梁法是在架设孔的地面上，顺桥轴线的方向铺设轨道，其上设置可移动支架，预制梁的前端搭在支架上，通过移动支架将梁运送到要求的位置后，再用龙门架或人字扒杆吊装；或者在桥墩上设枕木垛，用千斤顶卸下，再将梁横移就位，如图 5—1—2 所示。

利用移动支架架设，设备较简单，可安装重型的预制梁；无动力设备时，可使用手摇卷扬机或绞磨移动支架进行架设。但不宜在桥孔下有水、地基过于松软的情况下使用，也不适宜桥墩过高的场合，因为桥墩过高时为保证架设安全，支架必须高大，因此这种架设方法不够经济。

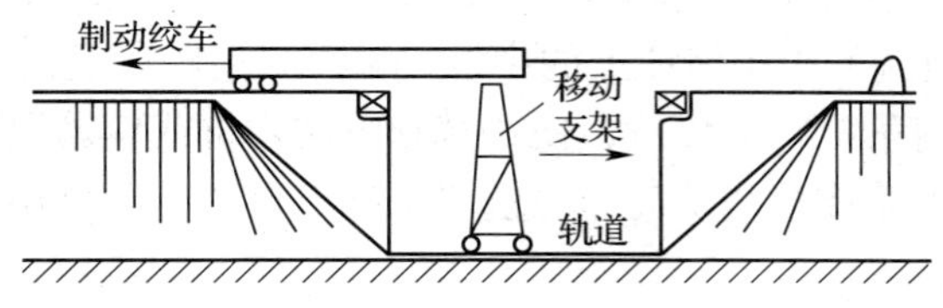


图 5—1—2 移动式支架架梁法

2）摆动式支架架梁法

摆动式支架架梁法是将预制梁沿路基牵引到桥台上并稍悬出一段，悬出距离根据梁的截面尺寸配筋确定，从桥孔中心河床上悬出的梁端底下设置人字扒杆或木支架，前方用牵引绞车牵引梁端，此时支架随之摆动而到对岸，如图 5—1—3 所示。为防止摆动过快，应在梁的后端用制动绞车牵引制动。

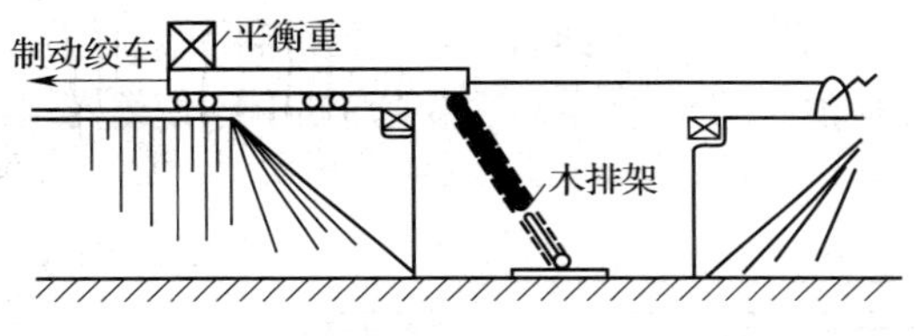


图 5—1—3 摆动式支架架梁法

摆动式支架架梁法较适宜于桥梁高跨比稍大的场合。当河中有水时也可用此法架梁，但需在水中设一个简单小墩，以供立置木支架用。

3）自行式吊车安装法

自行式吊车安装法是先将梁运到桥位处，采用一台或两台自行式汽车吊机或履带吊机直接将梁片吊起就位。

在桥不高、场内又可设置行车便道的情况下，用自行式吊车（汽车吊车或履带吊车）架设中、小跨径的桥梁方法比较便捷。

4）跨墩龙门吊机安装法

跨墩龙门吊机安装法是将两台跨墩龙门吊机分别设于待安装孔的前、后墩位置，预制梁由平车顺桥向运至安装孔的一侧，移动跨墩龙门吊机上的吊梁平车，对准梁的吊点放下吊架，将梁吊起。当梁底超过桥墩顶面后，停止提升，用卷扬机牵引吊梁平车慢慢横移，使梁对准桥墩上的支座，然后落梁就位，接着准备架设下一根梁，如图 5—1—4 所示。

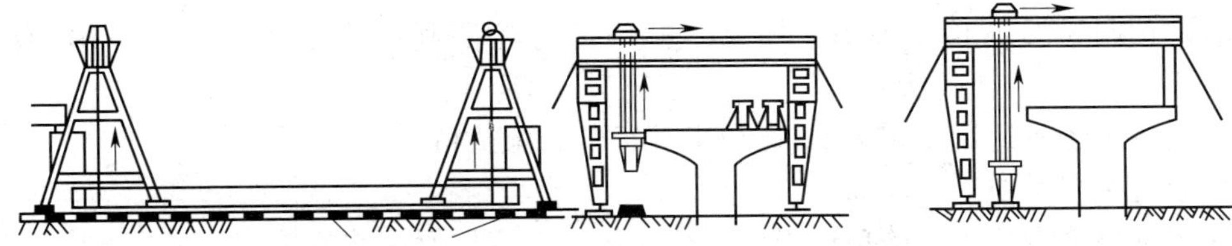

图 5—1—4 跨墩龙门吊机安装法

跨墩龙门吊机安装法适用于岸上和浅水滩以及不通航浅水区域安装预制梁。在水深不超过5 m、水流平缓、不通航的中小河流上的小桥，也可采用跨墩龙门吊机架梁，这时必须在水上桥墩的两侧架设龙门吊机轨道便桥，便桥基础可用木桩或钢筋混凝土桩。在水浅流缓而无冲刷的河上，也可用木笼或草袋筑岛作便桥的基础，便桥的梁可用贝雷组拼。

（2）浮运架设法

浮运架设法是将预制梁用各种方法移装到浮船上，并浮运到架设孔以后就位安装。

采用浮运架设法时，河流须有适当的水深（所需水深依据梁重而定，一般宜大于2 m）；水位应平稳或涨落有规律，如潮汐；河流流速及风力不大；河岸能够修建适宜的预制梁装卸码头；具有坚固适用的船只等。

浮运架梁法的优点如下：

1）桥跨中不需设临时支架。

2）可以用一套浮运设备架设安装多跨同跨径的预制梁，较为经济。

3）架梁时浮运设备停留在桥孔的时间很少，不影响河流通航。

常用的浮运架设方法有预制梁装船浮运至架设孔再起吊安装就位法和浮船支架拖拉架设法（图5—1—5）。

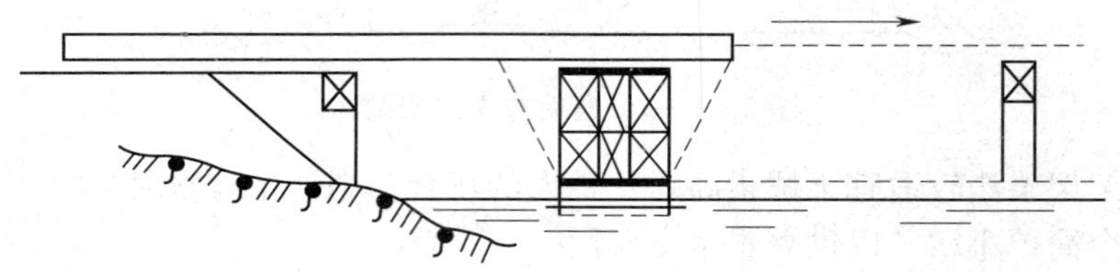

图5—1—5　浮船支架拖拉架设

（3）高空架设法

1）联合架桥机法

联合架桥机法系以联合架桥机并配备若干滑车、千斤顶、绞车等辅助设备架设安装预制梁。联合架桥机主要由龙门吊机、导梁和蝴蝶架组成。龙门架用工字型钢梁架设，在架上安放两台吊车，架的接头处和上、下缘用钢板加固，主柱为拐脚式，横梁的高程由两根预制梁的叠高加上平板车的高度和起吊设备的高度决定。蝴蝶架是专供托运龙门吊机在轨道上移走的支架，它形如蝴蝶，用角钢拼成，上设有供升降用的千斤顶。导梁用钢桁梁拼成，以横向框架连接，其上铺钢轨供运梁行走，如图5—1—6所示。

联合架桥机法的优点是可完全不设桥下支架，不受洪水威胁，架设过程中不影响桥下通车、通航；预制梁的纵移、起吊、横移、就位都比较便利。缺点是架设设备用钢材较多（可周转使用）。

联合架桥机法较适用于多孔30 m以下孔径的装配式桥。

联合架桥机架梁施工工序如下：

①在桥头拼装钢导梁，梁顶铺设钢轨，并用绞车将导梁拖移就位。

②拼装龙门吊机和蝴蝶架，用蝴蝶架将两个龙门吊机移运至架梁孔的桥墩上。

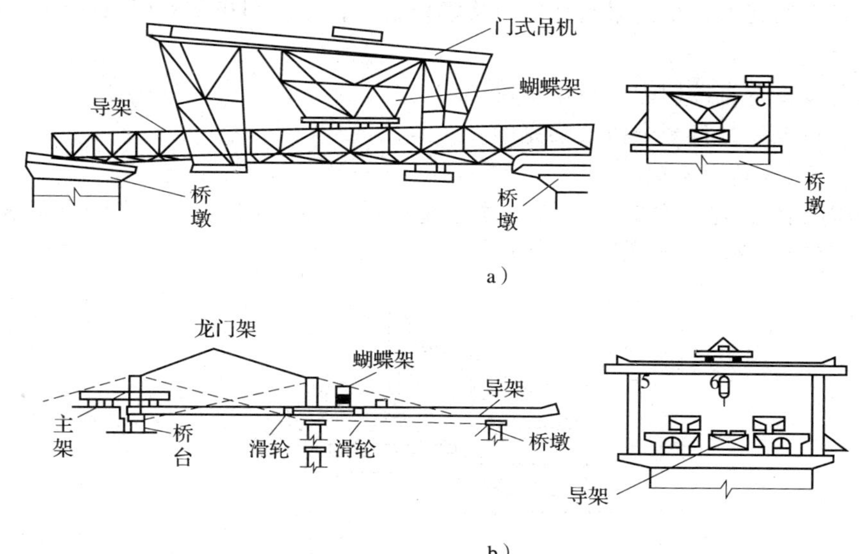


图5—1—6　联合架桥机架梁法

a）主梁纵移　b）主梁横移安装

③用平车将梁运到两墩之间，由吊机起吊、横移、下落就位。

④将导梁所占位置的预制梁临时安放在已架设好的梁上。

⑤用绞车纵向拖拉导梁至下一孔后，将临时安放的梁由门式吊机架设就位，完成一孔梁的架设工作并用焊接的方法将各梁连接起来。

⑥在已架设的梁上铺接钢轨，再用蝴蝶架把吊机移至下一跨架梁。

⑦如此反复，直至将各跨梁全部架设好为止。

2）双导梁穿行式架梁法

双导梁穿行式架梁法是在架设孔间设置两组导梁，导梁上安设配有悬吊预制梁设备的轨道平车和起重行车或移动式龙门吊机，将预制梁在双导梁内吊着运到规定位置后，再落梁、横移就位。

横移时可将两组导梁吊着预制梁整体横移，还可以将导梁设在桥面宽度以外，预制梁在龙门吊机上横移，导梁不横移，这种横移方法更安全。

双导梁穿行式架梁法的优点和联合架桥机法相同，适用于墩高、水深的情况下架设多孔中小跨径的装配式梁桥，但不需蝴蝶架，而配备双组导梁，故架设跨径可较大，吊装的预制梁可较重。

双导梁穿行式架梁法施工工序如下：

①在桥头路堤上拼装导梁和行车，并将拼装好的导梁用绞车纵向拖拉就位，使可伸缩支架支撑在架梁孔的前墩上。

②先用纵向滚移法将预制梁运到两导梁间，当梁前端进入前行车的吊点下面时，将预制梁前端稍稍吊起，前方起重横梁吊起，继续运梁前进至安装位置后，固定起重横梁。

③用横梁上的起重行车将梁落在横向移动设备上，并用斜撑撑住以防倾倒，然后在墩顶横移落梁就位（除一片中梁外）。

④按以上步骤并直接用起重行车架设中梁。

⑤重复上述工序，直至全桥架梁完毕。

3）自行式吊车桥上架梁法

在预制梁跨径不大、重量较轻且梁能运抵桥头引道上时，可直接用自行式伸臂吊车（汽车吊或履带吊）架梁，如图 5—1—7 所示。

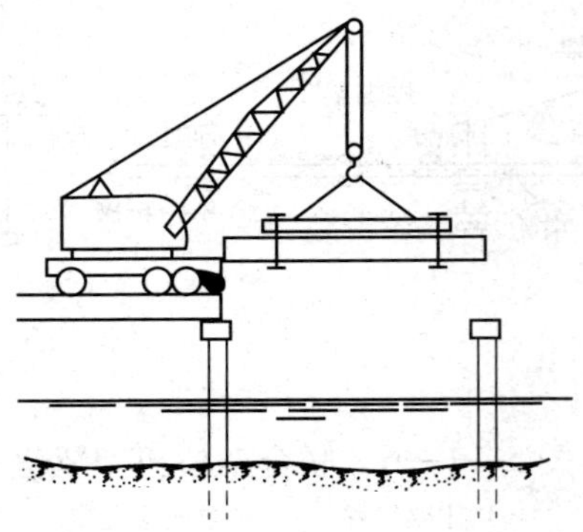

图 5—1—7　自行式吊车桥上架梁法

自行式吊车桥上架梁法简单方便，几乎不需要任何辅助设备，但应注意当架桥孔的主梁横向尚未连成整体时，必须核算吊车通行和架梁工作时的承载能力。

4）扒杆纵向“钓鱼”架梁法

扒杆纵向“钓鱼”架梁法是用立在安装孔墩台上的两副人字扒杆，配合运梁设备，以绞车互相牵吊。在梁下无支架、导梁支托的情况下，把梁悬空吊过桥孔，再横移落梁、就位安装的架梁法，如图 5—1—8 所示。

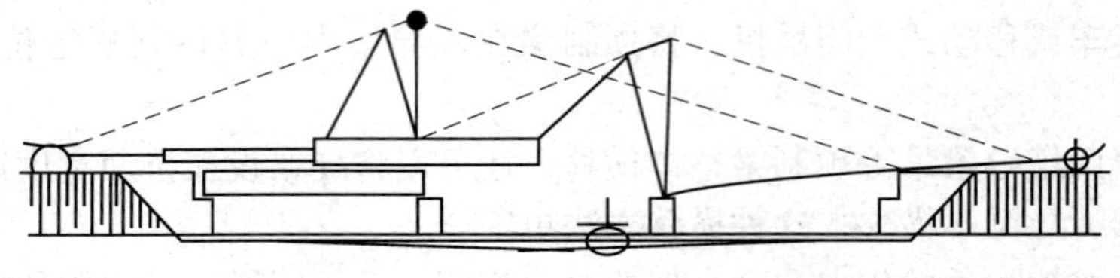

图 5—1—8　扒杆纵向“钓鱼”架梁法

用此法架梁时，必须以预制梁的质量和墩台间跨径为基础，在竖立扒杆、放倒扒杆、转移扒杆、架梁或吊着梁进行横移等各个工作阶段，对扒杆、牵引绳、控制绳、卷扬机、锚碇和其他附属零件进行受力分析和应力计算，以确保设备的安全。还需对各阶段的操作安全性进行检查。

扒杆纵向“钓鱼”架梁法不受架设孔墩台高度和桥孔下地基、河流水文等条件的影响；不需要导梁、龙门吊机等重型设备而可架设 30 ~ 40 m 以下跨径的桥梁；扒杆的安装移动简单，梁在吊着状态时横移容易，且较安全，架设速度快，但本法需要技术熟练的起重工，不适用于不能设置缆索锚碇和梁上方有障碍物处。

## 四、质量标准

**1. 就地浇筑梁（板）**

（1）基本要求

1）所用的水泥、砂、石、水、外掺剂及混合材料的质量和规格必须符合有关规范要求，按规定的配合比施工。

2）支架和模板的强度、刚度、稳定性应满足施工技术规范的要求。

3）预计的支架变形及地基的下沉量应满足施工后梁体设计高程的要求，必要时应采取对支架预压的措施。

4）梁（板）体不得出现露筋和空洞现象。

5）预埋件的设置和固定应满足设计和施工技术规范的规定。

（2）实测项目（表5—1—2）

**表5—1—2　就地浇筑梁（板）实测项目**

<table>
<tr><th>项次</th><th colspan="2">检查项目</th><th>规定值或允许偏差</th></tr>
<tr><td>1</td><td colspan="2">混凝土强度</td><td>在合格标准内</td></tr>
<tr><td>2</td><td colspan="2">轴线偏位（mm）</td><td>10</td></tr>
<tr><td>3</td><td colspan="2">梁（板）顶面高程（mm）</td><td>±10</td></tr>
<tr><td rowspan="4">4</td><td rowspan="4">断面尺寸（mm）</td><td>高度</td><td>+5，－10</td></tr>
<tr><td>顶宽</td><td>±30</td></tr>
<tr><td>箱梁顶板</td><td>±20</td></tr>
<tr><td>顶、底、腹板或梁肋厚</td><td>10，0</td></tr>
<tr><td>5</td><td colspan="2">长度（mm）</td><td>5，－10</td></tr>
<tr><td>6</td><td colspan="2">横坡（%）</td><td>±0.15</td></tr>
<tr><td>7</td><td colspan="2">平整度（mm）</td><td>8</td></tr>
</table>

（3）外观鉴定

1）混凝土表面平整，颜色一致，无明显施工接缝。

2）混凝土表面不得出现蜂窝、麻面，如出现必须修整。

3）混凝土表面一般情况不得出现非受力裂缝，裂缝宽度不得超过设计规定或设计未规定时超过0.15 mm必须处理。

4）封锚混凝土应密实、平整。

5）梁体内建筑垃圾、杂物、临时预埋件等应清除干净。

**2. 预制和安装梁（板）**

（1）基本要求

1）所用的水泥、砂、石、水、外掺剂及混合材料的质量和规格必须符合有关规范要求，按规定的配合比施工。

2）梁（板）不得出现露筋和空洞现象。

3）空心板采用胶囊施工时，应采取有效措施防止胶囊上浮。

4）梁（板）在吊移出预制底座时，混凝土的强度不得低于设计所要求的吊装强度；梁（板）在安装时，支撑结构（墩台、盖梁、垫石）的强度应符合设计要求。

5）梁（板）安装前，墩、台支座垫板必须稳固。

6）梁（板）在就位后，梁两端支座应对位，梁（板）底与支座以及支座底与垫石顶须密贴，否则应重新安装。

7）两梁（板）之间接缝填充材料的规格和强度应符合设计要求。

（2）实测项目（表5—1—3、表5—1—4）

**表5—1—3　　梁（板）预制实测项目**

<table>
<tr><th>项次</th><th colspan="3">检查项目</th><th>规定值或允许偏差</th></tr>
<tr><td>1</td><td colspan="3">混凝土强度</td><td>在合格标准内</td></tr>
<tr><td>2</td><td colspan="3">梁（板）长度（mm）</td><td>5，-10</td></tr>
<tr><td rowspan="5">3</td><td rowspan="5">宽度（mm）</td><td colspan="2">干接缝（梁翼缘、板）</td><td>±10</td></tr>
<tr><td colspan="2">湿接缝（梁翼缘、板）</td><td>±20</td></tr>
<tr><td rowspan="2">箱梁</td><td>顶宽</td><td>±30</td></tr>
<tr><td>底宽</td><td>±20</td></tr>
<tr><td colspan="2">腹板或梁肋</td><td>10，0</td></tr>
<tr><td rowspan="2">4</td><td rowspan="2">高度（mm）</td><td colspan="2">梁、板</td><td>±5</td></tr>
<tr><td colspan="2">箱梁</td><td>0，-5</td></tr>
<tr><td rowspan="3">5</td><td rowspan="3">断面尺寸（mm）</td><td colspan="2">顶板厚</td><td rowspan="3">5，0</td></tr>
<tr><td colspan="2">底板厚</td></tr>
<tr><td colspan="2">腹板或梁肋</td></tr>
<tr><td>6</td><td colspan="3">跨径（支座中心至支座中心）（mm）</td><td>±20</td></tr>
<tr><td>7</td><td colspan="3">支座平面平整度（mm）</td><td>2</td></tr>
<tr><td>8</td><td colspan="3">平整度（mm）</td><td>5</td></tr>
<tr><td>9</td><td colspan="3">横系梁及预埋件位置（mm）</td><td>5</td></tr>
</table>

表 5—1—4　　梁（板）安装实测项目

| 项次 | 检查项目 | | 规定值或允许偏差 |
|---|---|---|---|
| 1 | 支座中心偏位（mm） | 梁 | 5 |
| | | 板 | 10 |
| 2 | 竖直度（%） | | 1.2 |
| 3 | 梁（板）顶面纵向高程（mm） | | 8，－5 |
| 4 | 相邻梁（板）顶面高差（mm） | | 8 |

（3）外观鉴定

1）混凝土表面平整，颜色一致，无明显施工接缝。

2）混凝土表面不得出现蜂窝、麻面，如出现必须修整。

3）混凝土表面一般情况不得出现非受力裂缝，裂缝宽度不得超过设计规定或设计未规定时超过 0.15 mm 必须处理。

4）封锚混凝土应密实、平整。

5）梁、板的填缝应平整密实。

6）梁体内不应遗留建筑垃圾、杂物、临时预埋件等。

××桥为跨径 1 m×15 m 的旱桥，桥面宽 16 m，墩台高 12 m，主体结构采用钢筋混凝土箱梁型式，小桥所处地势较为平坦，请选择合适的施工方法进行桥梁的施工。

已知××桥为跨径 1 m×15 m 的旱桥，跨径较小，且只有一跨，桥面宽 16 m，所需的箱梁数量较少，小桥所处地势较为平坦，墩台高 12 m，采用满堂支架现浇施工较为合适。

1. 主要机具准备

（1）起重设备：塔吊、吊车、卷扬机等。

（2）安全设备：安全帽、防滑鞋、安全带、灭火器、低压防破电线等。

（3）混凝土灌注设备、混凝土运输设备：混凝土拌和站（机）、混凝土输送泵、泵管、串桶、振捣器、吊斗、混凝土灌车等。

（4）支架、模板设备：钢管支架、模板等。

（5）钢筋加工安装设备：钢筋成套加工设备、电焊机等。

2. 材料准备

（1）原材料：水泥、石子、砂、钢筋等，由持证材料员和试验员按规定进行检验，确保其原材料质量符合相应标准。

（2）混凝土配合比设计及试验：按混凝土设计强度要求，分别做泵送混凝土配合比及普通混凝土配合比的试验配合比、施工配合比，并要满足现浇施工的全部要求。

3. 施工工艺

具体的施工工艺见表5—1—1。

1. 简述钢筋混凝土简支梁就地浇筑施工工艺。
2. 简述安装支架要点。
3. 简述模板安装要点。
4. 预制梁安装的施工方法有哪些？简述它们的适用范围。

# 课题二　预应力混凝土简支梁桥施工

- 熟悉预应力混凝土简支梁桥的施工方法。
- 掌握预应力混凝土简支梁桥的施工工艺。

预应力混凝土简支梁桥常用的施工方法有先张法和后张法两种。

## 一、先张法

先张法是先在台座上张拉预应力筋，然后立模浇筑混凝土以形成预应力混凝土构件的施工方法。构件是通过预应力钢筋和混凝土之间的粘接获得预压应力。

先张法生产效率高，施工工艺简单，锚具可以多次重复使用，一般用于预制板梁，主要是批量生产较短的板梁。

先张法施工工艺见表5—2—1。

表 5—2—1 **先张法施工工艺**

| 序号 | 施工工序 | 工艺要求 |
|---|---|---|
| 1 | 张拉台座工作  | ①台座承受先张法施加预应力筋在构件制作时的全部拉力，要求受力后不倾覆、不移动、不变形<br>②一般是采用钢筋混凝土在现场整体浇筑。底板一般应选择在硬质地基或经过整平处理并铺设碎石层上，然后浇筑底板。底板高程要严格控制，要求平整和光滑 |
| 2 | 穿预应力筋、调整初应力   | ①按设计要求加工预应力筋，并按设计坐标穿好预应力筋，调整初应力<br>②预应力筋下料长度应经计算确定。计算时应考虑结构的孔道长度或台座长度、锚夹具厚度、千斤顶长度、镦头预留量、冷拉伸长值、弹性回缩值、张拉伸长值和外露长度等因素<br>③预应力筋应采用砂轮锯切断，不得采用电弧或气焊切断，也不得使预应力筋经受高温、焊接火花或接地电流的影响。钢绞线下料后不得散头，下料场地应平整、洁净<br>④配有折线预应力筋的先张法预应力混凝土梁的预应力筋安装宜自下而上进行，先穿直线预应力筋，再穿折线预应力筋 |
| 3 | 张拉预应力筋   | ①钢绞线张拉程序应按图样所示或按监理工程师指示进行<br>②当采用多根预应力钢绞线同时张拉时，为使其每根预应力钢绞线的应力一致，必须在张拉前调整初应力，其应力值一般为张拉值的 10%<br>③多根预应力钢绞线同时张拉时，在张拉过程中，活动横梁与固定横梁应始终保持平行。为此，必须使两个千斤顶与预应力钢筋对称布置并使两个千斤顶油路串通，同步顶进<br>④同时张拉多根钢绞线时，应抽查钢绞线的预应力值，其偏差的绝对值不得大于或小于按一个构件全部钢绞线预应力总值的 5%<br>⑤张拉时，断丝数量不得超过同一构件内钢绞线总数的 1% 的规定<br>⑥为保证施工安全，应在超张拉放至 90% 控制应力时装设模板、预埋件、非预应力钢筋等 |

续表

| 序号 | 施工工序 | 工艺要求 |
| --- | --- | --- |
| 3 |   | ⑦预应力钢绞线放松时的混凝土强度须符合设计规定；设计未规定时，不应低于设计强度的70%。预应力钢绞线全部放松后，切割外露的部分，切割时防止烧坏钢绞线端部处的混凝土，要用砂浆或防腐蚀材料封闭外露端头 |
| 4 | 安装钢筋骨架  | ①按照设计要求（钢筋种类、间距、长度、布设位置等）安装、定位钢筋<br>②钢筋接头、钢筋骨架的拼装、运输和吊装及钢筋骨架的质量要求参照桥梁下部结构钢筋施工的相关规定执行 |
| 5 | 安装模板  | 模板位置、尺寸正确，牢固不变形，接缝平齐无漏浆，其他要求可参照就地现浇法施工程序中关于安装模板方面的规定 |
| 6 | 浇筑混凝土  | ①按照设计、施工方案要求浇筑水泥混凝土，振捣密实<br>②工作要求可参照就地现浇法施工程序中关于混凝土灌注、振捣方面的规定 |
| 7 | 养护  | ①采用覆盖、洒水、喷养生剂等方式对其养护，养护时间满足规范要求<br>②确保水泥混凝土强度满足设计要求，表面无裂缝等外观缺陷 |

续表

| 序号 | 施工工序 | 工艺要求 |
| --- | --- | --- |
| 8 | 拆模  | 当混凝土强度达到可以拆模的设计强度时方可进行拆模。拆模时应特别注意安全，先将地面障碍物清除，防止模板脱落时，人无躲避之处，另外拆除模板禁止用锤硬砸或用撬棍硬撬，以免损伤模板和混凝土表面 |
| 9 | 放松预应力筋  | ①当混凝土达到设计规定的放松强度之后，在台座上放松受拉预应力筋，对预制梁施加预应力<br>②预应力筋放松时，应缓慢放松锚固装置，使各根预应力筋缓慢放松，预应力筋放张顺序应符合设计要求<br>③对于中小型预应力混凝土构件，预应力丝的放松宜从生产线中间处开始，以减少回弹量且有利于脱模。对于大构件应从外向内对称、交错逐根放张，以免构件扭转、端部开裂或钢丝断裂<br>④放张单根预应力筋，一般采用千斤顶放张；构件预应力筋较多时，整批同时放张可采用砂箱、楔块等放松装置 |
| 10 | 出坑、堆放、运输  | 工作要求可参照就地现浇法施工程序中关于构件的移送和堆放方面的规定 |

## 二、后张法

后张法是指先浇筑混凝土，待达到规定的强度后再张拉预应力筋以形成预应力混凝土构件的施工方法。

后张法施工工艺见表5—2—2。

表 5—2—2　　后张法施工工艺

| 序号 | 施工工序 | 工艺要求 |
|---|---|---|
| 1 | 平整场地  | ①施工现场的准备工作，主要是为了工程的施工创造有利的施工条件<br>②平整、清理施工现场，无关施工的物品清理出施工现场，不得随意堆放，以免妨碍施工 |
| 2 | 安装模板  | 模板位置、尺寸正确，牢固不变形，接缝平齐无漏浆，其他要求可参照就地现浇法施工程序中关于安装模板方面的规定 |
| 3 | 安装钢筋骨架  | ①按照设计要求（钢筋种类、间距、长度、布设位置等）安装、定位钢筋<br>②钢筋接头、钢筋骨架的拼装、运输和吊装及钢筋骨架的质量要求参照桥梁下部结构钢筋施工的相关规定执行 |
| 4 | 浇筑混凝土  | ①按照设计、施工方案要求浇筑水泥混凝土，振捣密实<br>②工作要求可参照就地现浇法施工程序中关于混凝土灌注、振捣方面的规定 |
| 5 | 抽管  | ①采用钢管抽芯法、胶管抽芯法时，须经过本流程，施工时将管子抽出，达到孔道留设的目的<br>②采用预埋管法时，是将与孔道直径相同的管材埋于构件中，永久埋设，无须抽出<br>③管道布设应平直、光滑；混凝土初凝后、终凝前抽管；抽管先上后下，边转边拔；灌浆孔间距不大于 12 m。 |

续表

| 序号 | 施工工序 | 工艺要求 |
| --- | --- | --- |
| 6 | 养护  | 采用覆盖、洒水、喷养生剂等方式对其养护，养护时间满足规范要求，确保水泥混凝土强度满足设计要求，表面无裂缝等外观缺陷 |
| 7 | 拆模  | 当混凝土强度达到可以拆模的设计强度时方可进行拆模，拆模时应特别注意安全，先将地面障碍物清除，防止模板脱落时，人无躲避之处，另外拆除模板禁止用锤硬砸或用撬棍硬撬，以免损伤模板和混凝土表面 |
| 8 | 清理预留孔道 | 按设计要求清理预留孔道。穿束前，可用空压机吹风等方法清除孔道内的污物和积水，以确保孔道畅通 |
| 9 | 穿预应力筋   | ①先穿束法：只适用于预埋管法中，先在波纹管中穿入钢筋束，然后浇筑混凝土。后穿束法是指在混凝土构件成型后，再向孔道内穿入钢筋<br>②当梁体混凝土强度达到设计强度的75%以上时，才可进行穿束张拉，一般可采用人工直接穿束或专门的穿束机<br>③穿筋前，应检查钢筋（或束）的规格、总长是否符合要求<br>④穿筋时，带有螺纹端杆的预应力筋，应将螺纹保护好，以免损坏。钢筋束或钢丝束应将钢筋或钢丝顺序编号，并套上穿束器。先把钢筋或穿束器的引线由一端穿入孔道，再从另一端穿出，然后逐渐将钢筋或钢丝束拉出到另一端 |
| 10 | 张拉预应力筋  | ①预应力筋张拉前必须对千斤顶和油压表进行校检，计算与张拉吨位相应的油压表读数和钢丝伸长量，确定张拉顺序和清孔、穿束等工作，并完成制锚工作<br>②预应力筋的张拉顺序应符合设计要求，当设计无具体要求时，可采取分批、分阶段对称张拉<br>③采用分批张拉时，应计算分批张拉的预应力损失值，分别加到先张拉预应力筋的张拉控制应力值内，或采用同一张拉值逐根复位补足 |

续表

| 序号 | 施工工序 | 工艺要求 |
|---|---|---|
| 10 |   | ④张拉过程必须由专人负责指挥，时刻注意安全<br>⑤对于曲线预应力筋或长度大于 25 m 的直线预应力筋应在构件两端同时张拉。张拉时应避免构件呈过大的偏心状态，因此，应对称于构件截面进行张拉，或先张拉靠近截面重心处的预应力筋，后张拉距截面重心较远处的预应力筋 |
| 11 | 孔道压浆、封锚   | ①按设计要求进行孔道压浆，压浆后将锚具周围冲洗干净并凿毛，设置钢筋网并浇筑封锚混凝土<br>②灌浆孔道应压水清洗干净，并检查灌浆孔、出气孔是否与预应力筋孔道连通，否则，应事先处理<br>③预应力筋张拉完后应尽早进行孔道灌浆，以减少预应力损失<br>④灌浆顺序应先下后上，避免上层孔道漏浆把下层孔道堵住，待排气孔冒出浓浆后，即堵死排气孔，再压浆至 0.6 MPa，保持 1～2 min 后，即可堵塞灌浆孔<br>⑤进行封锚施工时，要求梁端混凝土一般不低于梁体混凝土等级的 80%，并不宜低于 C30。封端混凝土必须严格控制梁体长度 |
| 12 | 再养护  | 拆模后采用覆盖、洒水、喷养生剂、蒸汽养护等方式对其养护，养护期应满足规范要求，确保水泥混凝土强度满足设计要求，表面无裂缝等外观缺陷 |
| 13 | 起吊、出坑、运输  | 将预制构件吊运、移送到目的地；将预制构件进行存放。工作要求可参照就地现浇法施工程序中关于构件的移送和堆放方面的规定 |

## 三、质量标准

预应力筋加工和张拉的质量要求如下，梁（板）预制和安装的具体要求参照模块五任务一的规定执行。

**1．基本要求**

（1）预应力筋的各项技术性能必须符合国家现行标准规定和设计要求。

（2）预应力束中的钢丝、钢绞线应梳理顺直，不得有缠绞、扭麻花现象，表面不应有损伤。

（3）单根钢绞线不允许断丝，单根钢筋不允许断筋或滑移。

（4）同一截面预应力筋接头面积不超过预应力筋总面积的25%，接头质量应满足施工技术规范的要求。

（5）预应力筋张拉或放张时混凝土强度和龄期必须符合设计要求，严格按照设计规定的张拉顺序进行操作。

（6）预应力钢丝采用镦头锚时，镦头应头型圆整，不得有斜歪或破裂现象。

（7）管道应安装牢固，接头密合，弯曲圆顺。锚垫板平面应与孔道轴线垂直。

（8）千斤顶、油表、钢尺等器具应经检验校正。

（9）锚具、夹具和连接器应符合设计要求，按施工技术规范的要求经检验合格后方可使用。

（10）压浆工作在5℃以下进行时，应采取防冻或保温措施。

（11）孔道压浆的水泥浆性能和强度应符合施工技术规范要求，压浆时排气、排水孔应有水泥原浆溢出后方可封闭。

（12）按设计要求浇筑封锚混凝土。

**2．实测项目（见表5—2—3～表5—2—5）**

**表5—2—3　　钢丝、钢绞线先张法实测项目**

| 项次 | 检查项目 | | 规定值或允许偏差 |
|---|---|---|---|
| 1 | 墩头钢丝同束长度相对差（mm） | $L>20$ m | $L/5\,000$ 及 5 |
| | | 20 m≤$L$≤6 m | $L/3\,000$ |
| | | $L<6$ m | 2 |
| 2 | 张拉应力值 | | 符合设计要求 |
| 3 | 张拉伸长率 | | 符合设计规定，设计未规定时±6% |
| 4 | 同一构件内断丝数不得超过钢丝总数的百分比 | | 1% |

注：$L$为钢束长度。

表 5—2—4　　粗钢筋先张法实测项目

| 项次 | 检查项目 | 规定值或允许偏差 |
|---|---|---|
| 1 | 冷拉钢筋接头在同一平面内的轴线偏位（mm） | 2 及 1/10 直径 |
| 2 | 中心偏位（mm） | 4% 短边及 5 |
| 3 | 张拉应力值 | 符合设计要求 |
| 4 | 张拉伸长率 | 符合设计规定，设计未规定时 ±6% |

表 5—2—5　　后张法实测项目

<table>
<tr><th>项次</th><th colspan="2">检查项目</th><th>规定值或允许偏差</th></tr>
<tr><td rowspan="2">1</td><td rowspan="2">管道坐标（mm）</td><td>梁长方向</td><td>±30</td></tr>
<tr><td>梁高方向</td><td>±10</td></tr>
<tr><td rowspan="2">2</td><td rowspan="2">管道间距（mm）</td><td>同排</td><td>10</td></tr>
<tr><td>上下层</td><td>10</td></tr>
<tr><td>3</td><td colspan="2">张拉应力值</td><td>符合设计要求</td></tr>
<tr><td>4</td><td colspan="2">张拉伸长率</td><td>符合设计规定，设计未规定时 ±6%</td></tr>
<tr><td rowspan="2">5</td><td rowspan="2">断丝滑丝数</td><td>钢束</td><td>每束 1 根，且每断面不超过钢丝总数的 1%</td></tr>
<tr><td>钢筋</td><td>不允许</td></tr>
</table>

### 3. 外观鉴定

预应力筋表面应保持清洁，不应有明显的锈迹。

## 工程应用

××大桥是上部跨径为 40 m 的预应力 T 形简支梁桥，混凝土强度等级 C50，全桥共分 5 跨。作为现场的施工技术人员，应采用何种施工方法来进行预应力简支梁桥的施工。

已知预应力混凝土简支梁桥跨径 40 m，跨径较大，选用后张法进行施工，具体流程如下：

1. 主要机具准备

（1）起重设备：塔吊、吊车、浮吊、卷扬机、倒链等。

（2）安全设备：安全帽、防滑鞋、安全带、救生衣、灭火器、低压防破电线等。

（3）混凝土灌注设备、混凝土运输设备：混凝土拌和站（机）、混凝土输送泵、泵管、串桶、振捣器、吊斗、混凝土灌车等。

（4）模板设备：T形梁模板、水平尺、吊锤等。

（5）钢筋加工安装设备：钢筋成套加工设备、电焊机等。

（6）张拉设备：油泵、千斤顶等。

2. 材料准备

（1）原材料：水泥、石子、砂、外加剂、钢筋、钢绞线等，由持证试验员按规定进行检验，确保原材料质量符合相应标准。

（2）混凝土配合比设计及试验：按混凝土设计强度要求，分别做泵送混凝土配合比及普通混凝土配合比的试验配合比、施工配合比，并要满足现浇施工的全部要求。

3. 施工要求

（1）根据施工进度要求，修建T形梁预制场，包括场地平整、场地硬化、场地排水、场地规划、台座及存梁区的修建、“四通一平”等工作。预制场的选址应优先考虑交通便利、场地接近架桥处，以减少存梁压力和运梁距离。

（2）根据预制场的修建进度进行材料的配置，提前做好钢筋、砂石料、T形梁模板、锚具、钢绞线、预应力波纹管、养护设施、运梁设备等材料设备的采购、租赁工作，确保工程有条不紊地进行。

（3）T形梁钢筋骨架的加工与安装。根据设计图样在清理干净的台座上绑扎梁身钢筋，绑扎过程应注意钢筋的型号、数量与间距要求；安装埋置式波纹管时，应注意波纹管的线性坐标，确保安放后的管道平顺、无折角；完成波纹管的预埋工作后，架立T形梁端头模板，安装端头模板时应注意控制预制T形梁的梁长，然后穿钢绞线，钢绞线在梁头两端应预留张拉工具的工作长度。

（4）架立T形梁模板。架立模板前应对模板进行打磨、除锈，模板采用大块定型钢模板，用桁车吊装，模板间镶嵌密封条并用螺栓连接、钢模型采用拉杆固定。模板安装过程中及时调整并控制梁体各部尺寸确保符合设计及规范要求，加固完成后由质量检查员对其各部尺寸、中心偏位、垂直度、钢筋保护层进行检查校对，认真填写模型安装检查记录。

（5）混凝土的浇筑。模板、钢筋、管道、锚具和预应力钢材经监理工程师检查并批准后，方可浇筑混凝土。预应力混凝土的浇筑，除参照一般混凝土浇筑的有关规定外，尚应符合下列要求：

1）浇筑混凝土时，应保持锚塞、锚圈和垫板位置的正确和稳固。

2）在混凝土浇筑和预应力钢筋张拉前，锚具的所有支撑表面（如垫板）应加以清洗。

3）为避免孔道变形，不允许振捣器触及波纹管。

4）梁端部锚固区，为了保证混凝土密实，宜使用外部振捣器加强振捣，集料尺寸不要超过两根钢筋或预埋件间净距的一半。

5）为使桥面铺装与T形梁紧密地结合为整体，预制梁板时先清除顶板浮浆，在顶面混凝土初凝前对板顶横桥方向拉毛。

（6）混凝土的养护。气温较高时，混凝土带模养护期间，应采取带模包裹、浇水、喷淋洒水等措施进行保湿、潮湿养护，保证模板接缝处不致失水干燥。为了保证顺利拆模，可在混凝土浇筑24～48 h后略微松开模板，并继续浇水养护至拆模后再继续保湿至规定龄期。当气温较低时，可采用蒸汽养护，混凝土灌注完毕采用养护罩封闭梁体，并输入蒸汽控制梁体周围的湿度和温度。气温较低时输入蒸汽升温，升温速度不超过10℃/h；恒温不超过45℃，混凝土芯部温度不宜超过60℃，个别最大不得超过65℃。降温时降温速度不超过10℃/h；当降温至梁体温度与环境温度之差不超过15℃时，撤除养护罩。

（7）T形梁模板的拆除。当混凝土强度达到规定的设计值后，方可进行拆模工作。拆模时应尽量避免模板磕碰梁体，并观察是否存在模板接缝有漏浆的现象，如有漏浆现象应及时对模板进行处理，以防影响T形梁的浇筑质量。模板拆除后，应吊放至一边待用，使用前重复执行施工要求（4）的相关要求。拆模后的T形梁，应及时按要求进行养护。

（8）预应力筋张拉。张拉前应确保混凝土达到设计的张拉强度，还需做好千斤顶和压力表的校验，与张拉吨位相应的油压表读数和钢绞线伸长量的计算、张拉顺序的确定等工作。张拉过程中应时刻注意安全，千斤顶后不得站人，以防预应力筋拉断或锚具、楔块弹出伤人。

（9）孔道压浆、封锚。预应力钢束张拉完毕静停24 h后，应对钢束及锚具进行检查比较，钢束无回缩及锚具无变形，确认没有异常后进行钢束切割，切割时采取降温保护措施，避免影响已经建立的有效预应力。切割完成后48 h内尽快进行孔道压浆。压浆前使用高压风将管道内的水吹干净，水泥浆的拌制严格按照实际及规范要求控制水灰比，满足要求开始压浆，同一孔道的压浆一次完成，不得中断，当出浆口的水泥浆浓度与进浆口水泥浆浓度相同时，先关闭出浆口并待浆体压力达到设计值时保持3～5 min再关闭进浆浆口，以保证孔内水泥浆饱满。水泥浆自调制至压入孔道的延续时间控制在30～45 min。压浆完成1天后对梁端接茬面混凝土凿毛、清理，进行封端混凝土浇筑，并做好养护。

（10）T形梁的存放、运输、架设。当T形梁的生产能力大于架梁速度时，需安排临时存梁，以使保证架梁工作面的展开，存梁区应专门设计，确保T形梁的质量及存放安全。采用运梁车进行运输时，应用钢结构固定架进行固定，以避免运输途中倾覆、前后窜动。梁体架设之前，首先进行大桥控制测量并校核，墩位进行支座位置、高程和跨度复核和标识，于梁体进行中心线和支座中心线的标识，保证梁体架设过程中的精确对位。

（11）整个施工过程中，必须始终贯彻各项安全、质量、环境保护保证措施。

## 思考与练习

1. 简述先张法预应力混凝土简支梁桥的施工工序。
2. 简述后张法预应力混凝土简支梁桥的施工工序。
3. 简述先张法张拉预应力筋的工艺要求。

# 课题三　连续梁桥施工

学习目标

◆ 熟悉预应力混凝土连续梁桥施工方法及适用条件。

◆ 了解预应力混凝土连续梁桥的施工特点。

## 一、连续梁桥的施工方法

钢筋混凝土连续梁跨径一般不超过 30 m，预应力连续梁常用跨径为 40 ~ 160 m。将简支梁梁体在支点上连续而成连续梁，连续梁可以做成二跨或三跨一联的，也可以做成多跨一联的。每联跨数太多，联长就要加大，受温度变化及混凝土收缩等影响产生的纵向位移也较大，使伸缩缝及活动支座的构造复杂化；每联长度太短，则使伸缩缝的数目加多，不利于高速行车。

连续梁桥因具有跨径大、造型协调、行车条件优越等特点，使预应力混凝土连续梁桥近 20 年来在桥梁方案的竞争中具有明显的优势。预应力混凝土连续梁桥的施工方法很多，如悬臂浇筑施工、顶推施工、逐孔施工、转体施工，不同的施工方法所需的机具设备、劳力不同，施工的组织、安排和工期也不一样。对于施工方法的选择，应根据桥梁的设计、施工现场、环境、设备、经验等因素决定。因此必须结合具体情况，切忌生搬硬套。针对近年来悬臂浇筑施工法在国内外大跨径预应力混凝土桥梁中得到广泛采用，本任务将对悬臂浇筑施工法做较为详细的介绍。

## 二、悬臂浇筑施工

### 1. 适用体系

采用悬臂施工法的常用结构体系有刚墩铰支连续梁、柔墩铰支连续梁、柔墩固结连续刚架、铰接悬臂梁、连续杠式悬臂梁、挂孔悬臂梁、带挂孔的 T 形刚构。悬臂施工法的常用结构体系如图 5—3—1 所示。

### 2. 结构体系转换

结构体系转换是指在施工过程中，当某一施工程序完成后，桥梁结构的受力体系发生了变化，如简支体系变化为悬臂体系或连续体系等等，这种变化过程简称为体系转换。

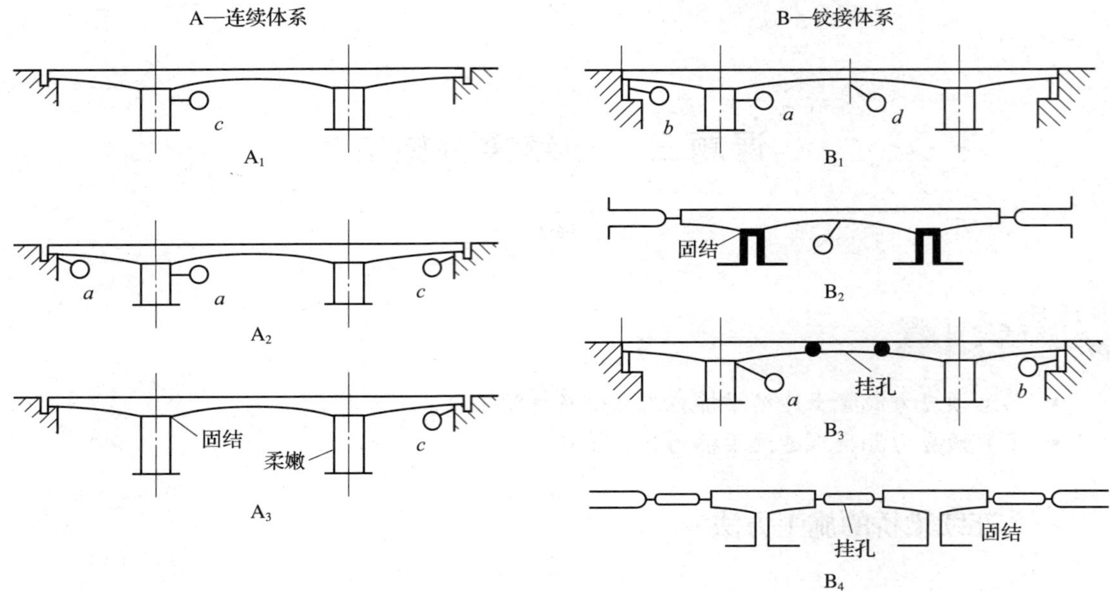


图 5—3—1　悬臂施工法的常用结构体系

$A_1$—刚墩铰支连续梁　$A_2$—柔墩铰支连续梁　$A_3$—柔墩固结连续刚架
$B_1$—铰接悬臂梁　$B_2$—连续框式悬臂梁　$B_3$—挂孔悬臂梁
$B_4$—带挂孔的 T 形刚构　a—混凝土铰　b—钢筋混凝土摆座　c—橡胶支座　d—剪力铰

对采用悬臂法施工的悬臂梁桥和连续梁桥，为保证施工阶段的稳定，在结构体系转换的施工中应注意以下几点：

（1）结构由双悬臂状态转换成单悬臂受力状态时，梁体某些部位的弯矩方向发生转换。所以在拆除梁墩锚固前，应按设计要求，张拉部分或全部布置在梁体下缘的正弯矩预应力束，对活动支座还需保证解除临时固结后的结构稳定，如控制和采取措施限制单悬臂梁发生过大纵向水平位移。

（2）梁墩临时锚固的放松，应均衡对称进行，确保逐渐均匀地释放。在放松前应测量各梁段高程，在放松过程中，注意各梁段的高程变化，如有异常情况，应立即停止作业，找出原因，以确保施工安全。

（3）对转换为超静定结构，需考虑钢束张拉、支座变形、温度变化等因素引起结构的次内力。

（4）在结构体系转换中，临时固结解除后，将梁落于正式支座上，并按高程调整支座高度及反力。

**3．施工要点**

必须保证墩梁固结，注意施工期的体系转换，结构上的预应力配置必须与施工受力相一致。要实现悬臂施工，在施工过程中必须保证墩与梁固结，尤其在连续梁桥和悬臂梁桥施工中要采取临时墩梁固结措施。另外采用悬臂施工法，很有可能出现施工期的体系转换问题。

如对于三跨预应力混凝土连续梁桥，采用悬臂施工时，结构的受力状态呈 T 形刚构，边跨合龙就位、更换支座后呈单悬臂梁，跨中合龙后呈连续梁的受力状态。结构上的预应力配置必须与施工受力相一致。悬臂浇筑施工的流程见表 5—3—1。

表 5—3—1　**悬臂浇筑施工流程**

| 序号 | 施工工序 | 工艺要求 |
| --- | --- | --- |
| 1 | 挂篮组拼及试压   | ①按设计规范及施工技术方案要求进行挂篮的组拼及试压<br>②墩顶现浇段完成后，依据挂篮设计资料，确定挂篮组拼控制线。依据实际起重能力选择合理的起重方案。然后按照先主桁次底篮再模板，最后其他附属结构的顺序进行挂篮的组拼<br>③挂篮组拼完成后，为了检验挂篮的性能和安全，消除结构的非弹性变形，获取挂篮弹性变形曲线的参数为箱梁施工提供数据，应对挂篮进行试压，试压通常采用试验台座加压法、水箱加压法等 |
| 2 | 调整安装底模、侧模立模高程、轴线  | ①依据设计资料，复核悬浇梁段轴线控制网和高程基准点，确定并调整立模的轴线及高程，经驻地监理工程师检查、批准后才能绑扎钢筋<br>②立模时应留预拱度：预拱度包含挂篮的弹性变形及通过计算软件分析而得的施工及后期预拱度值 |
| 3 | 绑扎腹板钢筋  | ①依据设计资料，先在钢筋加工场将钢筋制作成形<br>②然后用塔吊、吊车或浮吊将钢筋运到施工地点<br>③在施工过程中，施工负责人根据设计图样，合理地确定不同种类钢筋的绑扎顺序，自检人员再检查钢筋种类、根数、间距及保护层控制是否满足要求 |

续表

| 序号 | 施工工序 | 工艺要求 |
|---|---|---|
| 4 | 安装竖向预应力筋  | ①按设计要求加工预应力筋，并按设计坐标固定管道、穿好力筋<br>②预应力管道及定位钢筋等一般在钢筋绑扎过程中已安装完成，在预应力管道布设过程中，应用胶带纸将锚头与波纹管连接及波纹管接头处密封，封住压浆管管口，将压浆管和钢筋绑扎连接牢固<br>③在纵向波纹管内插入 PVC 管，以免浇筑混凝土时振动脱落而进浆<br>④预应力管道布设时，要注意按施工设计方案布置出气孔、出浆孔 |
| 5 | 安装箱梁腹板内模板  | ①通常挂篮设计时要考虑，挂篮行走时能使内模与挂篮其余部分可分两次行走到位的构造<br>②底板及腹板钢筋、预应力安装经驻地监理工程师检查、批准后，才能安装腹板内模板 |
| 6 | 绑扎顶板钢筋、安装顶板横向预应力筋及纵向预应力管道  | ①按设计要求绑扎钢筋，安装预应力管道及需要张拉钢丝索的锚垫板<br>②另外，还要预埋护栏筋、翼板和底板泄水孔以及挂篮预埋孔。护栏预埋钢筋和翼板钢筋同时绑扎，在顶板上适当位置预留适当尺寸的人孔，以利于人员上下和设备的运输。以上工作完成后，支堵端头模板 |
| 7 | 混凝土浇筑  | ①试验室工作人员将原材料检验报告单、混凝土配合比等报监理工程师签认<br>②待模板、钢筋及预应力系统和各种预埋件施工完毕，经监理工程师检查认可后，即可进行混凝土浇筑 |

续表

| 序号 | 施工工序 | 工艺要求 |
|---|---|---|
| 7 |  | ③桥墩两侧梁段悬臂施工应对称、平衡，实际不平衡偏差不得超过设计要求值<br>④箱形截面混凝土浇筑顺序应按设计要求办理，当采用两次浇筑时，各梁段的施工应错开。箱体分层浇筑时，底板可一次浇筑完成，腹板可分层浇筑，分层间隔时间宜控制在混凝土初凝之前，并要保持覆盖 |
| 8 | 养生、拆堵头模板、凿毛  | ①按设计及规范要求进行养生、拆模、凿毛施工<br>②在混凝土浇筑完毕后，及时在顶板表面拉毛并进行混凝土养护<br>③当混凝土强度达到 2.5 MPa 后方可拆除堵头模板，进行凿毛，经凿毛处理的混凝土面，应用水冲洗干净 |
| 9 | 清孔穿束  | ①按设计要求加工预应力筋，完成清孔工作后穿好预应力筋<br>②混凝土浇筑后，应对混凝土管道进行冲洗后用空压机吹干，然后人工穿入合格的钢绞线，当管道较长时采用卷扬穿束，安装锚具 |
| 10 | 张拉  | 预应力筋的张拉可参照后张法施工中的相关要求执行 |

续表

| 序号 | 施工工序 | 工艺要求 |
| --- | --- | --- |
| 11 | 压浆 | 按设计要求进行孔道压浆，压浆后将锚具周围冲洗干净并进行封锚处理<br>孔道压浆可参照后张法施工中的相关要求执行 |
| 12 | 拆卸模板 | ①预应力张拉完成后即可拆除腹板模板对拉杆，卸落吊模杆<br>②安装行走小车，拆除后锚杆，使挂篮由锚固状态转换为行走状态 |
| 13 | 移挂篮进入下一段施工 | ①挂篮完成体系转换后即可进行挂篮的前移<br>②挂篮行走时，首先控制好轨道的中线和间距，防止挂篮走偏。主桁轨道必须要放水平，轨道与箱梁必须固定牢靠。为保证挂篮就位时不扭曲、偏移，在主桁上设置垂直于主桁纵向轴线的标记线，用仪器观测来控制，如相差过大要及时调整<br>③挂篮行走到位后安装后锚杆，拆除行走小车，完成挂篮的体系转换 |

悬臂施工法通常分为悬臂浇筑和悬臂拼装两类。

悬臂浇筑是在桥墩两侧对称逐段就地浇筑混凝土，待混凝土达到一定强度后张拉预应力束，移动机具模板（挂篮）继续悬臂施工。

悬臂拼装是用吊机将预制块件在桥墩两侧对称起吊、安装就位后，张拉预应力束，使悬臂不断接长，直至合龙。

1．节段悬臂浇筑施工

节段悬臂浇筑施工分为用挂篮悬臂浇筑施工和桁式吊悬臂浇筑施工。

（1）用挂篮悬臂浇筑施工

它将梁体每2～5 m分为一个节段，以挂篮为施工机具进行对称悬臂浇筑施工。

1）挂篮的构造。挂篮通常由承重梁、悬吊模板、锚固装置、行走系统和工作平台几部分组成，其中承重梁是挂篮的主要受力构件。

挂篮的构造型式很多，通常由承重梁、悬吊模板、锚固装置、行走系统和工作平台几部分组成，如图5—3—2所示。

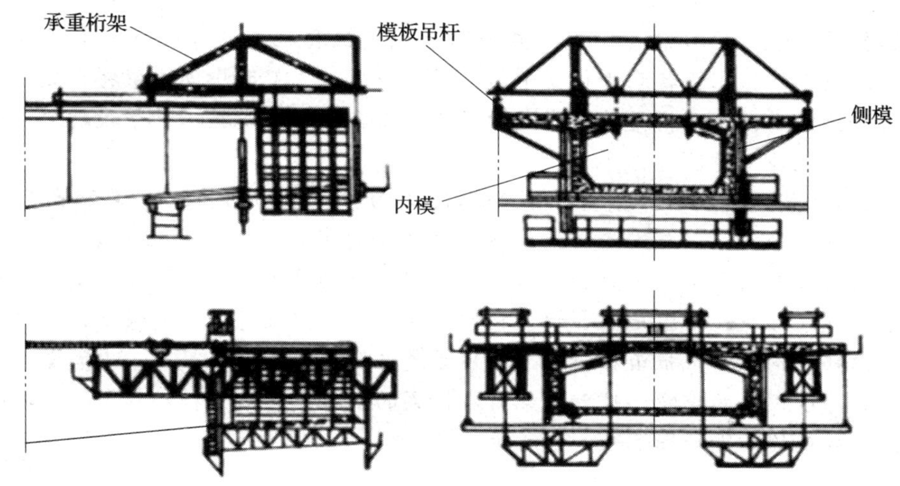


图5—3—2　挂篮的构造

承重梁是挂篮的主要受力构件，可以采用钢板梁、工字钢梁或万能杆件组拼的钢桁梁和贝雷钢梁等，可设置在桥面之上，也可设在桥面以下，它承受施工设备和新浇节段混凝土的全部重量，并通过支点和锚固装置将荷载传到已施工完成的梁体上。

当后支点的锚固能力不够时，可采用尾端压重或利用梁内的竖向预应力钢筋等措施。挂篮的工作平台用于架设模板、安装钢筋和张拉预应力束筋等工作，当该节段全部施工完成后，由行走系统将挂篮向前移动，动力可由电动卷扬机牵引产生，包括向前牵引装置和尾索保护装置，行走系统可用轨道轮或聚四氟乙烯滑板装置。

挂篮的功能是：支撑梁段模板、调整位置、吊运材料、机具、浇筑混凝土、拆模和在挂篮上进行张拉工作。挂篮除强度应保证安全可靠外，还要求造价低、节省材料，操作使用方便，变形小，稳定性好，装、拆、移动灵活和施工速度快等。

2）箱型截面的浇筑。当所浇筑的混凝土数量不大时采用全截面一次浇筑；当所浇筑的混凝土数量较大时，每一梁段的混凝土通常分两次浇筑，即先浇底板混凝土，后浇腹板及顶板混凝土。

当所浇筑的箱梁腹板较高时，也可将腹板内模板改用滑动顶升模板，这时可将腹板混凝土与底板混凝土同时浇筑，待腹板浇筑到设计高度后，再安装顶板钢筋及预应力管道并浇筑顶板混凝土。有时还可先将腹板预制之后进行安装，再现浇底板与顶板，减少现场浇筑工作量，并减轻挂篮承受的一部分施工荷载。但需注意由混凝土龄期差而产生的收缩、徐变内力。

3）方法特点。用挂篮悬臂浇筑施工可以减少机具设备，并且免去设置支架，方便跨越深谷、大河和交通量大的道路，施工不受跨径限制；因施工受力特点，悬臂施工宜在变截面梁中使用。悬臂浇筑施工的周期一般为6～10天，依节段混凝土的数量和结构的复杂程度而不同，在悬浇施工中，如何提高混凝土的早期强度对有效缩短施工周期关系较大，这也是现场浇筑施工法的共性问题。

（2）桁式吊悬臂浇筑施工

利用由钢结构组拼的桁架（导梁）悬吊移动式模板和施工设备进行悬臂浇筑施工；悬臂施工的节段重量和施工设备均由桁梁承担，通过桁架的支架和中间支架将荷载传到已浇筑完成的梁段和桥墩上；由于桁梁将已完成的梁段和正在悬臂浇筑施工的梁段连通，材料和设备均可由桥面运至施工桥孔。

1）桁式吊的构造。桁式吊有移动式和固定式两种。移动的桁式导梁设置在主梁的上方，随施工进程逐跨前移；而固定式桁梁在悬臂施工时不移动，需要在桥梁全长布置桁梁，因此固定式的桁式吊仅在桥梁不太长的情况下使用。移动式桁式吊由桁梁、支架、吊框、中间支架和辅助支架构成，桁梁是主要承重构件，长度大于桥梁跨径。支架是桁架的支点，施工时支撑在上部结构上，吊框吊在桁梁上，用于悬挂模板和浇筑混凝土。中间支架支撑浇筑的湿混凝土和悬吊模板的重量，辅助支架设在桁梁的前端，当桁梁移动到下一个桥墩时支撑在桥墩上，桁式吊的构造如图5—3—3所示。

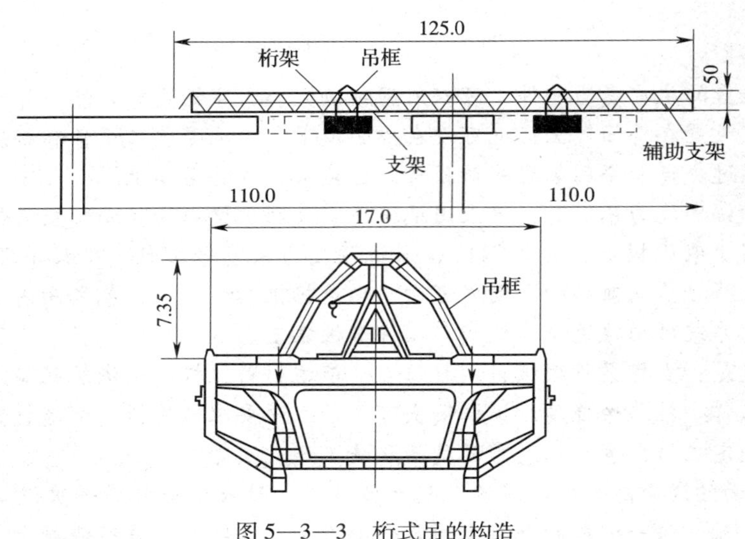


图5—3—3　桁式吊的构造

2）施工过程。桁式吊悬臂浇筑施工的流程如图 5—3—4 所示。

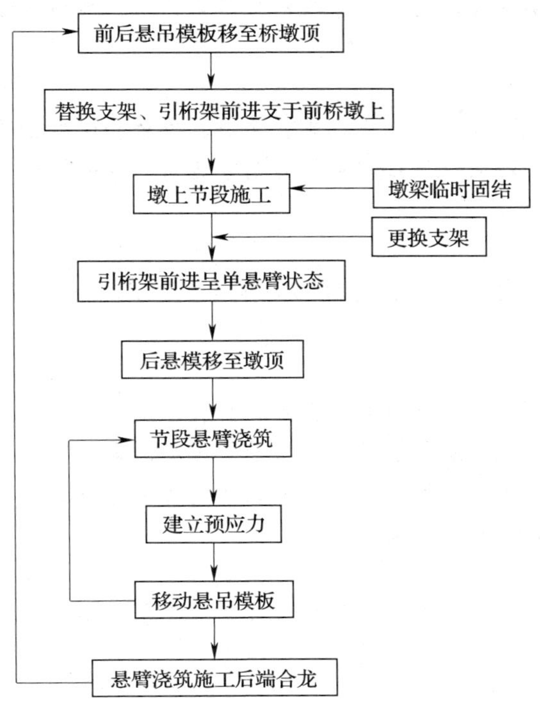


图 5—3—4　桁式吊悬臂浇筑施工流程

悬臂浇筑施工合龙后，先将前后悬吊模板移向墩顶，移动桁梁至前方墩，浇筑前方墩上的节段，待墩上段张拉预应力束完成后，梁墩临时固结，再将桁架前移呈单悬臂梁并在墩顶主梁上设置支架支撑桁梁，进行对称悬浇施工，逐段建立预应力，直至与后方悬浇梁端合龙，再循环原施工程序。

依据桁梁的作用位置，用桁式吊进行悬臂浇筑施工有两种类型，第一种是桁架的前支撑位于前方墩上，后支撑放在已浇筑好的梁段上，则悬浇施工的重量部分要由已完成的悬臂梁承担，这种也称为 P－Z 施工法。第二种是桁梁的后支点支撑在后方墩顶上，在施工过程中已完成的梁段不承受施工荷载。

3）方法特点。适用于变截面梁、变跨度桥、弯桥；支架要比挂篮的强度高，稳定性好，施工速度快；移动桁式吊需要有长度大于最大桥跨的桁架，施工设备比挂篮多些。

移动桁式吊悬臂浇筑施工，适用跨径为 40～150 m，经济跨径为 70～90 m，对于多跨长桥可采用一套设备多次周转使用，提高效率。同时采用桁式吊悬浇施工的支架要比挂篮的强度高，稳定性好，因此，浇筑节段可加长至 10 m 左右，可以加快施工速度。移动桁式吊也和采用挂篮施工一样，适用于变截面梁，也可用于变跨度桥和弯桥。移动桁式吊需要有长度大于最大桥跨的桁架，施工设备比挂篮多些，但在边跨施工和墩顶节段施工时都可由桁式吊完成，可以省掉一些其他施工支架设备。

2. 节段悬臂拼装施工

悬臂拼装是从桥墩顶开始，将预制梁段对称吊装，就位后施加预应力，并逐渐接长的一种施工方法。

(1) 施工过程

悬臂拼装的基本施工工序是：梁段预制、移位、堆放和运输，梁段起吊拼装和施加预应力。在悬臂拼装施工中，沿梁纵轴按起重能力划分适当长度的梁段，在工厂或桥位附近的预制场进行预制。

(2) 施工机具

用于悬臂拼装的机具种类很多，有移动式吊车、桁式吊、缆索起重机、汽车吊、浮吊等。

(3) 方法特点

悬臂拼装施工将大跨桥梁化整为零，预制和拼装方便，可以上、下部结构平行施工，拼装周期短，施工速度快。同时预制节段施工质量易控制，减小了结构附加内力。但预制节段需要较大的场地，要求有一定的起重能力，拼装精度对大跨桥梁要求很高。因此，悬臂拼装施工一般用于跨径小于 100 m 的桥梁。

3. 施工过程

墩顶 0 号块的浇筑→悬臂节段的预制安装或挂篮现浇→各桥跨间的合龙段施工及相应的施工结构体系转换→桥面系施工。

(1) 0 号块的施工

在悬臂法施工中，0 号块（墩顶梁段）均在墩顶托架上立模现场浇筑，并在施工过程中设置临时梁墩锚固，使 0 号块梁段能承受两侧悬臂施工时产生的不平衡力矩。临时固结、临时支撑措施如图 5—3—5 所示。

1）将 0 号块梁段与桥墩钢筋或预应力筋临时固结，待需要解除固结时切断。

2）在桥墩一侧或两侧加临时支撑或支墩。

3）将 0 号块梁段临时支撑在扇形或门式托架的两侧。临时梁墩固结要考虑两侧对称施工时有一个梁段超前的不平衡力矩，应验算其稳定性，稳定性系数不小于 1.5。

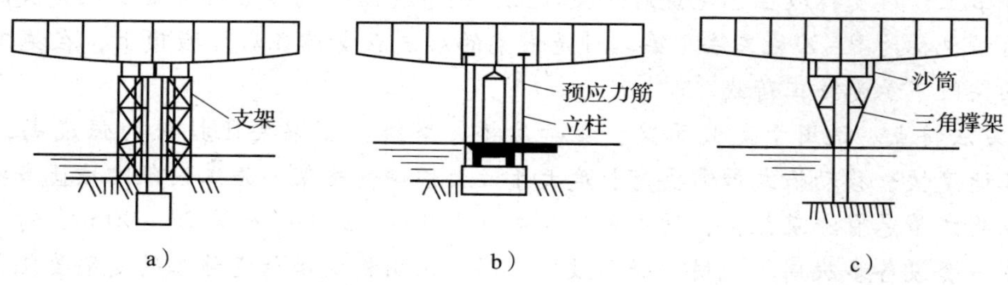


图 5—3—5　临时固结、支撑措施

(2) 悬臂节段的预制安装或挂篮现浇

相关要求可参照悬臂浇筑及悬臂拼装的施工要点执行。

（3）合龙段的施工

1）合龙施工顺序。结构的合龙施工顺序取决于设计方所拟定的施工方案，通常采用的合龙顺序有：边跨至中跨的顺序合龙、中跨至边跨的顺序合龙、先形成双悬臂刚构再顺序合龙、全桥一次性合龙。

2）合龙施工方法

①采用拼装合龙，对预制和拼装精度的要求较高，但工序简单，施工速度快。

②采用现浇合龙，因在施工过程中，受到昼夜温差影响，现浇混凝土的早期收缩、水化热影响，已完成梁段混凝土的收缩、徐变影响，结构体系的转换及施工荷载等因素影响，需采取必要措施以保证合龙段的质量，如合龙段长度、温度、混凝土的选择，采用临时锁定措施等。

## 三、质量标准

预应力筋加工和张拉的质量要求参照模块五任务二的规定执行，悬臂施工梁的施工质量要求如下：

**1．基本要求**

（1）悬臂浇筑或合龙段浇筑所用的水泥、砂、石、水、外掺剂及混合材料的质量和规格必须符合有关规范要求，按规定的配合比施工。

（2）悬拼或悬浇块件前，必须对桥墩根部（0 号块件）的高程、桥轴线作详细复核，符合设计要求后，方可进行悬拼或悬浇。

（3）悬臂施工必须对称进行，应对轴线和高程进行施工控制。

（4）在施工过程中，梁体不得出现宽度超过设计和规范规定的受力裂缝。一旦出现，必须查明原因，经过处理后方可继续施工。

（5）必须确保悬浇或悬拼的接头质量，梁段间胶结材料的性能、质量必须符合设计要求，接缝填充密实。

（6）悬臂合龙时，两侧梁体的高差应在设计允许范围内。

**2．实测项目（表 5—2—2、表 5—3—3）**

**表 5—3—2　　悬臂浇筑梁实测项目**

| 项次 | 检查项目 | | 规定值或允许偏差 |
|---|---|---|---|
| 1 | 混凝土强度（MPa） | | 在合格标准内 |
| 2 | 轴线偏位（mm） | $L \leqslant 100$ m | 10 |
| | | $L > 100$ m | $L/10\ 000$ |
| 3 | 顶面高程（mm） | $L \leqslant 100$ m | ±20 |
| | | $L > 100$ m | $\pm L/5\ 000$ |
| | | 相邻节段高差 | 10 |

续表

<table>
<tr><th>项次</th><th colspan="2">检查项目</th><th>规定值或允许偏差</th></tr>
<tr><td rowspan="4">4</td><td rowspan="4">断面尺寸（mm）</td><td>高度</td><td>5，－10</td></tr>
<tr><td>顶宽</td><td>±30</td></tr>
<tr><td>底宽</td><td>±20</td></tr>
<tr><td>顶底腹板厚</td><td>10，0</td></tr>
<tr><td rowspan="2">5</td><td rowspan="2">合龙后同跨对称点高程差（mm）</td><td>L≤100 m</td><td>20</td></tr>
<tr><td>L＞100 m</td><td>L/5 000</td></tr>
<tr><td>6</td><td colspan="2">横坡（%）</td><td>±0.15</td></tr>
<tr><td>7</td><td colspan="2">平整度（mm）</td><td>8</td></tr>
</table>

注：L 为梁跨径。

**表 5—3—3　　悬臂拼装梁实测项目**

<table>
<tr><th>项次</th><th colspan="2">检查项目</th><th>规定值或允许偏差</th></tr>
<tr><td>1</td><td colspan="2">合龙段混凝土强度（MPa）</td><td>在合格标准内</td></tr>
<tr><td rowspan="2">2</td><td rowspan="2">轴线偏位（mm）</td><td>L≤100 m</td><td>10</td></tr>
<tr><td>L＞100 m</td><td>L/10 000</td></tr>
<tr><td rowspan="3">3</td><td rowspan="3">顶面高程（mm）</td><td>L≤100 m</td><td>±20</td></tr>
<tr><td>L＞100 m</td><td>±L/5 000</td></tr>
<tr><td>相邻节段高差</td><td>10</td></tr>
<tr><td rowspan="2">4</td><td rowspan="2">合龙后同跨对称点高程差（mm）</td><td>L≤100 m</td><td>20</td></tr>
<tr><td>L＞100 m</td><td>L/5 000</td></tr>
</table>

注：①L 为梁跨径。
②非合龙段项次 1 不参与评定。

**3．外观鉴定**

（1）线形平顺，梁顶面平整，各孔无明显折变。

（2）相邻块件颜色一致，接缝平整密实，无明显错台。

（3）混凝土表面不得出现蜂窝、麻面，如出现必须进行修整。

（4）梁体裂缝宽度不得超过设计规定或设计未规定时超过 0.15 mm 必须处理。

（5）梁体内外不应遗留建筑垃圾、杂物、临时预埋件等。

## 知识拓展

### 一、顶推施工方法

顶推施工是在沿桥纵轴方向的台后设置预制场地，分节段预制梁，并用纵向预应力筋将预制节段与施工完成的梁体联成整体，然后通过水平千斤顶施力，将梁体向前顶推出预制场地，然后继续在预制场进行下一节段梁的预制，直至施工完成。

顶推施工的施工要点：需固定预制场地，采用摩阻系数小的滑移装置，要满足施工受力要求。其主要施工过程如图5—3—6所示。

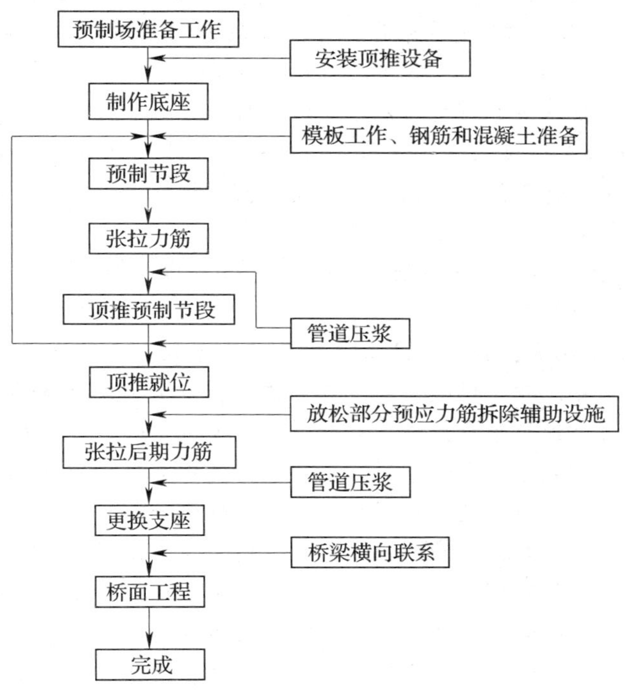


图5—3—6　顶推法施工流程图

顶推施工方法按水平力的施加位置和施加方法分可分为单点顶推和多点顶推；按支撑系统分可分为设置临时滑动支承顶推和使用与永久支座合一的滑动支承顶推。

顶推法的施工特点如下：

1. 顶推法可以使用简单的设备建造长、大桥梁，施工费用较低，施工平稳、无噪声，可在深水、山谷和高桥墩上采用，也可在曲率相同的弯桥和坡桥上使用。

2. 主梁分段预制，连续作业，结构整体性好；由于不需大型起重设备，所以施工节段的长度可根据预制场条件及分段的合理位置选用，一般可取用10～20 m。

3. 梁段固定在同一个场地预制，便于施工管理改善施工条件，避免高空作业。同时，模板与设备可多次周转使用，在正常情况下梁段预制的周期7～10天。

4. 顶推施工时梁的受力状态变化较大，施工应力状态与运营应力状态相差也较多，因此在截面设计和预应力束布置时要同时满足施工与运营荷载的要求；在施工时也可采取加设临时墩、设置导梁和其他措施，减少施工应力。

5. 顶推法宜在等截面梁上使用，当桥梁跨径过大时，选用等截面梁造成材料的不经济，也增加了施工难度，因此以中等跨径的连续梁为宜，推荐的顶推跨径为40～45 m，桥梁的总长也以500～600 m为宜。

二、逐孔施工

逐孔施工法是从桥梁一端开始，采用一套施工设备或一、二孔施工支架逐孔施工，周期循环，直到全部完成；它使施工单一标准化、工作周期化，并最大限度地减小了工费比例，降低了工程造价，自20世纪50年代末期以来，在连续梁桥的施工中得到了广泛应用和发展。

逐孔施工法从施工技术方面可分为以下三种类型：

1. 采用整孔吊装或分段吊装逐孔施工。这种施工方法是早期连续梁桥采用逐孔施工的唯一方法，近年来，由于起重能力增强，使桥梁的预制构件向大型化方向发展，从而更能体现逐孔施工速度快的特点。

2. 用临时支撑组拼预制节段逐孔施工。它是将每一桥跨分成若干节段，节段预制完成后在临时支撑上逐孔组拼施工。

3. 使用移动支架逐孔现浇施工。此法也称移动模架法，它是在可移动的支架、模板上完成一孔桥梁的全部工序，即从模板工程、钢筋工程、浇筑混凝土和张拉预应力筋等工序，待混凝土有足够强度后，张拉预应力筋，移动支架、模板，进行下一孔梁的施工。由于此法是在桥位上现浇施工，可免去大型运输和吊装设备，使桥梁整体性好，同时它又具有在桥梁预制厂的生产特点，可提高机械设备的利用率和生产效率。

由于采用逐孔施工，随着施工的进程，桥梁结构的受力体系在不断地变化，由此，结构内力也随之变更。逐孔施工的体系转换有3种：由简支梁状态转换为连续状态，由悬臂梁转换为连续梁以及由少跨连续梁逐孔伸延转换为所要求的体系。在体系转换中，不同的转换途径将得到不同的内力叠加过程，而最终的恒载内力（包括混凝土的收缩、徐变内力重分布）将向着连续梁桥按照全联一次完成的恒载内力靠近。

三、转体施工

桥梁转体施工是20世纪40年代以后发展起来的一种架桥工艺，它是在河流的两岸或适当的位置，利用地形或使用简便的支架先将半桥预制完成，之后以桥梁结构本身为转动体，使用一些机具设备，分别将两个半桥转体到桥位轴线位置合龙成桥。

转体施工将复杂的、技术性强的高空及水上作业变为岸边的陆上作业，它既能保证施工的质量安全，也减少了施工费用和机具设备，同时在施工期间不影响桥位通航。

转体的方法可分成平面转体、竖向转体或平竖结合转体，在梁桥中一般采用平面转体施工。转体施工的关键是转体的实现，即要求正确的转体设计，制作灵活可靠的转体装置，并布设牵引驱动系统。目前国内使用的转体装置有两种，都是通过转体实践考验行之有效的构造措施。第一种是以四氟乙烯滑板构成的环道平面承重转体，其转体装置由设在底盘和上转盘间的轴心和环形滑道组成；第二种是以球面转轴支撑辅以滚轮的轴心承重转体。它的特点是整个转动体系的重心必须落在轴心铰上，球面铰既起定位作用，又承受全部转体重力，钢滚轮只起稳定保险作用。

转体施工的主要特点如下：

1. 可利用施工现场的地形安排预制构件的场地。

2. 施工期间不断航，不影响桥下交通。

3. 施工设备少，装置简单，容易制作、掌握。

4. 减少高空作业，施工工序简单，施工迅速。

5. 转体施工适合于单跨和三跨桥梁，可在深水、峡谷中建桥采用，同时也适应在平原区以及用于城市跨线桥。

## 工程应用

××特大桥主桥为40 m＋3 m×70 m＋40 m预应力混凝土变截面直腹板连续箱梁。上部结构为双幅单箱单室。单幅箱梁顶板宽12.95 m，底板宽7.0 m，顶板厚0.28 m，底板厚0.32～0.60 m，腹板厚0.6 m，根部梁高3.5 m，跨中梁高1.8 m。箱梁梁高按二次抛物线变化，底板厚度按直线变化。项目采用挂篮悬臂浇筑，假如你是现场的施工管理人员，如何保证施工任务的正常实施？

1. 施工准备

（1）技术准备

1）熟悉和分析施工图样、施工现场的施工环境、气候资料，编制悬浇施工的单项施工组织设计，向班组进行书面的一级技术交底和安全交底。

2）选择合适的墩顶梁段及附近梁段的施工方法，可采用托架为支架。

3）选择合格的挂篮形式。

4）选择合适的设计参数：

①挂篮总重量控制在设计限重之内。

②允许最大变形（包括吊带变形的总和）。

③施工、行走时的抗覆安全系数。

④自锚固定系统的安全系数。

⑤上水平限位系统安全系数。

⑥斜位水平限位系统安全系数。

5）挂篮加工完成后必须进行加工试拼及加载试验。挂篮所使用的材料必须是可靠的，有疑问时应进行材料力学性能试验。

6）挂篮支撑平台除要有足够的强度和刚度外，还应有足够的平面尺寸，以满足梁段的现场作业需要。

7）悬浇施工前对施工人员进行全面的技术、操作、安全二级交底，确保施工过程的工程质量和人身安全。

(2) 机具准备

1) 起重设备：塔吊、吊车、浮吊、卷扬机、倒链等。

2) 安全设备：安全帽、防滑鞋、安全带、救生衣、灭火器等。

3) 混凝土灌注设备、混凝土运输设备：混凝土拌和站（机)、混凝土输送泵、泵管、串桶、振捣器、吊斗、混凝土灌车等。

4) 挂篮、模板设备：模板、支撑架、挂篮等。

5) 钢筋加工安装设备：钢筋成套加工设备、电焊机等。

6) 张拉设备：油泵、千斤顶等。

(3) 材料准备

1) 原材料：水泥、石子、砂、钢筋、钢绞线、锚具、波纹管等，由持证材料员和试验员按规定进行检验，确保其原材料质量符合相应标准。

2) 混凝土配合比设计及试验：按混凝土设计强度要求，分别做泵送混凝土配合比及普通混凝土配合比的试验配合比、施工配合比，并要满足悬浇施工的全部要求。

(4) 作业条件

1) 施工场地四通一平完成，所有的机具设备（挂篮、拌和站、灌车、泵车等）准备就绪。

2) 悬浇施工前应由工长或现场技术人员对参与施工的工人进行培训、技术安全交底。做到熟练掌握起重、立模、钢筋绑扎、浇筑、振捣、张拉、压浆等技术，要有应对安全紧急救援的措施，操作人员要保持稳定。

3) 遇到大风、暴雨等天气情况，应停止一切起重及高空作业。

4) 混凝土施工配合比已审批。

2. 施工操作工艺

(1) 工艺流程

挂篮组拼及试压→调整安装底模、侧模立模高程、轴线→绑扎底板腹板钢筋→安装竖向预应力筋（安装底板预应力管道）→安装腹板内模板→绑扎顶板钢筋、安装顶板横向预应力筋及纵向预应力管道→支堵头模板→混凝土浇筑→养生、拆堵头模板、凿毛→清孔穿束→张拉→压浆→落模板→移挂篮进入下一段施工。

(2) 操作方法

具体的施工工艺见表5—3—1。

3. 质量标准

悬臂现浇箱梁的质量标准参照本任务关于质量的相关规定执行。

4. 成品保护

(1) 浇筑混凝土前，应注意模板、钢筋、预应力筋、波纹管的保护，不得攀踩污染钢筋，浇筑混凝土时保护好钢筋，保证模板不松动、不移位、不变形。

(2) 钢筋保护层厚度按图样设计要求，其保护层垫块不得遗漏。

(3) 在移位挂篮时，应对称匀速进行，避免大的冲击。

(4) 拆模板时保护好结构不被碰撞。

5. 质量记录

(1) 对原材料型号、材质进行检查，并出示出厂合格证。

(2) 水泥出厂合格证。

(3) 钢筋出厂合格证以及钢筋试验单抄件。

(4) 钢筋隐蔽验收记录及评定。

(5) 钢筋试块28天标养抗压试验强度及评定。

(6) 模板高程、尺寸的检验记录。

(7) 张拉记录表。

(8) 压浆现场检查记录及压浆试块28天标养抗压强度。

(9) 悬臂浇筑现场检查记录。

(10) 悬臂拼装现场检查记录。

(11) 千斤顶、油表标定报告。

(12) 混凝土强度试验报告。

(13) 测量（墩梁的高程、挠度、位移）记录。

6. 安全环保措施

(1) 安全管理、安全技术措施

1) 施工现场应设立可靠的避雷装置，遇有六级以上强风、浓雾、雷电等恶劣气候，不应进行露天高空作业。雨天和雪天应及时清除水、冰、霜、雪，并应采取可靠的防滑措施。

2) 在悬浇施工中，应采取稳妥可靠的上、下通信联系措施。

3) 大模板的吊装、运输、装拆存放必须稳固可靠。平模存放时，应满足地区条件要求的自稳角；两块大模板应采用板面对板面的存放方法；如长期存放，应将模板连接为整体。

4) 挂篮必须进行荷载试验，挂篮的组拼、体系转换、行走及拆除前，要编制专项施工方案。并对操作人员做专项培训教育，对于后锚等主要受力部位的安装应由专人负责。

(2) 环保管理、环保技术措施

1) 在工程的实施期间，采取合理可行的措施以疏通施工区域内部环境的污水。设计施工必要的导流设施导引水流，使之对施工区域及基本的工程设施等不会导致侵蚀及污染；设置必要的拦污净化处理设施，防止含有污染物或可见悬浮物的污水直接排放入河流之中。

2) 机械设备操作时，尽量减少噪声、废气等污染；控制噪声按《建筑施工场界环境噪声排放标准》（GB 12523—2011）的规定执行。

3) 配备专职安全员，施工现场的张拉操作人员、电工、焊工、机械工等特殊工种必须持证上岗操作，杜绝违章作业。

4) 原材料、半成品均摆放整齐有序，保持预制场整洁。

5) 千斤顶、油泵、机械设备定时保养，防止油污泄漏。

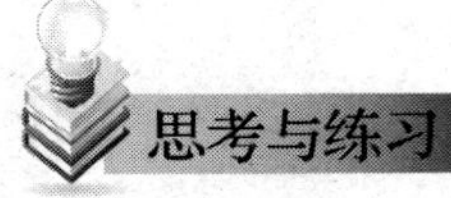


1. 预应力混凝土连续梁桥的施工方法主要有哪些？这些施工方法各适用于什么条件？
2. 预应力混凝土连续梁桥悬臂浇筑法和悬臂拼装法的主要施工特点是什么？
3. 简述顶推法施工的工艺流程。
4. 逐孔施工法有哪几种典型方法？
5. 转体施工的特点有哪些？

# 模块六

# 拱桥施工

## 课题一 拱 架 施 工

◆ 熟悉拱架施工的定义和分类。
◆ 掌握拱架的施工要求及工序。
◆ 能够规范地实施拱架施工操作。

### 一、拱架的定义

在砌筑石拱圈、混凝土预制块拱圈或者就地浇筑混凝土拱圈时，需要在桥位搭设较强大的支撑，这种支撑称为拱架（图6—1—1），拱架是一种临时结构。拱架在用来支撑全部或者部分拱圈和上部结构的重量的同时，还要保证拱圈的形状符合设计要求。由于拱架是一种临时性的结构，所以在搭建时确保满足设计需要的前提下，尽量做到构造简单，装拆方便并能重复使用，同时，还需具有足够的强度、刚度和稳定性。

图6—1—1 拱架

### 二、拱架的分类

#### 1. 按使用材料不同分类

拱架按使用材料不同可分为木拱架、钢拱架、钢管拱架、贝雷平梁拱架、土牛胎拱架等，见表6—1—1。

表 6—1—1　　拱架按使用材料不同的分类

| 序号 | 拱架类型 | 说明 |
| --- | --- | --- |
| 1 | 木拱架  | 多用于可设中间支架的桥孔。一般采用方木。较轻的拱架和双曲拱桥的拱架可使用圆木。拱架各杆件的连接应当力求紧密 |
| 2 | 钢拱架  | 采用 L、U、I 字形钢和钢轨、钢管等型钢，加工成所需形状，用整榀安装或杆件拼装方式 |
| 3 | 扣件式钢管拱架  | 扣件式钢管拱架一般不分支架和拱架部分，它是一个空间框架结构。所有杆件通过各种不同形式的扣件实现连接，也不需设置卸落拱架的设备。一般由立杆、小横杆、大横杆、剪力撑、斜撑、扣件和揽风索组成。并用直角扣件、转向扣件、接头扣件连接各杆件 |
| 4 | 斜拉式贝雷平梁拱架  | 拱架施工法作为大跨径拱桥的重要施工方法，在我国主要利用贝雷片，在上弦加些小杆件形成折线形的贝雷拱架，然后在钢拱架上用钢管搭设成支架，在其上立模浇筑拱圈进行施工 |
| 5 | 土牛胎拱架  | 先在桥下用土或砂、卵石填筑一个“土胎”，然后在上面砌筑拱圈，砌成之后再将填土清除即可 |

**2. 按结构形式不同分类**

拱架按结构形式不同分为排架式、撑架式、扇形式、桁架式、组合式、叠桁式、斜拉式等。

## 三、拱架施工要求及工序

**1. 制作拱架原材料的要求**

（1）制作拱架所采用材料的规格和质量应符合施工设计要求。

（2）对钢拱架，宜采用标准化、通用化的常备式构件，或型钢、钢管等材料 。

（3）在特殊情况下采用木拱架时，应选择材质坚硬、无损伤且湿度较小的材料。

**2. 拱架的制作和安装工序**

拱架的制作和安装工序见表6—1—2。

**表6—1—2　　拱架制作和安装工序**

| 序号 | 工序 | 要求 |
|---|---|---|
| 1 | 拱架制作  | 拱架的制作应保证杆件或构件的尺寸准确，连接节点处的螺栓孔或焊接质量应满足施工设计要求 |
| 2 | 测量放样  | ①中线高程测量，测量放样<br>②拱架在安装前，应对桥轴线、拱轴线、跨径、高程等进行校核，确认无误后方可进行拼装 |
| 3 | 拱架安装  | ①拼装应根据拱架构造确定的适宜的方法进行，分片或分段拼装时应有保证拱架稳定的临时措施，必要时应设置缆风绳进行固定；拱架拼装时应设置足够的平联、斜撑和剪刀撑保证其横向的稳定<br>②拱架应设置施工预拱度和卸落装置，拱式拱架应考虑其受载后产生水平位移所引起的拱圈挠度。各类拱架的顶部高程应符合拱圈下缘加预拱度后的几何线形，允许偏差为±10 mm；拱架纵轴的平面位置偏差应不大于跨度的1/1 000，且不大于30 mm |

续表

| 序号 | 施工工序 | 工艺要求 |
|---|---|---|
| 4 | 预压检查 | ①拱架安装完成后，应按设计荷载进行预压。一般采用砂袋预压<br>②应全面检查拱架的平面位置、顶部高程、节点连接及纵横向的稳定性是否符合要求 |

**3. 拱架的拆卸要求**

（1）现浇混凝土拱圈的拱架，其拆除期限应符合设计规定；设计未规定时，应在拱圈混凝土强度达到设计强度的85%后，方可卸落拆除。

（2）卸落拱架应按提前拟定的卸落程序进行，且宜分步卸落；在纵向应对称均衡卸落，在横向应同时卸落。满布式落地拱架卸落时，可从拱顶向拱脚依次循环卸落；拱式拱架可在两支座处均匀同时卸落；多孔拱桥卸架时，若桥墩允许承受单孔施工荷载，可单孔卸落，否则应多孔同时卸落，或各连续孔分阶段卸落。卸落拱架时，应设专人对拱圈的挠度和墩台的位移等情况进行监测，当有异常时，应暂停卸落，查明原因并采取相应措施后方可继续进行。

（3）石拱桥的拱架卸落时间应符合下列要求：

1）浆砌石拱桥拱架，应待砂浆强度达到设计强度的85%后方可卸落。

2）跨径小于10 m的小拱桥，宜在拱上建筑全部完成后卸架；中等跨径的实腹式拱桥，宜在护拱砌完后卸架；跨径较大的空腹式拱桥，宜在拱上小拱横墙砌好（未砌小拱圈）后卸架。

3）当需要裸拱卸架时，应对裸拱进行截面强度及稳定性验算，并应采取必要的辅助稳定措施。

现要设计一孔计算跨径为50 m的下承式钢管混凝土简支系杆拱桥，桥全长为56.1 m（台尾～台尾），采用单幅设计。桥面横向布置为：2 m（非机动车道）+7.5 m（双向二车道）+2 m（非机动车道），桥面全宽11.5 m。小桥所处地势较为平坦，地质、水文条件良好，试选择合适的施工方法进行此拱桥的拱架施工。

已知此桥是下承式钢管混凝土简支系杆拱桥，跨径较大，因此，拱架的具体施工步骤如下。

一、准备主要机具设备

1. 起重设备：塔吊、吊车等。

2. 安全设备：安全帽、防滑鞋、安全带、救生衣、灭火器等。

二、安装拱架

1. 测量放样，定出承台上钢梁的位置。

2. 安装钢梁，将两端支撑处浇混凝土固定。

3. 从1/2向两拱脚按一定距离在钢梁上标出立柱的位置，按图样顺序编号。

4. 搭架顺序：横向（顺水方向）从桥中线向两侧；纵桥方向从两拱脚向中间。

5. 剪刀撑、斜撑与其他杆件同步进行。

6. 为便于拆架，每条立柱均用两条杆件连接，立柱搭接长度大于600 mm。杆顶横杆与立柱相接，立柱与立柱相接、剪刀撑相接等均采用双十字扣。剪刀撑搭接长度大于1 m，用三个扣子连接。与立杆交叉相接，每隔一条上一个扣子。

7. 预压检查。

三、拱架安装的注意事项

1. 拱脚斜撑必须与板面垂直。

2. 严禁将外径不一致的钢管混合使用。

3. 有裂纹、变形的扣件严禁使用，出现滑牙的螺钉必须更换。

4. 立柱安装必须垂直。

5. 整个施工过程，必须做好安全和环保措施。

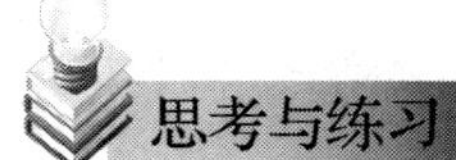


1. 拱架在拱桥施工中有何重要作用?

2. 拱架有哪些类型?

# 课题二　拱 桥 施 工

- 熟悉拱桥的施工方法和施工工艺。
- 了解拱桥施工的质量标准。
- 能够规范地实施拱桥施工操作。

## 一、拱桥的施工方法

如图6—2—1所示，拱桥的施工方法主要可以分为两类：有支架施工和无支架施工。有支架施工可分为就地砌筑、预制安装和就地浇筑三类；无支架施工可分为悬臂法、缆索吊装法和转体施工法三类。

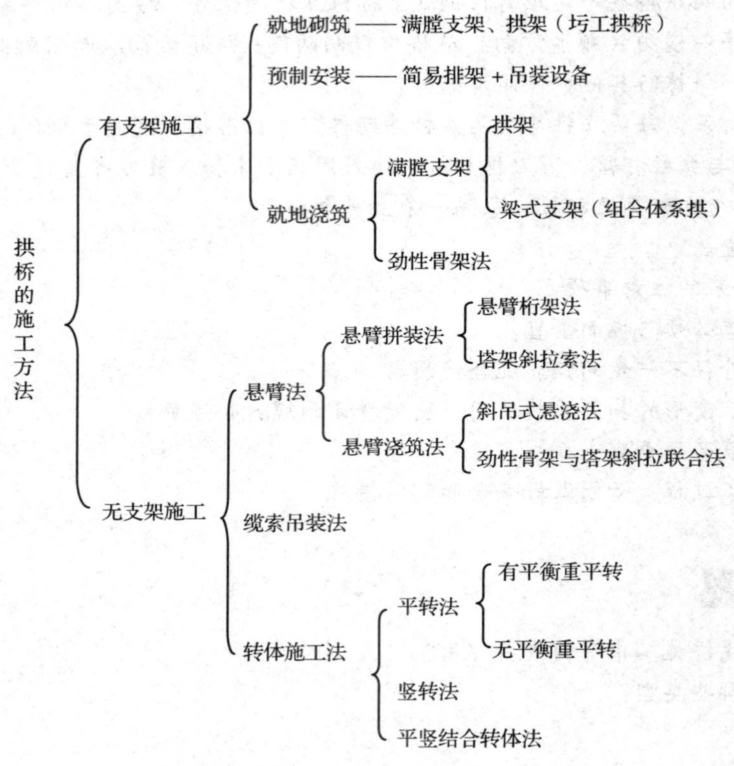


图6—2—1　拱桥的施工方法

在上述施工方法中，应用较广的是就地浇筑法、缆索吊装法、转体施工法、悬臂浇筑法和劲性骨架法。拱桥主要施工方法的定义、特点及应用见表6—2—1。

**表6—2—1　　拱桥主要施工方法的定义、特点及应用**

| 序号 | 主要施工方法 | 定义 | 特点及适用 |
|---|---|---|---|
| 1 | 就地浇筑法（有支架施工） | 就地浇筑法是指在事先设置的拱架上进行拱体的砌筑、浇筑、安装，最后落架并完成其余部分施工的施工方法 | 适用于砖石、混凝土块、混凝土拱桥。当拱桥的跨径不大、拱圈净高较小或孔数不多时，可以采用该法进行拱圈的施工 |

续表

| 序号 | 主要施工方法 | 定义 | 特点及适用 |
|---|---|---|---|
| 2 | 缆索吊装法 | 缆索吊装法是指在桥墩两侧安装索塔，拱桥构件通过主索起重设备吊装、运输，依次拼装，利用扣索斜拉构件，直至合龙 | 缆索吊装法具有跨越能力较大、水平和垂直运输机动灵活、适应性广、施工方便等优点。主要用于预制安装的钢筋混凝土拱桥，同时在劲性骨架施工拱桥的骨架安装、拱上结构安装、桁架、刚架拱桥施工、悬索桥加劲梁安装中得到广泛运用。适用于跨越深谷、深水、通航河道或施工时不能中断交通的桥梁工程 |
| 3 | 转体施工法 | 转体施工法是指将拱圈或整个上部结构分为两个半跨，分别在河流两岸利用地形或简单支架现浇或预制装配半拱，然后利用动力装置将两半拱转动至桥轴线位置或设计高程合龙成拱的施工方法 | 结构合理，受力明确，节省施工用料，减少安装架设工序，施工速度快，减少大量的高空作业，施工安全，质量可靠，不影响通航，造价低 |
| 4 | 悬臂浇筑法 | 悬臂浇筑法是指不设任何支架，在桥位处悬臂进行拱圈节段混凝土浇筑，最后在拱顶处合龙的一种修建拱桥的施工方法 | 跨间无支架，不影响通航；减少施工设备，简化工序；造价低，施工内力与成桥内力相协调、结构经济，跨越能力大；适用性广 |
| 5 | 劲性骨架法 | 劲性骨架法是指在事先形成的桁式拱骨架上分环分段浇筑混凝土，最终形成钢筋混凝土箱板或箱拱。桁式拱骨架在施工过程中起支架作用，在拱圈形成后，被埋设于混凝土中并成为截面的一部分，又称埋置式拱架法，国外也称其为米兰法 | 国外早期采用的无支架施工方法之一。劲性骨架具有较高的强度和刚度，在施工中起施工支架的作用 |

## 二、拱桥的施工工艺

### 1. 就地浇筑法（有支架施工）

拱桥就地浇筑法（有支架施工）的施工工艺见表6—2—2。

**表6—2—2　　拱桥就地浇筑法（有支架施工法）的施工工艺**

| 序号 | 施工工序 | 工艺要求 |
|---|---|---|
| 1 | 拱架制作 | 详见表6—1—2 |
| 2 | 拱架安装 | 详见表6—1—2 |

续表

| 序号 | 施工工序 | 工艺要求 |
| --- | --- | --- |
| 3 | 安装模板 | ①安装底模。在支架上安装纵横木楞，木楞上装底模，底模板各接缝要紧密不漏浆，在模板接缝上贴密封胶带，保证接缝平顺<br>②安装外侧模。外侧模板与支架钢管固定，水平安装顶托顶紧模板；外侧模板接缝背面设置木方，保证接缝平顺不漏浆。为保证混凝土外观的美观，侧模板的固定采用支架系统顶、夹的办法，与支架系统形成一个整体，不宜使用模板打孔穿拉杆法 |
| 4 | 安装钢筋  | ①钢筋的制作严格按照图样要求和现行规范进行<br>②钢筋焊接采用搭接焊或帮条焊，焊缝长度单面焊缝≥10 $d$，双面焊缝≥5 $d$（$d$ 为钢筋直径），无论何种接头，必须先试验合格后，施焊人员方可上岗操作<br>③钢筋安装完成后，要进行自检和互检，并即刻办理隐蔽验收签订手续，确认无误后方可浇筑混凝土 |
| 5 | 拱圈混凝土的浇筑  | ①跨径小于 16 m 的拱圈或拱肋混凝土，按拱圈全宽从两端拱脚向拱顶对称地连续浇筑混凝土，并在拱脚混凝土初凝前全部完成<br>②跨径大于或等于 16 m 的拱圈或拱肋，应沿拱跨方向分段对称浇筑。分段位置应以拱架受力对称、均匀和变形小为原则，且宜设置在拱顶、$L/4$ 部位、拱脚及拱架节点等处；各段的接缝面应与拱轴线垂直，各分段点应预留间隔槽，其宽度宜为 0.5 ~ 1.0 m，槽内有钢筋接头时，其宽度尚应满足钢筋接头的需要<br>③浇筑拱圈混凝土时，应严格按照预先制定的浇筑程序对称于拱顶进行，并应控制两端的浇筑速度，避免产生过大的偏差。分段浇筑时，各分段内的混凝土宜一次连续浇筑完成，因故中断时，应浇筑成垂直于拱轴线的施工缝；如已浇筑成斜面，应凿成垂直于拱轴线的平面或台阶式结合面<br>④间隔槽混凝土的浇筑应符合设计规定。设计未规定时，应在拱圈混凝土的强度达到设计强度的 85% 后，由拱脚向拱顶对称进行浇筑；拱顶及拱脚间隔槽的混凝土应在最后封拱时浇筑 |

续表

| 序号 | 施工工序 | 工艺要求 |
|---|---|---|
| 5 |  | ⑤浇筑大跨径拱圈时，纵向钢筋接头应安排在设计规定的最后浇筑的几个间隔槽内，并应在浇筑这些间隔槽时再连接<br>⑥大跨径拱圈采用分环（层）、分段法浇筑混凝土时，纵向钢筋宜分段设置，且其接头应设在最后的几个间隔槽内，待浇筑间隔槽混凝土时再连接<br>⑦大跨径钢筋混凝土箱形拱圈采用在拱架上组装部分预制部件然后现浇混凝土的方法进行施工时，组装和现浇均应从两拱脚向拱顶对称进行。箱形拱圈的底板施工时，应按拱架的变形情况设置间隔缝，缝内的混凝土应在底板合龙时浇筑；拱圈的底、腹板混凝土强度达到设计强度的85%后方可安装盖板，铺设钢筋，现浇顶板混凝土<br>⑧拱圈合龙的温度应符合设计要求；设计未要求时，宜选择夜间气温较稳定时段的温度。拱圈合龙前如采取千斤顶对两侧拱圈施加压力的方法调整拱圈应力时，拱圈混凝土的强度应达到设计规定的强度<br>⑨拱圈在浇筑过程中，应随时监测拱架的变形，如变形量超过计算值，应及时查明原因，并采取加固拱架或调整加载顺序的措施，保证施工安全 |
| 6 | 养护  | ①拱圈混凝土浇筑完成后应及时进行养护<br>②在养护期间，应使其保持湿润，以促使混凝土硬化，并在获得强度的同时，防止混凝土干缩引起的裂缝<br>③混凝土的外露面，在表面收浆、凝固后即可用草帘等物覆盖，并应经常在覆盖物上洒水，洒水保湿养护时间不少于7天，对重要工程或有特殊要求的混凝土，酌情延长养护时间<br>④当气温低于5℃时，应采取保温养护措施，不得向混凝土表面洒水 |
| 7 | 拱上建筑的施工  | ①拱上建筑的施工，应在拱圈合龙、混凝土强度达到要求强度后进行，如设计无规定，可按达到设计强度的30%以上控制，一般不少于合龙后的3昼夜<br>②对于实腹式拱上建筑，应由拱脚向拱顶对称地浇筑。当侧墙浇筑好以后，再填筑拱腹填料。对空腹式拱桥，在腹拱墩浇筑完后就卸落主拱圈的拱架，然后再对称均匀地砌筑腹拱圈，以免由于主拱圈不均匀下沉导致腹拱圈开裂 |

续表

| 序号 | 施工工序 | 工艺要求 |
|---|---|---|
| 8 | 拱架的拆卸 | ①现浇混凝土拱圈的拱架，其拆除期限应符合设计规定；设计未规定时，应在拱圈混凝土强度达到设计强度的85%后，方可卸落拆除<br>②卸落拱架应按提前拟定的卸落程序进行，且宜分步卸落；在纵向应对称均衡卸落，在横向应同时一起卸落。满布式落地拱架卸落时，可从拱顶向拱脚依次循环卸落；拱式拱架可在两支座处均匀同时卸落；多孔拱桥卸架时，若桥墩允许承受单孔施工荷载，可单孔卸落，否则应多孔同时卸落，或各连续孔分阶段卸落。卸落拱架时，应设专人对拱圈的挠度和墩台的位移等情况进行监测，当有异常时，应暂停卸落，查明原因并采取相应措施后方可继续进行<br>③大跨径拱圈，为了避免拱圈发生“M”形的变形，也有从两边 $L/4$ 处逐次对称地向拱脚和拱顶均匀地卸落<br>④卸架时宜在白天气温较高时进行 |

**2. 缆索吊装法（无支架施工）**

（1）缆索吊装系统

缆索吊装系统由塔架、主索、主索地锚、天线滑车、起重索、牵引索、起重及牵引绞车、风缆、扣索、扣索排架、扣索地锚、扣索绞车等组成。

1）缆索吊装系统应符合下列要求：

①主塔和扣塔宜采用常备式定型钢构件在墩、台顶上拼装，其基础应牢固可靠，周围应设置防排水设施；塔的纵横向应设置风缆，塔顶部应设置可靠的避雷装置。

②塔顶分配梁应与塔身结构可靠连接；主索鞍在横向应设支撑装置，防止倾倒；如需移动索鞍，应做专项设计、采取有效措施后方可进行。扣塔上索顶面的高程应高于拱肋扣点高程。

③主缆宜采用钢丝绳，其直径和数量应根据吊装构件的重量通过计算确定，安全系数应不小于3，且每根主缆应受力均匀；地锚的设置应满足主缆可靠锚固的要求，主缆与地锚连接处的水平夹角应在25°~35°。

④吊装前应对缆索吊装系统的各种工况进行强度、刚度和稳定性验算，并应按设计荷载进行试吊，检验其安全性和可靠性，检验合格后方可用于正式吊装。

⑤吊装施工时，各扣索的位置必须与所吊挂的拱肋在同一竖直面内；主塔塔顶的最大偏位不得大于塔高的1/400；扣塔塔顶的最大偏位不得大于10 mm。

⑥缆索吊装系统的安装、使用和拆除均应制订专项施工技术方案和安全技术方案，保证施工安全。

2）采用缆索吊安装拱肋时，除拱顶段以外，每段应各设一组扣索和一组风缆。风缆的设置与安装应符合下列规定：

①风缆系统及地锚应进行专门的设计，风缆的抗拉、抗风及地锚的抗拔受力应满足拱肋稳定的要求，并应有足够的安全储备。

②固定的风缆应待全孔合龙、横向连接构件混凝土的强度满足设计要求后方可撤除。

③在河流中设置风缆时，必须采取可靠的防护措施，防止风缆和地锚受到碰撞、冲刷。

（2）拱桥缆索吊装法的施工

拱桥缆索吊装法的施工工艺见表6—2—3。

**表6—2—3　　拱桥缆索吊装法的施工工艺**

| 序号 | 施工工序 | 工艺要求 |
|---|---|---|
| 1 | 施工准备 | 在吊装前应对预制构件、墩台拱座进行全面质量检查，并对起吊设备系统进行试吊。对缆索设备的检查主要包括地锚试拉、扣索对拉、主索系统试吊等工作 |
| 2 | 预制拱圈（节段）  | ①拱肋宜采用立式方法预制，且宜先在样台上放出拱肋大样，然后制作样板。放样时，应将横隔板、吊孔、接头位置准确放出<br>②箱形拱预制时，可先预制横隔板、腹板，然后在拱胎上进行组装，并浇筑底、顶板和接头混凝土。混凝土强度达到设计强度的85%后，方可起吊运输到存放场地存放。具体预制组装工序如下：<br>a）在样台上按设计图样的尺寸对每个节段进行坐标放样，然后分别预制箱肋的侧板（箱壁）和横隔板<br>b）在拱箱节段的底模上，将侧板（箱壁）和横隔板安放就位，并绑扎好接头钢筋，然后浇筑底板混凝土及接缝混凝土，形成开口箱<br>c）若采用闭口箱时，在开口箱内立顶板的底模，绑扎底板的钢筋，浇筑顶板混凝土，形成闭口箱 |
| 3 | 拱肋移运 | 拱肋达到要求的强度后，由预制场运到缆索吊装设备下的合适位置 |
| 4 | 吊装拱肋（或拱箱）  | ①拱肋的吊装，除拱顶节段外，其余节段均应设置一组扣索悬挂<br>②拱肋分3段或5段拼装时，至少应保持2根基肋设置固定风缆，拱肋接头处应横向连接 |

续表

| 序号 | 施工工序 | 工艺要求 |
| --- | --- | --- |
| 4 |     | ③对于中小跨径的拱桥，当其单肋的横向稳定满足安全验算的要求，且其横向稳定安全系数不小于4时，可采用单肋吊装或单肋合龙，嵌紧拱脚后，松索成拱<br>④对于大、中跨径的拱桥，当其单肋的横向稳定安全系数小于4时，应采取双肋合龙松索成拱的方式施工，且应在双肋合龙后采取有效的横向连接措施，增强其稳定性，使之形成基肋后再安装其他肋段<br>⑤拱肋分3段吊装时，宜先准确扣挂两拱脚段，再安装拱顶段；当拱肋分5段或7段吊装时，宜先从拱脚段开始，依次向拱顶分段吊装就位；对7段以上拱肋的安装，应设置临时施工索塔依次对称悬拼吊装各段拱肋，且各节段的扣（锚）索在临时索塔上锚固点的水平分力之和应为零。扣索的扣挂应稳妥可靠，应使拱肋断面不产生扭斜，且各段拱肋的上端头均应通过扣索的调整使其略高于设计高程<br>⑥拱肋接头的电焊作业应在调整好轴线偏差、嵌塞并压紧接头缝钢板之后且全部松索成拱之前进行。拱肋接头部件电焊时，应采取分层、间断、交错方法施焊，施焊时应采取措施避免损伤周围的混凝土<br>⑦拱肋合龙温度应符合设计规定，如设计未要求时，宜选择夜间气温较稳定时段的温度 |
| 5 | （施工加载程序） | ①先将各片拱箱逐一吊装合龙，形成裸拱圈。然后处理全部纵横接头，浇筑接头混凝土<br>②浇筑拱箱间的纵缝混凝土<br>③拱上各横墙加载。工作按左、右两半拱对称、均匀地同时进行<br>④安砌腹拱圈及主拱圈拱顶实腹段侧墙<br>⑤进行拱顶填料，腹拱填料，形成桥面系 |

**3. 转体施工法**

（1）转体施工分类

转体施工分类见表6—2—4。

**表 6—2—4** **转体施工分类**

| 分类 | 定义 | 适用 |
| --- | --- | --- |
| 有平衡重平转 | 按桥梁的设计高程先在两岸预制半拱，然后在水平面内转动至桥位中线处合龙成拱。有平衡重平转一般以桥台背墙作为平衡重，并作为桥体上部结构转体用拉杆（或拉索）的锚锭反力墙，用以稳定转动体系和调整重心位置 | 一般适用于跨径 100 m 以内的拱桥 |
| 无平衡重平转 | 把有平衡重转体施工中的拱圈扣索拉力锚在两岸岩体中，由此来锚固半跨桥梁悬臂状态时产生的拉力，并在立柱的上端设转轴，下端设转盘，通过转动体系进行平面转体 | 宜在山区地质条件好或跨越深谷急流处建造大跨度桥梁时选用 |
| 竖转法 | 在桥台处先竖向预制半拱，然后在桥位平面内绕拱脚转动两半拱合龙成拱 | 一般适用于中、小跨径拱桥 |
| 平竖结合转体法 | 当受地形条件及施工条件的限制，不可能在桥梁的设计平面和桥位竖平面内预制，则转体既要平转还要竖转才能就位 | 用于地形受限的情况 |

（2）有平衡重平转施工

1）转动体系。转动体系一般包括底盘、上转盘、锚扣系统、背墙、拱体结构、拉杆（拉索）等部分。

2）有平衡重平转施工的主要工序见表 6—2—5。

**表 6—2—5** **有平衡重平转施工的主要工序**

| 序号 | 施工工序 |
| --- | --- |
| 1 | 制作底盘   |

续表

| 序号 | 施工工序 |
| --- | --- |
| 2 | 制作上转盘 |
| 3 | 试转上转盘到预制轴线位置 |
| 4 | 浇筑背墙 |
| 5 | 浇筑主拱圈上部结构 |

续表

| 序号 | 施工工序 |
|---|---|
| 6 | 张拉拉杆，使上部结构脱离支架，和上转盘、背墙形成一个转动体系，通过配重把重心基本调到轴心（磨心）处  |
| 7 | 牵引转动体系，使半拱平面转动合龙  |
| 8 | 封上下盘，夯填桥台背土，封拱顶，松拉杆，实现体系转换  |

（3）无平衡重平转施工

1）转动体系。转动体系包括锚固体系（由锚碇、尾索、平撑、锚梁及立柱组成）、转动体系（由上下转动构造、拱体及扣索组成）和位控体系（由在拱体顶端扣点的缆风索与无级调速自控卷扬机、光电测角装置、控制台组成）三部分。

2）无平衡重平转施工的主要工序见表6—2—6。

表 6—2—6　　无平衡重平转施工的主要工序

| 序号 | 施工工序 | 主要施工内容 |
| --- | --- | --- |
| 1 | 转动体系施工    | ①设置下转轴、转盘及环道，环道应平整<br>②设置拱座及预制拱肋（或拱箱）<br>③设置立柱<br>④安装锚梁、上转轴、轴套、环套<br>⑤安装扣索 |
| 2 | 锚碇系统施工 | ①制作桥轴线上的开口地锚<br>②设置斜向洞锚<br>③安装轴向、斜向平撑<br>④张拉尾索<br>⑤张拉扣索 |

续表

| 序号 | 施工工序 | 主要施工内容 |
| --- | --- | --- |
| 3 | 拱体转动、合龙与松扣   | ①张紧、放松扣索调整拱顶到设计位置<br>②低温封拱<br>③钢楔楔紧拱顶，焊接主筋、预埋铁件<br>④封桥台拱座混凝土，再浇封拱顶接头混凝土<br>⑤对称、均衡、分级卸扣索 |

（4）竖转法施工

1）转动体系。转动体系由转动铰、提升体系（动、定滑车组、牵引绳等）、锚固体系（锚索、锚碇等）组成。

2）竖转法施工工序见表6—2—7。

**表6—2—7　　竖转法施工的主要工序**

| 序号 | 施工工序 |
| --- | --- |
| 1 | 安装拱肋胎架 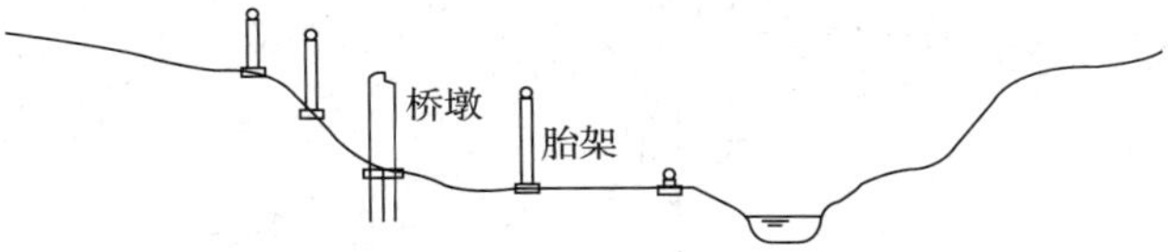<br>桥墩<br>胎架 |

续表

| 序号 | 施工工序 |
| --- | --- |
| 2 | 安装拱脚旋转装置 |
| 3 | 安装地锚 |
| 4 | 安装扒杆及背索 |
| 5 | 拼装钢管拱肋 |
| 6 | 安装起吊及平衡系统 |
| 7 | 起吊两侧半拱 |
| 8 | 拱肋合龙 |

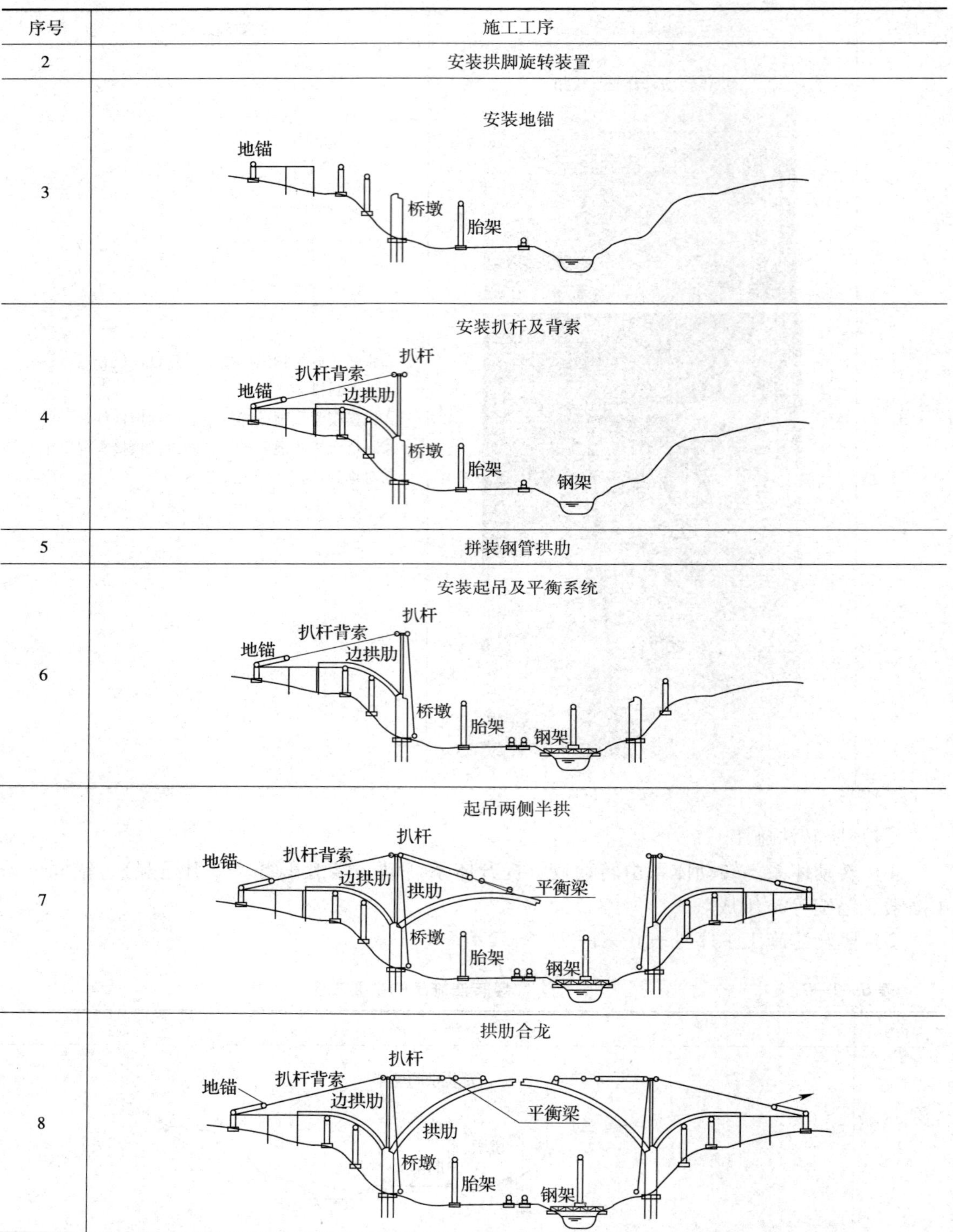

续表

| 序号 | 施工工序 |
|---|---|
| 9 | 拱肋高程调整 |
| 10 | 焊接合龙接头 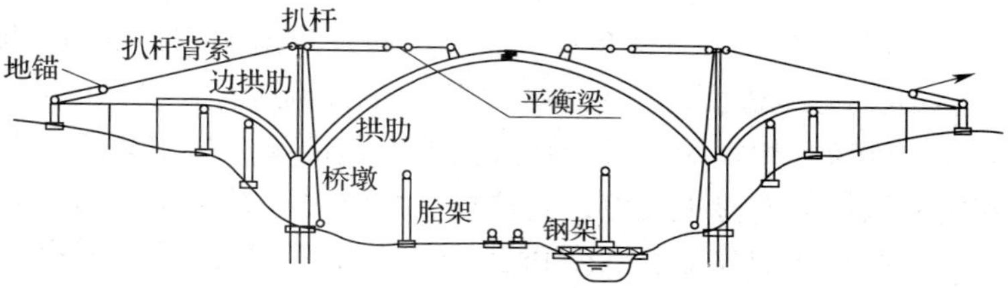 |
| 11 | 拆除扒杆 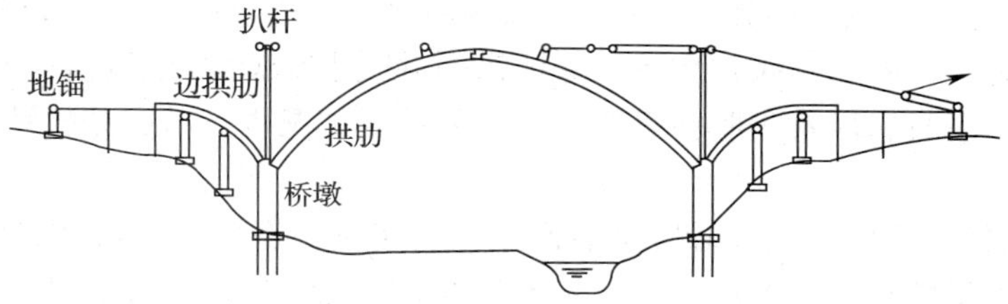 |
| 12 | 封固拱脚 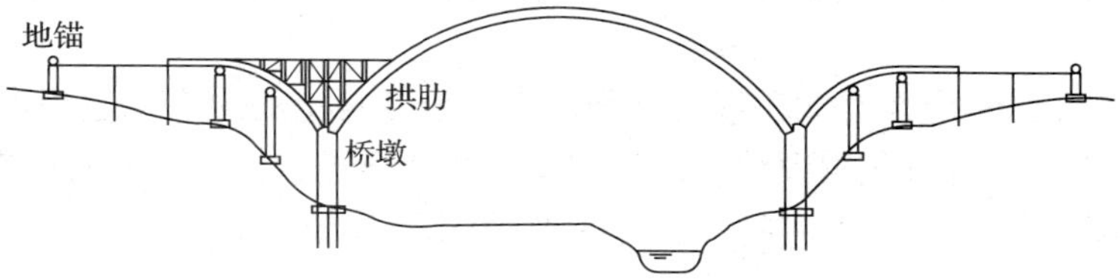 |

**4．悬臂浇筑法**

（1）施工方法简介

1）塔架、斜拉索及挂篮浇筑拱圈。在拱脚墩、台处安装临时的钢塔架或钢筋混凝土塔架，用斜拉索或下拉粗钢筋将拱圈或拱肋用挂篮浇筑一段系一段，从拱脚开始，逐段向拱顶悬臂浇筑，直至拱顶合龙。

2）斜吊式悬臂浇筑拱圈。借助专用挂篮，结合使用斜吊钢筋将拱圈、拱上立柱和预应力混凝土桥面板等齐头并进地、边浇边构成桁架的悬臂浇筑方法。施工时，用预应力钢筋临时作为桁架的斜吊杆和桥面板的临时拉杆，将桁架锚固在后面的桥台上。

（2）主要设施设备的要求

1）挂篮的要求。

①挂篮应具有可靠的稳定性和良好的调节性能，应能适应各拱段倾斜角度的变化。

②挂篮的行走轨道应与拱圈的弧度相适应，并应与拱圈可靠连接，避免行走时下滑。

③挂篮应设置可伸缩的抗剪装置，抵抗在浇筑拱圈混凝土时产生的下滑力，且不应影响挂篮的正常行走。

④底模宜设计成可调节式的弧形模板，满足拱圈弧度不断变化的要求。

⑤后锚系统应稳固可靠，且应适应拱圈的弧度变化，后支点宜反顶在拱圈上。

⑥对拱圈的两个半拱，应各配备一套挂篮，按从拱脚至拱顶的施工顺序，对称浇筑拱圈混凝土。两个半拱的施工进度应保持基本对称同步，且应符合设计的规定。

2）扣索和锚索应采用钢绞线或带镦头锚的高强钢丝，其安全系数应大于2。

3）锚碇应采用钢筋混凝土锚碇，其抗拔、抗滑安全系数应不小于2。

4）扣塔应具有足够的强度、刚度和稳定性，扣塔塔顶的最大偏位不得大于10 mm。

（3）施工要点

1）拱圈的首段可采用支架法或其他适宜的方法浇筑，然后在其上拼装挂篮。

2）在悬臂浇筑拱圈的施工过程中，应对扣索和锚索系统、拱圈的应力和变形等进行监控，并应确定适当的扣索张拉次数，保证拱圈混凝土在悬臂施工过程中不出现拉应力。大跨度拱桥悬浇拱圈时，应对拱肋在悬臂状态下的控制工况进行压屈分析计算，其压屈稳定系数应大于4。

3）对支架浇筑的首段和悬臂浇筑段的拱圈均应严格控制其尺寸、轴线平面及立面的精度。各节段重量的允许偏差应不超过标准值的 ±2% 或符合设计规定值。

4）悬臂浇筑拱圈应选择在当天气温最低且温度场较为稳定的时段合龙，且宜先焊接劲性骨架，达到受力状态下合龙；然后绑扎钢筋，浇筑合龙段混凝土，完成结构状态的合龙。

5）扣索和锚索应在合龙段混凝土强度符合设计规定的强度或达到设计强度的85%后方可拆除；挂篮宜沿轨道从拱顶缓慢地滑移到拱脚后再进行拆除。所有的拆除工作均应按施工设计规定的程序分步、对称进行，并应采取措施保证施工安全。

## 三、质量标准

### 1. 就地浇筑拱圈

（1）基本要求

1）混凝土所用的水泥、砂、石、水和外掺剂的质量和规格，必须符合有关规范的要求，按规定的配合比施工。

2）支架式拱架必须严格按照施工技术规范的要求进行制作，必须牢固稳定。

3）严格按照设计规定的施工顺序浇筑拱圈混凝土。

4）拱架的卸落必须按照设计和有关规范规定的卸架顺序进行。

5）不得出现露筋和空洞现象。

（2）实测项目

就地浇筑拱圈实测项目见表 6—2—8。

表 6—2—8　　就地浇筑拱圈实测项目

| 项次 | 检查项目 | | 规定值或允许偏差 |
|---|---|---|---|
| 1 | 混凝土强度（MPa） | | 在合格标准内 |
| 2 | 轴线偏位（mm） | 板拱 | 10 |
| | | 肋拱 | 5 |
| 3 | 内弧线偏离设计弧（mm） | $L \leqslant 30$ m | ±20 |
| | | $L > 30$ m | $\pm L/1\ 500$ |
| 4 | 断面尺寸（mm） | 高度 | ±5 |
| | | 顶、底、腹板 | 10，0 |
| 5 | 拱宽（mm） | 板拱 | ±20 |
| | | 肋拱 | ±10 |
| 6 | 拱肋间距（mm） | | 5 |

注：$L$ 为跨径。

（3）外观鉴定

1）混凝土表面平整，线形圆顺，颜色一致。不符合要求时扣 1 ~ 3 分。

2）混凝土麻面面积不得超过该面积的 0.5%。不符合要求时，每超过 0.5% 扣 3 分，深度超过 10 mm 的必须处理。

3）混凝土表面出现非受力裂缝扣 1 ~ 3 分。裂缝宽度超过设计规定或设计未规定时超过 0.15 mm 必须进行处理。

**2. 拱圈节段的预制**

（1）基本要求

1）混凝土所用的水泥、砂、石、水和外掺剂的质量和规格，必须符合有关规范的规定，按照规定的配合比施工。

2）不得出现露筋和空洞现象。

（2）实测项目

预制拱圈节段实测项目见表 6—2—9，桁架拱杆件预制实测项目见表 6—2—10。

表 6—2—9　　预制拱圈节段实测项目

| 项次 | 检查项目 | | 规定值或允许偏差 |
|---|---|---|---|
| 1 | 混凝土强度（MPa） | | 在合格标准内 |
| 2 | 每段拱箱内弧长（mm） | | 0，−10 |
| 3 | 内弧偏离设计弧线（mm） | | ±5 |
| 4 | 断面尺寸（mm） | 顶底腹板厚 | 10，0 |
| | | 宽度及高度 | 10，−5 |
| 5 | 平面度（mm） | 肋拱 | 5 |
| | | 箱拱 | 10 |
| 6 | 拱箱接头倾斜（mm） | | ±5 |
| 7 | 预埋件位置（mm） | 肋拱 | 5 |
| | | 箱拱 | 10 |

表 6—2—10　　桁架拱杆件预制实测项目

| 项次 | 检查项目 | 规定值或允许偏差 |
| --- | --- | --- |
| 1 | 混凝土强度（MPa） | 在合格标准内 |
| 2 | 断面尺寸（mm） | ±5 |
| 3 | 杆件长度（mm） | ±10 |
| 4 | 杆件旁弯（mm） | 5 |
| 5 | 预埋件位置（mm） | 5 |

注：若成批生产，每批抽查 25%。

（3）外观鉴定

1）混凝土表面平整，线形圆顺，颜色一致。不符合要求时扣 1 ~3 分。

2）混凝土麻面面积不得超过该面积的 0.5%。不符合要求时，每超过 0.5% 扣 3 分，深度超过 10 mm 的必须处理。

3）混凝土表面出现非受力裂缝扣 1 ~3 分。裂缝宽度超过设计规定或设计未规定时超过 0.15 mm 必须进行处理。

**3. 拱的安装**

（1）基本要求

1）拱桥安装必须严格按设计规定的程序进行施工。

2）拱段接头采用现浇混凝土时，必须确保其强度和质量并在达到设计规定强度后，方可进行拱上建筑的施工。

3）安装过程中，如杆件或节点出现开裂，应查明原因，采取措施后，方可继续进行。

4）合龙段两侧高差必须在设计规定的允许范围内。

（2）实测项目

拱的安装实测项目见表 6—2—11 ~ 表 6—2—13。

表 6—2—11　　主拱圈安装实测项目

| 项次 | 检查项目 | | 规定值或允许偏差 |
| --- | --- | --- | --- |
| 1 | 轴线偏位（mm） | $L \leqslant 60$ m | 10 |
| | | $L > 60$ m | $L$/6 000，且不超过 40 |
| 2 | 拱圈高程（mm） | $L \leqslant 60$ m | ±20 |
| | | $L > 60$ m | ±$L$/3 000，且不超过 50 |
| 3 | 对称接头点相对高差（mm） | $L \leqslant 60$ m | 20 |
| | | $L > 60$ m | $L$/3 000，且不超过 40 |
| 4 | 同跨各拱肋相对高差（mm） | $L \leqslant 60$ m | 20 |
| | | $L > 60$ m | $L$/3 000，且不超过 30 |
| 5 | 同跨各拱肋间距（mm） | | ±30 |

注：①正拱斜置时，项次 3 为两对称接头点（实际高程—设计高程）之差。

②$L$ 为跨径。

**表 6—2—12　　悬臂拼装的桁架拱实测项目**

<table>
<tr><th>项次</th><th colspan="2">检查项目</th><th colspan="3">规定值或允许偏差</th></tr>
<tr><td>1</td><td colspan="2">节点混凝土强度（MPa）</td><td colspan="3">在合格标准内</td></tr>
<tr><td rowspan="2">2</td><td rowspan="2">轴线偏位（mm）</td><td>L≤60 m</td><td colspan="3">10</td></tr>
<tr><td>L>60 m</td><td colspan="3">L/6 000</td></tr>
<tr><td rowspan="2">3</td><td rowspan="2">拱圈高程（mm）</td><td>L≤60 m</td><td colspan="3">±20</td></tr>
<tr><td>L>60 m</td><td colspan="3">±L/3 000</td></tr>
<tr><td>4</td><td colspan="2">相邻拱片高差（mm）</td><td colspan="3">20</td></tr>
<tr><td rowspan="3">5</td><td colspan="2" rowspan="3">对称接头点相对高差（mm）</td><td rowspan="2">允许</td><td>L≤60 m</td><td>20</td></tr>
<tr><td>L>60 m</td><td>L/3 000</td></tr>
<tr><td>极值</td><td colspan="2">允许偏差的 2 倍且反向</td></tr>
<tr><td>6</td><td colspan="2">拱片竖向垂直度（mm）</td><td colspan="3">1/300 高度，且不大于 20</td></tr>
</table>

注：L 为跨径。

**表 6—2—13　　腹拱安装实测项目**

| 项次 | 检查项目 | 规定值或允许偏差 |
|---|---|---|
| 1 | 轴线偏位（mm） | 10 |
| 2 | 起拱线高程（mm） | ±20 |
| 3 | 相邻块件底面高差（mm） | 5 |

（3）外观鉴定

1）接头处无因焊接或局部受力造成的混凝土开裂、缺损或露筋现象。不符合要求时扣 3 ~5 分，并进行整修。

2）接头垫塞楔形钢板应均匀合理，不符合要求时扣 1 ~3 分。

3）节点应平整，接头两侧的杆件应无错台。不符合要求时扣 1 ~3 分。

4）上下弦杆线形顺畅，表面平整。不符合要求时扣 1 ~3 分。

**4. 转体施工拱**

（1）基本要求

1）转动设施和锚固体系必须经过严格检查，保证安全可靠。

2）采用双侧对称同步转体施工时，必须设位控制系，严格控制两侧同步，使误差控制在设计允许的范围内。

3）上部构造在转体施工中如出现裂缝，应查明原因，采取措施后方可继续转体施工。

（2）实测项目

转体施工拱实测项目见表 6—2—14。

表 6—2—14　　转体施工拱实测项目

| 项次 | 检查项目 | 规定值或允许偏差 |
|---|---|---|
| 1 | 封闭转盘和合龙段混凝土强度（MPa） | 在合格标准内 |
| 2 | 轴线偏位（mm） | 跨径/6 000，且不超过 30 |
| 3 | 跨中拱顶面高程（mm） | ±20 |
| 4 | 同一横截面两侧或相邻上部构件高差（mm） | 10 |

（3）外观鉴定

合龙段混凝土平整密实，颜色一致，无蜂窝、麻面。不符合要求时扣 1～3 分。

**5. 劲性骨架混凝土拱**

（1）基本要求

1）混凝土所用的水泥、砂、石、水和外掺剂的质量和规格，必须符合有关规范的规定，按照规定的配合比施工。

2）骨架应按设计要求的钢种、型号及线形精心加工，骨架接头处要在吊装以前进行试拼，以便吊装后骨架迅速成拱。

3）杆件在施工中，如出现开裂或局部构件失稳，应查明原因，采取措施后，方可继续施工。

4）吊装骨架应平衡下落，减少骨架变形。浇筑前应校核骨架，进行必要的调整。

5）按设计规定的顺序，分层、对称地浇筑混凝土，无空洞和露筋现象，并严格按设计要求，采取措施以保证骨架的稳定。

6）浇筑混凝土过程中，应进行观测，严格控制轴线，累积误差在允许范围内。

（2）实测项目

劲性骨架混凝土拱实测项目见表 6—2—15～表 6—2—17。

表 6—2—15　　劲性骨架加工实测项目

| 项次 | 检查项目 | 规定值或允许偏差 |
|---|---|---|
| 1 | 杆件截面尺寸（mm） | 不小于设计值 |
| 2 | 骨架高、宽（mm） | ±10 |
| 3 | 内弧偏离设计弧线（mm） | 10 |
| 4 | 每段的弧长（mm） | ±20 |
| 5 | 焊缝 | 符合设计要求 |

表 6—2—16　　劲性骨架安装实测项目

<table>
<tr><th>项次</th><th colspan="2">检查项目</th><th>规定值或允许偏差</th></tr>
<tr><td>1</td><td colspan="2">轴线偏位（mm）</td><td>L/6 000</td></tr>
<tr><td>2</td><td colspan="2">高程（mm）</td><td>±L/3 000</td></tr>
<tr><td rowspan="2">3</td><td rowspan="2">对称点相对高差（mm）</td><td>允许</td><td>L/3 000</td></tr>
<tr><td>极值</td><td>L/1 500，且反向</td></tr>
<tr><td>4</td><td colspan="2">焊缝</td><td>符合设计要求</td></tr>
</table>

注：$L$ 为跨径。

表 6—2—17 劲性骨架拱混凝土浇筑实测项目

<table>
<tr><th>项次</th><th colspan="2">检查项目</th><th>规定值或允许偏差</th></tr>
<tr><td>1</td><td colspan="2">混凝土强度（MPa）</td><td>在合格标准内</td></tr>
<tr><td rowspan="3">2</td><td rowspan="3">轴线偏位（mm）</td><td>$L \leqslant 60$ m</td><td>10</td></tr>
<tr><td>$L = 200$ m</td><td>30</td></tr>
<tr><td>$L > 200$ m</td><td>$L/4\,000$，且不超过 40</td></tr>
<tr><td>3</td><td colspan="2">拱圈高程（mm）</td><td>$\pm L/3\,000$，且不超过 50</td></tr>
<tr><td rowspan="2">4</td><td rowspan="2">对称点相对高差（mm）</td><td>允许</td><td>$L/3\,000$，且不超过 40</td></tr>
<tr><td>极值</td><td>$L/1\,500$，且反向</td></tr>
<tr><td>5</td><td colspan="2">断面尺寸（mm）</td><td>±10</td></tr>
</table>

注：$L$ 为跨径。当 L 在 60 ~ 200 m 时，轴线偏位允许偏差内插。

（3）外观鉴定

1）骨架曲线圆滑；无折弯，不符合要求时扣 2 ~ 4 分。

2）焊缝外形均匀，成形良好，焊渣和飞溅物清除干净。不符合要求时每处扣 0.5 ~ 1 分。

3）混凝土表面平整密实，颜色一致，轮廓线圆顺。不符合要求时扣 1 ~ 3 分。

4）蜂窝麻面面积不得超过该面面积的 0.5%，不符合要求时，每超过 0.5% 扣 3 分；深度超过 10 mm 的必须处理。

**6．钢管混凝土拱**

（1）基本要求

1）钢管拱肋使用的钢材和焊接材料应符合规范和设计要求。

2）钢管拱肋的焊接应按施工规范有关规定进行焊接工艺评定，施焊人员必须具有相应的焊接资格证和上岗证。

3）钢管拱肋元件合格后方可组焊，钢管拱肋节段合格后方可安装。

4）同一部位的焊缝返修不能超过两次，返修后的焊缝应按原质量标准进行复验，并且合格。

5）钢管拱在安装过程中，必须加强横向稳定措施，扣挂系统应符合设计和规范要求。

6）管内混凝土应采取泵送顶升压注施工，由拱脚至拱顶对称均衡地一次压注完成。

7）钢管混凝土应具有低泡、大流动、收缩补偿、延后初凝的性能。管内混凝土的浇筑应严格按设计要求进行，并对混凝土的质量进行检测。

8）钢管的防护应符合设计要求。

（2）实测项目

钢管混凝土拱实测项目见表 6—2—18 ~ 表 6—2—20。

**表 6—2—18　　钢管拱肋制作实测项目**

| 项次 | 检查项目 | 规定值或允许偏差 |
| --- | --- | --- |
| 1 | 钢管直径（mm） | ±*D*/500 及 ±5 |
| 2 | 钢管中距（mm） | ±5 |
| 3 | 内弧偏离设计弧线（mm） | 8 |
| 4 | 拱肋内弧长（mm） | 0，－10 |
| 5 | 节段对接错边（mm） | 2 |
| 6 | 节段平面度（mm） | 3 |
| 7 | 竖杆节间长度（mm） | ±2 |
| 8 | 焊缝尺寸 | 符合设计要求 |
|  | 焊缝探伤 |  |

注：*D* 为钢管直径。

**表 6—2—19　　钢管拱肋安装实测项目**

| 项次 | 检查项目 | | 规定值或允许偏差 |
| --- | --- | --- | --- |
| 1 | 轴线偏位（mm） | | *L*/6 000，且不超过 50 |
| 2 | 拱圈高程（mm） | | ±*L*/3 000，且不超过 ±50 |
| 3 | 对称点高差（mm） | 允许 | *L*/3 000，且不超过 40 |
|  |  | 极值 | *L*/1 500，且反向 |
| 4 | 拱肋接缝错边（mm） | | 0．2 倍壁厚且≤2 |
| 5 | 焊缝尺寸 | | 符合设计要求 |
|  | 焊缝探伤 | |  |

注：*L* 为跨径。

**表 6—2—20　　钢管拱肋混凝土浇筑实测项目**

| 项次 | 检查项目 | | 规定值或允许偏差 |
| --- | --- | --- | --- |
| 1 | 混凝土强度（MPa） | | 在合格标准内 |
| 2 | 轴线偏位（mm） | *L*≤60 m | 10 |
|  |  | *L*＝200 m | 30 |
|  |  | *L*＞200 m | *L*/4 000，且不超过 40 |
| 3 | 拱圈高程（mm） | | ±*L*/3 000，且不超过 ±50 |
| 4 | 对称点高差（mm） | 允许 | *L*/3 000，且不超过 ±40 |
|  |  | 极值 | *L*/1 500，且反向 |

注：*L* 为跨径。当 *L* 在 60～200 m 时，轴线偏位允许偏差内插。

（3）外观鉴定

1）线形圆顺，无折弯。不符合要求时扣2～4分。

2）焊缝均不得有裂纹、未熔合、夹渣、未填满弧坑和焊瘤等缺陷，且焊缝外形均匀，成形良好，焊缝与焊缝之间、焊缝与金属之间过渡光滑，焊渣和飞溅物清除干净。不符合要求时必须重新整修，达到合格，并扣1～3分。

3）浇筑混凝土的预留孔应焊接平整光滑，不突出或漏焊，不烧伤混凝土。不符合要求时扣1～3分。

**7. 中下承式拱吊杆和柔性系杆**

（1）基本要求

1）吊杆、系杆及锚具材料、规格和各项技术性能指标必须符合国家现行标准规定和设计要求。

2）锚垫板平面须与孔道轴线垂直。

3）吊杆、系杆防护必须符合设计和规范要求。

4）严格按设计规定程序进行施工。

（2）实测项目

吊杆的制作与安装实测项目见表6—2—21，柔性系杆实测项目见表6—2—22。

**表6—2—21　　吊杆的制作与安装实测项目**

| 项次 | 检查项目 | | 规定值或允许偏差 |
|---|---|---|---|
| 1 | 吊杆长度（mm） | | ±$L$/1 000及±10 |
| 2 | 吊杆拉力（kN） | 允许 | 符合设计要求 |
| | | 极值 | 下承式拱吊杆拉力偏差20% |
| 3 | 吊点位置（mm） | | 10 |
| 4 | 吊点高程（mm） | 高程 | ±10 |
| | | 两侧高差 | 20 |

**表6—2—22　　柔性系杆实测项目**

| 项次 | 检查项目 | 规定值或允许偏差 |
|---|---|---|
| 1 | 张拉应力（MPa） | 符合设计要求 |
| 2 | 张拉伸长率（%） | 符合设计要求，设计无要求时±6 |

（3）外观鉴定

1）吊杆、系杆顺直，无扭转现象。不符合要求时扣3～5分。

2）防护层完好，无破损现象。不符合要求时扣1～3分，必要时应加以修整。

## 常见拱桥的特点

常见拱桥的特点见表6—2—23。

**表6—2—23** **常见拱桥的特点**

| 序号 | 分类 | 定义 | 特点 |
|---|---|---|---|
| 1 | 板拱桥  | 主拱圈采用矩形实体截面的拱桥称为板拱桥，可分为石板拱、混凝土板拱和钢筋混凝土板拱等 | 构造简单、施工方便，使用广泛。自重较大，不经济，通常在地基较好的中小跨径圬工拱桥中采用 |
| 2 | 肋拱桥  | 指将板拱划分成两条或多条分离的、高度较大的拱肋，肋与肋间用横梁相连 | 可以用较小的截面面积获得较大的截面抵抗矩，从而节省材料，减轻拱桥的自重，因此多用于大、中跨径的拱桥 |
| 3 | 双曲拱桥  | 主拱圈横截面由一个或数个横向小拱单元组成，由于主拱圈的纵向及横向均呈曲线形，故称为双曲拱桥 | 施工工序多、组合截面整体性较差和易开裂等 |
| 4 | 箱型拱桥  | 拱肋采用箱型截面，可以用钢筋混凝土或钢建造的拱 | 闭口箱形截面，截面抗扭刚度大，横向整体性和结构稳定性好，特别适用于无支架施工，是目前采用最多的截面形式之一 |

续表

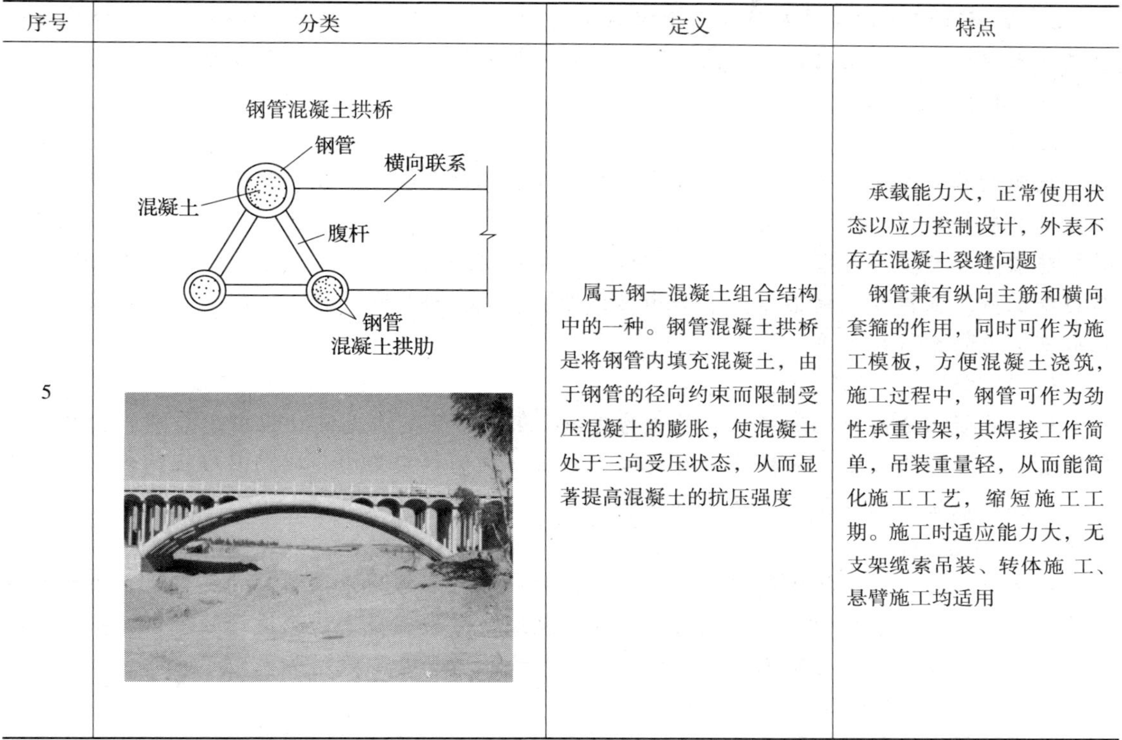

| 序号 | 分类 | 定义 | 特点 |
|---|---|---|---|
| 5 | 钢管混凝土拱桥<br>钢管 横向联系 混凝土 腹杆 钢管混凝土拱肋 | 属于钢—混凝土组合结构中的一种。钢管混凝土拱桥是将钢管内填充混凝土，由于钢管的径向约束而限制受压混凝土的膨胀，使混凝土处于三向受压状态，从而显著提高混凝土的抗压强度 | 承载能力大，正常使用状态以应力控制设计，外表不存在混凝土裂缝问题<br>钢管兼有纵向主筋和横向套箍的作用，同时可作为施工模板，方便混凝土浇筑，施工过程中，钢管可作为劲性承重骨架，其焊接工作简单，吊装重量轻，从而能简化施工工艺，缩短施工工期。施工时适应能力大，无支架缆索吊装、转体施 工、悬臂施工均适用 |

## 工程应用

根据模块六任务一中下承式钢管混凝土简支系杆拱桥的已知条件，选择合适的施工方法进行此拱桥的施工。

已知此桥是下承式钢管混凝土简支系杆拱桥，跨径较大，其具体施工步骤如下。

一、主要机具准备

1. 起重设备：塔吊、吊车、浮吊、卷扬机、倒链等。

2. 安全设备：安全帽、防滑鞋、安全带、救生衣、灭火器等。

3. 混凝土灌注设备、混凝土运输设备：混凝土拌和站（机）、混凝土输送泵、泵管、串桶、振捣棒、吊斗、混凝土灌车等。

4. 模板设备：T 形梁模板、水平尺、吊锤等。

5. 钢筋加工安装设备：钢筋成套加工设备、电焊机等。

6. 张拉设备：油泵、千斤顶等。

二、材料准备

1. 原材料：水泥、石子、砂、外加剂、钢筋、钢绞线等，由持证材料员和试验员按规定进行检验，确保其原材料质量符合相应标准。

2．混凝土配合比设计及试验：按混凝土设计强度要求，分别做泵送混凝土配合比及普通混凝土配合比的试验配合比、施工配合比，并要满足现浇施工的全部要求。

三、拱桥施工工序

1．拱架安装

拱架结构杆件采用万能杆件，每片拱肋由六片钢拱架组成。拱轴线的曲度由拱架下弦杆的非标准短杆形成。拱架采用悬臂安装法，每半跨布置两根扣索，拱架吊装采用塔吊，在河两岸桥墩旁各布置一台塔吊。拱架合龙后，先浇筑拱肋的拱脚段和端横梁混凝土。在浇筑拱肋混凝土前，在拱脚端横梁布置水平预应力钢束，张拉拱脚水平预应力钢束，使钢拱架成为无水平推力的系杆拱体系。

2．拱肋混凝土浇筑

拱肋混凝土分段对称浇筑，分段长为 4 m。在拱肋混凝土浇筑过程中，分阶段反复张拉端横梁水平预应力钢束，以抵消拱肋混凝土自重产生的拱架推力。拱肋混凝土达到设计强度后，割去钢拱架拱顶的弦杆，将钢拱架卸除。

3．系梁浇筑

系梁浇筑时，利用拱肋吊挂临时吊杆，临时吊杆用来作为系梁施工的支架。系梁为预应力箱形梁，预应力采用钢绞线。系梁采用分段浇筑，系梁混凝土达到设计强度后，张拉系梁内的预应力钢束。预应力钢束的张拉力随施工荷载的增加分阶段增加。

4．吊杆和横梁安装

系梁混凝土达到设计强度后，将吊杆穿入拱肋和系梁的预留孔中。吊杆采用 25 mm 的碳素钢丝组成，两端采用镦头锚具，吊杆防护采用 PE 套。吊杆的张拉根据施工加载阶段进行多次张拉。横梁为预应力梁，施工采用悬挂支架就地浇筑。

5．浇筑桥面系

现浇桥面板厚 25 cm，采用 C35 混凝土浇筑，振捣方式采用插入式振捣棒振捣，严格控制振捣质量。混凝土浇筑 24 h 后方可拆模，并注意保温、保湿养护。

6．整个施工过程，必须做好安全和环保措施。

## 思考与练习

1．混凝土拱桥有哪些施工方法？

2．简述拱桥就地浇筑法（有支架施工）的施工工序。

3．简述缆索吊装法的施工加载程序。

4．简述有平衡重平转施工的工序。

# 模块七

# 斜拉桥与悬索桥施工

## 课题一　斜拉桥施工

- ◆ 了解斜拉桥的类型。
- ◆ 熟悉斜拉桥的主要施工工序及施工机具。
- ◆ 了解索塔施工中模板施工工艺特点。
- ◆ 了解斜拉桥主梁前支点施工的特点。

### 一、斜拉桥的类型及主要施工工序

**1. 斜拉桥的类型**

斜拉桥和悬索桥是目前两种超大跨度桥梁的主要桥型，但斜拉桥经济性好、构造简洁、桥型优美，且索可以更换，耐久性好，因此发展迅速，不到半个世纪，该桥型已在世界普及。世界上第一座现代化斜拉桥是1955年建成的瑞典斯特罗姆松德桥（见图7—1—1a），主跨长183 m，而目前主跨最长的斜拉桥为俄罗斯的俄罗斯岛大桥（见图7—1—1b），主跨长1 104 m。2013年世界前10名大跨度斜拉桥的基本情况见表7—1—1。

a）

b）

图 7—1—1　斜拉桥示例

a）斯特罗姆松德桥　b）俄罗斯岛大桥

**表 7—1—1　　2013 年世界前 10 名大跨度斜拉桥（截至 2013 年 8 月）**

| 序号 | 桥名 | 国家 | 建成时间（年） | 主跨长度（m） |
|---|---|---|---|---|
| 1 | 俄罗斯岛大桥 | 俄罗斯 | 2012 | 1104 |
| 2 | 苏通长江大桥 | 中国 | 2008 | 1088 |
| 3 | 香港昂船洲大桥 | 中国 | 2009 | 1018 |
| 4 | 鄂东长江公路大桥 | 中国 | 2010 | 926 |
| 5 | 多多罗大桥 | 日本 | 1999 | 890 |
| 6 | 诺曼底大桥 | 法国 | 1995 | 856 |
| 7 | 荆岳长江大桥 | 中国 | 2010 | 816 |
| 8 | 仁川大桥 | 韩国 | 2009 | 800 |
| 9 | 厦漳跨海大桥北汊主桥 | 中国 | 2012 | 780 |
| 10 | 海参崴金角湾大桥 | 俄罗斯 | 2012 | 737 |

斜拉桥可看作拉索代替支墩的多跨弹性支撑连续梁，可使梁体内弯矩减小，降低建筑高度，减轻结构重量，节省材料。索承受巨大拉力，而塔、梁承受巨大压力，但塔的左右水平力自我平衡。斜拉桥作为一种拉索体系，比梁式桥的跨越能力更大，是大跨度桥梁的最主要桥型。

由于斜拉桥的基本构件特征和结构形式各异，演变出花样繁多的斜拉桥桥型。如按照梁体结构分为钢斜拉桥、混凝土斜拉桥、组合梁斜拉桥、混合式斜拉桥等；按索的特征分为双索面（见图 7—1—2）、单索面；按塔数分为单塔、双塔、多塔等；按塔、梁、墩相互结合方式分为飘浮体系、半飘浮体系、塔梁固结体系和刚构体系。

图 7—1—2　双塔、双索面混合梁斜拉桥（法国诺曼底大桥）

**2. 主要施工工序**

斜拉桥施工工序和主要构件的施工方法密切相关，如混凝土梁在现场浇筑（如鄂黄长江大桥）或采用拼装法（如广东九江大桥），而钢箱梁则可在工厂预制后在现场吊装（如南京长江二桥）。图 7—1—3 所示为混凝土塔钢箱梁斜拉桥的一般施工工序。

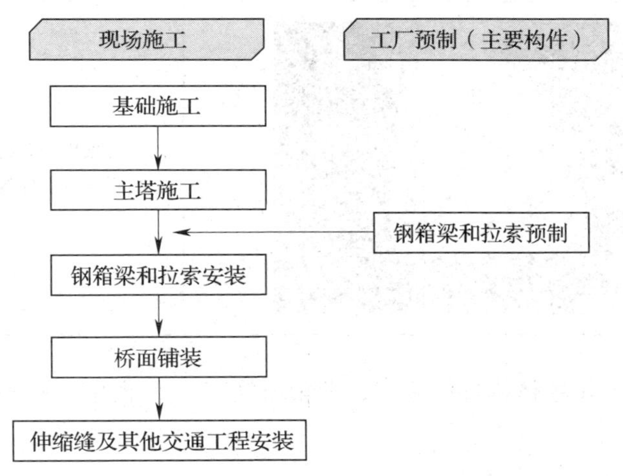


图 7—1—3　钢箱梁斜拉桥的一般施工工序

**3. 常用施工机具**

斜拉桥结构由于其构造特殊性，施工中需要有相应的专门施工机械，主梁施工中如采用悬臂浇筑需要挂篮，而悬臂拼装法施工中则需要吊机。斜拉桥常用施工机具见表 7—1—2。

表 7—1—2　　斜拉桥常用施工机具

| 机具名称 | 机具 | 机具介绍 |
|---|---|---|
| 悬臂浇筑挂篮 |  | 挂篮为悬臂浇筑的主要施工机具，它是一个能够沿轨道行走的活动脚手架，悬挂在已经张拉锚固的箱梁节段上。在挂篮上可进行下一节段的模板、钢筋、管道的架设，浇筑混凝土和预应力张拉、压浆等作业 |
| 悬臂拼装吊机 |  | 悬臂拼装吊机是一个把预制的梁起吊并和已安装好的梁联系在一起的设备，一个节段完成后前移进行下一节段安装 |
| 千斤顶 |  | 千斤顶用于张拉斜拉索到设计的索力值，左图所示为平行钢绞线的张拉 |

下面主要介绍斜拉桥主体构件的施工，即索塔施工、主梁施工和斜拉索施工。

## 二、索塔施工

斜拉桥的索塔形式有单柱式、双柱式、门架式、花瓶型、钻石型等，如图 7—1—4 所示，索塔根据材料的不同有混凝土索塔、钢索塔或者钢混组合索塔。斜拉桥索塔的施工方法与悬索桥的索塔基本相同，主要区别是斜拉桥的索塔需要考虑斜拉索的锚固问题，而悬索桥的索塔塔形更简单，但桥塔顶需要安装主索鞍。下面统一介绍斜拉桥和悬索桥的索塔施工，并对其两者区别之处进行阐述。

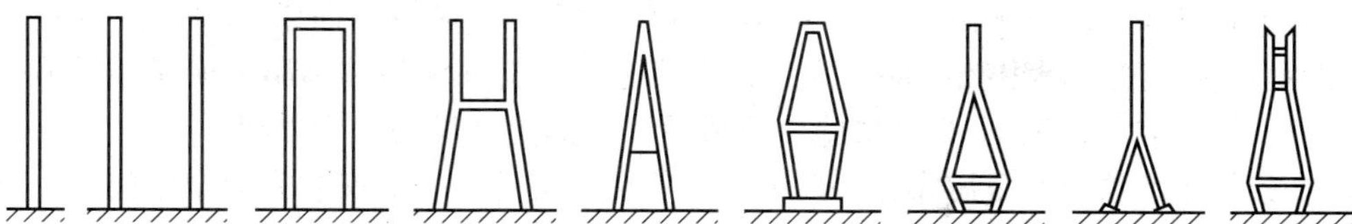

图 7—1—4　斜拉桥索塔的横向布置形式

斜拉桥索塔的施工在其施工中占有重要地位，其造价占总造价的 20% 左右，而建设工期占总工期的 1/3。索塔选择施工方法时需要综合考虑，如项目规模、塔的形状、施工地点以及经济性。下面就三种不同建筑材料的索塔施工方法分别介绍。

**1. 混凝土索塔施工**

国内多采用钢筋混凝土索塔，且多用现浇施工，造价相对便宜，如虎门大桥、安徽铜陵长江大桥和苏通大桥等。本课题主要介绍索塔施工中的塔吊选择和比较广泛运用的模板的施工工艺。

钢筋混凝土索塔节段施工工艺流程如下：

接头凿毛、清洗、测量放样→接高劲性骨架→绑扎钢筋、预应力体系的安装→内外模板提升及安装→测量、调整模板→验收符合要求后固定模板→浇筑混凝土→混凝土养生→进行下一节段施工。

（1）塔吊布置

混凝土索塔的施工属高空作业，工作面小，施工难度比较大，在施工中必须详细考虑材料设备的水上运输、垂直提升及安拆，以及施工人员上下安全通道的布置问题。目前大多数索塔施工起重设备均采用塔吊辅以人货两用电梯，混凝土索塔的施工多采用塔式吊机施工法。塔吊布置需根据索塔的结构形式和施工程序综合考虑，主要有三个方案，如图 7—1—5 所示。

图 7—1—5　典型塔吊的布置

1）在索塔正面的任一侧设置一台塔吊，其位置距索塔横桥方向中心线上。该布置包括三个分方案：主梁施工时留孔给塔吊穿过；主梁施工前拆除塔吊，利用上横梁架设另一台吊机；浇筑0号块前拆除塔吊，0号块施工完成后，在其上架设另一台吊机。

2）在索塔中心线上、下游布置一台塔吊，其优点是可以一次安装完成全塔施工，且塔吊可以牢固地附着在索塔的塔柱侧面。塔吊基础可以充分利用桥台或另行设计和施工。

3）对于主梁较宽的索塔，可在塔中线上、下游各布置一台塔吊，以保证施工能全方位起重作业。

（2）模板施工工艺

索塔混凝土的浇筑施工按提升方法主要有整体模板逐段提升法、翻模、爬模和滑模四种，均可实现无支架施工。其中，爬模施工工艺以其众多的优点在索塔施工中被广泛使用，各工艺比较见表7—1—3。

**表7—1—3　　混凝土索塔现浇施工方法比较**

| 施工方法 | 施工工序 | 优点 | 缺点 | 应用 |
|---|---|---|---|---|
| 整体模板逐段提升 | 利用模板浇筑混凝土并达到一定强度后，通过已浇筑混凝土上的钢骨架或专用立柱搭设起重横梁，通过横梁上的电动卷扬机等提升设备提升模板再进行下一节段浇筑 | 施工简便，不需大型吊装设备。适合截面尺寸和节段长度相同的索塔 | 不适合索塔截面尺寸变化较大、倾斜度较大的索塔，施工缝不易处理，外观难保证 | 越南顺福悬索大桥 |
| 翻模 | 一般三节双面模板作为一个施工单元，把最下面的一层倒到最上面进行混凝土浇筑，有的同时倒两层，最下面的一层作为受力层支撑上面的模板 | 外观整洁，方便施工，施工速度快。索塔施工用得较少，高墩施工采用较多 | 需要大型起吊设备，只能在等截面塔柱上施工 | 厦门海沧大桥 |
| 滑模 | 滑模只做一层模板，混凝土达到一定强度后，模板与混凝土保持接触互相摩擦的情况下逐步整体上升 | 施工速度快，劳动强度小 | 技术要求高，施工控制复杂，外观质量较差 | 赣江公路大桥 |
| 爬模 | 用附设在模板结构上的提升装置，把混凝土达到一定强度的模板脱模后提升到一个灌筑高度，逐层往上浇筑 | 施工安全，质量可靠，降低劳动强度，适用范围广 | 施工速度较慢 | 舟山西堠门大桥、广州黄埔大桥和南京长江四桥 |

爬模法工艺分为无爬架模工艺和有爬架模工艺。无爬架爬模要求用塔吊等起重设备进行提升，仅依靠模板系统自身不能完成提升作业，在国内特大斜拉桥施工中被广泛采用，安徽铜陵长江公路大桥第一次应用该工艺。而有爬架爬模法施工，依靠依附在已浇混凝土索塔上

的模板爬升架，利用提升设备，通过导向滑轨分块提升模板，按提升设备分为液压爬升模、电动爬升模和倒链爬升模，液压爬模施工在宁波甬江大桥、苏通大桥等很多桥梁施工中得到了运用，施工步骤如图 7—1—6 所示。

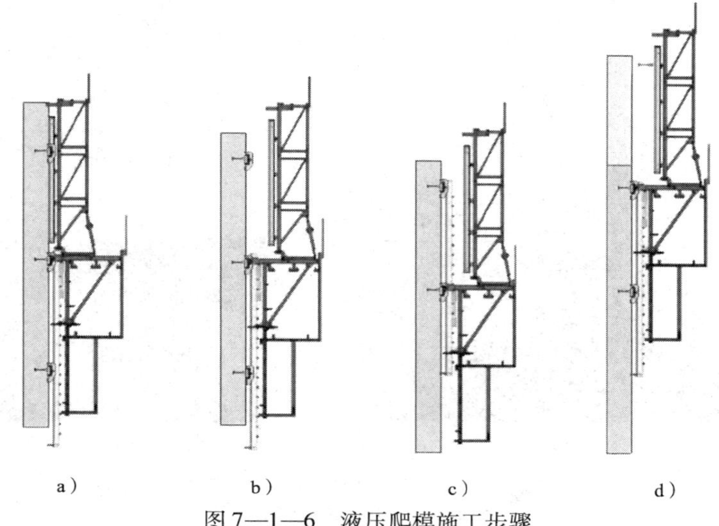


图 7—1—6　液压爬模施工步骤

a）合模板浇筑混凝土　b）后移模板　c）提升导轨　d）提升模板及支架

（3）横梁施工

索塔横梁一般包括位于主梁下的下横梁和在一定高度的上横梁。横梁施工一般应与该段索塔同时施工，索塔的施工稳定性将更好，同时便于支架搭设和横梁预应力施工。横梁施工支架可用大直径钢管支撑加贝雷架或万能杆件桁架两种形式。当塔柱施工到一定的高度（一般为超出横梁位置 12 ~ 15 m）时，必须要等横梁施工完成后形成框架结构，才允许塔柱继续向上施工。

横梁的施工一般采用两次浇筑、一次张拉工艺，这样不仅可以保证混凝土外表光滑，而且可以使得下横梁与相应高度的塔柱的连接不会因浇筑混凝土过程的沉降变化而产生裂缝。但是如果混凝土体积过大，为避免搭设超强的支架，可以采用二次浇筑、二次张拉工艺，即在第一次浇筑的混凝土的强度达到 80% 后，部分张拉预应力，和支架共同承担第二次混凝土的重力，待第二次混凝土达到一定强度后再张拉余下的预应力索，如南京长江二桥就采用此法。

但是横梁施工复杂，需要较长的施工工期，这势必影响整个项目的工期，由此可以选择采用临时劲性支撑代替上横梁的方法，保证两塔柱形成临时框架结构。图 7—1—7 为南京长江四桥索塔施工中和施工完成后的比较。

**2. 钢索塔施工**

钢索塔具有工厂化加工、体积小、自重轻和施工速度快等特点，在日本、美国和欧洲被广泛采用，如美国的金门大桥和华盛顿大桥，日本的多多罗桥、生口桥和东京港湾桥等。在国内，钢索塔价格较贵，采用较少，泰州长江大桥（三塔悬索桥，主跨 1 080 m）的中塔采用钢索塔，南京长江三桥下横梁以上部分也采用钢索塔。

a）

b）

图 7—1—7　南京长江四桥索塔爬模施工

a）索塔施工中　b）索塔施工完成后

钢索塔按设计节段制作完成，并在工厂试拼装调整后，运输到桥位处，按照施工组织设计进行安装，塔的安装方案主要有浮吊法、大型塔吊法和爬升式吊机法。浮吊法是将索塔一次或多次起吊的架设方法，此法可以缩短工期，但是对浮吊起重能力有较高要求，起吊高度有限制，如图 7—1—8 所示。大型塔吊法是在索塔旁安装与索塔完全独立的塔吊进行架设的方法，该方法施工方便，但是塔吊及基础费用较高，目前采用得比较多，南京长江三桥上塔柱即采用塔吊施工，如图 7—1—9 所示。爬升式吊机法是在已架设的塔柱上安装导轨，使用

图 7—1—8　泰州长江大桥中钢索塔浮吊施工

图 7—1—9　南京长江三桥桥塔塔吊施工

可沿导轨爬升的吊机吊装的方法，在早期由于设备能力、经济性等因素多有采用，但是该方法效率低，施工中吊机对塔的受力有负面影响，如美国金门大桥索塔的施工即采用此法，如图 7—1—10 所示。

图 7—1—10 美国金门大桥索塔爬升式吊机法施工

### 3. 钢—混凝土组合索塔施工

钢—混凝土组合索塔的形式有很多种，但是用得最多的是下塔柱用混凝土结构、上塔柱用钢结构（见图 7—1—11），有些索塔也采用塔柱为混凝土结构，腹杆或者部分腹杆为钢结构（见图 7—1—12）。无论采用哪种组合结构，其施工方案基本都采用与混凝土塔和钢塔施工类似的方案。

图 7—1—11 马鞍山长江公路大桥塔吊施工

图 7—1—12 武汉阳逻长江大桥桥塔钢腹杆吊装

### 4. 斜拉索塔锚固段施工

斜拉桥拉索塔锚固段是将多个斜拉索作用的局部集中力传递给塔柱的重要受力结构。拉索锚固段的构造形式很多，对大型斜拉桥来说，目前塔上常用的斜拉索锚固构造常用的方式有 3 种：钢锚箱锚固（如法国诺曼底大桥、杭州湾大桥、苏通长江大桥）、钢横梁锚固（如加拿大安娜西斯大桥、南浦大桥）和环向预应力锚固（如南京长江二桥、舢桃夭门大桥），如图 7—1—13 所示。

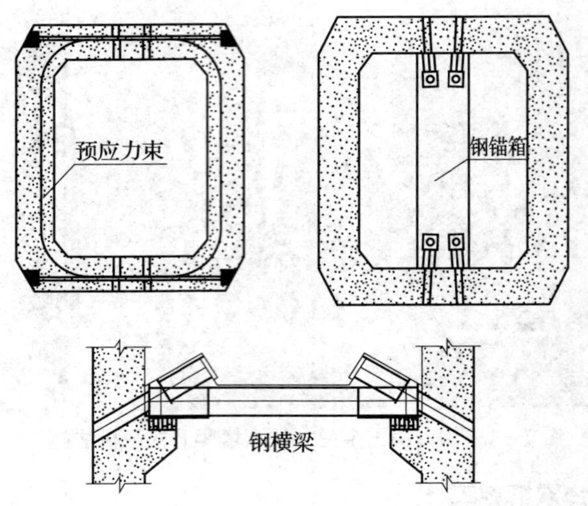


图 7—1—13 塔柱锚固段构造示意图

（1）钢锚箱锚固段施工

塔柱两侧的水平分力通过锚箱的水平钢板和塔柱共同承受，垂直分力通过锚箱的垂直钢板的剪力键传递到塔柱的混凝土中，钢锚箱在工厂制作，容易控制锚固的位置和角度，但对吊装能力有一定要求，水平力有钢锚箱和塔壁承担，塔壁容易开裂。下面以杭州湾大桥北航道桥主塔钢锚箱为例，施工工艺如图 7—1—14 所示。施工完成后，还要施加环向预应力筋。

（2）钢横梁构造锚固段施工

拉索锚固钢横梁是一个独立并且稳定的构件，它支撑在空心塔塔壁预埋的牛腿上，两端的刚性垂直支撑可在顺、横桥向做微小的移动和转动，但两个方向都有限位装置。斜拉索的拉力垂直分力由牛腿承担，而两段水平分力大部分由钢横梁平衡，只有少部分由塔壁承担。

索塔施工时，预埋拉索钢套管要求采用三维定位，在塔柱施工的是预埋牛腿钢筋或与塔柱同时浇筑。锚固钢横梁对起重能力有一定要求，塔内空间有限，也可考虑分段吊装，现场用高强度螺栓连接。

（3）环向预应力构造锚固段施工

环向预应力能够克服斜拉索的水平分力，防止混凝土塔在拉索锚固力作用下的开裂。环向预应力索一般设计为 U 形布置，如图 7—1—13 所示。环向预应力拉索锚固段的施工包括模板安装、预应力索的安装、钢套筒定位、混凝土浇筑、预应力索张拉和压浆。

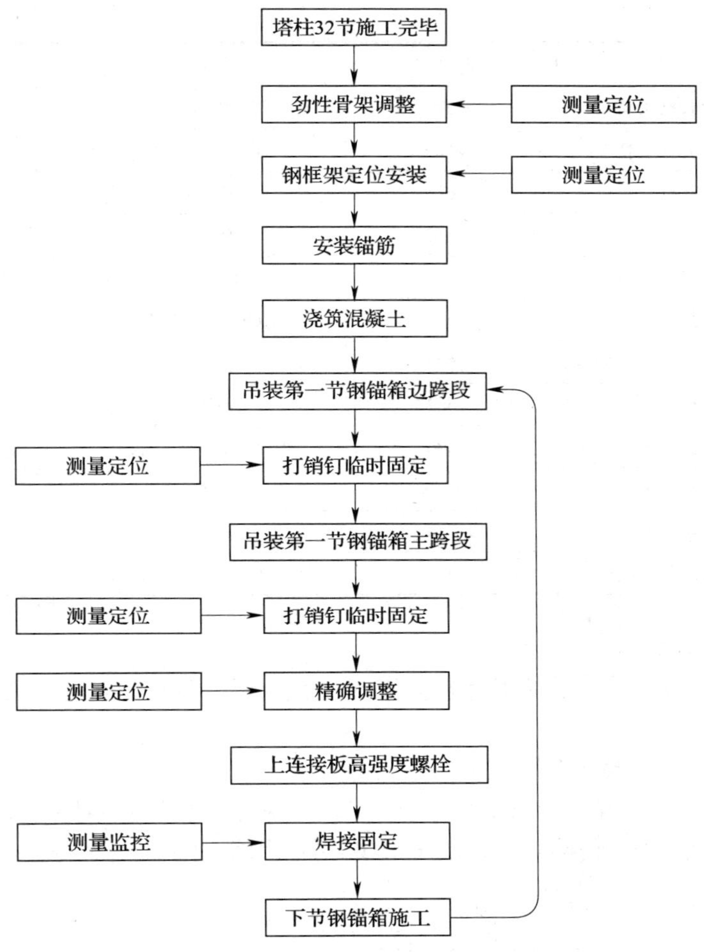


图 7—1—14 杭州湾北航道桥钢锚箱施工工艺流程

## 三、主梁施工

斜拉桥主梁有钢梁、钢筋混凝土梁、叠合梁和混合梁等，施工方法与梁式桥基本相同，大体有顶推法、平转法、支架法（临时支墩拼装、支架上现浇）、悬臂法（悬臂拼装、悬臂浇筑）四种，前三种方法在跨径不大的斜拉桥上采用较多，而悬臂法适合于大跨度斜拉桥，表 7—1—4 为国内一些大跨度斜拉桥主跨的主梁结构和施工方法。

**表 7—1—4　国内一些斜拉桥的主梁结构和施工方法**

| 序号 | 桥名 | 主跨径（m） | 主梁结构 | 施工方法（主跨段） |
|---|---|---|---|---|
| 1 | 安徽铜陵长江大桥 | 432 | 预应力混凝土 | 前支点挂篮浇筑 |
| 2 | 湖北荆沙长江大桥 | 500 | 预应力混凝土 | 前支点挂篮浇筑 |

续表

| 序号 | 桥名 | 主跨径（m） | 主梁结构 | 施工方法（主跨段） |
|---|---|---|---|---|
| 3 | 鄂黄长江大桥 | 590 | 预应力混凝土 | 前支点挂篮浇筑 |
| 4 | 广东九江大桥 | 160 | 预应力混凝土 | 浮吊法悬拼 |
| 5 | 南京长江二桥 | 628 | 钢箱梁 | 桥面吊机悬拼 |
| 6 | 安庆长江大桥 | 510 | 钢箱梁 | 桥面吊机悬拼 |
| 7 | 武汉白沙洲大桥 | 618 | 主跨钢、边跨混 | 步履式悬臂吊机悬拼 |
| 8 | 汕头海湾二桥 | 518 | 主跨钢、边跨混 | 桥面吊机悬拼 |
| 9 | 福建青州闽江大桥 | 605 | 结合梁 | 平衡悬拼 |
| 10 | 上海杨浦大桥 | 602 | 结合梁 | 桥面吊机悬拼 |
| 11 | 上海徐浦大桥 | 590 | 主跨结合梁、边混 | 桥面吊机悬拼 |
| 12 | 苏通长江大桥 | 1088 | 钢箱梁 | 桥面吊机悬拼 |
| 13 | 上海长江大桥 | 730 | 钢箱梁 | 桥面吊机悬拼 |
| 14 | 鄂东长江公路大桥 | 926 | 主跨钢、边跨混 | 桥面吊机悬拼 |

**1．混凝土梁施工**

大跨度混凝土斜拉桥主梁施工有悬臂浇筑法和悬臂拼装法施工等，本课题仅介绍悬臂（浇筑）法施工。

（1）悬臂浇筑的一般施工程序

悬臂段浇筑程序：支架上立模浇0号和1号块→拼装联体挂篮→对称浇筑2号梁段→挂篮分解前移→对称悬浇梁段并挂索→依次对称浇筑各梁段混凝土并挂索，如图7—1—15所示。

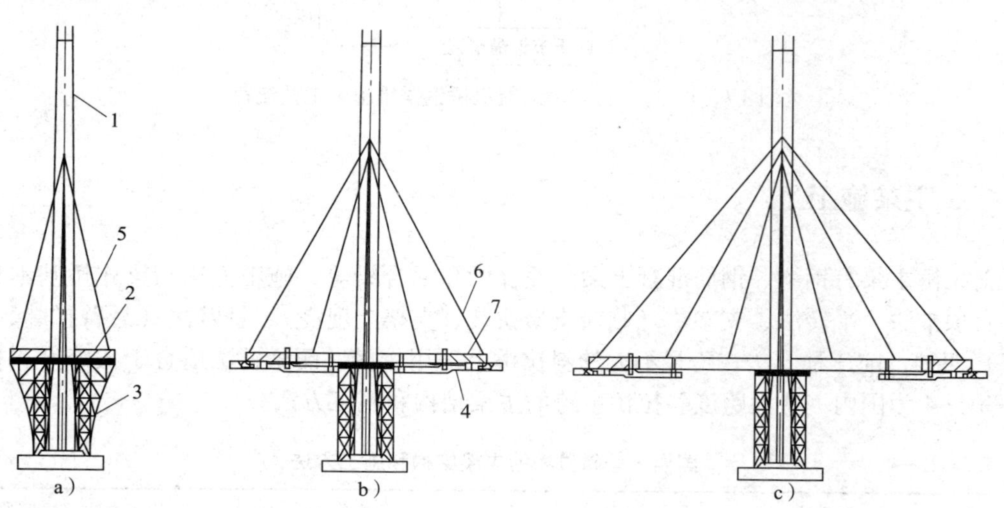


图7—1—15　主梁前支点悬臂浇筑一般程序

a）支架现浇0号、1号块并挂索　b）拼装牵索挂篮，对称悬浇梁段　c）挂篮前移，依次浇筑

1—索塔　2—现浇梁段　3—现浇支架　4—前支点挂篮　5—斜拉索　6—前支点斜拉索　7—悬浇梁段

（2）塔梁临时固结措施

在斜拉桥主梁悬臂施工过程中，索塔两侧的梁体因自重荷载、施工机具、两侧的斜拉索的不同张拉索力、风荷载等不平衡将产生一定的倾覆力矩。当漂浮和半漂浮体系的斜拉桥采用悬臂浇筑法进行主梁施工时，为确保结构在施工过程中的稳定性，必须将塔和梁临时固结，合龙后解除固结。对钢箱梁、叠合梁等斜拉桥施工中都要考虑临时固结。

塔梁临时固结传统采用在索塔的下横梁上设置四个临时支座，支座下端预埋在下横梁中，上端锚固在主梁 0 号块的横隔梁中的大直径螺纹钢筋上，如图 7—1—16 所示。针对临时固结拆除困难的问题，发展出钢结构支座等形式。

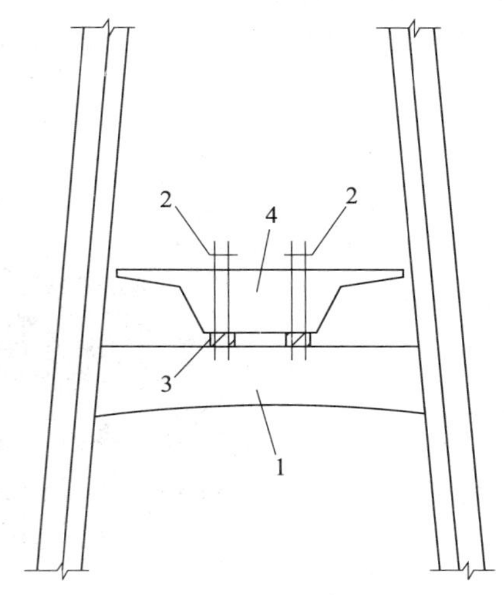


图 7—1—16　临时固结支座的布置

1—下横梁　2—钢筋　3—临时固结支座　4—0 号块

（3）悬臂浇筑施工工艺

斜拉桥主梁施工采用的挂篮主要有后锚点挂篮、劲性骨架挂篮和前支点挂篮三种。我国在 20 世纪 70 ~ 90 年代，大多采用前两种施工方法，其挂篮结构构造和受力特点同连续梁主梁施工中使用相似，但其没有充分利用斜拉桥的特点。前支点挂篮法充分利用了斜拉索而发展起来的，优点很多，目前大多采用此法，下面进行详细介绍。

前支点挂篮悬臂浇筑施工是将挂篮后段锚固在已浇梁段底板上，并将待浇筑段的斜拉索挂在挂篮纵梁前段，以形成前支点，该法充分发挥斜拉索的作用，由斜拉索和已浇梁段共同承担待浇梁段的混凝土荷载。待混凝土达到所需强度后，拆除斜拉索和挂篮的连接，使节段荷载转换到斜拉索上，再前移挂篮，如图 7—1—17 所示。

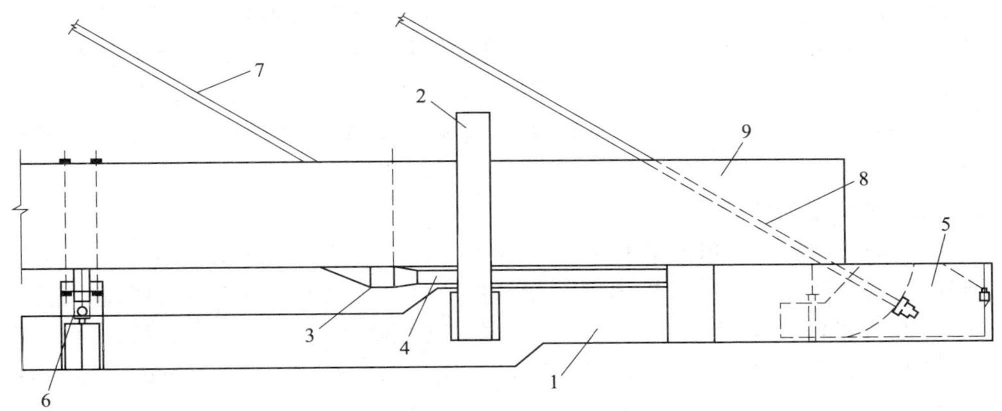


图 7—1—17　前支点挂篮的构造

1—纵梁　2—C 形挂梁　3—水平止推座　4—水平止推杆　5—转动锚座

6—后锚座系统　7—斜拉索　8—前支点斜拉索　9—待浇梁段

安徽铜陵长江公路大桥首次在国内使用前支点挂篮施工后，经过不断改进，该施工工艺更趋全面和完善。图 7—1—18 为济南纬六路跨铁路斜拉桥前支点挂篮施工现场。

图 7—1—18　济南纬六路跨铁路斜拉桥前支点挂篮施工

**2. 钢梁施工**

钢主梁最常见的形式是钢箱梁，常用的施工方法有支架拼装法和悬臂拼装法。大跨度斜拉桥钢箱梁一般采用悬臂拼装法架设，即钢箱梁按照设计要求分段制作，运至桥位逐段吊装，钢箱梁节段之间全断面焊接、螺栓连接或两者结合，直至跨中合龙。该法优点是施工速度快、工期短；钢箱梁块件制作在工厂进行，质量可靠。斜拉桥钢箱梁的安装一般分为边跨及辅助跨、无索区 0 号块、标准段和合龙段施工。各个区段吊装施工要综合考虑设备条件、地形地理、通航水位等采取不同方法。

（1）边跨钢箱梁安装

一般预制钢箱梁由船舶水运至桥位处起吊架设，对于运梁船和浮吊不能到达的无水和浅水区的钢箱梁运输和安装，可在辅助墩和主引桥过渡墩间搭设临时支架（见图 7—1—19），并在辅助墩外一定水域内增设适当的临时墩，以搭放用于运移和临时搁置钢箱梁的施工排架和移梁轨道，以便利用浮吊将边跨梁段吊至其上，然后沿轨道纵移就位焊接或者临时搁置，与 0 号块逐段延伸过来的桥面吊机拼焊，完成岸边钢箱梁的架设。

（2）无索区梁段安装

在完成索塔封顶后，即可开始在索塔搭设无索区梁段支撑托架，并在其上铺设移梁轨道。托架可用钢管桩为主立柱，桩顶用万能杆件或其他桁架组拼平台。如苏通大桥北索塔区，1 600 t 起重船将长 22. 2 m、宽 35 m、重 695 t 的钢箱梁从运梁船上起吊，落至 72 m 高的临时支架上（见图 7—1—20），北索塔区有 3 块、总长 57. 6 m 的钢箱梁。焊接完成后，即可挂设并张拉第一对斜拉索，并将 0 号块和下横梁临时固结。

（3）标准梁段安装

在完成桥面吊机的安装、试吊和第一对斜拉索的第二次张拉并拆除 0 号块和支撑托架间的支撑钢锲块后，即可开始对称悬臂拼装标准梁段，如图 7—1—21 所示。标准梁段的施工

图 7—1—19　斜拉桥边跨支架施工

图 7—1—20　苏通大桥无索区钢箱梁吊装

程序（以金塘大桥为例）：运梁驳船抛锚就位→钢箱梁起吊→钢箱梁调整、就位→高强螺栓连接施工→吊机松钩、前移锚固→斜拉索施工→下阶段施工。

（4）合龙段施工

合龙段施工包括边跨合龙段和主跨跨中合龙施工（见图 7—1—22），梁段都为非标准段，合龙的基本形式相同。但是边跨合龙也有特殊的，如南京长江二桥边跨采用排架上顶推合龙。

中跨合龙常采用强制合龙法和温差合龙法两种方法。强制合龙法是在温差与日照影响最小的时候将两端箱梁用钢扁担或钢桁架临时固结，嵌入合龙段块件钢条填塞处理结合部

图 7—1—21　金塘大桥钢箱梁标准段吊装

图 7—1—22　钢箱梁中跨和边跨合龙

缝隙，焊接完成后解除临时固结及其他约束，完成体系转换。温差合龙法也叫无应力合龙法，它利用对钢箱梁的影响，在一天中温度相对较低的时候将合龙段梁体安放进合龙口，因为此时的合龙口间距最大，在温度升高前，施焊完毕，解除塔墩临时固结，完成体系转换。一般在施工前，对梁段位移进行 48 h 测量，根据测量结果，确定合龙段的精确长度，对预先已加工好并预留有足够长度的合龙段箱梁进行未匹配段进行配切。目前，大跨度斜拉桥的钢箱梁合龙基本采用温差合龙法，该合龙法平顺稳妥，不产生主梁次应力。

**3. 结合梁施工**

结合梁斜拉桥是在钢主梁上用预制的混凝土桥面板代替钢桥面板，它充分利用了混凝土抗压能力和钢板耐拉力的特点，如徐浦大桥、青州闽江大桥和东海大桥主通航孔桥等。它能节省钢材，造价介于钢箱梁和混凝土梁之间。结合梁一般由钢主梁（小钢箱梁或者工字钢梁）、钢横梁、小纵梁和钢人行道悬臂梁组成的平面钢架构，与钢梁顶板上的混凝土桥面板构成，如图 7—1—23 所示。

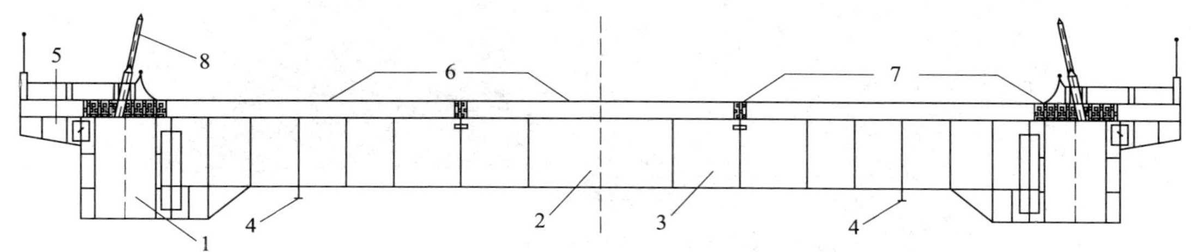


图 7—1—23　叠合梁桥构造图

1—钢主梁　2—钢横梁　3—小纵梁　4—行车轨道梁　5—人行道挑梁
6—预制桥面板　7—现浇桥面板　8—斜拉索

结合梁架设的主要施工方法，有从塔柱处对称平衡架设和待边跨先完成支架上架梁后，再从中跨开始悬臂架梁、对称挂索等两种方法。对称架设法一般采用先将梁体与主塔临时固结，以承受悬臂施工中可能出现的不平衡弯矩和剪力，上海南浦大桥和杨浦大桥、重庆江津观音岩长江大桥等的主梁架设都采用了此法。

结合梁的施工和钢箱梁施工有相似之处，如合龙的施工、临时固结拆除、体系转换等。结合梁的最大特点是钢框架和混凝土桥面板的连接。重庆江津观音岩长江大桥采用预制混凝土桥面板，最大平面尺寸为 3. 4 m×8. 54 m，顶面拉毛，采用 C60 混凝土，其纵向设置微锯齿剪力键。为了减少混凝土的收缩和徐变，预制混凝土桥面板之间浇筑 C60 微胀混凝土形成桥面。混凝土桥面板通过焊接在钢主梁和横隔板翼缘板上的键力钉和钢梁共同受力，如图 7—1—24 所示。

**4. 混合梁施工**

混合梁斜拉桥的主梁沿长度方向由两种不同的材料组成，主跨梁体为钢梁，边跨（或伸入主跨）梁体为混凝土梁。混合梁斜拉桥主跨采用钢梁，跨越能力大，且使钢材的抗拉性能和混凝土的抗压性能都得到充分发挥，具有良好的经济性，而边跨采用混凝土梁起到了很好的锚固作用且兼有可降低建桥成本的特点，图 7—1—25 为鄂东长江大桥主梁钢与混凝土结合部。法国诺曼底大桥、日本多多罗大桥、香港昂船洲大桥和武汉白沙洲长江大桥等都为混合梁结构。

预应力混凝土梁与钢梁或叠合梁的连接是混合式斜拉桥最重要的构造之一，连接的可靠性、耐久性是混合式斜拉桥成功的最关键技术。斜拉桥混合梁结合部构造一般比较复杂，其形式分为有格室和无格室两种。结合部的施工根据设计的不同连接方案和结合位置而采取不同的施工方法，但是施工程序及施工过程的重点基本相同。下面以鄂东长江大桥钢混合梁的结合段施工为例，简述其施工方法。

图 7—1—24　重庆江津观音岩长江大桥施工

a）钢主梁吊装　b）横梁与纵梁连接施工　c）混凝土桥面板吊装

鄂东长江大桥主梁中跨采用分离式双箱钢箱梁，边跨采用同外形的混凝土箱梁，其主梁钢与混凝土结合部构造如图 7—1—25 所示，为有格室后承压板方式。该结合部采用带开孔板件和焊钉连接的钢格室与混凝土横梁浇筑为一体的连接形式。

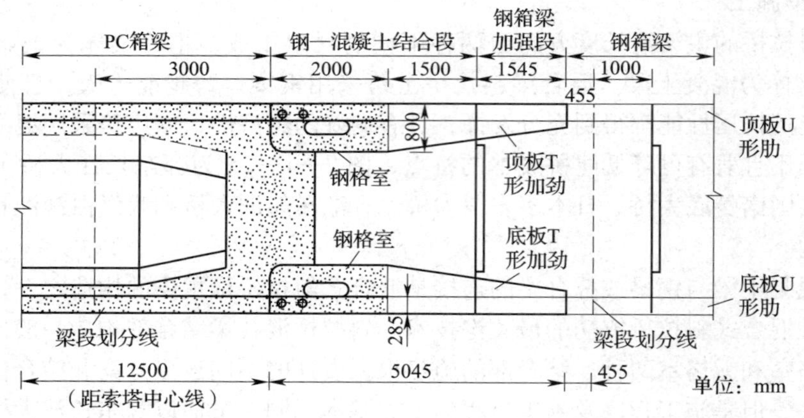


图 7—1—25　鄂东长江大桥主梁钢与混凝土结合部立面图

钢—混凝土结合段由江侧 M 梁段钢箱梁与岸侧 L 梁段混凝土箱梁共同组成。钢—混凝土结合段长 8. 5 m，其中 M 梁段长 5. 5 m，重 200. 8 t；L 梁段长 3 m，采用 C55 混凝土现浇，共计 78 m$^3$。钢—混凝土结合段施工顺序为：将钢箱梁 M 梁段吊装于存梁支架，准确调位、定位；安装 L 梁段钢筋、张拉预应力钢筋、浇筑 L 梁段混凝土。

## 四、斜拉索施工

斜拉索是一种柔性拉杆，是斜拉桥的重要组成部分。斜拉桥的梁体自重和桥面荷载主要通过拉索传至塔、墩，然后传至地基基础。目前，国内外各类斜拉桥所用的斜拉索主要采用经过多种防腐处理制作的高强度平行钢丝和平行钢绞线两种。相对于悬索桥主缆的不可更换性，斜拉索在运营过程中可以进行换索，延长了斜拉桥的使用寿命。平行钢丝和钢绞线拉索典型断面如图 7—1—26 所示。

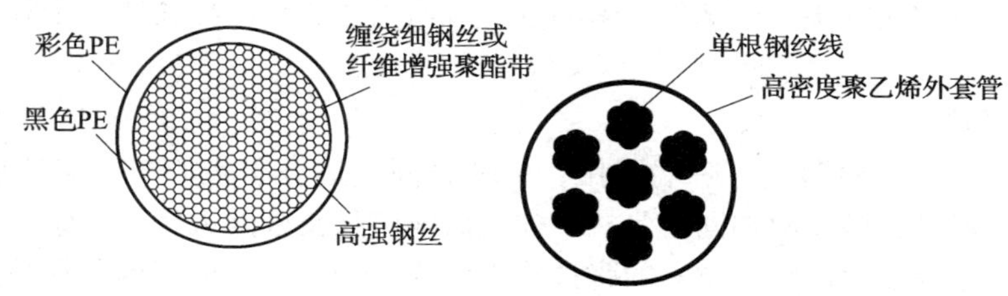


图 7—1—26　平行钢丝和钢绞线拉索断面

**1. 拉索性能比较**

平行钢丝拉索是经涂脂处理后按正六边形或缺角六边形平行并拢定形捆扎并轻度扭绞成束后，加缠高强度聚酯包带和热挤高密度聚乙烯塑料（HDPE）护套或染色 PE 护套，再于两端安装钢套管和锚具。国内大多斜拉桥，如苏通大桥、南京长江二桥南汊桥等都采用了平行钢丝拉索。该拉索采用工厂化制作，质量有保证；运输需要大直径索盘，不方便运输；整体性防护，防护性能好；整索张拉，张拉需要大的千斤顶，施工不太方便。

钢绞线拉索是现代斜拉桥拉索中常用的一种，在欧美、日本得到了广泛运用。它是将每根钢绞线束外涂防锈油脂或镀锌、喷铝后挤裹 PE 护套，再将若干根带有护套的钢绞线束组装成一根拉索，在拉索外再套一层 HDPE 套管形成无粘结柔性拉索。国内如福建青州大桥、广东湛江海湾大桥和安徽安庆长江大桥等采用了钢绞线拉索。该拉索采用部件工厂化制作，在工地组装，质量难控制；运输需要仅小直径索盘，方便运输；防护在工地现场实施，防护性能一般；单根索张拉，张拉力小，施工不太方便。

**2. 平行钢丝拉索施工**

拉索施工的主要工序有：拉索制作完成后，卷盘运至建桥工地，放索、牵引、安装、张拉，通过索力调整完成拉索的张挂受力。

（1）运索

索通过船舶或者车运到工地后，有三种方法把索运到桥面：桥面进索，也就是将索从地面或水面吊至桥面，再从固定位置将索放至梁段或连索盘一起运至梁端后再放索，如武汉长江二桥；水面进索，也就是从施工的主梁的梁端处用钢丝绳把运输船上的索盘中的索吊上桥面，同时完成进索和放索；桥侧水面进索，如施工场地受限制可采用，南京二桥就采用了此法。

（2）进索

拉索从索盘上释放出来，进入塔端和梁端前需在桥面上移动一段距离，为了保护拉索的PE防护外套，常用的移动方法有滚筒法、移动平车法和垫层拖拉法。放索方法主要有立式转盘和水平转盘放索。

（3）索的安装

一般根据拉索张拉端的位置确定安装顺序，如果拉索张拉端设于塔部，则先安装梁部，反之则先于塔部安装，塔部安装锚固端的安装方法主要有吊点法、吊机安装法、脚手架法、钢管法，塔部安装张拉端的安装方法有分步牵引法和桁架床法，对于两端均为张拉端的斜拉索，可选用其中适宜的方法。梁部斜拉索的安装有吊点法和拉杆接长法，步骤与塔部安装法相同。

（4）拉索张拉

拉索张拉一般有三种形式：塔端张拉、梁端锚固，适合于空心塔；梁段张拉，塔端锚固，适合于实心索塔；塔梁两端同时张拉，如安徽铜陵长江公路大桥。拉索张拉，根据设计和施工需要，一般分多次进行，拉索的张拉施工法为后张拉法，使用的千斤顶为大吨位、穿心式、单作用、YDC系列千斤顶。

**3. 钢绞线拉索施工**

一般而言，钢绞线拉索的制作方法是在工厂先进行单股钢绞线下料、热挤PE护套，再卷盘运至工地组装，最后进行整索防护。也有在工厂内将单股钢绞线束外涂防锈油脂或镀锌或喷铝后，运至建桥工地，现场下料，穿索、形成钢绞线拉索，再现场进行拉索防护。由于单股钢绞线重量轻，束径小，柔性好，安装和放索均方便，故常采用桥面进索的施工方法。

（1）拉索的挂设

拉索的挂设分刚性索和柔性索两种。刚性索挂设过程分为：设置牵引系统、安装梁段与塔柱端锚具、安装外套管、钢绞线牵引挂设。柔性索挂设不需要安装外套管，其余与刚性索挂设相同。

钢绞线安装时，首先把一根钢绞线和HDPE套管吊装，到一定高度后，将钢绞线穿入塔上锚具并固定，并将套管挂在塔外管口的相应位置。套管下端牵引至下端预埋管口，先将钢绞线穿入下端锚具并固定，张拉钢绞线。然后通过循环牵引系统牵引下一根钢绞线。

（2）拉索的张拉

钢绞线拉索的张拉采取两阶段张拉法：先化整为零，逐股安装、逐股张拉，再集零为整；当每根拉索各股钢绞线全部安装并初张拉后再一次性整体张拉。

单股束张拉为拉丝式，即千斤顶张拉直接传递给钢绞线丝的张拉方式。采用等值张拉法，即每股束的张拉力均相等，以满足每股拉索平均受力要求。在单根钢绞线张拉完毕并经紧索及减振器安装后，还需对初步形成的索股进行整体张拉，以检验并达到设计要求的索力。

（3）拉索防护

斜拉索是斜拉桥的主要受力构件，它的防护质量决定整个桥梁的安全和使用寿命。斜拉索防护按时间长短可分为临时防护和永久防护两种：临时防护是从出厂开始至永久防护，常用的方法有钢丝镀锌、喷铝粉和喷环氧粉三种；永久防护包括内渗防护和外裹防护，内渗防护一般有防锈油脂、聚乙烯塑料泡沫和水泥浆或环氧砂浆等，外裹防护的材料一般有 HDPE 套管、PE 涂层、铝合金金属套管等。同时还要对锚头进行单独的防护。

## 工程应用

苏通大桥（见图 7—1—27）是目前世界第二大主跨径的斜拉桥，主跨跨径达 1 088 m，其主塔高度达 300 m，为世界第二高的桥塔；主桥最长的斜拉索长达 577 m，也是世界最长的斜拉索。苏通大桥的建设条件复杂，南北主塔位置的河床底高程分别为 -14.5 m 和 -22.7 m，桥轴断面主槽呈 V 形，最深处达 -31.3 m，每年平均受 2.3 次台风影响。根据所学的知识，选择合适的主体结构的施工方法。

图 7—1—27　苏通大桥全景

苏通大桥位于长江河口段，跨度大，主体结构施工法的选择要综合考虑施工现场水深、风大以及工期紧的要求，具体采用的施工方法及选择的原因见表 7—1—5。

**表 7—1—5　　苏通大桥主体结构施工方法及原因分析**

| 项目 | 施工方法 | 施工方法选择分析 |
| --- | --- | --- |
| 混凝土塔柱 | 采用液压自动爬升模板施工 | 对于混凝土索塔，液压爬模技术具有高效性和安全性 |
| 索塔塔吊布置 | 上游南侧、下游北侧各布置一台塔吊（南塔） | 相比单个塔吊，双塔吊能够保障两塔肢同时施工，工效高，单个塔吊出现故障对工程影响小，但成本较高。 |

续表

| 项目 | 施工方法 | 施工方法选择分析 |
| --- | --- | --- |
| 索塔下横梁 | 采用支架法，分两次混凝土浇筑施工 | 横梁为高约 9 m 的箱型结构，采用塔梁异步施工，节约了工期 |
| 钢箱梁 | 标准段采用桥面吊机，其余采用浮吊 | 该桥位处水深比较合适浮船运送钢箱梁，也满足浮吊施工。需要注意的是，主跨大，悬臂长，施工阶段受施工荷载和风影响较大。中跨施工到一定长度后，在大风中要考虑使用临时抗风缆，在工期安排上，要避免台风季 |
| 平行钢丝斜拉索 | 由斜拉索的重量、锚固牵引力大小和张拉牵引力综合决定 | 最长斜拉索长 580 m，重达 59 t。#1 – #6 号采用塔端硬牵引，塔端张拉；#7 – #20 采用梁段软牵引，塔端张拉；#21 – #34 超长索采用梁段软硬结合牵引，梁段张拉 |

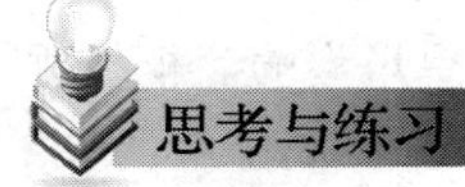


**一、填空题**

1. 斜拉桥按梁体结构可分为______、______、______和______四种。

2. 混凝土索塔现浇施工方法有______、______、______和______四种。

3. 目前国内外斜拉桥采用的斜拉索有______和______两种。

**二、简答题**

1. 画出斜拉桥桥塔的横向布置常用形式。
2. 简述斜拉桥混凝土主梁悬臂浇筑的一般程序。
3. 简述钢箱梁斜拉桥中跨采用温差合龙法的一般施工步骤。

# 课题二 悬索桥施工

◆ 了解悬索桥的类型及主要施工工序。
◆ 熟悉锚碇施工、索塔施工、缆索系统施工、加劲梁施工的方法和步骤。
◆ 熟悉悬索桥锚碇大体积混凝土浇筑防裂缝的方法。

## 一、悬索桥的类型及主要施工工序

悬索桥以其无可比拟的跨越江河的能力、优秀的抗震性能和纤巧美观的外形，深受大众的喜爱。第一座现代化悬索桥是美国在1883年修建的布鲁克林大桥，主跨486 m，当时是世界第一大跨度桥梁（见图7—2—1），目前主跨最长的悬索桥是日本主跨为1 991 m的明石海峡大桥。世界悬索桥主跨长度前10名见表7—2—1。

a）

b）

图7—2—1 悬索桥示例

a）布鲁克林大桥 b）明石海峡大桥

表7—2—1 世界悬索桥主跨长度前10名一览表（至2013年）

| 序号 | 桥名 | 国家 | 建成时间（年） | 主跨长度（m） | 桥塔和加劲梁形式 |
|---|---|---|---|---|---|
| 1 | 明石海峡大桥 | 日本 | 1998 | 1 991 | 钢桥塔、钢桁梁 |
| 2 | 舟山西堠门大桥 | 中国 | 2009 | 1 650 | 混凝土桥塔、钢箱梁 |
| 3 | 大贝尔特东桥 | 丹麦 | 1998 | 1 624 | 混凝土桥塔、钢箱梁 |
| 4 | 李舜臣大桥 | 韩国 | 2012 | 1 545 | 混凝土桥塔、钢箱梁 |
| 5 | 润扬长江公路大桥 | 中国 | 2005 | 1 490 | 混凝土桥塔、钢箱梁 |
| 6 | 南京长江四桥 | 中国 | 2012 | 1 418 | 混凝土桥塔、钢箱梁 |
| 7 | 亨伯尔桥 | 英国 | 1981 | 1 410 | 混凝土桥塔、钢箱梁 |
| 8 | 江阴长江公路大桥 | 中国 | 1999 | 1 385 | 混凝土桥塔、钢箱梁 |
| 9 | 香港青马大桥 | 中国 | 1997 | 1 377 | 混凝土桥塔、钢桁梁 |
| 10 | 哈当厄尔大桥 | 挪威 | 2013 | 1 310 | 混凝土桥塔、钢箱梁 |

**1. 悬索桥的类型**

悬索桥按照吊索跨数不同可分为单跨悬索桥、三跨悬索桥等；按主缆的锚固形式不同可分为地锚式悬索桥和自锚式悬索桥；按加劲梁的支撑结构不同可分为单跨双铰加劲梁悬索桥、三跨两铰加劲梁悬索桥和三跨连续加劲梁悬索桥（见图7—2—2）。

图 7—2—2　三跨连续地锚式悬索桥（丹麦大贝尔特海峡大桥）

**2. 主要施工工序**

随着桥梁施工技术的改进和革新、新建筑材料的运用、大型吊装设备的出现、公众对环境保护的苛刻要求以及人工成本的快速上升，悬索桥的施工正向构件生产工厂化、施工装配化和机械化方向发展，图 7—2—3 所示为典型的悬索桥施工工序。

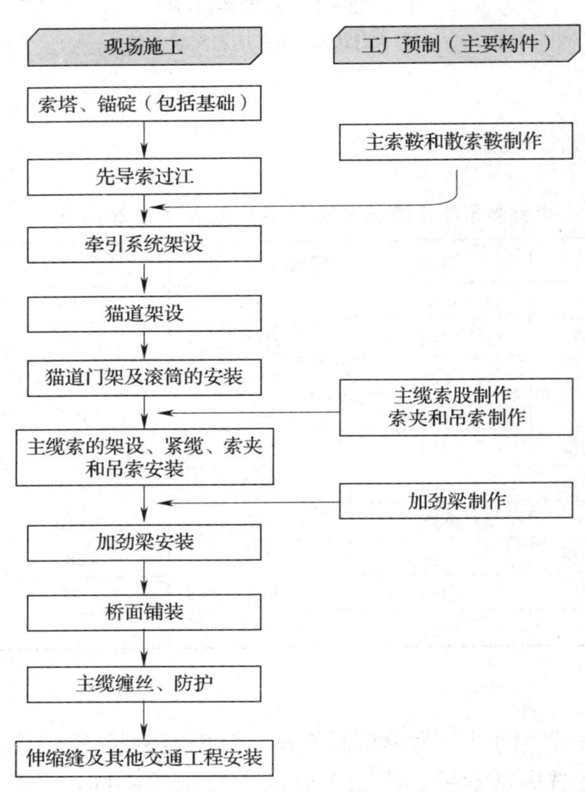


图 7—2—3　典型的悬索桥施工工序

总的来说，悬索桥施工顺序是锚碇、索塔、主缆、吊索、加劲梁，施工需要的机械、技术和工艺相对简单。而斜拉桥在施工中会发生多次的结构体系转换，必须严格控制结构的线型和斜拉索的索力，施工控制较复杂、技术难度相对较大。

本模块仅讲述锚碇、索塔（主索鞍）、缆索系统以及加劲梁的施工，其他部分的施工步骤参见其他任务模块或参考书。

**3. 专用施工机具**

悬索桥结构由于其特殊的构造，施工中需要有相应的专门施工机械，如主缆施工中需要紧缆机和缠丝机等。悬索桥专用施工机具见表7—2—2。

**表7—2—2　　悬索桥专用施工机具**

| 机具名称 | 机具 | 机具介绍 |
| --- | --- | --- |
| 牵引卷扬机 |  | 大型牵引卷扬机是整个牵引系统的关键，根据索股的施工要求，其容绳量大、放绳有反力和绳速高。液压式摩擦滚筒卷扬机可满足上述要求。有主动和从动卷扬机两类 |
| 主缆紧缆机 |  | 紧缆机是在股索的全部矢度调整结束后，在预紧缆工艺的基础上把主缆直径挤成设计规定值的专用设备 |
| 主缆缠丝机 |  | 缠丝机用来对挤压过的主缆缠绕软钢丝，以保护主缆，使其不直接暴露于空气中 |
| 跨缆吊机 |  | 跨缆吊机是悬索桥施工中采用垂直提升法吊装加劲梁时采用的专用设备 |

## 二、锚碇施工

锚碇是悬索桥的主要承重构件，主要抵抗来自主缆的拉力，并传递给地基基础。锚碇按受力形式不同可分为重力式锚碇、隧道式锚碇等。重力式锚碇依靠自身巨大的重力抵抗主缆拉力，已建悬索桥大多采用重力式锚碇，而隧道式锚碇的锚体嵌入地基或者山体基岩内，借助基岩抵抗主缆拉力，隧道式锚碇只适合在基岩坚实完整的地区使用，如重庆鹅公岩长江大桥。重力锚和隧道锚施工图分别如图 7—2—4 和图 7—2—5 所示。

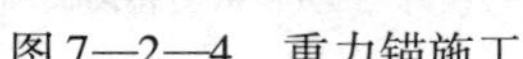

图 7—2—4　重力锚施工

图 7—2—5　隧道锚施工

重力式锚碇基础有直接基础和人工基础（如扩大基层、箱形基础、沉井基础、地下连续墙基础、桩基础和复合基础）等形式，其施工等可参照本书相关模块或其他参考书。重力式锚碇施工工艺流程如图 7—2—6 所示。

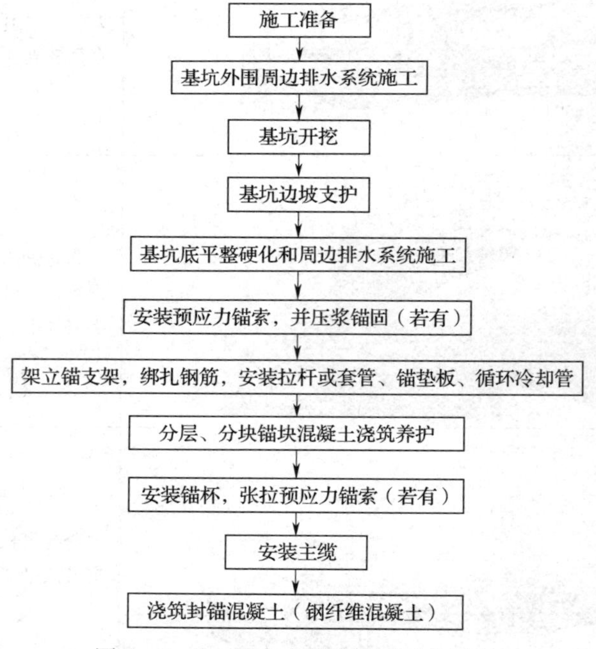


图 7—2—6　重力式锚碇施工工艺流程

### 1. 主缆锚固体系

根据主缆在锚块中的锚固位置不同，主缆锚固体系可分为前锚式和后锚式。前锚式的索股锚头在锚块前锚固，通过锚固系统将缆力作用到锚体；后锚式是将索股直接穿过锚块锚固于锚块后面。前锚式由于具有主缆锚固容易、检修保养方便等优点而广泛运用于大跨径悬索桥中。前锚式锚固系统主要有型钢锚固系统和预应力锚固系统两种类型，如图 7—2—7 所示。

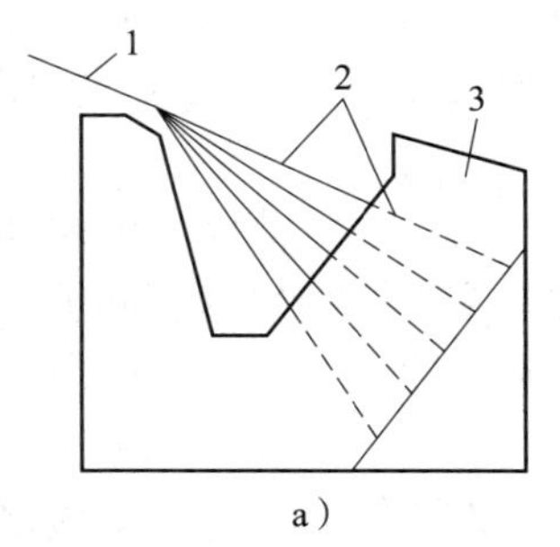


a）

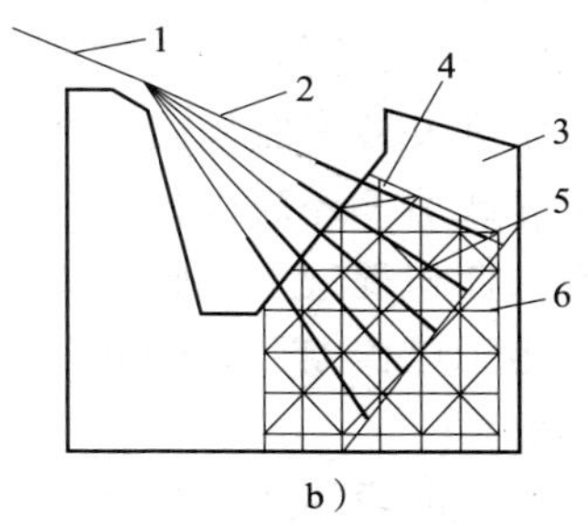


b）

图 7—2—7　重力式主缆锚固系统的结构

a）预应力锚固系统　b）型钢锚固系统

1—主缆　2—索股　3—锚块　4—锚支架　5—锚杆　6—锚梁

型钢锚固体系全部由型钢构成，一般在前锚面或后锚面设置刚度强大的锚梁，整个锚碇架浇筑在锚块混凝土内，工程量大，而预应力锚固体系则由预应力系统和索股连接件系统构成，其施工方便。两系统的特点和施工步骤见表 7—2—3。

**表 7—2—3　型钢锚固系统和预应力锚固系统特点和施工步骤**

| 锚固系统 | 特　点 | 施工步骤 |
|---|---|---|
| 型钢 | 锚架包括锚杆、前锚梁、拉杆、后锚梁等，是主要的传力构件；支架是安放锚杆、锚梁并使之精确定位的支撑构件 | 锚杆、锚梁制作→现场拼装锚支架（部分）→安装后锚梁→安装锚杆于锚支架→安装前锚梁→精确定位→浇筑锚体混凝土 |
| 预应力 | 锚固系统的索股锚头由两根螺杆和锚固连接器相连，再对穿过锚块混凝土的预应力束施加预应力，使锚固连接器与锚块连接成整体来承受索股的拉力 | 基础施工→安装预应力管道→浇筑锚体混凝土→穿预应力筋→安装锚固连接器→预应力筋张拉→预应力管道压浆→安装与张拉索股 |

### 2. 重力锚碇施工特点

悬索桥锚碇属于大体积混凝土构件，对于由水化热引起的温度裂缝控制是锚碇混凝土施工的关键。重力锚碇施工需采取下列措施进行温度控制，防止混凝土开裂：

（1）采用低水化热品种的水泥，降低水泥用量、减少水化热，掺入质量符合要求的粉煤灰、高炉矿渣和高效缓凝减水剂等。

（2）降低混凝土入仓温度。可对砂石料加遮盖，防止日照；采用冷却水作为混凝土的拌和水等。

（3）在混凝土结构中布置冷却水管，混凝土终凝后开始通水冷却降温。

（4）分层施工，每层厚度可为1～1.5 m，视混凝土浇筑能力和降温措施而定。

（5）混凝土浇筑完成后应按照规定覆盖并洒水进行养护。

**3．隧道锚碇施工特点**

隧道锚碇首先要进行隧道的开挖，充分利用围岩的自身强度和支护共同抵抗围岩的压力，在隧道开挖时应采用小型爆破，不得损坏周围岩体。开挖后应正确支护并进行锚体灌注。

隧洞完成施工后进行锚塞体大体积混凝土的施工，施工中应采取和前述重力锚碇的大体积混凝土施工类似的措施，同时安装锚固系统的定位支架。在混凝土达到设计强度要求后，施工锚固预应力系统和安装索股锚固构件。

在锚塞体施工完成后，还需进行一系列施工：对锚洞一定范围内的岩体进行压注浆封闭裂缝；散索鞍支墩大体积混凝土的施工；进行前锚室施工；洞口基坑回填等；主缆护室及附属工程的施工。在施工过程中，需严格控制洞内排水和通风。

**4．散索鞍安装**

散索鞍设置于锚锭前段的散索鞍支墩上，将主缆索股锚固面与主索鞍之间的主缆分为锚跨段和边跨段，并将主缆索股在竖向和水平向散开，引入各锚固点，图7—2—8所示为西堠门大桥南散索鞍吊装。散索鞍的安装步骤及要求如下：

图7—2—8　西堠门大桥南散索鞍吊装

（1）底座板定位

底座板通过在散索鞍混凝土基础中精确预埋螺栓而固定在基础上，调整好板面高程与位置后，在板底和四周浇筑高强度混凝土，使之稳固。

（2）安装散索鞍

安装好底座板以后，开始安装散索鞍鞍体。由于散索鞍与底座的连接是铰接，在主缆架设之前，散索鞍不能自立，必须在基础混凝土中预埋型钢支撑架，一方面用于支撑鞍体，另一方面用于调整位置，准确定位。散索鞍是重型构件，需有相当的起重设备才能安装。根据施工场地的条件，可以选择重型吊机、贝雷梁或万能杆件架设龙门架进行安装。

(3) 散索鞍施工精度要求

散索鞍位置的精度直接影响主缆及分散索股的空间角度，从而影响主缆的受力。因此，对散索鞍的安装精度要求必须严格控制。散索鞍施工精度一般要求为：纵、横向轴线误差最大值 3 mm，高程误差最大值 3 mm。

## 三、索塔施工

悬索桥的索塔根据材料的不同有混凝土桥塔、钢桥塔或钢混组合桥塔，一般由基础，上、中、下塔柱，横梁（腹杆）和鞍罩，以及附属工程组成。施工方法与斜拉桥的桥塔基本相同，主要区别是悬索桥的桥塔需要安装塔顶主索鞍，而斜拉桥的桥塔需要考虑斜拉索的锚固问题，具体内容见斜拉桥施工中索塔施工课题。本节介绍悬索桥索塔类型及主索鞍的安装。

**1. 索塔形式**

悬索桥索塔相比斜拉桥索塔形式，简单得多。根据外形不同，索塔形式可分为桁架式、刚架式和混合式，如图 7—2—9 所示。三塔悬索桥为了提高抗推刚度，中塔顺桥向可以采用倒“Y”形或“A”形。

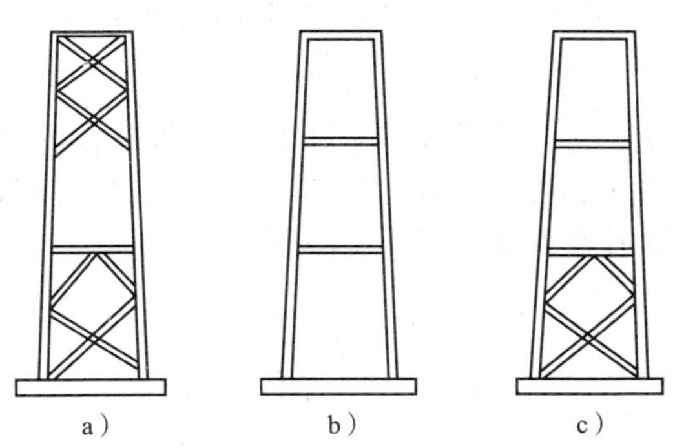


图 7—2—9　索塔形式

a）桁架式　b）刚架式　c）混合式

**2. 主索鞍施工**

主索鞍作为主缆在索塔上传力和定位调整的构件，其精确吊装施工非常重要。同时，主索鞍的总重大，如珠江黄埔大桥的主索鞍总重达到 120 t，分块最重达到 50 t。由于起吊能力的限制，一般采用分块吊装，然后在塔顶进行组装。

(1) 起吊系统

在索塔混凝土浇筑到最后节段时，在塔冠平面四个角点处，预埋塔顶门架 4 个柱角的连接钢板，并在塔冠中心位置预留钢框架安装槽口，绑扎钢框架竖向预埋钢筋，待所有预埋构件安装完成后浇筑混凝土。待混凝土达到设计强度的 85% 时，安装塔顶门架，并在塔顶门架上安装行走平车，按照选定的提升法，安装起吊系统。润扬大桥的主索鞍起吊系统如图 7—2—10 所示。

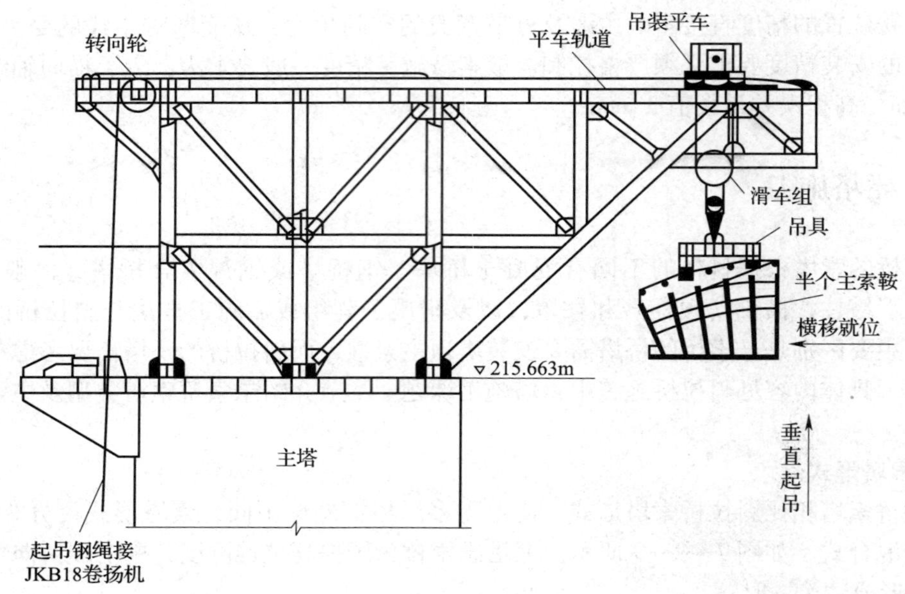


图 7—2—10 润扬大桥主索鞍起吊系统

（2）安装步骤

在完成塔顶门架等起吊系统安装后，就可以开始部件的吊装。为了保证主索鞍的安装精度及在施工现场顺利安装，需在主鞍出厂发运前进行总成试拼装。主索鞍的基本安装施工顺序是：钢框架的提升及安装、吊装上下支撑板、吊装前半部鞍座和吊装后半部鞍座。

## 四、缆索系统施工

缆索系统的架设工程包括架设前的准备工作、牵引系统（包括先导索和牵引索等）施工、锚道施工、主缆施工、吊索施工和防护、收尾工作等，主缆施工难度大、工序多，其主要施工程序如下：

**1. 牵引系统施工**

牵引系统是架设于悬索桥两锚碇之间，跨越索塔用于空中拽拉的牵引设备，主要承担猫道架设、主缆架设以及部分牵引吊运等工作，常用的牵引系统有循环式和往复式两种。

为了完成牵引系统的架设，首先必须安装好先导索。先导索是缆索工程中最先拉过江（海）的一根绳索，也是缆索工程中第一道难关，架设的方法根据桥址处气象、水位、通航要求等综合比选确定，主要有水上浮子法（适合于潮流速慢、无突出岩礁等情况，见图 7—2—11）、自由悬挂法（适合于潮流速大、有岩礁等情况）、空中牵引法（利用直升机、飞艇、火箭等，见图 7—2—12）和人工直接牵引法等。

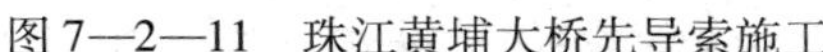

图 7—2—11 珠江黄埔大桥先导索施工

图 7—2—12 西堠门大桥先导索施工

先导索索径太细，需将索径变大。先导索架设完成后，利用先导索将牵引索由空中架设，进而形成牵引系统。两种牵引系统各有特点：循环牵引系统的牵引索是靠驱动装置滚筒以摩擦方式驱动，牵引速度连续性好，但引力较小，适合于空中纺丝法（AS）和跨径较小的预制平行索股法（PPWS）架设；而往复式牵引系统是把钢丝绳直接卷在卷扬机上，容易实现较大的牵引力，是一种完善的索股架设系统，使用范围很广。

**2. 锚道施工**

锚道是供主缆架设、紧缆、索夹安装、吊索安装以及主缆防护用的空中作业走道，是悬索桥特有的临时设施，如图 7—2—13 所示。一般设有两个锚道，各供一侧主缆施工使用。

图 7—2—13 西堠门大桥锚道全局图和局部细节图

锚道的主要承重结构为锚道承重索，一般采用三跨分离式设置，边跨的两端分别锚于锚碇与索塔的锚固位置上，而中跨两端分别锚于两索塔的锚固位置上。其上有横梁、面层、横向通道、扶手绳、栏杆立柱和安全网等。根据抗风稳定需要，还可设有抗风缆、抗风吊杆等抗风构件。

锚道架设时总的原则要做到对称施工，边跨与中跨作业平衡，减少对塔的变位的影响，将裸塔塔顶变位及扭转控制在设计容许范围内。锚道承重索架设后要进行线形调整，各根索的跨中高程相对误差宜控制在30 mm之内。中跨、边跨锚道面的架设进度，要以塔的两侧水平力差异不超过设计要求为准，在架设过程中须监测塔的偏移量和承重索的垂度。

主缆防护工程完成后，可进行锚道拆除工作，拆除时严禁伤及吊索、主索和桥面。

**3. 主缆施工**

锚碇和索塔工程完成、主索鞍和散索鞍安装就位和牵引系统架设完成后，即可进行主缆架设施工，主缆架设方法主要有空中编缆法（AS法）和预制平行索股法（PPWS法）。美国和欧洲等地主要采用AS法，中国和日本等亚洲国家主要采用PPWS法。

AS法的特点是主缆钢丝逐根或几根（一般最多4根）牵引，然后编束，相对于PPWS法，所用的牵引机械动力较小，而且可以编成较大的索股，因而锚头数量较少，但其设备一次性投资较大，而且制缆的质量相对PPWS法差些，空中作业时间较长。

PPWS法是在工厂将钢丝编制成股，用卷筒运至桥址安装在一侧锚碇的钢丝松卷轮上，通过卷扬机用拽拉器将钢丝股吊起拉向对岸（见图7—2—14、图7—2—15），由于成股的丝束重量较单根钢丝重，对牵引系统所需动力要求较大，拽拉索的界面也较AS法大。除香港青马大桥外，国内其他悬索桥都采用PPWS法。PPWS法架设顺序有索股牵引、索股的横移、整形和入鞍、索股的垂度调整。

图7—2—14　泰州大桥预制完成的索股

图7—2—15　矮寨特大悬索桥索股安装

索股架设完成后需对索股群进行紧缆（见图7—2—16），紧缆包括预紧缆和正式紧缆等两个工序。预紧缆应在温度稳定的夜间进行，预紧缆时宜把主缆全长分为若干区段分别进行，以免钢丝的松弛集中在一处。索股上的绑扎带采用边紧缆边拆除的方法，不宜一次全部拆除。预紧缆完成处必须用不锈钢带捆紧，保持主缆的形状，预紧缆的目标空隙率宜为26%～28%。

正式紧缆宜用专用的紧缆机把主缆整成圆形。其作业可以在白天进行，正式紧缆宜向塔柱方向进行。当紧缆点空隙率达到设计要求时，在靠近紧缆机的地方打上两道钢带。

正式紧缆质量控制要求：空隙率须满足设计要求，空隙率偏差为±2%；不圆度（紧缆后主缆横径与竖径之差）不宜超过主缆设计直径的5%。

图 7—2—16 紧缆机在施工

**4. 索夹安装与吊索架设**

索夹安装前须测定主缆的空缆线形，提交给设计及监控单位，对原设计的索夹位置进行确认。然后在温度稳定时在空缆上放样定出各索夹的具体位置并编号，清除油污，涂上防锈漆。

索夹在运输和安装过程中应注意保护，防止碰伤及损坏表面。索夹安装方法应根据索夹结构型式、施工设备和施工人员的经验确定。当索夹在主缆上精确定位后，即固紧索夹螺栓。紧固同一索夹螺栓时，须保证各螺栓受力均匀，并按三个荷载阶段（索夹安装时、钢箱梁吊装后、桥面铺装后）对索夹螺栓进行紧固，补足轴力，如图 7—2—17 所示。

索夹安装应注意测量放样、索夹上架与清理、安装与紧固和螺栓轴力控制等，安装时中跨从跨中向塔顶进行，边跨从散索鞍向塔顶进行。

吊索根据其长度不同，由塔顶吊机运至塔顶解开，用托架运至预定位置，并在锚道上开孔，吊索钢丝绳穿过徐徐放下，将吊索钢丝绳跨挂在主缆索夹上。吊索运输、安装过程中应保证吊索不受损伤，安装时须采取措施防止吊索扭转，安装施工如图 7—2—18 所示。

图 7—2—17 南京四桥索夹安装

图 7—2—18 润扬长江公路大桥吊索安装

**5. 主缆系统的防腐涂装**

在完成加劲梁吊装、桥面系施工完成后，进行缆索系统的防腐涂装施工，包括主缆系统防腐和吊索系统防腐。主缆是悬索桥中不可更换的主要受力构件，长期处于日晒雨淋的自然环境中，其防护性能的优劣直接影响到悬索桥的使用寿命。防护方式通常是在主缆架设好后，在镀锌钢丝表面涂一层防锈涂料，然后用直径约 4 mm 的软质镀锌钢丝缠绕，最后涂刷油漆，如图 7—2—19 所示。

图 7—2—19　主缆缠丝施工

## 五、加劲梁施工

加劲梁的主要作用是构成桥面直接承受车辆和其他荷载，主要形式有钢桁梁、钢箱梁和混凝土箱梁等。加劲梁安装的基本工艺流程：梁段制造（工厂预制）、梁段运输、逐段吊装、梁段焊接或高强度螺栓连接（混凝土箱梁无此工序）、形成桥面。各梁吊装的推进方法有从跨中到桥塔和从桥塔到跨中两种方法，见表 7—2—4。其吊装方式一般采用正下方起吊的节段架设法，边跨等特殊梁段可以采用荡移法就位，加劲桁梁还可以采用悬臂法架设。

### 1. 加劲梁吊装推进方式

表 7—2—4　　加劲梁吊装推进方式比较

| 推进方式 | 从跨中向两侧主塔推进 | 从主塔向跨中推进 |
| --- | --- | --- |
| 推进图 | Ⓐ 桥台 桥塔 桥塔 桥台 | Ⓑ 桥台 桥塔 桥台 桥塔 |
| 施工特点 | 加劲梁从主跨中央开始架设；边跨加劲梁开始架设；主塔处加劲梁段合龙；加劲梁所有接头封合 | 加劲梁从索塔开始主、边跨架设；边跨加劲梁架设完成；跨中加劲梁段合龙；加劲梁所有接头封合 |

续表

| 推进方式 | 从跨中向两侧主塔推进 | 从主塔向跨中推进 |
| --- | --- | --- |
| 优点 | 由于梁吊挂越往后，吊挂点线形变化越小，靠近塔柱的吊点索夹的最后夹紧可以推迟，从而将减少主缆内次应力 | 方便施工人员从塔墩到桥面，而且方便在主跨和边跨之间往返 |
| 缺点 | 施工人员需通过锚道才能到达已架设完成的梁段 | — |
| 应用 | 西陵长江大桥、阳逻长江大桥、欧洲大多悬索桥 | 汕头海湾大桥、金门大桥、日本大多悬索桥 |

**2. 钢桁架加劲梁架设**

钢桁架加劲梁按架设单元可分为单根杆件、桁片、节段架设施工方法，其架设工艺及特点见表 7—2—5。

**表 7—2—5　钢桁架加劲梁施工方法及特点**

| 架设方法 | 架设工艺 | 特点 |
| --- | --- | --- |
| 单根杆件 | 将组成加劲桁架的杆件搬运到现场，架设安装在预定位置构成加劲桁架 | 使用小型施工架设机械，受施工架设地形影响小，但现场接头多，架设工期长，目前很少使用 |
| 桁片 | 将几个节间的加劲桁架按两片主桁架和上、下平联及横联等片状构件运入现场逐次进行架设 | 使用中型施工架设机械，受施工架设地形影响小，现场接头少，架设误差小，可以缩短工期 |
| 节段 | 将桁片组装成加劲桁架节段，有大型驳船运至预定位置，然后垂直起吊后逐次连接 | 架设质量大，要使用大型架设机械，受架设地点的地形和江海面条件影响大，节段一般在工厂预制拼装，可提高架设精度，缩短工期 |

早期在美国及欧洲，对加劲钢桁梁的架设单元基本上都采用立体节段，但是对某些局部架设有困难的则采用桁片，甚至是单根杆件。在日本，如果在海面上锚泊运梁有困难时，则利用设在主缆上的提升梁，采用立体节段作为架设单元；如果有困难时，则采用平面的桁片作为架设单元，此时一般利用已在架梁段上设置的移动吊机来代替提升梁。国内对加劲钢桁梁的架设单元根据施工条件方法各异，一般都采用节段施工，如贵州北盘江大桥、四渡河特大桥等。但是由于地形和运输条件的限制，如贵州坝陵河大桥（主跨 1 088 m 的单跨双绞钢桁加劲梁悬索桥）采用桁片单元施工（见图 7—2—20）。矮寨特大悬索桥（主跨 1 176 m）首次采用轨索滑移法架设钢桁梁。

按架设施工中的连接状态可分为全铰法、逐次刚接法和有架设铰的逐次刚接法。

**3. 钢箱梁架设**

钢箱梁架设一般采用节段架设法，即在工厂预制成梁段并进行试拼，然后将梁段运至架设现场，用垂直起吊法架设就位（见图 7—2—21），如受水下条件限制，架设方法可以采用梁上运送架设节段法、梁下运送架设节段法和从桥台将架设梁段逐节送出的方法，特殊梁段也可以采用荡移法施工。

图 7—2—20　贵州坝陵河大桥主桁架和主横桁架架设

图 7—2—21　珠江黄埔大桥悬索桥钢箱梁吊装

在现场吊装前，在工厂中对钢箱梁要进行试拼装，试拼不少于 3 个节段，按架梁顺序试拼装。一般使用跨缆起重机吊装，这种方法对通航的限制小，在水文、气象条件较好的地方施工效果好。吊装作业过程中占用江海面时，要在施工作业区域指定警戒，设置警戒船，防止一般船舶进入限制通航的地带，确保作业船与一般航行船舶的安全。

**4. 混凝土箱梁架设**

混凝土箱梁与钢箱梁一样，都是根据起重设备能力分成节段在工厂预制，由驳船运到现场下方起吊的方法进行架设，不同的是混凝土箱梁架设就位后节段之间要进行湿接缝处理，节段之间浇筑湿接缝混凝土，根据设计要求穿预应力钢丝束的还需进行预应力张拉，图 7—2—22所示为世界上最大跨度混凝土箱梁悬索桥的施工。

**5. 加劲梁节段工地连接**

加劲钢箱梁一般采用工地大接头焊接，而钢桁梁一般采用工厂焊接、工地高强度螺栓连接施工。

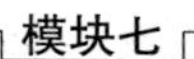

图 7—2—22　汕头海湾大桥混凝土箱梁吊装施工

工地焊接应注意控制焊接变形和焊接应力，为减少焊接变形和有利于焊接应力的释放，工地焊接的顺序应与工地吊装大致相同，可以以桥跨中间为中心，向桥塔方向分两个工作区同时进行对称拼装、焊接，完成工地焊缝的装配、焊接、探伤、修磨、涂装等工作。工地焊接质量要求高，施工环境差，工艺要求严格，施工前应做好充分准备。

高强度螺栓的拧紧应分为初拧、终拧。对于大型节点应分为初拧、复拧、终拧。初拧扭矩为施工扭矩的 50% 左右，复拧扭矩等于初拧扭矩。为防止遗漏，对初拧或复拧后的高强度螺栓，应使用颜色在螺母上涂上标记。对终拧后的高强度螺栓，再用另一种颜色在螺母上涂上标记。施工中对高强度螺栓的安装要特别慎重，避免因施工的失误而导致重大的经济损失。需要强调的是高强度螺栓的扭矩、力矩扳手的数据可靠性、螺栓的质量、螺栓组的扭矩系数、连接结合面的处理等影响施工质量的各个环节要认真做好，避免返工而影响设备安装周期和质量。

## 工程应用

浙江舟山西堠门大桥（见图 7—2—23）是为两跨连续半漂浮钢箱梁悬索桥，主跨 1 650 m，目前位居悬索桥世界第二、国内第一。大桥位于受台风影响频繁的海域，桥位处水文、地质、气候条件复杂。根据所学的知识，选择合适的施工方法。

西堠门大桥主跨间最大水深达到 95 m，海域潮差大，波浪高，水流急，且有强烈漩涡。桥位处台风多发区和季风影响区，每年冬季受季风、夏季受台风影响，有效工作日少。在部分梁段的施工投影区运梁驳船无法到达。由于以上的限制条件，主体结构施工方法及工法选择分析见表 7—2—6。

图 7—2—23　舟山西堠门大桥

表 7—2—6　　西堠门大桥主体结构施工方法及工法选择分析

| 项目 | 施工方法 | 工法选择分析 |
| --- | --- | --- |
| 混凝土索塔 | 自动液压爬模施工 | 桥塔爬模施工技术成熟、安全可靠 |
| 重力式锚碇 | 大体积混凝土施工，采取分层浇筑加冷却水管 | 每个锚碇约 8 万 $m^3$ 混凝土，昼日气温温差较大，施工期超越一年的高温和低温季节 |
| 先导索 | 利用直升飞机的空中牵引法进行先导索施工 | 航道繁忙，水深流急，自由悬挂法和浮子法存在长时间封航和安全风险，综合后采用直升机牵引施工先导索法 |
| 分离式双钢箱加劲梁 | 直起吊、荡移、卷扬式吊装系统安装等多种方式 | 深水区采用直接起吊法，浅水区则采用荡移法，北塔附近用卷扬式吊装系统安装，以适应不同位置、不同梁段的吊装作业 |

## 思考与练习

### 一、填空题

1. 悬索桥结构通常由________、__________、________和__________四大主体结构和__________、__________和__________等重要的附属系统组成。

2. 锚碇按受力形式分为__________和__________两种。

3. 目前国内外斜拉桥采用的斜拉索有__________和__________两种。

4. 先导索的架设方法有__________、__________、________和________四种。

### 二、简答题

1. 试述典型悬索桥的施工工序。

2. 试述锚碇大体积混凝土浇筑进行温度控制的方法。

3. 试述悬索桥加劲梁吊装推进的方法及优缺点。

# 模块八

# 桥面及附属工程施工

## 课题一　桥头搭板施工

- 了解桥头搭板的材料要求。
- 熟悉桥头搭板的施工工艺。
- 了解桥头搭板的施工质量标准。

桥头搭板是指搁置在桥台或悬臂梁端与路堤之间的连接板，如图 8—1—1 所示。桥头搭板的作用是调节板两端的不均匀沉降，以减轻车辆对桥头的冲击，防止桥头跳车。

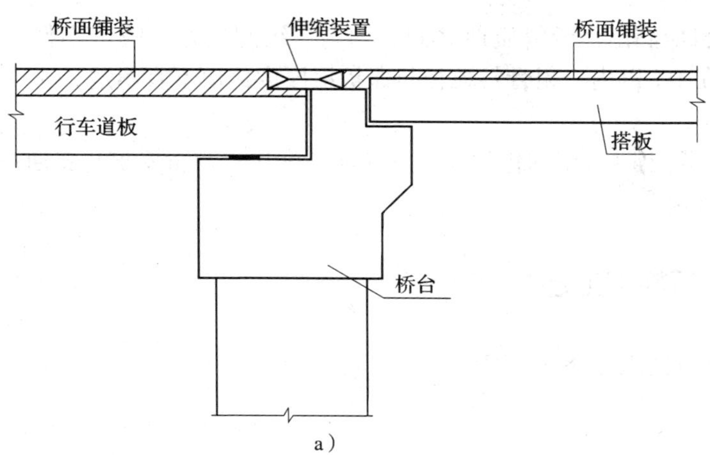


a）

b）

图 8—1—1　桥头搭板

a）桥头搭板立面示意图　b）桥头搭板实景

## 一、桥头搭板的材料要求

桥头搭板材料主要包括钢筋、混凝土和外加剂。

**1．钢筋**

普通钢筋为 R235 和 HRB335 钢筋，其抗拉强度设计值分别为 195 MPa、280 MPa。

**2．混凝土**

（1）水泥：选用 C30 品质稳定的硅酸盐水泥，强度等级为 42.5 级和 53.5 级，最大水胶比和胶凝材料最小用量应符合相关规定。

（2）为改善混凝土的体积稳定性和抗裂性能，水泥细度不宜超过 350 $m^3/kg$，掺和料品质必须稳定。

（3）配制骨料应满足：骨料质地坚固、均匀，级配良好，吸水率低、孔隙率小。细集料含泥量应控制在 1% 以内，粗骨料粒径与保护层厚度比值不宜超过 2/3。

**3．外加剂**

配制耐久性混凝土时所用的化学外加剂应注意配比、剂量要求，要通过试验分析外加剂对混凝土品质的影响。

## 二、桥头搭板施工工艺

桥头搭板施工工艺见表 8—1—1。

表 8—1—1 桥头搭板施工工艺

| 序号 | 施工工序 | 工艺要求 |
| --- | --- | --- |
| 1 | 台后填土处理 | ①桥头搭板下台后填土的填料宜选用透水性材料，提高台后填土的压实度<br>②台后地基如为软土，应按设计要求对地基进行处理并对台后填土进行预压，预压应在搭板施工前完成 |
| 2 |  测量放样 | 搭板施工前进行测量放样，根据测量放出的搭板边线定出搭板中线及实样 |
| 3 |  支设模板 | ①模板和钢筋安装工作应配合进行，妨碍绑扎钢筋的模板应待钢筋安装完毕后安设<br>②安装模板时，应防止模板位移和凸出等变形。复核无误并经检验合格后，方可立模<br>③模板立好后按要求检查其位置、尺寸、稳定性及各种预埋件的设置情况，监理工程师认可后方能进行下道工序施工 |
| 4 |  绑扎钢筋 | ①钢筋绑扎必须按照设计图样的排列要求进行绑扎<br>②钢筋间应有足够的搭接长度，以保持强度均匀<br>③钢筋网绑扎成型后，应对保护层厚度做全面检查，对不符合保护层厚度要求的部位进行调整处理，以确定保护层的厚度符合设计要求 |

续表

| 序号 | 施工工序 | 工艺要求 |
| --- | --- | --- |
| 5 |  浇筑混凝土 | ①混凝土泵送入模后，用振动器振捣，振捣时振动棒应与模板保持 50 ~ 100 mm 距离，先四周均匀插捣，快插慢拔，振捣至混凝土停止下沉，不再冒出气泡，表面平坦为止<br>②振捣时应避免振动棒碰撞模板、钢筋<br>③搭板顶抹平<br>④搭板顶面用湿抹布等拖毛 |
| 6 |  养生 | ①对混凝土用塑料薄膜或草帘进行洒水覆盖养护不少于 7 天<br>②混凝土拆除模板时的强度应符合设计要求 |

## 三、施工质量标准

工程施工过程中严格按照《公路工程质量检验评定标准第一册土建工程》（JTG F80/1—2004）和《公路桥涵施工技术规范》（JTG/T F50—2011）进行施工。

**1. 基本要求**

（1）所用的水泥、砂、石、水和外加剂的质量和规格必须符合有关规范的要求，按规定的配合比施工。

（2）桥头搭板下的地基及垫层或路面基层的强度和压实度必须满足设计要求。

（3）不得出现露筋和空洞现象。

（4）搭板的表面应平整，边缘顺直。

**2. 实测项目**

钢筋安装实测项目见表 8—1—2。

表 8—1—2 钢筋安装实测项目

| 项次 | 检查项目 | | | 规定值或允许偏差 |
|---|---|---|---|---|
| 1 | 受力钢筋间距（mm） | 两排以上间距 | | ±5 |
| | | 同排 | 梁、板 | ±10 |
| | | | 基础、墩台、柱 | ±20 |
| | | 灌注桩 | | ±20 |
| 2 | 箍筋、横向水平钢筋、螺旋筋间距（mm） | | | ±10 |
| 3 | 钢筋骨架尺寸（mm） | 长 | | ±10 |
| | | 宽、高或直径 | | ±5 |
| 4 | 弯起钢筋位置（mm） | | | ±20 |
| 5 | 保护层厚度（mm） | 柱、梁 | | ±5 |
| | | 基础、墩台 | | ±10 |
| | | 板 | | ±3 |

桥头搭板实测项目见表 8—1—3。

表 8—1—3 桥头搭板实测项目

| 项次 | 项目 | | 规定值或允许偏差 |
|---|---|---|---|
| 1 | 混凝土强度（MPa） | | 在合格标准内 |
| 2 | 枕梁尺寸（mm） | 宽、高 | ±20 |
| | | 长 | ±30 |
| 3 | 板尺寸（mm） | 长、宽 | ±30 |
| | | 厚 | ±10 |
| 4 | 顶面高程（mm） | | ±2 |
| 5 | 板顶纵坡（%） | | 0．3 |

## 宽甸公路段采用钢筋混凝土搭板预防桥头跳车

为了有效预防桥头跳车，宽甸公路管理段在宽甸环线公路工程施工建设中，采用铺筑钢筋混凝土搭板预防桥头跳车。

宽甸南环刘家至杨木一级公路和北环欢喜岭至石湖沟村段二级公路工程中，共有桥梁11座，总长258.8延长米。每座桥梁主体工程完成后，施工单位首先对桥梁两端引线路基实行分层填筑级配良好的砂砾并分层碾压，达到规定强度和设计的预留高度后，按照支立模板、绑扎钢筋、浇筑混凝土、振捣抹平养生等主要施工工序，在桥面两端铺筑长5 m、宽度与桥面相同、厚55 cm（30 cm + 25 cm）的钢筋混凝土搭板。由于搭板铺筑在桥台和填土上面，形成平缓的沉降过渡段（见图8—1—2），随着填土的沉降而能够转动，车辆行驶时可起到缓冲作用，对预防桥头跳车具有明显效果。

图8—1—2　桥头搭板过渡

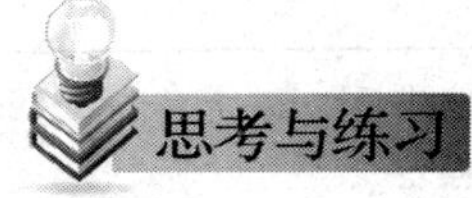

## 思考与练习

**一、填空题**

1. 钢筋采用现场加工制作，加工尺寸严格按照＿＿＿＿＿＿＿＿进行制作，钢筋的直径、数量、安装位置及间距等与设计相符。

2. 混凝土应分层浇筑、分层振捣，振捣时应按照＿＿＿＿＿＿＿＿的施工原则。

**二、选择题**

1. 混凝土养护用土工布覆盖洒水养护不少于（　　）天。

A. 5　　B. 6　　C. 7　　D. 10

2. 下列哪个选项不是搭板施工的施工工序（　　）。

A. 测量放样　　B. 混凝土浇筑　　C. 钢筋绑扎　　D. 钻孔　　E. 养生

**三、判断题**

1. 混凝土浇筑后，为保证混凝土有适宜的硬化条件和防止发生不正常的收缩，应及时进行养护，使混凝土经常保持干燥状态。（　　）

2. 钢筋在施工过程中要逐一核对设计的钢筋型号、规格、尺寸、数量，按设计要求在现场加工成型，并分类堆放，挂牌标识。（　　）

3. 切割机运转中，严禁用手直接清除切到的杂物，钢筋摆动周围和切刀周围不得停留非操作人员。（　　）

**四、简答题**

1. 简述桥头搭板施工工艺。
2. 桥头搭板质量检测项目有哪些?

**五、实训题：模拟桥台搭板施工**

实训实施条件：

1. 校园内路基实训场地。
2. 桥台搭板施工相关技术文件。
3. 材料：水泥、砂石料、钢筋、模板、水等相关材料。
4. 钢筋绑扎、混凝土浇筑工具及设备。
5. 必要的测量放样、压实、质量检测等仪器、设备、工具。

# 课题二　桥面防护设施施工

- ◆ 熟悉混凝土防撞护栏施工工艺。
- ◆ 了解人行道板现浇施工工艺。
- ◆ 了解桥面安全带和缘石施工工艺。

桥面防护设施包括防撞栏杆（俗称防撞护栏）、人行道以及桥面安全带和缘石，如图8—2—1所示。

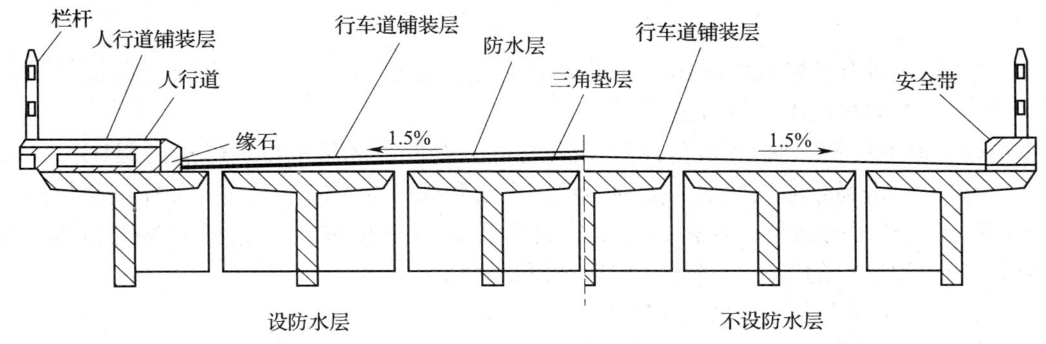


图8—2—1　桥面及防护设施的组成

## 一、防撞栏杆

栏杆是桥梁的一种安全防护设施，栏杆高度通常为0.8～1.2 m。

**1. 栏杆的分类**

栏杆按使用功能不同可分为人行栏杆和防撞护栏两种。人行栏杆只保障行人安全，不能抵挡意外情况下机动车辆的冲撞，如图8—2—2所示；防撞护栏可防止失控车辆越出桥外，使车辆不能突破、下穿、翻越桥梁，对机动车起保障作用，如图8—2—3所示。

图8—2—2　栏杆

图8—2—3　防撞护栏

**2. 钢筋混凝土防撞护栏的施工**

（1）材料要求

1）钢筋。钢筋应有出厂质量证明书和复试报告单，钢筋的品种、级别、规格应符合设计要求。钢筋进场时，应抽取试样做力学性能试验，其质量应符合国家标准《钢筋混凝土用钢　第1部分：热轧光圆钢筋》（GB 1499.1—2008）、《钢筋混凝土用钢　第2部分：热轧带肋钢筋》（GB 1499.2—2007）等的规定。

2）水泥。水泥进场应有产品合格证或出厂检验报告，进场后应对强度、安定性及其他必要的性能指标进行取样复试，其质量必须符合国家标准《通用硅酸盐水泥》（GB 175—2007）等的规定。

当对水泥质量有怀疑或水泥出厂超过3个月时，在使用前必须进行复试，并按复试结果使用。不同品种的水泥不得混合使用。

3）砂。砂的品种、质量应符合国家现行标准《公路桥涵施工技术规范》（JTG/T F50—2011）的要求，进场后应按产地、类别、加工方法和规格等不同情况进行抽样试验合格。

4）石子。石子的品种、规格、质量应符合国家现行标准《公路桥涵施工技术规范》（JTG/T F50—2011）的要求，进场后应取样复试合格。

5）混凝土拌合用水。宜采用洁净的饮用水。

6）外加剂。外加剂的质量和应用技术应符合国家现行标准《混凝土外加剂》（GB 8076—2008）和《混凝土外加剂应用技术规范》（GB 50119—2013）的有关规定。

外加剂应有产品说明书、出厂检验报告及合格证、性能检测报告，进场应复试合格，有害物含量检测报告应由有相应资质等级的检测部门出具，并应检验外加剂与水泥的适应性。

7）掺和料。掺和料应有出厂合格证或质量证明书和法定检测单位的质量检测报告，进场后应抽样复试。掺和料质量应符合国家现行相关标准规定，其掺量应通过试验确定。

（2）机具设备

1）主要设备包括混凝土搅拌机、翻斗车、混凝土罐车、混凝土泵车和吊车等。

2）机具包括振捣器、铁锹、钢板、橡皮锤等。

（3）钢筋混凝土防撞护栏的施工工艺

钢筋混凝土防撞护栏施工工艺见表 8—2—1。

**表 8—2—1　　钢筋混凝土防撞护栏施工工艺**

| 序号 | 施工工序 | 工艺要求 |
|---|---|---|
| 1 |  测量放线 | ①由测量人员根据桥梁控制点放出护栏的内外轮廓线和模板的检查线，并用墨线弹在梁板上<br>②每隔 10 m 在护栏预埋筋上焊接一根钢筋，测放出护栏顶面高程线并用红漆标注在钢筋上，作为钢筋绑扎时的高程控制线 |
| 2 |  绑扎钢筋 | ①钢筋的种类、型号及规格尺寸应符合设计要求<br>②对梁板上的预留筋进行整理，然后按照设计图样和测量放线位置进行钢筋绑扎。绑扎时先绑扎立筋，立筋的位置调好后再绑扎横向钢筋。若护栏设有预埋钢板，预埋钢板应在钢筋绑扎完毕后安装 |
| 3 |  安装模板 | ①根据设计图样和测量放线位置支设模板。模板底部的梁板面应先用水泥砂浆找平<br>②护栏上的真缝、假缝应在支模时根据设计位置设好。若设计没有规定缝的位置时，一般跨中、板端和连续梁的支座位置均应设置真缝。假缝位置可以在模板上对称贴上加工好的橡胶条，真缝位置宜采用两层三合板中间夹泡沫板的做法，以利拆除 |

续表

| 序号 | 施工工序 | 工艺要求 |
| --- | --- | --- |
| 4 |  浇筑混凝土 | ①混凝土应分层浇筑，每层浇筑厚度不得超过 300 mm。浇筑到护栏的倒角位置应暂时停止下料，待该范围振捣完成后再继续浇筑。分层浇筑间隔时间应不大于混凝土初凝时间<br>②振捣棒应插入下层 50 ~ 100 mm，振捣棒与侧模应保持 50 ~ 100 mm 的距离，严禁振捣棒直接接触模板。每一次振捣必须振捣至混凝土停止下沉，不再冒出气泡，表面呈现平坦、泛浆时方可提出振捣棒<br>③振捣完成后对护栏顶面混凝土进行抹面施工 |
| 5 |  拆模养生 | ①混凝土浇筑完成，应根据混凝土强度能保证其表面及棱角不致因拆模而受损坏时方可拆模，对护栏表面和真缝进行清理后洒水养生<br>②洒水养生应安排专人负责，养护时间应不少于 7 天，也可根据气温、湿度和水泥品种、外加剂情况等，酌情延长或缩短<br>③护栏拆模后，模板下抹的砂浆带应及时剔除，清理干净 |

### 3. 钢筋混凝土防撞护栏的质量要求

（1）一般要求

1）钢筋混凝土墙式护栏的高度必须在纵坡变化点处调整，以便线形顺适、美观。

2）浇筑护栏混凝土时，须注意模板平整，护栏外露部分应光洁。

3）防撞栏浇筑节段间应平滑顺接。

（2）实测项目

钢筋混凝土防撞护栏实测项目见表 8—2—2。

**表 8—2—2　　混凝土防撞护栏实测项目**

| 项次 | 项目 | 规定值或允许偏差值 |
| --- | --- | --- |
| 1 | 混凝土强度（MPa） | 在合格标准内 |
| 2 | 平面偏位（mm） | 4 |
| 3 | 断面尺寸（mm） | ±5 |
| 4 | 竖直度（mm） | 4 |
| 5 | 预埋件位置（mm） | 5 |

## 二、人行道

城镇及近郊区桥梁应设置人行道，其宽度和高度应依据行人的交通量和周围环境来确定，人行道的宽度一般为 0. 75 m 或 1 m，按照 0. 5 m 的倍数增加。行人稀少区可不设人行道，只设安全带。

人行道顶面一般高出桥面 250 ~ 300 mm，按人行道安装在主梁上的位置分搁置式和悬臂式，如图 8—2—4 所示。

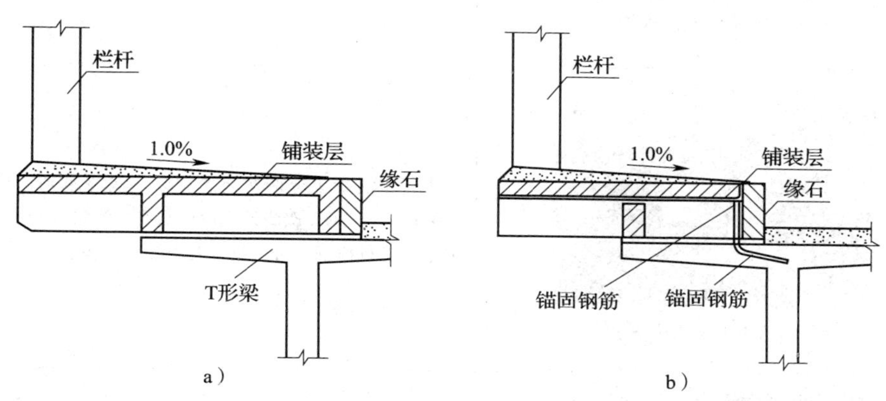


图 8—2—4　人行道

a）搁置式　b）悬臂式

### 1. 人行道板施工

人行道板一般是预制拼装，也可现浇。在预制或现浇人行道板时，要注意预留出安装灯柱、栏杆的位置，埋设好预埋件。

人行道板现浇施工工艺见表 8—2—3。

**表 8—2—3**　　**人行道板现浇施工工艺**

| 序号 | 施工工序 | 工艺要求 |
| --- | --- | --- |
| 1 | 施工放样 | 用全站仪放样人行道边线，使用水准仪测量人行道边桥面铺装顶面高程，以便安装人行道路缘石和泄水管 |

续表

| 序号 | 施工工序 | 工艺要求 |
| --- | --- | --- |
| 2 |  安装路缘石和泄水管 | 路缘石安装必须用稠水泥砂浆坐浆安装，完工后其竖向线形或坡度、断缝或伸缩缝必须符合设计规定。安装路缘石时应预留出泄水管安装位置，切割路缘石时必须保证断面平整 |
| 3 |  人行道混凝土浇筑 | 人行道混凝土分两次浇筑，第一次浇筑到比设计高程低100 mm处，第二次浇筑至设计高程。浇筑混凝土前对模板及泄水管进行检查，符合设计要求时方可浇筑 |
| 4 |  人行道伸缩缝安装 | 人行道伸缩缝应于人行道第二次浇筑混凝土时安装，应保证伸缩缝M2钢板与人行道在同一平面，M1钢板高出人行道10 mm。钢板焊缝应饱满圆润，符合设计及规范要求 |
| 5 | 养生 | 洒水养护7天，养生期间设明显保护标志，养生期间禁止车辆碾压，防止行人踩踏、破坏 |

**2. 质量要求**

工程施工过程中严格按照《公路工程质量检验评定标准》（JTB F80/1—2004）和《公路桥涵施工技术规范》（JTG/T F50—2011）进行施工。

（1）基本要求

1）悬臂式人行道必须在横向与主梁牢固连接。

2）人行道板必须在人行道梁锚固后方可铺设。

3）人行道必须牢固直顺、平整。

（2）实测项目

人行道实测项目见表8—2—4。

表 8—2—4　　人行道实测项目

| 项次 | 检查项目 | 规定值或允许偏差值 |
|---|---|---|
| 1 | 人行道边缘平面偏位（mm） | 5 |
| 2 | 纵向高程（mm） | 10，0 |
| 3 | 接缝两侧高差（mm） | 2 |
| 4 | 横坡（%） | ±0.3 |
| 5 | 平整度（mm） | 5 |

## 三、桥面安全带和缘石

### 1. 安全带

安全带是指当桥面不设人行道时，为保障交通安全，在行车道边缘设置的高出行车道的带状构造物。安全带可以做成预制件或与桥面铺装层一起现浇。

安全带的预制块有矩形截面和肋板式截面两种，如图 8—2—5 所示，以矩形截面最为常用。现浇的安全带宜每隔 2.5～3 m 做一断缝，以避免与主梁的收缩不一致而断裂。预制块若采用人工搬运安装，每个块件的安装质量最大不应超过 200 kg。

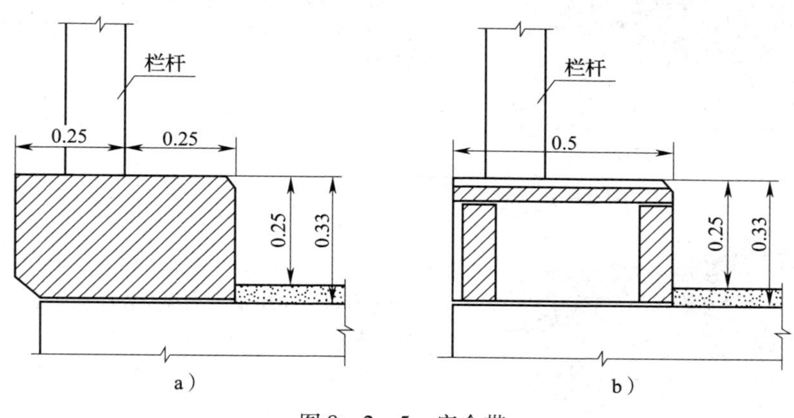


图 8—2—5　安全带

a）矩形　b）肋板式

安全带预制块的预制工序如下：

清扫地面→在地面上铺一层塑料膜→制作模具并组装（尺寸按图样尺寸严格要求制作，误差为 ±2 mm）→模板内侧均匀涂刷机油→浇筑混凝土→振捣→表面找平→养护→脱模→运至存放区→继续养护。

### 2. 缘石

缘石一般宽 80～350 mm，与安全带相类似，其施工方法和工艺与安全带相同。

（1）缘石施工工艺

缘石施工工艺见表 8—2—5。

表 8—2—5　　　　缘石施工工艺

| 序号 | 施工工序 | 工艺要求 |
| --- | --- | --- |
|  | 施工准备 | ①全面复核基层铺筑情况，其高程、压实度、平整度、宽度等应符合设计和规范要求<br>②准备原材料，并对各项指标进行检测，满足规范要求及施工需要。所有材料进行分隔存放，水泥搭棚存放，以防雨淋 |
| 1 |  施工放样 | 在下承层铺筑并养生完后，进行路缘石施工放样，根据桥梁轴线放出路缘石安装控制点，一般直线段桩距为 10 m，曲线段桩距为 5 m |
| 2 |  清理下承层 | 放样结束后，对下承层表面进行清理，清除表面的碎石、砂、土等杂物，使表面干净整洁，并在路缘石安装之前对其洒水润湿 |
| 3 |  路缘石安装 | 根据放样点的位置和高程安装基准缘石，挂线，顶面采用直尺找平 |
| 4 |  勾缝 | 安装完毕，检查合格后，用砂浆灌缝，砂浆必须饱满、密实。然后用水泥砂浆勾缝 |
| 5 | 养生 | 每天根据天气情况，适时养生，养生期不少于 7 天 |

（2）缘石质量标准

1）基本要求

①路缘石的尺寸及质量必须符合设计要求，表面要求无蜂窝、麻面，石子外露、脱皮、裂纹、缺边、掉角、不方正等现象。

②安砌稳固、顶面平整、缝宽均匀、勾缝密实、线条直顺、曲线圆滑。

③槽底基础和后背填料必须夯打密实。

④无杂物污染，排水口整齐、通畅、无阻水现象。

2）实测项目

路缘石铺设实测项目见表8—2—6。

**表8—2—6　路缘石铺设实测项目**

<table>
<tr><th>项次</th><th colspan="2">检查项目</th><th>规定值或允许偏差值</th></tr>
<tr><td>1</td><td colspan="2">直顺度（mm）</td><td>±15</td></tr>
<tr><td rowspan="3">2</td><td rowspan="2">预制铺设</td><td>相邻两块高差（mm）</td><td>3</td></tr>
<tr><td>相邻两块缝宽（mm）</td><td>±3</td></tr>
<tr><td>现浇</td><td>宽度</td><td>±5</td></tr>
<tr><td>3</td><td colspan="2">顶面高程（mm）</td><td>±10</td></tr>
</table>

## 一、简答题

1. 简述安全带预制块的预制工序。
2. 简述钢筋混凝土防撞护栏施工工艺。
3. 简述桥梁人行道施工工艺。

## 二、实训题

实训项目：模拟施工一段钢筋混凝土防撞护栏。

实训实施条件：

1. 校园内桥梁实训场地。
2. 防撞护栏施工相关技术文件。
3. 材料：水泥、砂石料、水、钢筋、铁丝、模板等。
4. 必要的施工放样仪器、混凝土浇筑机具、质量检测设备等。

# 课题三　混凝土桥面铺装施工

- 了解混凝土桥面铺装的类型。
- 熟悉沥青混凝土桥面铺装施工工艺。
- 熟悉水泥混凝土桥面铺装施工工艺。
- 了解混凝土桥面铺装的施工质量标准。

## 一、混凝土桥面铺装的类型

桥面铺装是指用沥青混凝土、水泥混凝土等材料铺筑在桥面板上的保护层，其作用是保护桥面板和分布车轮的集中荷载。

桥面铺装种类很多，有水泥混凝土、沥青混凝土、沥青表面处治和泥结碎石等。水泥混凝土和沥青混凝土桥面铺装应用最为广泛，能满足各项要求。沥青表面处治和泥结碎石铺装，因其耐久性差，仅在低等级公路桥梁中使用。

水泥混凝土铺装的耐高温性好，使用寿命长，维修费用少，但养生期长，平整性和舒适性较低。沥青混凝土铺装适宜机械化施工，施工进度快，桥面透水性小，行车平稳舒适，噪声小，但温度稳定性差，易被履带车辆和坚硬物体损伤。

## 二、沥青混凝土桥面铺装

沥青混凝土桥面铺装的施工工艺见表8—3—1。

## 三、水泥混凝土桥面铺装

**1. 主要材料要求**

（1）混凝土

采用强度等级不低于C40的混凝土。

（2）钢筋

直径不小于10 mm的冷轧带肋钢筋。

表 8—3—1 **沥青混凝土桥面铺装施工工艺**

| 序号 | 施工工序 | 工艺要求 |
|---|---|---|
| 1 |  凿除浮碴、清洗桥面 | 梁顶表面应凿毛，去除浆皮，对于梁顶表面的泥土、油污则必须彻底清除 |
| 2 |  测量放样 | 确定浇筑幅宽，根据分幅的位置确定平面控制点，并将其在主梁顶面进行放样 |
| 3 |  铺设防水卷材 | 采用热铺法（用热沥青打底）铺设防水卷材，加热必须均匀，沥青不能过热，以防变脆而影响黏结。搭接处的厚度要尽量减薄，以防厚度变化太大 |
| 4 |  浇洒黏层油 | 铺筑沥青混凝土前洒布沥青黏层油，洒布黏层是使新铺沥青面层与下层表面黏接良好而浇洒的一种沥青薄层 |

续表

| 序号 | 施工工序 | 工艺要求 |
|---|---|---|
| 5 |  铺装沥青面层 | ①沥青混合料的卸料，要防止混合料的离析<br>②沥青混合料的摊铺<br>③经整平后立即检查宽度、厚度、平整度、路拱及温度并调整<br>④按先轻后重、先慢后快、先低后高的原则，分初压、复压和终压三个阶段进行碾压<br>⑤ 开放交通。当沥青混凝合料表面温度低于 50℃后，方可开放交通 |

**2．水泥混凝土桥面铺装施工工艺**

水泥混凝土桥面铺装的施工工艺见表 8—3—2。

**表 8—3—2　　水泥混凝土桥面铺装施工工艺**

| 序号 | 施工工序 | 工艺要求 |
|---|---|---|
| 1 |  凿除浮碴、清洗桥面 | 梁顶表面应凿毛，去除浆皮，对于梁顶表面的泥土、油污则必须彻底清除 |
| 2 |  测量放样 | 确定浇筑幅宽，根据分幅的位置确定平面控制点，并将其在主梁顶面进行放样，弹出墨斗线，并通过测量控制点的高程测量计算桥面铺装的厚度 |
| 3 |  绑扎钢筋 | ①为保证桥面铺装层与下面的混凝土构件紧密结合，桥面铺装钢筋绑扎前，应进行清扫或用水冲洗，保证混凝土面无杂物及泥土<br>②按照设计图样要求进行钢筋绑扎作业，钢筋网制作前先在桥面板上弹墨线，然后按墨线位置摆设钢筋，最后把钢筋焊接成网片<br>③为保证上层钢筋网不致变形过大，在上下钢筋网之间用钢筋或其他措施进行加固和支撑，底层钢筋网下垫砂浆垫块以保证保护层厚度 |

续表

| 序号 | 施工工序 | 工艺要求 |
| --- | --- | --- |
| 4 |  安装模板 | ①立模前要对梁顶进行找平，要充分利用企口缝上的预留孔做好模板的支撑加固工作<br>②可采用钢和方钢，模板高度应与混凝土面层板厚度相同。模板底面应与找平层紧贴，空隙要事先用水泥砂浆填实<br>③模板面均匀涂刷一薄层机油或脱模剂，以便拆模 |
| 5 |  混凝土浇筑、振捣 | ①混凝土浇筑前，应对模板的间隔、高度、润滑、支撑稳定情况，以及钢筋的位置等进行全面检查。考虑振实的影响应预留一定的混凝土高度<br>②铺好的混凝土混合料，应立即均匀地振捣。振捣以不再冒气泡并泛出水泥浆为准<br>③混凝土在全振捣后，初步整平，对不平之处，应及时进行人工补填找平 |
| 6 |  养生 | 混凝土表面修整完毕后，应进行养生，通常使用普通硅酸盐水泥时约为 14 天 |

## 四、质量标准

混凝土桥面铺装施工的质量标准见表8—3—3。

**表8—3—3　　　　混凝土桥面铺装施工质量标准**

<table>
<tr><td colspan="3">项目</td><td colspan="2">规定值或允许偏差</td></tr>
<tr><td colspan="3">强度或压实度</td><td colspan="2">符合设计要求</td></tr>
<tr><td colspan="3" rowspan="2">厚度（mm）</td><td>沥青混凝土</td><td>水泥混凝土</td></tr>
<tr><td>10，-5</td><td>20，-5</td></tr>
<tr><td rowspan="5">平整度</td><td rowspan="2">高速公路、一级公路</td><td>IRI（m/km）</td><td>2.5</td><td>3</td></tr>
<tr><td>σ（mm）</td><td>1.5</td><td>1.8</td></tr>
<tr><td rowspan="3">其他公路</td><td>IRI（m/km）</td><td colspan="2">4.2</td></tr>
<tr><td>σ（mm）</td><td colspan="2">2.5</td></tr>
<tr><td>最大间隙h（mm）</td><td colspan="2">5</td></tr>
<tr><td colspan="2" rowspan="2">横坡（%）</td><td>水泥混凝土面层</td><td colspan="2">±0.15</td></tr>
<tr><td>沥青混凝土面层</td><td colspan="2">±0.3</td></tr>
<tr><td colspan="3">抗滑构造深度</td><td colspan="2">符合设计要求</td></tr>
</table>

注：1．桥长不足100 m时，按100 m处理。

2．高速公路、一级公路上的小桥可按路面的要求进行质量控制。

### 一、简答题

1．沥青混凝土和水泥混凝土桥面铺装的优缺点各有哪些？

2．简述沥青混凝土桥面铺装的施工工序。

3．简述水泥混凝土桥面铺装的施工工序。

4．混凝土桥面铺装要检查哪些项目？

### 二、实训项目：模拟沥青混凝土桥面铺装施工

实训实施条件：

1．校园内沥青路面实训场地。

2．沥青混凝土桥面铺装施工相关技术文件。

3．材料：沥青、水泥、砂石料、水、钢筋、铁丝、模板、防水卷材等。

4．混凝土拌和、摊铺、整平等设备、工具。

5．必要的测量放样、压实、防水层铺设、质量检测等仪器、设备、工具。

# 课题四　伸缩缝施工

- 了解常用桥面伸缩装置的类型、适用范围及结构。
- 熟悉桥梁伸缩缝施工工艺。
- 了解桥梁伸缩缝的施工质量标准。

## 一、常用桥面伸缩装置

桥梁伸缩缝是指为适应材料胀缩变形对结构的影响而在结构中设置的间隙。通常在两梁端之间、梁端与桥台之间或桥梁的铰接位置上设置伸缩缝。

桥面伸缩装置是指为使车辆平稳通过桥面并满足桥面变形的需要，在桥面伸缩缝处设置的各种装置的总称。常用的桥面伸缩装置有金属板U形伸缩缝、钢板伸缩缝、橡胶伸缩缝和毛勒伸缩缝，见表8—4—1。

**表8—4—1　　常用桥面伸缩装置**

| 类别 | 适用范围 | 主要结构 |
|---|---|---|
| 金属板U形伸缩缝 | 金属板U形伸缩缝是一种简易的伸缩装置，一般用于中、小跨径的桥梁，所能适应的变形量在20～40 mm | ①一般采用纯铜板或锌板制成U形，固定在伸缩空隙两端的梁上，U形板中可以填塞压缩填料，如沥青玛蹄脂、塑料胶泥或沥青砂<br>②桥面一般采用沥青混凝土铺装，为了防止伸缩缝处铺装层的损坏，可以用型钢、钢板做护缘板 |

续表

| 类别 | 适用范围 | 主要结构 |
| --- | --- | --- |
|  钢板伸缩缝 | ①板式伸缩缝：伸缩量在60 mm以内，适用于温差大的梁式桥和钢桥<br>②梳齿形伸缩缝：适用于较长的连续梁或连续桥面结构，伸缩量可达1 000 mm<br>③滑板伸缩缝：结构复杂，适用于大伸缩量的伸缩缝，伸缩量可达800 mm | |
|  橡胶伸缩缝 | 有一定的止水作用，适于20～60 mm的伸缩缝 | 特制橡胶体伸缩缝形状特殊、内埋钢板 |
|  毛勒伸缩缝 | ①毛勒缝能适应于桥梁温度变化、结构弯曲、支座压缩的多方向变位和位移，能防水，可保证桥梁支座和梁端不受渗水腐蚀<br>②能随时更换胶带，提高桥面使用质量，减少养护工作和成本 | ①毛勒缝由边梁、中间梁、密封带、控制弹簧及弹性支撑组成<br>②一般单缝毛勒缝伸缩量为0～80 mm，还可以根据桥梁实际需要伸缩缝的大小任意组合 |

## 二、桥梁伸缩缝施工工艺

桥梁伸缩缝施工工艺见表8—4—2。

**表8—4—2　　桥梁伸缩缝施工工艺**

| 序号 | 施工程序 | 主要作业内容 |
| --- | --- | --- |
| 1 | 施工准备 | ①组织相关技术人员熟悉现场情况和施工设计图样以及安装操作规程，检查、验收伸缩缝边梁的平整度、顺直度和缝体间隙，对砂、石、水泥、钢筋等原材料进行取样检验，进场后按规定的检验频率再进行抽检<br>②机械设备、小型机具配备齐全，尤其是提供施工车辆过往的过桥板必须质量坚固、数量充足，以保证施工顺利进行 |

续表

| 序号 | 施工程序 | 主要作业内容 |
| --- | --- | --- |
| 1 | 施工准备 | ③配齐并备足防止污染路面的塑料布、胶带等材料及养护用的塑料薄膜、浇水工具等<br>④在施工现场根据要求设置交通安全标志，设备工具和用料应放在指定的地点或区域，所有施工人员进入施工现场时应穿戴安全服、安全帽，注意文明施工 |
| 2 |  开槽 | ①划出缝区的切割线<br>②切缝。切口应整齐、顺直<br>③凿除。切缝后应将槽内的混凝土凿除干净，应凿毛至坚硬层<br>④清槽。用强力吹风机或高压水枪清除浮尘和杂物<br>⑤开槽后应禁止车辆通行 |
| 3 |  植筋 | ①对漏埋或折断的预埋钢筋应进行修复<br>②使用的材料应符合现行规范、标准，并满足设计要求 |
| 4 |  埋设伸缩缝 | ①埋设前，应对伸缩缝内进行彻底检查，除保证预埋钢筋的数量和质量外，还应确保缝内无污染<br>②埋设时一定要在厂家给定的伸缩缝的定位值的温度下，埋设伸缩缝<br>③将锚固钢筋与预埋钢筋焊接，使伸缩装置固定 |
| 5 |  浇筑混凝土 | ①在浇筑混凝土之前，必须由专人复检模板是否牢固、有漏洞，以防混凝土振捣时发生胀模或漏浆现象（很重要，否则可能发生梁端顶死）<br>②浇筑前在缝两侧铺上塑料布，保证混凝土不污染路面<br>③浇筑混凝土<br>④混凝土振捣时应两侧同时进行，为保证其密实，特别是型钢下混凝土的密实，用振捣棒振至不再有气泡为止<br>⑤振捣密实后，用抹板搓出水泥浆，分4～5次按常规抹压平整为止 |

续表

| 序号 | 施工程序 | 主要作业内容 |
| --- | --- | --- |
| 6 | 养护 | ①混凝土浇筑完成后，覆盖麻袋或草苫子，严格洒水养生。养生期不少于7天，养生期间严禁车辆通行<br>②混凝土强度达到设计强度50%以上后，可安装橡胶密封条，安装前必须把缝内清理干净 |

## 三、施工质量要求

**1. 基本要求**

(1) 伸缩缝必须满足设计和有关技术规范的要求，须有合格证，并经验收合格后方可安装。

(2) 伸缩缝必须锚固牢靠，伸缩性能必须有效。

(3) 伸缩缝两侧混凝土的类型和强度，必须符合设计要求。

(4) 大型伸缩缝与钢梁连接处的焊缝，应作超声检测，检测结果须合格。

(5) 伸缩缝处不得积水。

**2. 实测项目**

伸缩装置安装实测项目见表8—4—3。

**表8—4—3　　伸缩装置安装实测项目**

| 项次 | 检查项目 | | 规定值或允许偏差 |
| --- | --- | --- | --- |
| 1 | 长度（mm） | | 符合设计要求 |
| 2 | 缝宽（mm） | | 符合设计要求 |
| 3 | 与桥面高差（mm） | | 2 |
| 4 | 纵坡（%） | 一般 | ±0.5 |
| | | 大型 | ±0.2 |
| 5 | 横向平整度（mm） | | 3 |

注：1. 缝宽应按安装时的气温折算。

2. 伸缩缝无阻塞、渗漏、变形、开裂现象，不符合要求时必须进行整修。

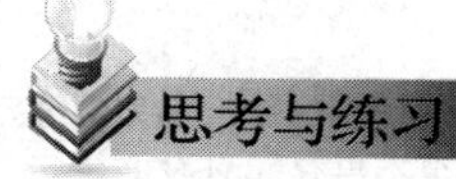

思考与练习

**一、简述**

1. 常用伸张装置有哪些?

2. 简述桥梁伸缩缝施工工艺。

3. 简述伸缩缝质量检测项目。

**二、实训题：伸缩缝施工**

实训实施条件：

1. 校园内路面实训场地，场地内有已经施工好一段路面。

2. 伸缩缝施工相关技术文件。

3. 伸缩缝若干，型号不限。

4. 路面清扫、切割、开槽工具，钢筋焊接工具。

5. 必要的混凝土浇筑设备、工具。

# 模块九

# 涵洞施工

## 课题一　圆管涵施工

- ◆ 熟悉圆管涵预制施工程序及现场施工程序。
- ◆ 了解圆管涵施工主要内容和要求。
- ◆ 能够进行圆管涵施工作业。

为加快施工进度，确保圆管涵质量，圆管涵施工往往采用圆管预制的方式，将施工队分为圆管预制施工队和现场施工队。

### 一、圆管预制施工程序

圆管预制施工包括原材料检验、施工配合比设计、圆管预制、圆管养护等程序，其主要作业内容及要求见表9—1—1。

### 二、圆管涵现场施工程序

圆管涵现场施工包括管涵放样、开挖基坑、基坑检测、基础垫层施工、圆管基座施工、圆管安装及回填施工、端墙帽石等附属工程施工等程序，其主要作业内容及要求见表9—1—2。

表 9—1—1　　圆管预制施工程序

| 序号 | 施工程序 | 主要作业内容 | 要求 |
| --- | --- | --- | --- |
| 1 | 原材料检验  | 对圆管预制采用的水泥、砂石、水、外加剂、钢筋、模板等材料进行检验 | 使用的材料应符合现行规范、标准，并满足设计要求 |
| 2 | 施工配合比设计  | 对水泥、混凝土进行配合比设计 | 强度等级和施工性满足设计要求 |
| 3 | 圆管预制 | 按照设计要求布设钢筋，并绑扎牢固，固定模板，防止漏浆，浇筑水泥混凝土，振捣挤压密实 | 预制的圆管强度等级满足设计要求，外观平整，无裂缝、蜂窝、麻面等现象 |
| 4 | 圆管养护  | 圆管拆模后采用覆盖、洒水、喷养生剂等方式对其进行养护，养护期满足规范规定 | 确保水泥混凝土强度满足设计要求，表面无裂缝等外观缺陷 |

表 9—1—2　　圆管涵现场施工程序

| 序号 | 施工程序 | 主要作业内容 | 要求 |
| --- | --- | --- | --- |
| 1 | 管涵放样  | 准确标划涵洞位置轮廓线，为基坑开挖做好准备 | 平面位置准确、方向正确、高程控制满足设计要求 |

续表

| 序号 | 施工程序 | 主要作业内容 | 要求 |
|---|---|---|---|
| 2 | 开挖基坑  | 根据放样轮廓线进行基坑开挖施工，施工中对主要基坑进行防护与排水 | 位置准确、开挖尺寸满足施工要求，同时注意施工安全 |
| 3 | 基坑检测  | 检测基坑的基底尺寸、高程、基底承载力等 | 满足规范和设计要求 |
| 4 | 基础垫层施工 | 根据设计要求，在基底铺设一定厚度的砂、砂砾或碎石垫层 | 垫层厚度和密实度满足规范要求 |
| 5 | 圆管基座施工  | 支立模板、浇筑混凝土、养护等作业 | 模板位置、尺寸正确，牢固不变形，接缝平齐无漏浆；混凝土强度等级等满足设计要求；养护期和养护条件满足规范要求 |
| 6 | 圆管安装及回填施工  | 圆管由预制场地运输至施工现场，并按顺序进行安装，并对管节接头进行刚性或柔性处理；安装完毕后，圆管两侧同步、分层回填 | 运输时防止损坏圆管，管节安装要顺直，高程满足设计要求，防止出现错台，管节接头要严密，防止渗水、漏水；回填材料和密实度满足设计要求 |

续表

| 序号 | 施工程序 | 主要作业内容 | 要求 |
|---|---|---|---|
| 7 | 端墙帽石等附属工程施工 | 端墙、帽石等附属工程的位置、尺寸、高程满足设计要求、采用砌石或浇筑混凝土施工，材料、施工工艺、施工标准应符合施工规范规定 | 端墙、帽石等附属工程应起到加固、美观圆管的作用，并增强涵洞使用的安全性 |

## 三、圆管涵施工工艺流程

圆管涵施工工艺流程如图 9—1—1 所示。

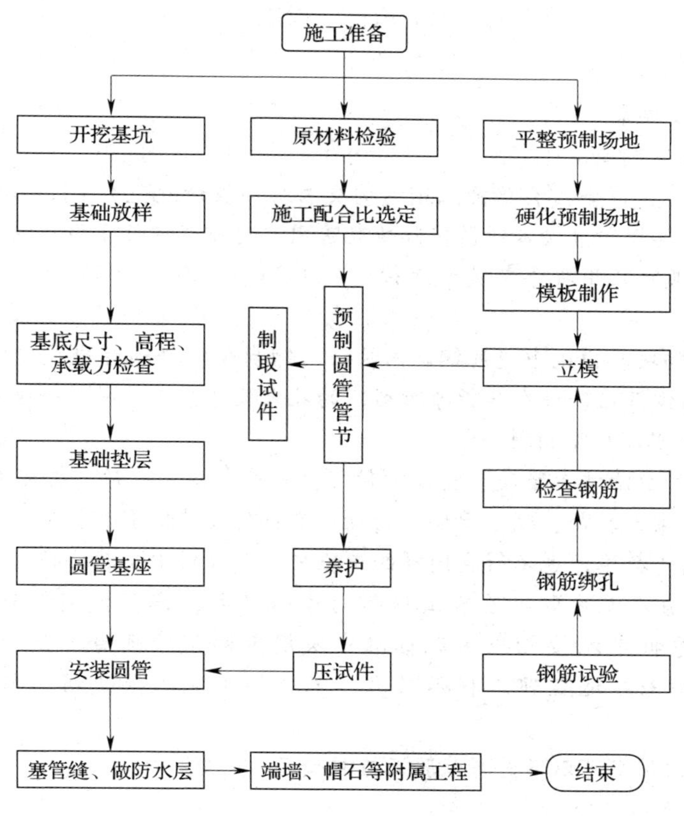


图 9—1—1　圆管涵施工工艺流程

## 工程应用

某工程施工单位拟对某公路正交 $1-\phi1.0$ 的圆管涵进行施工，如图9—1—2所示，请对该圆管涵组织施工。

图9—1—2　圆管涵

一、圆管预制

1. 材料检验及要求

(1) 模板、支架材料

1) 木材。木材应符合《公路桥涵钢结构及木结构设计规范》(JTJ 025—1986) 中的承重结构选材标准，其树种可按本地区实际情况选用，材质不宜低于Ⅲ等材。

2) 钢材。一般可采用符合《碳素结构钢》(GB/T 700—2006) 中的牌号 Q235 钢标准的钢材。

3) 内拉杆或隔块。模板中使用钢制内拉杆、钢制或塑料隔块应经监理工程师批准。金属拉杆所有配件的设计应保证在其拆除时留下的孔穴尺寸最小，并符合强度和美观的要求。

(2) 混凝土、水泥砂浆材料

1) 集料。集料应清洁、坚硬、坚韧、耐久、无外包层、匀质，并不含结块、软弱或片状颗粒，无黏土、尘土、盐、碱、土块、云母、有机物或其他有害物质；不同来源的集料不得混合或储存在同一料堆，也不得在同类的工程中或混合料中交替使用。

2) 水泥。所有水泥应取自监理工程师同意的产源，严禁使用含氯化物的水泥；承包人应对进场的每批水泥按相应水泥标准中所规定的试验项目、试验方法、检验规程取样检验，检验结果报送监理工程师批准，不合格水泥不得使用；水泥运到工地后应尽快使用。

3) 水。人畜饮用水可以不进行试验而直接使用。

(3) 钢筋

钢筋的主要力学、工艺性能应符合有关规范的要求；每批钢筋应备有一式三份工厂试验报告，且提供轧制钢筋的生产方法、每炉或每批钢筋的鉴定报告（包括拉伸试验，弯曲试验结果、物理化学性能）；每批钢筋应具有易识别的标签标明制造商试验号及批号。

2. 圆管预制

按照设计要求布设钢筋，并绑扎牢固，固定模板，接缝紧密，防止漏浆，浇筑水泥混凝土，振捣挤压密实。

预制混凝土管节成品的质量要求和尺寸允许偏差见表9—1—3，成型圆管如图9—1—3所示。

**表9—1—3　　混凝土管节成品质量要求和尺寸允许偏差**

| 项目 | 质量要求或允许偏差 | |
|---|---|---|
| 管节形状 | 管节端面应平整并与其轴线垂直。斜交管涵进出口管节的外端面，应按斜交角度进行处理 | |
| 管壁内外侧表面 | 管壁内外侧表面应平直圆滑，如有蜂窝，每处面积不得大于30 mm×30 mm，其深度不得超过10 mm；总面积不得超过全面积的1%，并不得露筋，蜂窝处应修补完善后方可使用 | |
| 管节混凝土强度 | 符合设计要求 | |
| 管节整体强度 | 符合设计要求 | |
| 圆管吸水率 | 不超过干管质量的6% | |
| 管节尺寸允许偏差 | 管节长度（mm） | 0～5 |
| | 内（外）直径（mm） | 不小于设计值 |
| | 管壁厚度（mm） | -3，正值不限 |
| | 顺直度 | 矢度不大于0.2%管节长 |

图9—1—3　圆管

二、管涵现场施工

1. 挖基

基坑挖掘如图9—1—4所示，挖掘要求如下：

图9—1—4 圆管涵基坑

(1) 在基础开挖之前检查、测量基础平面位置和现有地面高程。

(2) 开挖应进行到指定的高程。在开挖的基坑未经验收之前，不得浇筑混凝土或砌筑圬工。

(3) 必要时，挖方的各侧面应始终予以可靠的支撑，防止安全事故发生。

(4) 基坑开挖至图样规定的基底高程后，检测基底承载力，如不满足图样规定的要求时，应对其进行处理。

2. 垫层和基座施工

(1) 砂砾垫层为压实的连续材料层，其压实度应在95%以上，按重型击实试验标准测定；砂砾垫层分层摊铺压实，不得有离析现象，否则要重新拌和铺筑。

(2) 混凝土基座按规范规定施工，基座尺寸及沉降缝应符合设计图样，沉降缝位置与管节的接缝位置相一致。

3. 管节安装

(1) 管节安装从下游开始，使接头面向上游；每节圆管紧贴于垫层或基座上，使圆管受力均匀；所有管节按正确的轴线和图样所示坡度敷设。如管壁厚度不同，要使内壁齐平。

(2) 在敷设过程中，保持管内清洁、无多余的砂浆及其他杂物。

(3) 圆管接缝宽度不应大于10 mm。

(4) 管节采用平接口接缝时，在管节接缝填塞好后，在其外部设置C20级混凝土箍圈。

(5) 当管节采用承插式接缝时，在承口端先做干硬性水泥砂浆，在管节套接后再在承口端的环形空隙内塞砂浆，以使接头部位紧密吻合，并将内壁表面抹平。

(6) 当管节采用套环接缝时，按接缝形式分别采用沥青麻絮、水泥砂浆或沥青砂紧密填塞所有接缝，使其稳固、耐久和不漏水。

4. 回填

(1) 经检测圆管涵安装及接缝符合要求，并且其砌体砂浆或混凝土强度达到设计强度的75%时，进行回填作业。

（2）涵洞处路堤缺口填土应从涵洞洞身两侧不小于两倍孔径范围内进行，同时按水平分层、两侧对称填筑、夯（压）实，密实度满足设计要求。

（3）用机械填土时，除应按照上述规定办理外，涵洞顶上填土厚度必须大于0.5 m时，才允许机械通过。

三、管涵质量标准要求

1．实测项目

管涵质量检测包括轴线偏位检测、流水面高程检测、涵底铺砌厚度、长度、孔径、净高检测等，见表9—1—4。

**表9—1—4　　涵洞总体实测项目**

| 项次 | 检查项目 | 规定值或允许偏差 |
| --- | --- | --- |
| 1 | 轴线偏位（mm） | 明涵20，暗涵50 |
| 2 | 流水面高程（mm） | ±20 |
| 3 | 涵底铺砌厚度（mm） | +40，－10 |
| 4 | 长度（mm） | +100，－50 |
| 5 | 孔径（mm） | ±20 |
| 6 | 净高（mm） | 明涵±20，暗涵±50 |

2．外观鉴定

（1）洞身顺直，进出口、洞身、沟槽等衔接平顺，无阻水现象。

（2）帽石、一字墙等应平直，与路线边坡、线性匹配，棱角分明。

（3）涵洞处路面平顺，无跳车现象。

（4）外露混凝土表面平整，颜色一致。

## 思考与练习

### 一、简答题

1．简述圆管涵施工工序。

2．简述圆管涵质量检测项目。

### 二、实训题

实训项目：模拟施工一个圆管涵。

实训实施条件：

1．校园内土质实训场地。

2．直径为0.2～0.5 m成品圆管2节。

3．垫层、基座、回填施工所用材料。

4. 必要的测量放样、开挖及回填、压实、质量检测等仪器、设备、工具。

三、知识拓展

1. 如何检测基坑的承载力?
2. 如何检测圆管混凝土强度?

# 课题二　倒虹吸管施工

◆ 熟悉倒虹吸管现场施工程序。
◆ 了解倒虹吸管施工工艺流程。
◆ 能够进行倒虹吸管施工作业。

倒虹吸管施工和圆管涵施工一样，也可分为圆管预制和现场施工两个作业队。

## 一、圆管（管节）预制施工程序

其施工程序同圆管涵预制施工程序一致。

## 二、倒虹吸管现场施工程序

倒虹吸管现场施工包括倒虹吸管施工放样、开挖基坑、基坑检测与修正、基础垫层、圆管基座施工、圆管安装、竖井及出入水口施工、防水层施工、回填施工等程序，见表9—2—1。

表9—2—1　　倒虹吸管现场施工程序

| 序号 | 施工程序 | 主要作业内容 | 要求 |
|---|---|---|---|
| 1 | 倒虹吸管施工放样 | 同圆管涵现场施工 | 同圆管涵现场施工 |
| 2 | 开挖基坑 | 同圆管涵现场施工 | 同圆管涵现场施工 |
| 3 | 基坑检测与修正 | 同圆管涵现场施工 | 同圆管涵现场施工 |
| 4 | 基础垫层施工 | 同圆管涵现场施工 | 同圆管涵现场施工 |
| 5 | 圆管基座施工 | 同圆管涵现场施工 | 同圆管涵现场施工 |

续表

| 序号 | 施工程序 | 主要作业内容 | 要求 |
|---|---|---|---|
| 6 | 圆管安装  | 圆管由预制场地运输至施工现场，按顺序进行安装，并对管节接头进行刚性或柔性处理 | 运输时防止损坏圆管，管节安装要顺直，高程满足设计要求，防止出现错台，管节接头要严密，防止渗水、漏水 |
| 7 | 竖井及出入水口施工  | 先浇筑基础，并预留与外套管的连接筋；待内模管安放好后，再绑扎其余的连接筋，并尽量使其与外套管主筋绑扎在一起。待外套管混凝土浇筑完毕后，再进行竖井混凝土浇筑，浇筑可采用分节方式进行 | 基础与竖井混凝土强度应满足设计要求，管节接缝不得出现渗水、漏水现象 |
| 8 | 防水层施工  | 防水层材料符合设计要求，涂刷（喷涂、刮涂）均匀、厚度一致，与结构黏结牢固 | 防水层施工、养护完成后，经试验无水内渗和外漏现象 |
| 9 | 回填  | 防水层施工完毕后，圆管两侧采用回填材料对称、同步、分层回填 | 回填材料和密实度满足规范要求 |

## 三、倒虹吸管施工工艺流程

倒虹吸管施工工艺流程如图 9—2—1 所示。

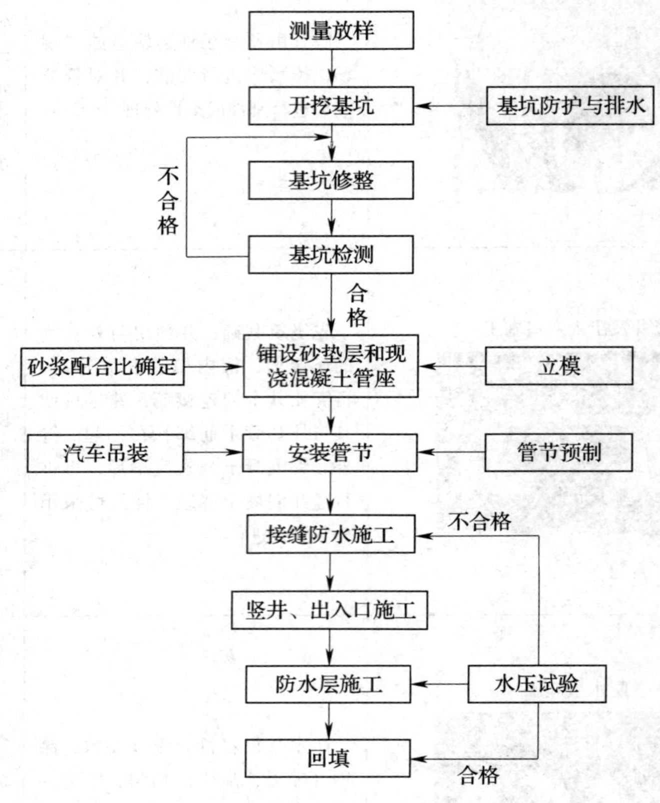


图 9—2—1　倒虹吸管施工工艺流程

某工程 K43 +323. 98 为一倒虹吸管，与线路交角 90°，进口为竖井，出口为竖井接排水沟，如图 9—2—2 所示。根据倒虹吸管施工方法和流程对该倒虹吸管组织施工。

一、倒虹吸管管节预制

其预制方法同圆管涵圆管预制方法一致。

二、倒虹吸管现场施工

1. 开挖基坑、基坑检验、垫层、基座、管节安装

其施工方法同圆管涵施工方法一致。

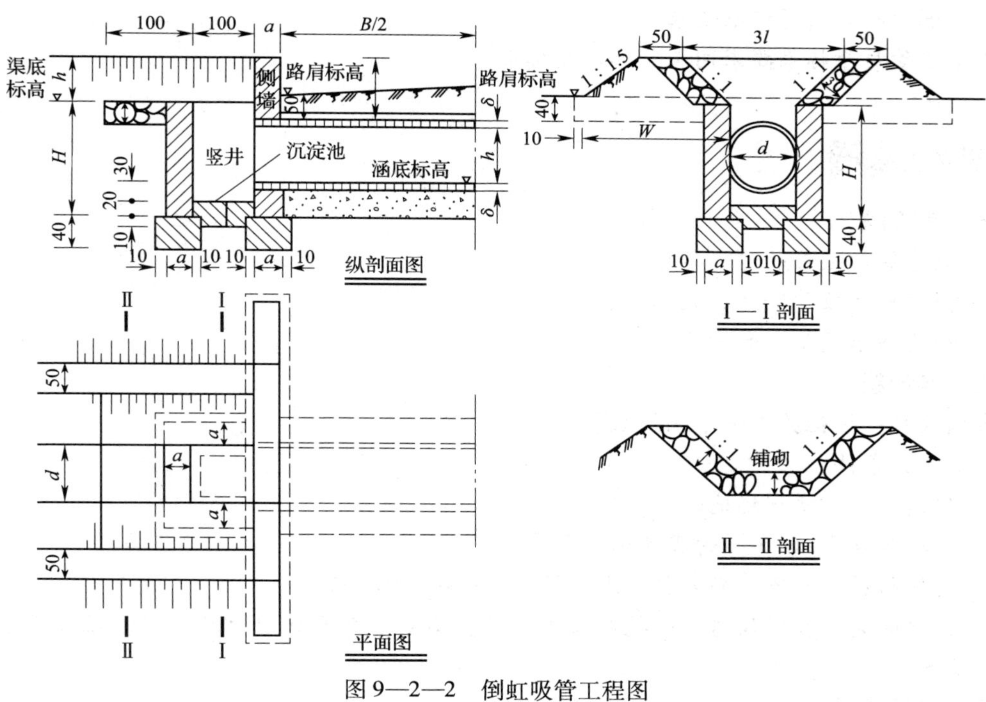


图 9—2—2 倒虹吸管工程图

2. 竖井施工

竖井分为入水口竖井和出水口竖井，在竖井底部均应设置沉淀池。出入口竖井一般采用矩形框架，入口竖井进水面高程比出口竖井出水面高程高 0. 30 m，井内检查梯每梯高差 25 cm。竖井施工时，先浇筑基础，并预留与外套管的连接筋；待内模管安放好后，再绑扎其余的连接筋，并尽量使其与外套管主筋绑扎在一起。待外套管混凝土浇筑完毕后，再进行竖井混凝土浇筑，浇筑可采用分节浇筑（施工缝预留连接筋）或一次浇筑（模板在高度上预留 2 ~3 个混凝土进料口）。

3. 防水层施工

新混凝土结构浇筑 7 天后，即可进行施工。修补找平处理破损、凹凸不平的混凝土结构，过分光滑的混凝土结构基面需要打磨粗糙，以利于涂层与基面粘结牢固；基面要干净、牢固、平坦，无孔洞、无浮灰、无油污；基面必须潮湿，若基面干燥，要先喷洒水后再施工。

防水层施工一般按照清洁处理、拌料、底涂、面涂、养护等程序进行。根据涂料的性质和底层情况，涂料的方法可以采用抹压、刮涂、刷涂、喷涂等方法。

防水层施工完毕后，进行养护，经试验满足设计要求后，可进行下一工序施工。

4. 回填

经检验倒虹吸管安装及接缝、防水层符合要求，并且其砌体砂浆或混凝土强度达到设计强度的 70%，方可进行回填作业。回填材料按设计要求或采用工程师指定材料，一般采用 5% 石灰改善土，并严格控制含水率。回填时应两侧对称、分层推铺，并用采用合适的设备压实。每层都应达到规定的压实度标准。

三、倒虹吸管质量标准要求

倒虹吸管质量标准要求同圆管涵质量标准。

一、简答题

1. 简述倒虹吸管的施工程序。

2. 简述倒虹吸管竖井的施工方法。

3. 简述防水层施工的方法。

二、实训题

实训项目：模拟施工一个倒虹吸管。

实训实施条件：

1. 校园内土质实训场地。

2. 直径为0.2～0.5 m的成品圆管2节。

3. 其他材料：水泥、砂石料、水、铁丝、模板、木料等。

4. 必要的施工放样仪器、开挖及回填工具、垫层基座及回填材料、轻型压实设备、质量检测设备等。

三、知识拓展

1. 倒虹吸管排水原理。

2. 倒虹吸管排水时，倒虹吸管的受力情况。

## 课题三　拱涵、盖板涵施工

- 熟悉拱涵施工程序及施工工艺。
- 熟悉盖板涵施工程序及施工工艺。
- 能够进行拱涵及盖板涵施工作业。

### 一、拱涵施工

拱涵根据材料不同常用的有石拱涵和钢筋混凝土拱涵两种。

### 1. 石拱涵施工

(1) 石拱涵施工程序

石拱涵施工程序见表9—3—1。

**表9—3—1　　石拱涵施工程序**

| 序号 | 施工程序 | 主要作业内容 | 要求 |
|---|---|---|---|
| 1 | 测量放样 | 同圆管涵现场施工 | 同圆管涵现场施工 |
| 2 | 开挖基坑与排水 | 同圆管涵现场施工 | 同圆管涵现场施工 |
| 3 | 基坑检测与修正 | 同圆管涵现场施工 | 同圆管涵现场施工 |
| 4 | 基础垫层施工 | 同圆管涵现场施工 | 同圆管涵现场施工 |
| 5 | 基础施工  | 水泥混凝土基础：支立模板、浇筑混凝土、养护等作业<br>浆砌基础：采用浆砌片石、料石、块石等 | 基础的位置、尺寸、混凝土强度、石料、砂浆强度等满足设计要求，养护条件满足要求，达到规定的养护期 |
| 6 | 涵身、台座施工  | 浆砌片石涵身、台座，砌筑符合规范要求，横缝顺直、纵缝错开、砂浆饱满、外侧平齐、内侧交错，石料尺寸、砂浆强度、砌缝宽度、沉降缝设置满足规范要求 | 涵身、台座几何尺寸、高程、垂直度（斜度）、表面平整度、砌体强度等满足设计要求 |
| 7 | 拱架、拱模施工  | 拱架、拱模在台座强度满足要求后进行，安装符合设计要求，连接牢固可靠，安装完毕后进行承载预压 | 拱架、拱模位置、矢度、尺寸、高程、砂浆强度等满足设计要求，在预压荷载作用下不变形 |

续表

| 序号 | 施工程序 | 主要作业内容 | 要求 |
|---|---|---|---|
| 8 | 浆砌拱圈  | 拱圈砌筑应由两侧向中间同时对称进行，砌石材料、砌缝等符合规范要求；砌筑完毕后按规定进行养护 | 砌筑时防止拱架失稳，并随时观察其变形，砌缝垂直于拱轴线；养护条件、养护期符合规范要求 |
| 9 | 拆除拱架、拱模 | 拱模、拱架按顺序进行拆卸，防止对结构的受力和稳定性产生影响 | 拱圈砂浆强度达到设计强度的 80% 时，方可拆除，拆卸过程中防止对砌体产生损伤 |
| 10 | 防水层施工 | 同倒虹吸管现场施工 | 同倒虹吸管现场施工 |
| 11 | 涵顶填土 | 在未拆除拱架前填土，拱圈和端墙砂浆强度达到设计强度的 70% 后进行；在拆除支架后填土，拱圈和端墙砂浆强度达到设计强度后进行。填土采用分层填筑、分层压实 | 填土密实度满足设计要求，且不得采用大型振动压路机作业 |
| 12 | 附属工程施工  | 出入口、八字墙等附属工程施工，按设计要求进行放样、砌筑，背后填土密实、稳定 | 放样要准确，几何尺寸、高程满足设计要求，砌体质量满足规范要求 |

（2）石拱涵施工工艺流程

石拱涵施工工艺流程如图 9—3—1 所示。

**2. 钢筋混凝土拱涵施工**

（1）钢筋混凝土拱涵施工程序

钢筋混凝土拱涵施工程序见表 9—3—2。

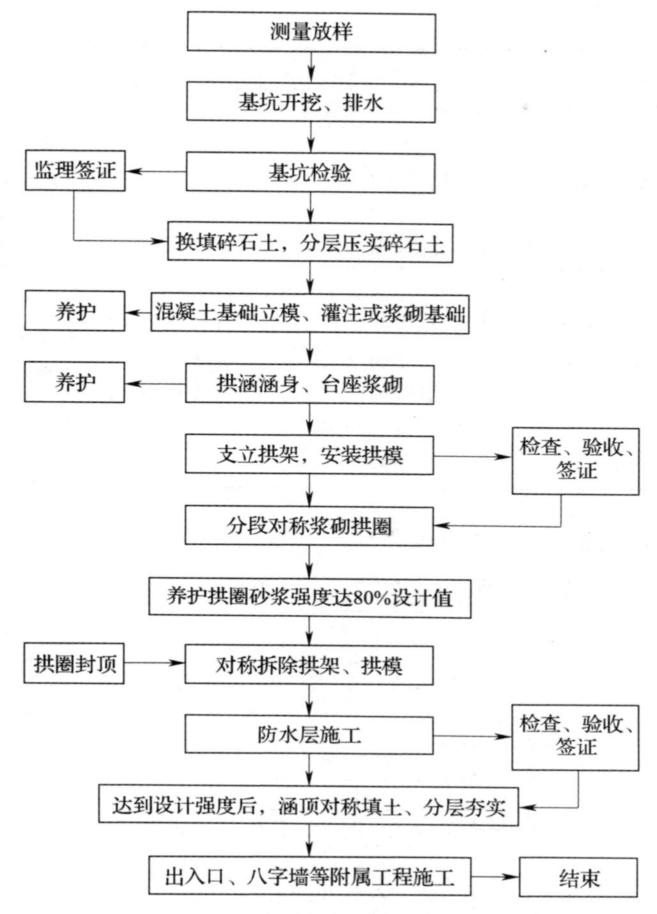


图 9—3—1　石拱涵施工工艺流程

**表 9—3—2　　钢筋混凝土拱涵施工程序**

| 序号 | 施工程序 | 主要作业内容 | 要求 |
|---|---|---|---|
| 1 | 测量放样 | 同圆管涵现场施工 | 同圆管涵现场施工 |
| 2 | 开挖基坑与排水 | 同圆管涵现场施工 | 同圆管涵现场施工 |
| 3 | 基坑检测与修正 | 同圆管涵现场施工 | 同圆管涵现场施工 |
| 4 | 基础垫层施工 | 同圆管涵现场施工 | 同圆管涵现场施工 |
| 5 | 基础施工 | 同圆管涵现场施工 | 同圆管涵现场施工 |
| 6 | 涵身、台座施工 | 模板牢固可靠，位置、尺寸符合设计，混凝土强度等级、工作性满足设计要求，浇筑时不得出现蜂窝、麻面、离析等现象，基础、强身沉降缝一致，并满足规范要求 | 混凝土浇筑防止出现模板变形，浇筑完毕后开始养生，养生条件、养生期满足规范要求 |
| 7 | 拱架、拱模施工 | 同石拱涵 | 同石拱涵 |

续表

| 序号 | 施工程序 | 主要作业内容 | 要求 |
|---|---|---|---|
| 8 | 浇筑拱圈 | 同涵身、涵台施工 | 同涵身、涵台施工 |
| 9 | 拆除拱架、拱模 | 同石拱涵 | 混凝土强度达到设计强度的80%时，方可拆除，拆卸过程中防止对砌体产生损伤 |
| 10 | 防水层施工 | 同圆管涵现场施工 | 同圆管涵现场施工 |
| 11 | 涵顶填土 | 在未拆除拱架前填土，拱圈和端墙混凝土强度达到设计强度的70%后进行；在拆除支架后填土，混凝土强度达到设计强度后进行。填土采用分层填筑、分层压实 | 填土密实度满足设计要求，且不得采用大型振动压路机作业 |
| 12 | 附属工程施工 | 同石拱涵 | 同石拱涵 |

（2）钢筋混凝土拱涵施工工艺流程

钢筋混凝土拱涵施工工艺流程如图9—3—2所示。

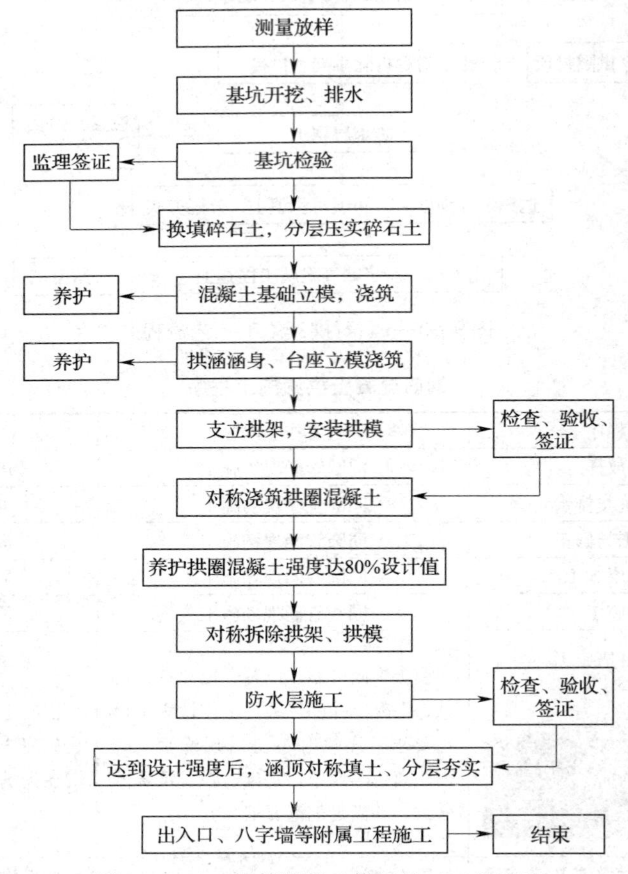


图9—3—2　钢筋混凝土拱涵施工工艺流程

## 二、钢筋混凝土盖板涵施工

### 1. 钢筋混凝土盖板涵施工程序

钢筋混凝土盖板涵施工程序见表9—3—3。

**表9—3—3　　钢筋混凝土盖板涵施工程序**

| 序号 | 施工程序 | 主要作业内容 | 要求 |
| --- | --- | --- | --- |
| 1 | 测量放样 | 同圆管涵现场施工 | 同圆管涵现场施工 |
| 2 | 开挖基坑与排水 | 同圆管涵现场施工 | 同圆管涵现场施工 |
| 3 | 基坑检测与修正 | 同圆管涵现场施工 | 同圆管涵现场施工 |
| 4 | 基础垫层施工 | 同圆管涵现场施工 | 同圆管涵现场施工 |
| 5 | 基础施工 | 同石拱涵施工 | 同石拱涵施工 |
| 6 | 涵身、台帽施工 | 同钢筋混凝土拱涵施工 | 同钢筋混凝土拱涵施工 |
| 7 | 拆除模板 | 同钢筋混凝土拱涵施工 | 同钢筋混凝土拱涵施工 |
| 8 | 盖板预制  | 按照设计要求布设钢筋，并绑扎牢固，固定模板，防止漏浆，浇筑水泥混凝土，振捣、挤压密实 | 预制的盖板强度等级满足设计要求，外观平整，无裂缝、蜂窝、麻面等现象 |
| 9 | 盖板运输、安装  | 盖板由预制场地运输至施工现场，并按顺序进行安装，盖板之间连接钢筋绑扎牢固，并浇筑混凝土，采用刚性连接处理 | 运输时防止损坏盖板，安装牢固、平齐，高程、路拱满足设计要求 |
| 10 | 防水层施工 | 同倒虹吸管现场施工 | 同倒虹吸管现场施工 |
| 11 | 涵背、涵顶填土  | 混凝土强度达到设计强度后进行。填土采用分层对称填筑、分层压实 | 填土密实度满足设计要求，且不得采用大型振动压路机作业 |
| 12 | 附属工程施工 | 同石拱涵施工 | 同石拱涵施工 |

**2. 钢筋混凝土盖板涵施工工艺流程**

钢筋混凝土盖板涵施工工艺流程如图 9—3—3 所示。

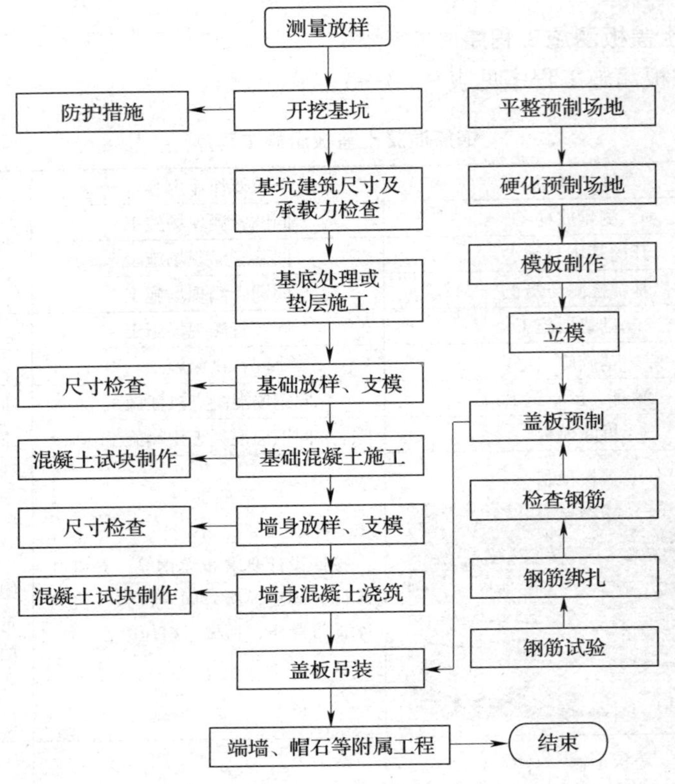


图 9—3—3　钢筋混凝土盖板涵施工工艺流程

1. 某工程 K28 + 483.76 为 1 - 3 m 石拱涵，与线路交角 90°，全长 12.8 m，如图 9—3—4 所示，对该石拱涵组织施工。

图 9—3—4　石拱涵

2. 某工程 K19 + 243.00 为 1 - 4 × 6 m 钢筋混凝土盖板涵，与线路交角 90°，全长 22.4 m，如图 9—3—5 所示。对该钢筋混凝土盖板涵组织施工。

图 9—3—5 钢筋混凝土盖板涵

一、石拱涵施工

1. 开挖基坑、基坑检测、垫层施工

其施工要求同圆管涵施工要求一致。

图 9—3—6 挖基

2. 基础施工

基础可以采用砌石基础或混凝土浇筑基础，如图 9—3—7 和图 9—3—8 所示。

图 9—3—7　砌石基础

图 9—3—8　混凝土浇筑基础

（1）砌石基础的要求

1）在砌筑前，每一石块均应用水洗净并使其彻底饱和，其垫层也应干净并湿润。所有石块均应座于新拌砂浆之上，所有缝应填满砂浆。用小石子混凝土填满垂直缝时，应用扁钢捣实。

2）所有石料均按层砌筑。当砌体较长时，应分为几段。砌筑时相邻段高差不大于1.2 m，段与段间设伸缩缝或沉降缝，各段水平砌缝应一致。

3）先铺砌角隅石及镶面石，然后铺砌帮衬石，最后铺砌腹石。

4）在砂浆凝固前应将外露缝勾好，勾缝深度不小于20 mm。

5）砌体完工后，在7～14 天内应加强养生。

6）在软弱地基上修筑的砌石工程，应在软基处理达到图样规定及监理工程师批准的沉降期终了之后进行。

（2）混凝土基础浇筑要求

1）模板安装应确保模板的整体性、稳定性，使混凝土在浇筑过程中不变形、不移位，确保结构物的正确形状、尺寸。

2）模板安装完毕应及时检查高程、轴线尺寸、净空尺寸、表面平整度等，并涂刷脱模剂。报监理工程师检验签认后方可浇筑混凝土。

3）混凝土的拌制：混凝土集中拌和，拌和站具有自动称量配料设备，应对骨料的含水率经常进行检测，据以调整骨料和用水量。拌制的混凝土拌和物满足其施工和易性，每一工作班应制作不少于2 组的混凝土试件。

4）混凝土的运输：一般采用混凝土搅拌运输车运送混凝土，如图 9—3—9 所示。

（3）混凝土浇筑：浇筑前，要对支架、钢筋和预埋件及模板进行检查，模板内的杂物、水和污垢清除干净。浇筑混凝土时要防止混凝土离析，混凝土自由倾落度不能超过2.0 m，高度超过2 m 时可采用溜槽，如图 9—3—10 所示。

（4）混凝土的养护：可采用覆盖养护或洒水养护。

图 9—3—9　混凝土搅拌运输车

图 9—3—10　溜槽防止混凝土离析

3. 墙身砌筑

其砌筑方法同混凝土基础砌筑方法一致。

4. 拱圈施工

（1）拱架、支架、模板等由承包人负责设计，经监理工程师批准后进行施工。

（2）拱圈砌筑应由两侧向中间同时对称进行，以防拱架失稳；进出水口的拱上端墙的砌筑应符合下列要求：

1）若没有先卸支架，砌筑拱上端墙应待拱圈合龙砂浆强度达到设计强度的 30% 以上后方可进行施工。

2）若先卸支架，砌筑拱上端墙应待拱圈合龙砂浆强度达到设计强度的 70% 以上后方可进行施工。

（3）石砌及混凝土预制块砌拱圈的要求。

1）砌筑层数、楔块厚度以及砂浆等级均应按图样规定或由监理工程师指定。

2）径向缝应垂直于拱轴线。

3）对于陡的径向缝，可以在拱石间塞填木片形成固定缝，以便随后将砂浆填入。对于不太陡的径向缝，可以在已成石块侧面铺砂浆，随后横向压挤砌筑相邻石块。

4）拱石铺砌应在纵横向保持对称、平衡、按图样的加载程序进行，并应随时进行观察和测定以控制拱架和拱圈的变形。

5）拱跨长度在 13 ~ 20 m 时，不论用何种型式的拱架，半拱圈均可以分为三段，其长度大致相等。先砌筑拱脚及拱顶部分，然后砌筑拱跨 1/4 及 3/4 附近部分，两半跨应同时对称地进行。

6）拱圈施工时应在拱脚、拱顶石两侧、拱架的结构缝、分段点及可能出现裂隙处设置空缝，有关空缝的设置和填塞应满足下列要求：

①外露面的空缝宽度应与上述各条中所列缝宽一致，但当拱圈石为粗料石时，空缝内部宽可以加大到 30 ~ 40 mm，以便填浆。可以将 M20 水泥砂浆块插入空缝以保持缝宽。插入块数量及其尺寸不应过多、过大，以保持缝宽为宜。

②空缝两边的拱石侧面应凿成规则形状。

③空缝应在分段砌体砂浆强度达到设计等级70%后进行填塞，填塞时应分层捣实。

④在全部拱圈砌筑完以及卸拱架前，应完成空缝填浆工作。填缝砂浆应为M2.5及以上的半干硬水泥砂浆。所有空隙的填浆和捣实应自两拱脚向拱顶对称进行；或先填塞拱脚处，次填塞拱顶处，然后自拱顶向两端对称逐条填塞；也可将所有空缝同时填塞。

5. 沉降缝施工

(1) 沉降缝的道数、缝宽和位置应符合图样规定或按监理工程师指示进行施工，并按图样规定填塞嵌缝料或采用监理工程师批准的加氟化钠等防腐掺料的沥青浸过的麻絮或纤维板紧密填塞，用有纤维掺料的沥青嵌缝膏或其他材料封缝。

(2) 在缝处应加铺抗拉强度较高的卷材，如沥青玻璃纤维布或油毡，加铺的层数及宽度按图样所示，具体的施工方法应经监理工程师批准。

6. 防水层施工

(1) 混凝土盖板或顶板、侧板外表面上在填土前应涂刷沥青胶结材料和其他材料，以形成防水层。

(2) 涂刷的层数或厚度应按图样所示和按监理工程师的指示进行。

7. 附属设施施工

现浇混凝土涵洞的台帽、台身、一字墙如为整体式时，台身和基础可连续浇筑，也可不连续浇筑。八字式洞口或锥坡式洞口与涵台之间应是分离式。

8. 拱架拆除和拱顶填土

拱架拆除和拱顶填土，应在符合下列条件之一时方可进行。

(1) 拱圈砂浆强度达到设计强度的70%时方可拆除拱架；砂浆强度必须达到设计强度后方可进行拱上填土。

(2) 当拱架未拆除、拱圈砂浆强度达到设计强度的70%时，可进行拱顶填土，但应在拱圈砂浆强度达到设计强度后方可卸架。

二、钢筋混凝土拱涵施工

1. 挖基（同圆管涵）。

2. 基础施工（同圆管涵）。

3. 涵身、台座、拱圈模板和混凝土浇筑（同石拱涵混凝土基础浇筑）。基础、涵身、台座或混凝土分层浇筑时，其顶面连接部分应拉成毛面。

4. 沉降缝施工（同石拱涵）。

5. 防水层施工（同石拱涵）。

6. 附属设施施工（同石拱涵）。

7. 拱架拆除和填土（同石拱涵）。

三、钢筋混凝土盖板涵施工

1. 挖基（同圆管涵）。

2. 基础施工（同圆管涵）。

3. 涵身混凝土浇筑（同石拱涵混凝土基础浇筑）。

4. 沉降缝施工（同石拱涵）。

5. 盖板预制和安装。

（1）预制盖板混凝土强度、钢筋布设、高度、宽度、长度符合设计要求；无严重啃边、掉角，出现的非受力裂缝不超过规范规定。

（2）盖板运输符合受力状态、避免损伤盖板外观，盖板安装前，应检查成品及涵台尺寸。

（3）涵台帽强度达到设计强度的70%以上安装预制混凝土盖板，要求钢筋混凝土盖板用锚栓与涵台锚固在一起时，应按图样规定或按监理工程师批准的方法固定锚栓。

（4）当设计有支撑梁时，应在安装或浇筑盖板之前完成。

（5）安装后，盖板上的吊装装置应用砂浆或监理工程师批准的其他材料填满，相邻板块之间采用高等级（1∶2）水泥砂浆填塞密实。

6. 防水层施工（同石拱涵）。

7. 附属设施施工（同石拱涵）。

8. 填土（同石拱涵）。

四、拱涵和盖板涵质量标准

1. 拱涵和盖板涵

其质量标准同圆管涵标准一致。

2. 预制盖板的质量标准

（1）实测项目

盖板制作实测项目见表9—3—4。

**表9—3—4　　盖板制作实测项目**

| 项次 | 检查项目 | | 规定值或允许偏差 |
|---|---|---|---|
| 1 | 混凝土强度（MPa） | | 在合格标准内 |
| 2 | 高度（mm） | 明涵 | +10，−0 |
| | | 暗涵 | 不小于设计值 |
| 3 | 宽度（mm） | 现浇 | ±20 |
| | | 预制 | ±10 |
| 4 | 长度（mm） | | +20，−10 |

（2）外观鉴定

1）混凝土表面平整，棱线顺直，无严重啃边、掉角。

2）蜂窝、麻面面积不得超过该面面积的0.5%，深度超过10 mm者必须处理。

3）混凝土表面出现非受力裂缝，裂缝宽度超过设计规定或设计未规定时超过0.15 mm必须处理。

3. 盖板安装质量标准

（1）实测项目

盖板安装实测项目见表9—3—5。

表9—3—5 盖板安装实测项目

| 项次 | 检查项目 | 规定值或允许偏差 |
|---|---|---|
| 1 | 支承面中心偏位（mm） | 10 |
| 2 | 相邻板最大高差（mm） | 10 |

（2）外观鉴定

板的填缝平整密实。

## 一、简答题

1. 简述石拱涵的施工程序。
2. 简述钢筋混凝土拱涵的施工程序。
3. 简述钢筋混凝土盖板涵的施工程序。

## 二、实训题

实训项目：模拟施工一个钢筋混凝土盖板涵。

实训实施条件：

1. 校园内土质实训场地。
2. 1 m×1.5 m×0.1 m 盖板3块。
3. 其他材料：水泥、砂石料、水、铁丝、模板、锚栓、木料等。
4. 必要的施工放样仪器、开挖及回填工具、垫层及回填材料、轻型压实设备、质量检测设备等。
5. 拱涵和盖板涵施工的主要区别。

# 课题四 箱涵施工

- 熟悉箱涵施工方法。
- 能够进行箱涵施工作业。

## 一、箱涵施工程序

箱涵施工程序见表9—4—1。

**表9—4—1　　箱涵施工程序**

| 序号 | 施工程序 | 主要作业内容 | 要求 |
|---|---|---|---|
| 1 | 测量放样 | 同圆管涵 | 同圆管涵 |
| 2 | 开挖基坑与排水 | 同圆管涵 | 同圆管涵 |
| 3 | 基坑检测与修正 | 同圆管涵 | 同圆管涵 |
| 4 | 基础垫层施工 | 同圆管涵 | 同圆管涵 |
| 5 | 基础施工 | 同圆管涵 | 同圆管涵 |
| 6 | 底板浇筑  | 绑扎钢筋、支立模板、浇筑混凝土 | 底板高程、几何尺寸、钢筋布置、模板要求、混凝土强度等级符合设计要求。并留有预留钢筋与侧板连接 |
| 7 | 支立内模、顶模  | 选用大型钢模板和脚手架等不易变形材料，表面平整度符合要求 | 模板安装牢固、接缝平齐不漏浆，在荷载作用下不变形 |
| 8 | 侧板、顶板钢筋施工  | 钢筋型号、尺寸、布置满足设计要求，钢筋连接采用绑扎或焊接，连接牢固，不变形 | 钢筋数量、钢筋位置符合设计要求 |

续表

| 序号 | 施工程序 | 主要作业内容 | 要求 |
| --- | --- | --- | --- |
| 9 | 支立侧板外模 | 同内模、顶模施工 | 同内模、顶模施工 |
| 10 | 侧板、顶板混凝土浇筑  | 同钢筋混凝土拱涵台座、台身施工 | 同钢筋混凝土拱涵台座、台身施工 |
| 11 | 拆除模板  | 混凝土强度达到设计强度70%时方可拆除。拆除时，不得影响结构质量和外观 | 先拆卸外模，再拆卸内模，拆卸时不得影响混凝土结构 |
| 12 | 防水层施工 | 同倒虹吸管施工 | 同倒虹吸管施工 |
| 13 | 回填  | 混凝土强度达到设计强度后进行。填土采用对称分层填筑、分层压实 | 填土密实度满足设计要求，且不得采用大型振动压路机作业 |
| 14 | 附属工程施工 | 同石拱涵施工 | 同石拱涵施工 |

## 二、箱涵施工工艺流程

箱涵施工工艺流程如图 9—4—1 所示。

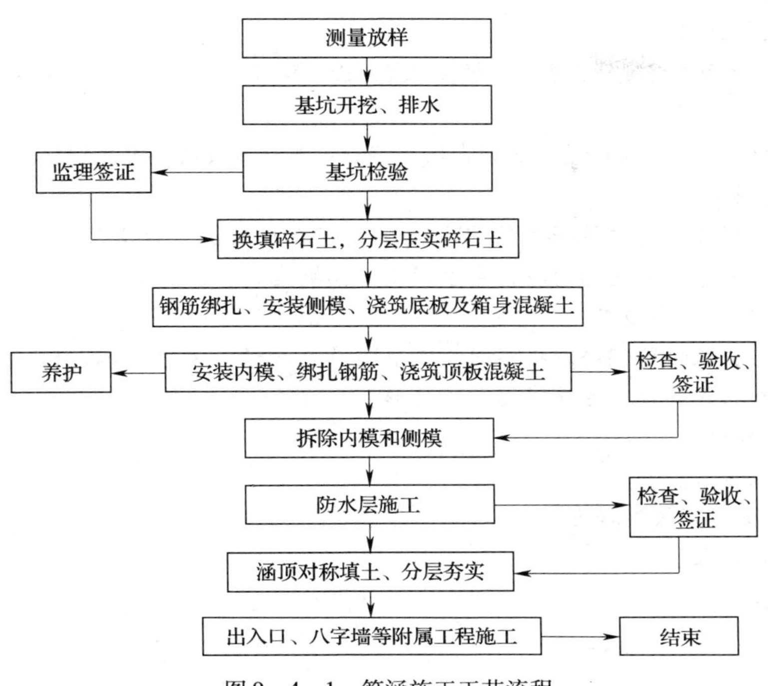


图 9—4—1　箱涵施工工艺流程

某工程 K4 +263.45 为 1 - 2 × 4 m 箱涵，与线路交角 90°，全长 18.5 m，如图 9—4—2 所示。对该箱涵组织施工。

图 9—4—2　箱涵

一、箱涵施工

1. 挖基

与圆管涵挖基的要求相同。

2. 基础施工

基础一般采用混凝土浇筑基础。同石拱涵混凝土基础。

3．底板模板施工

选用的模板表面平整度符合要求。模板安装牢固、接缝平齐不漏浆，在荷载作用下不变形。

4．底板施工

在浇筑底板以前，应清除基座上的杂物，然后按图样立模板、绑扎钢筋、浇筑混凝土。

5．支立内模顶模

底板混凝土强度达到设计强度的70%后，方可在底板上立模浇筑侧板及顶板。选用大型钢模板和脚手架等不易变形材料，要求同底板模板施工。

6．侧板、顶板钢筋施工

侧板钢筋与底板预留钢筋连接牢固，钢筋型号、数量、尺寸、钢筋位置符合设计要求。钢筋连接采用绑扎或焊接，连接牢固，不变形。

7．侧板外模施工

同底板模板施工。

8．浇筑侧板、顶板混凝土

同石拱涵混凝土基础。

9．拆除模板

10．沉降缝施工

同石拱涵。

11．防水层施工

同石拱涵。

12．附属设施施工

同石拱涵。

13．回填

两侧回填对称、分层填筑，分层压实或夯实。压实或夯实不得影响结构的稳定性。回填材料符合设计要求或按工程师指示办理。

二、箱涵的质量标准要求

1．实测项目

箱涵浇筑实测项目见表9—4—2。

**表9—4—2　　箱涵浇筑实测项目**

| 项次 | 检查项目 | | 规定值或允许偏差 |
|---|---|---|---|
| 1 | 混凝土强度（MPa） | | 在合格标准内 |
| 2 | 高度（mm） | | +5，－10 |
| 3 | 宽度（mm） | | ±30 |
| 4 | 顶板厚（mm） | 明涵 | +10，－0 |
| | | 暗涵 | 不小于设计值 |
| 5 | 侧墙和底板厚（mm） | | 不小于设计值 |
| 6 | 平整度（mm） | | 5 |

2. 外观鉴定

(1) 混凝土表面平整，棱线顺直，无严重啃边、掉角。

(2) 蜂窝、麻面面积不得超过该面面积的0.5%。深度超过10 mm者必须处理。

(3) 混凝土表面出现非受力裂缝；裂缝宽度超过设计规定或设计未规定时超过0.15 mm必须进行处理。

**一、简答题**

1. 简述箱涵的施工程序。

2. 简述箱涵的施工质量标准。

**二、实训题**

实训项目：模拟施工一个箱涵。

实训实施条件：

1. 校园内土质实训场地。

2. 材料：水泥、砂石料、水、铁丝、模板、锚栓、木料等。

3. 必要的施工放样仪器、开挖及回填工具、垫层及回填材料、轻型压实设备、质量检测设备等。

4. 箱涵与盖板涵的区别。

# 模块十

# 特殊气候及环境条件下桥涵施工

## 课题一　特殊气候条件下施工

◆ 熟悉冬期、雨期及热期施工相关规定。

◆ 能够在桥涵施工过程中，充分考虑特殊气候条件下的施工要求。

不同的季节有其不同的气候和气温特点，为保证桥涵工程质量和施工安全，桥涵施工时，应根据不同季节采取有针对性的措施。

冬期、雨期及热期的桥涵施工，应根据不同的季节特点制订相应的施工技术方案，并应采取有针对性的措施，保证工程质量和安全。施工前应及时掌握气温、雨雪、风暴、汛情等预报，制订应急预案，做好安全防范工作，避免发生事故。施工操作人员应按劳动保护的规定，采取必要的防护措施。

### 一、冬期施工的相关规定

根据当地多年气温资料，室外昼夜日平均气温连续 5 天稳定低于 5℃时，钢筋、预应力、混凝土及砌体等工程应采取冬期施工的措施。严寒期不宜进行施工。桥面沥青防水层不宜在低温下施工。

**1. 冬期施工的一般规定**

（1）冬期施工的工程应预先做好冬期施工组织计划及技术准备工作。对各项设施和材料，应提前采取防雪、防冻、防火及防气体中毒等防护措施；对钢筋的冷拉和预应力筋的张拉，应制订专门的施工工艺及安全技术方案；对处于结冰水域的结构物，应采取必要的防护措施，防止其在施工期间和完工后遭受冻胀、流冰撞击等危害。

（2）冬期施工期间，除永冻地区外，地基在基础施工和养护时，均不得受冻。

**2．钢筋焊接、冷拉及预应力筋张拉的规定**

（1）焊接钢筋宜在室内进行；当必须在室外进行时，最低温度不宜低于－20℃，并应采取防雪、挡风等措施，减少焊件的温度差。焊接后的接头严禁立刻接触冰雪。

（2）冷拉钢筋时环境温度不宜低于－15℃，当采取可靠的安全措施时可不低于－20℃；当采取控制应力或冷拉率方法冷拉时，冷拉控制应力宜较常温时酌情提高，提高值应经试验确定。

（3）张拉预应力筋时的环境温度应不低于－15℃。

（4）钢筋的冷拉设备、预应力筋张拉设备以及仪表工作油液，应根据实际使用时的环境温度选用，并应在使用时的环境温度条件下进行配套校验。

**3．混凝土的配制和搅拌的规定**

（1）配制混凝土时，宜选用硅酸盐水泥或普通硅酸盐水泥，水泥的强度等级不宜低于42.5，水胶比不宜大于0.5；采用蒸汽养护时，宜选用矿渣硅酸盐水泥；采用加热法养护掺加外加剂的混凝土，严禁使用高铝水泥；使用其他品种的水泥时，应考虑其掺和材料对混凝土强度、抗冻、抗渗等性能的影响。

（2）搅拌设备宜设在气温不低于10℃的厂房或暖棚内。拌制混凝土前及停止拌制后，应采用热水冲洗搅拌机的拌盘或鼓筒。集料宜堆放在棚房内或采用保温材料进行覆盖，防止出现冻块。

（3）拌制混凝土时各种材料的温度，应满足混凝土拌和物拌和后所需要的温度。当材料原有温度不能满足要求时，应首先考虑对拌和用水加热；仍不能满足要求时，再考虑对集料加热；水泥仅能保温，不能加热。各种材料需要加热的温度应根据冬期施工热工计算公式计算确定，但不得超过表10—1—1的规定。

**表10—1—1　　拌和水及集料最高温度**

| 项　目 | 拌和水 | 集料 |
|---|---|---|
| 强度等级小于42.5的普通硅酸盐水泥、矿渣硅酸盐水泥 | 80℃ | 60℃ |
| 强度等级大于或等于42.5的普通硅酸盐水泥、矿渣硅酸盐水泥 | 60℃ | 40℃ |

注：当集料不加热时，水可加热到100℃，但水泥不应与80℃以上的水直接接触，加料顺序为先加集料和已加热的水，然后再加水泥。

（4）冬期搅拌混凝土时，应严格控制混凝土的配合比和坍落度，集料不得带有冰雪和冻结团块。投料前，应先采用热水或蒸汽冲洗搅拌机。加料顺序应先为集料、水，稍加搅拌后再加入水泥，且搅拌时间应比常温时延长50%。混凝土拌和物的出机温度不宜低于10℃，入模温度应不低于5℃。

**4．混凝土的运输和浇筑的规定**

（1）混凝土的运输时间应最大限度地缩短，运输混凝土的容器应有保温措施。

（2）混凝土在浇筑前应清除模板、钢筋上的冰雪和污垢。浇筑完成后开始养护时的温度，采用蓄热法养护时不得低于10℃，采用蒸汽法养护时不得低于5℃，细薄结构不得低于8℃。

（3）冬期施工在浇筑混凝土时，应在新混凝土浇筑前对接合面加热，其温度应保持在5℃以上。浇筑完成后，应采取措施使混凝土接合面继续保持正温，直至新浇混凝土达到规定的抗冻强度。浇筑预应力混凝土构件的湿接缝时，应适当降低水胶比。浇筑完成后应加热或连续保温养护，直至接缝混凝土或水泥砂浆抗压强度达到设计强度的75%。

（4）喷射混凝土作业区的环境温度和进入喷射机的材料温度应不低于5℃，已喷射混凝土的强度达到5 MPa前不得受冻。

**5．混凝土养护的规定**

（1）冬期施工期间，采用硅酸盐水泥或普通硅酸盐水泥配制的混凝土，在其抗压强度达到设计强度的40%以前；采用矿渣硅酸盐水泥配制的混凝土，在其抗压强度达到设计强度的50%以前，均不得受冻。

（2）混凝土的养护方法，宜根据技术、经济比较和热工计算确定。当室外最低温度不低于$-15$℃时，地面以下的工程或结构表面系数不大于15 $m^{-1}$的结构，宜采用蓄热法养护；当蓄热法不能适应强度增长速度要求时，可根据具体情况，选用蒸汽加热、暖棚加热等方法进行养护。

（3）应根据环境条件，在经计算能保证结构物不受冻害的情况下方可采用蓄热法养护混凝土。采用蓄热法养护混凝土时，混凝土应采用较小的水胶比，养护过程中应采取加速混凝土硬化和降低混凝土冻结温度的措施。对容易冷却的结构部位，应特别加强保温，且不应往混凝土和覆盖物上洒水。

（4）采用蒸汽加热法养护混凝土时，混凝土的升、降温速度不得超过表10—1—2的规定。当采用普通硅酸盐水泥时，养护温度不宜超过80℃；采用矿渣硅酸盐水泥时养护温度可提高到85℃。对大体积混凝土，养护时的升、降温速度宜按温控设计的要求确定。

**表10—1—2　　加热养护混凝土的升、降温速度**

| 表面系数（1/m） | 升温速度（℃/h） | 降温速度（℃/h） |
|---|---|---|
| ≥6 | 15 | 10 |
| <6 | 10 | 5 |

（5）采用暖棚加热法养护混凝土时，暖棚应坚固、不透风，内墙宜采用非易燃性材料，且暖棚内应有防火、防气体中毒的安全防护措施。暖棚内的温度不得低于5℃，且宜保持一定的湿度，湿度不足时，应向混凝土面及模板洒水。

（6）采用蓄热法和加热法养护的混凝土结构，应根据与结构同条件养护试件的试验，证明混凝土已达到要求的抗冻强度及拆模强度后方可拆除模板；加热养护的结构模板和保温层，在混凝土表面冷却到5℃以后，方可拆除。拆除后当混凝土表面温度与环境温度相差大于20℃时，仍应对混凝土表面加以覆盖保温，使其缓慢冷却。

**6. 对掺用防冻剂的混凝土养护的规定**

（1）在负温条件下严禁洒水，外露表面应采用塑料薄膜及保温材料双层覆盖养护。养护温度不得低于抗冻剂规定的温度，当达不到规定温度时应采取加热保温的措施。

（2）拆模后混凝土的表面温度与环境温度差大于15℃时，仍应对混凝土表面采取覆盖保温的措施。

**7. 灌注桩冬期施工的规定**

灌注桩在冬期施工时，混凝土不得掺抗冻剂，灌注时混凝土拌和物的温度应不低于5℃，对已凿除桩头预留混凝土的桩顶部位应采取措施进行覆盖保温养护。

**8. 砌体冬期施工的规定**

（1）砌体所使用的砌块应干净，无冰霜附着；砂不得含有冰块或冻结团块。被水浸泡后受冻的砌块不得使用。

（2）砌体所使用的砂浆宜采用普通硅酸盐水泥拌制，搅拌时间宜比常温时增加0.5～1倍，且宜随拌随用，砌石砂浆的稠度宜较常温时适当加大。砌筑时砂浆应保持正温，砂浆与石料或砌块表面的温差不宜超过20℃。

（3）砌体采用保温法在暖棚中砌筑时，砌块的温度应在5℃以上；砂和水加温拌和的砂浆，其温度不得低于15℃；棚内地面处的温度不得低于5℃。砂浆的保温时间应以达到其抗冻强度为准。养护期间应洒水，保持砌体湿润。

**9. 采用抗冻砂浆砌筑砌体的规定**

（1）抗冻砂浆在严寒地区宜采用硅酸盐水泥或普通硅酸盐水泥，其他地区可采用矿渣水泥、火山灰质硅酸盐水泥或粉煤灰硅酸盐水泥；抗冻砂浆宜采用细度模数较大的砂；抗冻剂掺量宜通过试验确定。

（2）抗冻砂浆使用时的温度不得低于5℃。当设计无要求且一天最低气温低于－15℃时，承重砌体的砂浆强度应比常温时提高一级。

（3）采用抗冻砂浆砌筑的砌体，应在砌筑后加以覆盖，但不得洒水。对未采取抗冻措施的浆砌砌体，在砂浆抗压强度达到设计强度的70%前，不得受冻。

**10. 冬期施工时，混凝土工程的质量检验的规定**

冬期施工时，混凝土工程的质量检验除应符合相关规范的一般规定外，还应符合以下规定：

（1）应对混凝土用水和集料的加热温度、混凝土的加热养护方法和时间等进行检查。

（2）集料和拌和水输入拌和机时的温度、混凝土自拌和机输出时的温度及浇筑时的温度，每一工作班至少应检查3次。

（3）对混凝土在养护期间温度的检查，当采用蓄热法养护时，每昼夜至少应定时检查4次；采用加热法养护时，升温及降温期间至少每小时应检查1次，恒温期间至少每2 h应检查1次。对室内外的环境温度，每昼夜应定时定点检查4次。

（4）检查混凝土温度前，应绘制测温孔布置图并编号。对测温孔的位置，当采用蓄热法养护时，应设置在易冷却部位；当采用加热法养护时，应在离热源不同的位置分别设置；厚大结构应在表层及内部分别设置。测温时温度计应与外界温度隔绝，并应在测温孔内留置不少于3 min。

（5）混凝土除应预留标准试件外，尚应制取相同数量与结构同条件养护的试件。对采用蒸汽加热法养护的混凝土结构，除应制取标准养护试件外，尚应同时制取与混凝土结构同条件蒸养后，再在标准条件下养护到28天的试件，用以检查经过蒸养后混凝土28天的强度。冬期施工混凝土的质量评定方法与常温施工混凝土相同。

**11. 砌体冬期施工的质量检验的规定**

砌体冬期施工的质量检验除应符合相关规范的一般规定外，还应符合以下规定：

（1）对室外气温、暖棚气温及砂浆温度，每昼夜应定时检查不少于3次。

（2）对抗冻剂的掺量，每一工作班组的检查应不少于1次。

（3）砂浆强度应以在标准条件下养护28天的试件试验结果为准，试件制取组数不应少于常温下施工的试件组数。每一单元砌体（如墩台、拱圈、涵洞）应同时制取与砌体同条件养护的试件，用以检查砂浆强度实际增长情况。砂浆强度的质量评定方法与常温施工的砂浆相同。

**12. 伸缩装置安装施工的规定**

（1）伸缩装置应按设计要求且在适宜的温度范围内安装。

（2）气温在5℃以下时，不宜进行橡胶伸缩装置的安装施工。

## 二、雨期施工的相关规定

在降雨量集中的季节且会对工程质量造成影响时，应按雨期的要求进行施工。

**1. 雨期施工的一般规定**

（1）雨期施工应通过当地气象部门提前获取气象预报资料，制订切实可行的施工组织计划、施工技术方案及应急预案，做好防范各种自然灾害的准备工作。雨期施工应提前准备必要的防洪抢险器材、机具及遮盖材料，对水泥、钢材等工程材料应有防雨防潮、对施工机械应有防止洪水淹没等措施；施工场地和生活区应设置排水设施；同时应制订安全用电规程，严防漏电、触电；雷区应有防雷措施。

（2）雨期施工的工作面不宜过大，宜逐段、分片、分期施工。雨期施工应避开大风大雨天气，遇暴风雨或受洪水危害时应停止施工作业。

**2. 雨期进行基础施工时的规定**

（1）基坑开挖时，应设挡水埂，防止地面水流入；基坑内应设集水井并应配备足够的抽水设备，基坑顶应有截水措施。同时应加强对边坡的支护或适当放大边坡坡度；对地基不良地段的边坡应加强观测，发现异常应及时分析原因，采取处理措施。基坑开挖后应及时进行垫层和基础的施工，防止被水浸泡；若被浸泡，应挖除被浸泡部分，采用砂砾材料充填。

（2）在位于山坡或山脚地质不良地段进行桩基础的施工时，相邻墩不宜同时钻、挖孔，宜间隔错开施工，防止引起山体失稳。

（3）水中基础的施工应采取防止洪水淹没或冲毁施工作业平台及施工设备、设施的有效措施。

**3. 结构混凝土雨期施工时的规定**

（1）模板支架的地基和基础应满足强度和稳定性的要求，应采取必要的安全技术措施防止因地面软化引起地基沉降及支架失稳。

（2）钢筋、钢绞线等材料的存放应支垫覆盖，并应防水、防潮。钢筋的加工和焊接应在防雨棚内进行。结构外露的钢筋、钢绞线及预埋钢件等应采取覆盖或缠裹等防护措施。

（3）水泥的储存应防雨防潮，已受潮有结块的水泥不得用于工程中。雨期施工应增加砂、石集料含水率的检测次数，及时调整混凝土配合比，保证拌和质量；砂、石集料含水率的检测次数，每个台班应不少于1次，雨后拌制混凝土应先检测后拌和。

（4）雨后模板和钢筋上的淤泥、杂物等，应在浇筑混凝土前清除干净。除非有良好的防护措施，否则不宜在雨天浇筑结构混凝土。新浇筑的混凝土在终凝前，不得被雨淋。

（5）桥面防水层不宜在雨天进行铺设施工。

**4. 砌体的雨期施工的规定**

（1）砌体砂浆在达到终凝前，不得遭受雨水冲淋。

（2）砌体的砌筑块石、片石或预制混凝土块应将淤泥、杂物冲洗干净后方可砌筑。

（3）现场制作的砌体砂浆试件应采取防雨措施。

## 三、热期施工的相关规定

当昼夜日平均气温高于30℃时，混凝土工程和砌体工程的施工应符合热期施工的规定。

**1. 热期混凝土工程施工所用原材料温度的规定**

（1）应采取必要措施对水泥和砂、石集料等遮阳防晒，或对砂、石料堆喷水降温，降低原材料进入搅拌机的温度。

（2）对拌和水宜采用冷却装置或其他适宜的方法降温；对水管及水箱应设置遮阳或隔热设施。

**2. 热期混凝土工程施工时，混凝土的配制、搅拌和运输的规定**

（1）配合比的设计应考虑高温对混凝土坍落度损失的影响。混凝土中可掺加高效减水剂或掺用粉煤灰等活性材料取代部分水泥、减少水泥用量；混凝土宜选用水化热较低的水泥，当掺用缓凝型减水剂时，可根据气温情况适当提高坍落度。

（2）搅拌站的料斗、储水器、皮带运输机及搅拌筒等应采取遮阳措施。在搅拌和浇筑混凝土过程中，应增加混凝土坍落度的检测次数；当不满足施工需要时，应及时对配合比进行适当调整。

（3）混凝土宜在棚内或气温较低的夜间进行搅拌；当无其他特殊规定时，混凝土的入模温度宜控制在30℃以下。

（4）宜采用带有搅拌装置的运输车运输混凝土，且搅拌筒上应有防晒设施。在运输过程中应慢速、不间断地搅拌混凝土，但不得在运输过程中加水搅拌，并应最大限度地缩短运输时间。

**3. 热期混凝土的浇筑施工的规定**

（1）浇筑前应有全面的施工组织计划，做好充分准备，配备足够的施工机具设备，保证浇筑施工能连续进行。条件具备时，应对浇筑场地进行遮盖防晒，降低模板和钢筋的温度；也可在模板、钢筋和地基上喷水降温，但在浇筑时模板内不得有积水或附着水。

（2）在混凝土浇筑前，应通过试验确定在最高气温条件下混凝土分层浇筑的覆盖时间，施工时应严格控制时间，不得超时。混凝土的浇筑施工宜选在一天温度较低的时间段进行；混凝土从搅拌至浇筑的时间应缩短，浇筑速度应加快且应连续进行。

（3）浇筑完成后应加快表面混凝土的修整速度，修整时可采用喷雾器喷洒少量水防止表面干缩裂纹，但不得直接在混凝土表面浇水。

**4. 热期施工时混凝土养护的规定**

（1）混凝土浇筑完成并对表面修整后应尽快开始养护，应在其表面立即覆盖清洁的塑料薄膜，使混凝土表面保持水分；初凝后应增加覆盖浸湿的粗麻布或土工布，继续洒水保湿养护。

（2）混凝土保湿养护的时间不得少于 7 天。保湿养护期间，如具备条件，宜采取遮阳和挡风措施，控制高温和干热风对养护质量的影响。

（3）混凝土结构拆模后的洒水养护宜采用自动喷水系统或喷雾器，保湿养护不得间断，也不得形成干湿循环。除非当地缺少足够的清洁水，否则不得仅采用喷洒养护剂的方式对高强度混凝土和高性能混凝土进行养护。

（4）对桥面铺装混凝土或其他外露面较大的板式结构混凝土，应在施工前制订养护方案，采取有效措施进行养护，防止开裂。

**5. 砌体在热期施工时的规定**

（1）砂浆宜随拌随用，气温超过 30℃时，宜在 2 ~ 3 h 内使用完毕。已凝结的砂浆，不得使用。

（2）砌筑砂浆宜有良好的和易性，用于石砌体时稠度宜为 50 ~ 70 mm；气温较高时，在保证强度的条件下可适当增大稠度。

**6. 热期施工的质量检验的规定**

（1）砂、石集料的含水率检测，每台班应不少于 1 次。

（2）混凝土浇筑与养护时，对环境温度应每日检查 4 次，并做好检查记录；当温度超过热期施工的规定时，混凝土的搅拌应采取有效的降温和防晒措施，并应保证混凝土的浇筑质量，否则应停止施工。

（3）混凝土热期施工，除应留置标准条件下养护的试件外，还应制取相同数量的试件，并将其置于与结构相同的环境条件下养护，检查混凝土的强度用以指导施工。

（4）在混凝土的浇筑过程中，应严格控制缓凝剂的掺量，并应检查混凝土的凝结时间，防止缓凝剂掺量不准确对结构造成危害。

## 一、填空题

1．当室外昼夜日平均气温连续______天稳定低于______℃时，钢筋、预应力、混凝土及砌体等工程应采取冬期施工的措施。

2．当昼夜日平均气温高于______℃时，混凝土工程和砌体工程的施工应符合热期施工的规定。

3．冬期施工冷拉钢筋时环境温度不宜低于______℃，当采取可靠的安全措施时可不低于______℃，张拉预应力筋时的环境温度应不低于______℃。

4．冬期施工配制混凝土时，宜选用硅酸盐水泥或普通硅酸盐水泥，水泥的强度等级不宜低于______，水胶比不宜大于______。

5．冬期施工时，混凝土拌和物的出机温度不宜低于______℃，入模温度应不低于______℃。

6．热期施工时，混凝土宜在棚内或气温较低的夜间进行搅拌，当无其他特殊规定时，混凝土的入模温度宜控制在______℃以下。

## 二、简答题

1．简述冬期混凝土的运输和浇筑的规定。

2．简述雨期进行基础施工时的规定。

3．简述热期施工时混凝土养护的规定。

# 课题二　海洋环境施工

- 了解海水环境混凝土部位的划分。
- 了解环境分类及作用等级。
- 熟悉海洋环境施工的相关规定。

由于海上的自然环境条件相对于陆上更为复杂，如台风、季风、波浪、海流、大雾等均会对桥梁的施工产生不利影响，其施工风险远大于陆上。为保证海上施工的质量和安全，应制订相应的对策措施。海洋环境下的桥梁施工侧重于两个方面：一为海上桥梁的特殊施工要求；二为海洋腐蚀环境条件下结构的耐久性要求。

## 一、海水环境混凝土部位的划分

海水环境混凝土部位划分可根据水域掩护条件和港工设计水位或天文潮位划分，见表10—2—1。

表 10—2—1　海水环境混凝土部位的划分

| 掩护条件 | 划分类别 | 大气区 | 浪溅区 | 水位变动区 | 水下区 |
|---|---|---|---|---|---|
| 有掩护条件 | 按港工设计水位 | 设计高水位加1.5 m以上 | 大气区下界至设计高水位减1.0 m之间 | 浪溅区下界至设计低水位减1.0 m之间 | 水位变动区以下 |
| 无掩护条件 | 按港工设计水位 | 设计高水位加（$\eta_0$ +1.0 m）以上 | 大气区下界至设计高水位减$\eta_0$之间 | 浪溅区下界至设计低水位减1.0 m之间 | 水位变动区以下 |
| 无掩护条件 | 按天文潮潮位 | 最高天文潮位加0.7倍百年一遇有效波高$H_{1/3}$以上 | 大气区下界至最高天文潮位减百年一遇有效波高$H_{1/3}$之间 | 浪溅区下界至最低天文潮位减0.2倍百年一遇有效波高$H_{1/3}$之间 | 水位变动区以下 |

注：①$\eta_0$值为设计高水位时的重现期50年$H_{1\%}$（波列累积频率为1%的波高）波峰面高度。

②当浪溅区上界计算值低于码头面高程时，应取码头面高程为浪溅区上界。

③当无掩护条件的海港工程混凝土结构无法按港工有关规范计算设计水位时，可按天文潮潮位确定混凝土的部位划分。

## 二、环境分类及作用等级

环境作用按其对钢筋混凝土结构腐蚀作用的严重程度分为6级，见表10—2—2。不同环境类别及其作用等级见表10—2—3和表10—2—4。

表 10—2—2　环境作用等级

| 级别 | 腐蚀程度 | 级别 | 腐蚀程度 |
|---|---|---|---|
| A | 可忽略 | D | 严重 |
| B | 轻度 | E | 很严重 |
| C | 中度 | F | 极端严重 |

**表 10—2—3　　环境分类及作用等级**

| 环境类别 | 环境条件 | 作用等级⑦ | 示例 |
|---|---|---|---|
| 一般环境（无冻融、盐、酸、碱等作用） | 永久湿润环境 | A | 永久处于静止水中的构件 |
| | 非永久湿润和干湿交替的室外环境 | B | 不受雨淋或渗漏水作用的桥梁构件，埋于土中、潮湿度相对稳定的基础构件 |
| | 干湿交替环境① | C | 表面频繁淋雨、结露或频繁与水接触的干湿交替构件，处于水位变动区的构件，靠近地表，湿度受地下水位影响的构件 |
| 一般冻融环境③（无盐、酸、碱等作用） | 微冻地区，混凝土中度水饱和④ | C② | 受雨淋构件的竖向表面 |
| | 微冻地区，混凝土高度水饱和④ | D② | 水位变动区的构件，频繁淋雨的构件水平表面 |
| | 严寒和寒冷地区③，混凝土中度水饱和④ | D② | 受雨淋构件的竖向表面 |
| | 严寒和寒冷地区③，混凝土高度水饱和④ | E② | 水位变动区的构件，频繁淋雨的构件水平表面 |
| 除冰盐（氯盐）环境 | 混凝土中度水饱和（偶受除冰盐轻度作用时按 D 级） | E | 受除冰盐溅射的构件竖向表面 |
| | 混凝土高度水饱和④ | F | 直接接触除冰盐的构件水平表面 |
| 近海或海洋环境⑤ | 大气区：轻度盐雾区<br>离平均水位 15 m 以上的海上大气区，离涨潮岸线 100 ~ 200 m 的陆上环境 | D | 靠海的陆上结构，桥梁上部结构 |
| | 大气区：重度盐雾区<br>离平均水位 15 m 以下的海上大气区，离涨潮岸线 100 m 内的陆上环境 | E | |
| | 土中区 | D | 近海土中或海底的桥墩基础 |
| | 水下区 | D | 长期浸没于水中的桥墩桩 |
| | 潮汐区和浪溅区，非炎热地区⑥ | E | 平均低潮位以下 1 m 上方的水位变动区与受浪溅的桥墩、承台等构件 |
| | 潮汐区和浪溅区，南方炎热地区 | F | |
| 盐结晶环境 | 日温差小、有干湿交替作用的盐土环境（含盐量较低时按 D 级） | E | 与含盐土壤接触的墩柱等构件露出地面以上的“吸附区” |
| | 日温差大、有干湿交替作用频繁的高含盐量盐土环境 | F | |

续表

| 环境类别 | 环境条件 | 作用等级[7] | 示例 |
|---|---|---|---|
| 大气污染环境 | 汽车或其他非机动车废气 | C | 受废气直射的构件，处于有限封闭空间内受废气作用的车库、隧道等 |
| | 酸雨（酸雨 pH <4 时按 E 级） | D | 受酸雨频繁作用的混凝土构件 |
| | 盐土地区含盐分的大气及雨水作用 | D | 盐土地区受雨淋的露天构件 |
| 上中及地表、地下水中的化学腐蚀环境（海水环境除外） | 见表 10—2—4 | | 与含有腐蚀性的化学介质如硫酸盐、镁盐、碳酸、氯盐等土体、地下水、地表水接触的结构构件 |

注：①表中环境条件系指配筋混凝土结构钢筋保护层一侧混凝土表面所接触的局部环境，对素混凝土则为结构表面的局部环境。一侧干燥而另一侧潮湿或饱水的配筋混凝土构件，其干燥一侧通常应按表中的干湿交替环境考虑，如接触海水时则应接 E 级考虑。部分处于含盐的水土环境而另一部分又处于干燥环境中的构件，应按盐结晶环境考虑。

②冻融环境下，对于引气混凝土可按表中的作用等级降低一个等级考虑。

③冻融环境按当地最冷月平均气温划分为严寒地区、寒冷地区和微冻地区，其最冷月平均气温分别为 < -8℃，-8 ~ -3℃，> -3℃。

④高度水饱和指冰冻前长期或频繁接触水或潮湿土体，混凝土内高度水饱和；中度水饱和指冰冻前偶尔受雨水或潮湿，混凝土内水饱和程度不高。

⑤海洋环境中的水下区。潮汐区、浪溅区和大气区的划分，按《海港工程混凝土结构防腐蚀技术规范》（JTJ 275—2000）规定执行。

⑥对可能遭受冻融作用的海水水位变动区及浪溅区混凝土应按抗冻的引气混凝土设计。

⑦表中所列作用等级适用于钢筋混凝土构件。对于素混凝土构件，其在海水和近海环境中的作用等级可比钢筋混凝土构件低一或两个等级取用，但不小于 C 级。

**表 10—2—4　　化学腐蚀环境分类及作用等级**

| 腐蚀作用级别 | | C | D | E |
|---|---|---|---|---|
| 水中 $SO_4^{2-}$（mg/L） | | 200 ~ 1 000 | 1 000 ~ 4 000 | 4 000 ~ 10 000 |
| 土中 $SO_4^{2-}$ 总量（mg/kg） | 强透水土层 | 300 ~ 1 500 | 1 500 ~ 6 000 | 6 000 ~ 15 000 |
| | 弱透水土层 | 1 500 ~ 5 000 | 5 000 ~ 15 000 | 15 000 ~ 50 000 |
| 水中 $Mg^{2+}$（mg/L） | | 300 ~ 1 000 | 1 000 ~ 3 000 | 3 000 ~ 4 500 |
| 水的 pH 值 | 水或强透水土层中 | 5.5 ~ 6.5 | 4.5 ~ 5.5 | 4.0 ~ 4.5 |
| | 弱透水土层中 | 4.5 ~ 5.5 | 4.0 ~ 4.5 | 3.5 ~ 4.0 |
| 水中 $CO_2$（mg/L） | 水或强透水土层中 | 15 ~ 30 | 30 ~ 60 | 60 ~ 100 |
| | 弱透水土层中 | 30 ~ 60 | 60 ~ 100 | ≥100 |

注：①水中及强透水土层中的硫酸盐和镁盐环境，如无干湿交替，表中数据可乘系数 1.5。

②含氯盐咸水中不再单独考虑镁离子的侵蚀作用。

③硫酸盐作用等级或 $CO_2$ 作用等级为 D 和 D 级以上的构件，如处于流动地下水中，应考虑在构件的混凝土表面设置防腐面层或涂层的需要。

④高压水头可加重硫酸盐化学腐蚀。

⑤地表或地下水中的氯离子对钢筋混凝土构件的作用等级如下：氯离子浓度（mg/L）≥100 且 <500 时，可按 C 级；≥500 且 <5 000 时可按 D 级；≥5 000 时可按 E 级。以上适用于受干湿交替的情况，如永久处于水下，可按降低一级考虑。

## 三、海洋环境施工的相关规定

海洋环境桥梁的施工应进行风险评估，并应采取有效措施，避免海上恶劣的自然环境条件对作业人员、施工船舶、机械设备和工程结构产生不利影响，保证施工安全。

用于海洋环境桥梁施工的各种钢制临时承重结构和构件，若使用期超过12个月的，应采取必要的临时防腐措施，保证其使用的可靠性和安全性。海上桥梁的施工应符合环保要求，防止或减少对海域造成污染。

**1．环氧涂层钢筋的规定**

（1）环氧涂层钢筋作为防腐蚀附加措施用于海洋环境桥梁工程时，其原材料、技术要求、制造工艺和质量应符合现行行业标准《环氧树脂涂层钢筋》（JG 3042—1997）的规定。

（2）环氧涂层钢筋进场时应分批对其质量进行检验。每一验收批应由同一规格、同一生产线连续生产的涂层钢筋组成，直径小于或等于20 mm的以2 t为一验收批；直径大于20 mm的以4 t为一验收批。对每一验收批应随机抽取不少于1根进行涂层的厚度、连续性及可弯性的检验，检验结果应符合现行行业标准《环氧树脂涂层钢筋》（JG 3042—1997）的规定；同时每米涂层钢筋上不得出现大于25 $mm^2$的涂层损伤缺陷，小于25 $mm^2$的涂层缺陷面积总和不得超过钢筋表面积的0.05%。

（3）采用环氧涂层钢筋的结构或构件混凝土应为耐久性混凝土。环氧涂层钢筋可与钢筋阻锈剂联合使用，但不得与阴极保护联合使用。

（4）环氧涂层钢筋宜采用集装箱封闭运输，在现场的存放时间不宜超过6个月；当需在室外存放2个月以上时，应采取有效的保护措施，使其避免受到阳光直射、盐雾和大气暴露的不利影响。存放时，环氧涂层钢筋与地面之间应架空并设置保护性支撑，各捆之间应采用垫木隔开，且支撑与垫木的间距应足以防止成捆钢筋的下垂；成捆存放时其层数不得多于5层，并不得与无涂层钢筋混杂存放。

（5）环氧涂层钢筋在施工中应减少吊装次数，吊装应采用不会损伤涂层的绑带、麻绳或多吊点的韧性吊架，直接接触环氧涂层钢筋的部位应设置柔软的支垫物，并不得在地上或其他钢筋上拖拽、碰撞或承受冲击荷载。

（6）对环氧涂层钢筋进行剪切、弯曲加工及安装时，应采取措施避免在操作过程中损伤其涂层。对钢筋加工台座上的支座和心轴等直接与环氧涂层钢筋接触的部位，应配以尼龙套或其他适宜的塑料套；架立环氧涂层钢筋时，不得采用无涂层钢筋支架架立，而应采用以尼龙、塑料或其他柔软材料包裹的钢筋垫座或垫块进行架立；绑扎环氧涂层钢筋的绑丝也应采用类似材料包裹的金属丝，不得直接采用普通金属丝进行绑扎；在同一结构或构件中，环氧涂层钢筋与无涂层钢筋不得有电连接。

（7）环氧涂层钢筋的锚固长度应为无涂层钢筋锚固长度的1.25倍。对受力钢筋，其绑扎搭接长度应为无涂层钢筋的1.5倍；对受压钢筋应为无涂层钢筋的1.0倍，且不应小于250 mm。

（8）环氧涂层钢筋在加工和安装过程中其涂层受到损伤时应进行修补。当环氧涂层的损伤为下列情况之一时，不得进行修补并应弃用：

①除钢筋的剪切断口外，任一损伤点的面积大于25 $mm^2$，或长度大于50 mm。

②1 m长度范围内有3个以上损伤点。

③切下并弯曲的一段上有6个以上损伤点。

（9）浇筑混凝土时，宜采用附着式振捣器；使用插入式振捣器进行振捣时，应采用塑料或橡胶将振捣器包覆，同时应采取其他辅助措施防止在振捣过程中损伤钢筋的涂层。对结构或构件分阶段施工完成后外露的环氧涂层钢筋，应采取防止阳光暴晒等防护措施。

**2. 混凝土工程的规定**

（1）海洋环境桥梁结构的混凝土，宜采用具有防腐蚀耐久性的高性能混凝土。高性能混凝土的原材料选择、配制要求及其性能指标等，应符合现行行业标准《公路工程混凝土结构防腐蚀技术规范》（JTG/T B07—01—2006）和《公路桥涵施工技术规范》（JTG/T F50—2001）的规定。

（2）高性能混凝土的施工对原材料的质量应严格控制，并应保证配料设备称量准确。所有混凝土原材料，除水可按体积计外，其余均应按质量进行称量，粗、细集料称量的允许偏差应为±2%，其他原材料称量的允许偏差应为±1%。

（3）高性能混凝土的搅拌应采用搅拌效率高且均质性好的卧轴式、行星式或逆流式强制搅拌机，不得采用自落式或立轴强制式搅拌机。搅拌时，宜先投入细集料和掺和料干拌均匀，再加水泥与部分拌合用水搅拌，最后加入粗集料、外加剂溶液及余额拌合用水，搅拌至均匀为止。上述每一阶段的搅拌时间均不应少于30 s，总搅拌时间应比常规混凝土延长40 s以上。混凝土中掺加钢筋阻锈剂溶液时，拌合物的搅拌时间应延长1 min，采用粉剂时应延长3 min。

（4）混凝土浇筑前，应根据工程特点和施工环境条件确定浇筑方案，并应认真检查钢筋的混凝土保护层垫块的位置、数量及其紧固程度。在结构或构件侧面和底面所布设的垫块数量应不少于4个/$m^2$，用于绑扎垫块和钢筋的绑丝头不得伸入保护层内。垫块的尺寸应能保证混凝土保护层厚度的准确性，其形状宜为工字形或截头锥形且应有利于钢筋的定位；高性能混凝土的结构或构件中不得采用普通砂浆垫块，当采用细石混凝土制作时，其抗腐蚀的能力和强度应高于结构或构件本体混凝土，且水胶比不应大于0.4。对钢筋的净混凝土保护层厚度，其施工的允许误差应为正偏差，对现浇结构其最大允许误差应不大于10 mm，对预制构件应不大于5 mm。

（5）高性能混凝土的入模温度不宜超过28℃，新浇混凝土与已浇并硬化混凝土或岩土介质之间的温差应不大于20℃，混凝土表面的接触物与混凝土表面温度之差应不大于15℃。高性能混凝土的浇筑应连续进行，在振捣过程中应控制混凝土的均匀性和密实性，同时应在浇筑及静置过程中采取防止裂缝的有效措施，对混凝土的沉降及塑性干缩产生的表面裂缝，应及时予以处理。混凝土的振捣应采用高频振捣器，且宜采取二次振捣及二次抹面的方式施工；每点的振捣时间不宜超过30 s，并应防止过振和过度抹面，严禁通过洒水辅助抹面。

（6）新浇筑的混凝土应及早养护，并应减少暴露时间，防止表面水分的蒸发；终凝后，应立即开始对混凝土进行持续潮湿养护。洒水养护时不得采用海水，应采用淡水。当缺乏淡水时可采用养护剂喷涂养护，养护剂应符合现行行业标准《水泥混凝土养护剂》（JC 901—2002）的规定。持续潮湿养护在养护期内不应间断，且不得形成干湿循环，在常温下养护应不少于12天；不同组成胶凝材料的混凝土湿养护最低期限应符合现行行业标准《公路工程混凝土结构防腐蚀技术规范》（JTG/T B07—01—2006）的规定。对浪溅区以下的新浇混凝土结构，应保证其在10天内且混凝土强度达到设计强度等级值的70%之前，不受海水的侵袭。

（7）施工缝应按设计要求设置。当施工需要设置施工接缝时，应设置在结构或构件受力较小的部位，对施工缝的处理应符合《公路桥涵施工技术规范》（JTG/T F50—2011）的规定。

**3. 基础和墩台的规定**

（1）海上桥梁的钻孔灌注桩宜采用钢制平台施工，平台的顶面高程应按施工期的最高潮水位、浪高并加上适宜的安全高度确定；平台的设计荷载除应考虑结构自重、施工荷载、水流和波浪作用及风荷载外，尚应根据现场情况考虑船舶撞击的偶然作用；平台应设置船舶停靠、安全栏杆、水上救生设备及防撞警示灯等设施。

（2）钻孔护筒的顶面高程应高出施工期高潮水位加浪高1~2 m以上；作为永久结构的钢护筒，其材质、直径、壁厚和防腐的要求应符合设计规定。钻孔泥浆宜采用淡水拌制；仅当淡水供应确有困难，经论证证明海水泥浆的性能可保证稳定性且不会构成对钢筋及永久钢护筒的腐蚀和污染时，方可采用海水泥浆。钻孔后废弃泥浆的处理应符合海洋环境保护的要求，不得随意排入海中。

（3）海上桥梁的沉入桩宜采用整根长桩，不宜接桩，其位置允许偏差应符合设计规定。

（4）海中承台采用围堰施工时，应符合以下规定：

1）围堰的高度应考虑潮汐和波浪对承台及墩身施工的影响，跨台风期施工时尚应考虑台风荷载对其的作用。

2）钢筋混凝土套箱应采用与承台相同强度等级的防腐蚀高性能混凝土，并应按主体结构的抗裂要求配置钢筋，钢筋保护层厚度的允许偏差应符合承台的相应标准。对套箱内侧与承台混凝土的接触面，应采取结构措施或进行表面封闭处理，防止氯离子的渗透；围堰的外露面不得有表面粗糙、不平整或蜂窝等不良外观。

3）围堰的封底混凝土中不应有伸入承台内的未经防腐处理的钢件。对承台顶部预留的墩身锚固钢筋，应按设计要求作防腐处理；在承台顶部设置用于施工的临时预埋件时，应在混凝土上预留槽口，施工结束后应将预埋件切除，切除的位置应保证承台钢筋的混凝土保护层厚度的要求，且槽口应采用与承台同强度等级的混凝土填塞捣实。

4）利用围堰内壁兼作承台模板时，承台平面尺寸的允许偏差应符合设计规定。

（5）浪溅区上界以下的墩身模板宜采用透水模板衬里。安装墩身模板时，宜在墩的四角设立劲性骨架，骨架的底部宜与承台顶面的预埋件连接，保证其在安装和墩身施工过程中的抗风安全。

（6）对预制安装墩身与承台连接处的接头混凝土，其施工应符合以下规定：

1）墩身和承台的连接面应严格凿毛，浇筑混凝土前应将其清理干净，且宜采用淡水充分湿润或涂刷界面剂。必要时宜加密湿接头范围内的钢筋。

2）宜通过试验，在混凝土中掺加钢筋阻锈剂和工程纤维，且宜在混凝土表面浸渍硅烷。

**4. 钢管桩防腐蚀的规定**

（1）海洋环境桥梁的钢管桩防腐蚀措施应符合设计规定。应根据钢管桩所处的不同海洋环境采用不同的防腐蚀方法，大气区和浪溅区宜采用涂层、玻璃钢和钢管桩护套保护；潮汐区和水下区宜采用阴极保护和涂料联合保护；泥下区宜采用阴极保护或涂料防护。

（2）采用涂层方法进行防护时，应符合以下规定：

1）涂装的方法和工艺应根据所选用的涂料产品和施工环境条件进行确定。

2）钢管桩在涂装之前应进行表面预处理。表面预处理宜采用喷丸或抛丸处理，处理后的表面清洁度和表面粗糙度应符合设计规定；设计未规定时，基体金属的表面清洁度应不低于现行国家标准《涂装前钢材表面锈蚀等级和除锈等级》（GB/T 8923—1988）中规定的Sa2. 5 级，表面粗糙变应不低于 50 μm。

3）喷丸或抛丸表面预处理达到质量要求后，应尽快对钢管桩作底漆处理，避免处理过的基体金属表面返锈；在潮湿或工业大气等环境条件下，应在 2 h 内将底漆涂装完毕。

4）涂装时，涂层的底漆、中间漆和面漆各道漆层宜以不同颜色区别；基体温度应不大于 60℃，同时应作防雨和防尘处理。涂装过程中，应进行湿膜外观检查，涂层不应有漏涂、流挂等缺陷。

（3）采用牺牲阳极阴极保护方法进行防护时，应符合以下规定：

1）钢管桩防腐蚀可采用牺牲阳极阴极保护或牺牲阳极与涂料联合阴极保护。

2）钢管桩采用碳素钢或低合金钢时，其阴极保护电位应达到 -0. 85 V 或更负（相对于铜/饱和硫酸铜参比电极，扣除钢管桩与溶液 *IR* 降后的电位）。

3）牺牲阳极材料应具有足够负的电极电位，其性能应符合现行国家标准《牺牲阳极电化学性能试验方法》（GB/T 17848—1999）、《铝—锌—铟系合金牺牲阳极》（GB/T 4948—2002）、《镁合金牺牲阳极》（GB 17731—2009）和《锌—铝—镉合金牺牲阳极》（GB/T 4950—2002）的规定。

4）牺牲阳极与结构的馈电连接宜采用焊接，且应尽早使焊点得到极化保护，避免焊接点的点蚀和腐蚀断裂。

（4）采用护套保护方法对浪溅区的钢管桩进行加强防护时，护套宜采用玻璃钢或塑料；护套和钢管桩之间可灌注混凝土或安装牺牲阳极。

**5. 混凝土附加防腐蚀的规定**

（1）海洋环境桥梁的结构混凝土采取附加防腐蚀措施时，其施工应符合设计要求，同时应符合现行行业标准《公路工程混凝土结构防腐蚀技术规范》（JTG/T B07—01—2006）和《公路桥涵施工技术规范》（JTG/T F50—2011）的相关规定。

（2）混凝土表面涂层的施工应符合以下规定：

1）涂层的施工应在混凝土的龄期达到 28 天，且混凝土结构经质量验收合格后进行。

2）涂层施工前应对混凝土表面的蜂窝和露石缺陷、附着物和油污等进行处理，处理后的表面应平整。

3）防腐蚀涂料的品质与涂层性能应符合设计规定，并应符合产品相应的国家或行业标准的要求。选用的配套涂料之间应具有相容性，进场的涂料应取样检验，检验合格者方可用于施工。

4）涂装施工的方法宜根据涂料的性能、施工条件、涂装要求和被涂装结构的情况确定。涂装宜采用高压无气喷涂，刷涂或滚涂仅在条件不允许高压无气喷涂时方可采用。

5）涂装前应在现场进行涂装试验，试验应符合现行行业标准《公路工程混凝土结构防腐蚀技术规范》（JTG/T B07—01—2006）的规定。当试验涂层的黏结强度小于1.5 MPa时，应重做涂装试验；若仍不合格，应变更涂层配套设计。

6）涂装应在无雨时进行，并应按设计规定的涂装道数和涂膜厚度施工。涂装施工过程中应采用湿膜厚度规随时检查湿膜厚度，控制涂层的均匀性及其最终厚度；每道涂层施工前应对上道涂层进行检查，涂层表面应均匀，无气泡、裂缝等缺陷；当涂层湿膜表面产生漏涂、流挂等情况时，应及时进行处理。

7）涂层干膜厚度的检测应在涂装完成7天后进行，检测时应按每50 $m^2$面积随机抽测1个点，测点总数应不少于30个。干膜的平均厚度应不小于设计厚度，最小厚度应不小于设计厚度的75%；当不符合上述要求时，应进行局部或全面补涂，直至达到设计要求的厚度为止。

8）涂层的验收应在涂装施工完成后14天内进行，验收时应提交各种涂料出厂质量合格证、设计文件或设计变更文件、涂装施工记录等资料。

（3）混凝土表面硅烷浸渍的施工应符合以下规定：

1）宜采用辛基或异丁基硅烷或其他经论证的硅烷作为硅烷浸渍材料，所用材料的质量应符合设计要求及相应产品标准的规定。

2）浸渍硅烷前应按要求对混凝土的表面进行处理，并进行平喷涂试验，试验应符合现行行业标准《公路工程混凝土结构防腐蚀技术规范》（JTG/TB07—01—2006）的规定。

3）喷涂硅烷时混凝土的龄期应不小于28天，或混凝土修补后应不少于14天。混凝土表面应保持干燥，采用洁净水冲洗表面后应自然干燥72 h；在水位变动区，应在海水落到最低潮位且混凝土表面无水时喷涂硅烷，并应尽量延长喷涂前的自然干燥期。有雨或有强风或有强烈阳光直射时不得喷涂硅烷。喷涂时混凝土表面的温度应在5～45℃。

4）浸渍硅烷的施工应符合产品的技术要求，并应由有经验的人员进行操作，施工人员应使用必要的安全防护设施。

5）对早期暴露于海水环境的现浇结构，应在模板拆除后立即浸渍硅烷，待其表面自然干燥后再喷洒氧化膜进行养护。

6）浸渍硅烷应连续施工，使被涂表面饱和溢流，各道喷涂之间的间隔时间应不少于6 h。

7）浸渍硅烷施工完成后应进行质量验收。验收时应以每500 $m^2$浸渍面积为一个质量验收批，进行吸水率、硅烷浸渍深度和氯化物吸收量的降低效果测试。测试方法和质量标准应符合现行行业标准《公路工程混凝土结构防腐蚀技术规范》（JTG/TB07—01—2006）的规定。

（4）在混凝土中掺加钢筋阻锈剂时，其掺量和使用方法应符合相应产品的技术要求，并应经试配和适应性试验验证。阻锈剂的质量验证试验可按现行行业标准《水运工程混凝土试验规程》（JTJ 270—1998）的规定执行。

（5）混凝土结构采用透水模板衬里时，其布设应沿混凝土模板的纵向与横向同时张拉，防止褶皱；在拆除模板后宜继续保持该衬里附着于混凝土表面，且宜适当延长混凝的养护时间。

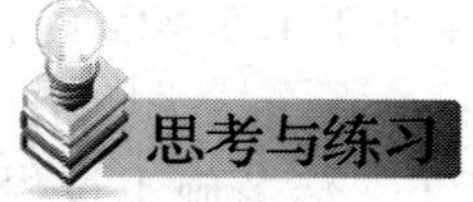

## 思考与练习

**一、填空题**

1. 海水环境混凝土部位划分可分为__________、__________、__________、__________。

2. 环境作用按其对钢筋混凝土结构腐蚀作用的严重程度分为______、______、______、______、______、______6级。

3. 环氧涂层钢筋宜采用集装箱封闭运输，在现场的存放时间不宜超过____；当需在室外存放______时，应采取有效的保护措施，使其避免受到阳光直射、盐雾和大气暴露的不利影响。

4. 在海上施工的钻孔护筒的顶面高程应高出__________以上。

5. 钢管桩采用涂层方法进行防护时，在涂装时，涂层的底漆、中间漆和面漆各道漆层宜__________，基体温度应不大于______℃，同时应作防雨和防尘处理。

6. 混凝土表面涂层施工时，涂层的施工应在混凝土的龄期达到______，且混凝土结构经质量验收合格后进行。

**二、简答题**

1. 环氧涂层的损伤在什么情况下，不得进行修补并应弃用？

2. 简述海洋环境下新浇筑的混凝土的养护要点。